数据主体规范模式研究

SHUJU ZHUTI GUIFAN
MOSHI YANJIU

韩 荣◎著

中国政法大学出版社
2025·北京

声　　明　　1. 版权所有，侵权必究。

　　　　　　2. 如有缺页、倒装问题，由出版社负责退换。

图书在版编目（ＣＩＰ）数据

数据主体规范模式研究/韩荣著. --北京：中国政法大学出版社，2025.1
ISBN 978-7-5764-1410-3

Ⅰ.①数… Ⅱ.①韩… Ⅲ.①数据管理－科学技术管理法规－研究－中国 Ⅳ.①D922.174

中国国家版本馆 CIP 数据核字(2024)第 061855 号

出 版 者	中国政法大学出版社
地　　址	北京市海淀区西土城路 25 号
邮寄地址	北京 100088 信箱 8034 分箱　邮编 100088
网　　址	http://www.cuplpress.com (网络实名：中国政法大学出版社)
电　　话	010-58908285(总编室) 58908433（编辑部）58908334(邮购部)
承　　印	固安华明印业有限公司
开　　本	720mm×960mm　1/16
印　　张	19.25
字　　数	315 千字
版　　次	2025 年 1 月第 1 版
印　　次	2025 年 1 月第 1 次印刷
定　　价	89.00 元

前　言

随着计算机技术的迅速发展，数据发挥了前所未有的价值，并成为重要的新型生产要素，深刻改变着生产方式、生活方式和社会治理方式。世界各国纷纷提出数字经济发展战略，我国也确立了建设数字强国的目标。与此同时，因数据而起的诸多纠纷和侵权存在广泛的负外部性，呈现出风险社会的特征。数据的权利义务分配不够合理及权利边界不够清晰成为数字经济发展及和谐数据秩序构建的关键制约因素。既有的研究以数据客体为主要切入点，而对数据主体的规范模式进行研究可以形成主客体结合的全面视角，未来需要以数据的基本特征为基础，进一步根据各数据主体的地位、功能、能力和资源状况选择适当的规范模式，以合理分配各方数据主体的权利义务并厘定各方的权利边界。

个人数据主体是大数据得以运行的基本单位，但由于技术和能力的限制，其在大数据面前处于弱势地位，个人数据权利容易受到侵犯，因此，需要对个人数据主体采取赋权模式，使个人数据主体拥有更多行使或维护自身权利的路径；企业数据主体在大数据舞台中是当然的主角，具有技术和数据的双重优势，也因此要承担更多的安全和保密义务，在合理维护企业数据主体的合法权益的同时，应对企业数据主体主要采取规制模式，基于个人数据保护及公共利益维护的目的对企业数据主体的数据行为进行必要的规范；政务部门是政务数据公开的落实主体，政务数据公开对应着公众的公共数据资源利用权，政务部门需要不断完善政务数据开放范围、提升政务数据开放质量，因此，应对政务部门采取职责模式，促使政府构建起共享共建共治的政务数据开放格局；在数据主权背景下，国家充当了跨境数据的交互主体，国家间的权利义务受到国际条约、双多边协议的约束，基于国家主权的平等性，宜坚持对等模式对国家间相互的权利义务进行安排。

对各数据主体适用匹配的规范模式，有助于更好地化解数据权利冲突、明确数据权利的限制及其限度、预防并规制数据权利的滥用和侵权，最终构建起权利义务分配合理的数据秩序，促进数据效用的最大化发挥，让各方数据主体共享数据发展的硕果。

目 录

前 言 ······ 001

第一章 导 论 ······ 001

第一节 研究背景 ······ 001
一、数据前所未有的价值之光 ······ 001
二、巨大价值之下的数据之争 ······ 003
三、巨大价值之下的侵权之殇 ······ 005
四、世界各地的数据法律实践 ······ 007

第二节 研究维度的选择：数据主体规范模式 ······ 012
一、数据规范的基础地位 ······ 012
二、数据主体维度的选择 ······ 015
三、数据真的没有所有权吗？ ······ 017
四、合理权利边界的形成 ······ 020

第三节 现有研究成果述评 ······ 022
一、数据界权思路选择 ······ 022
二、个人数据规范路径 ······ 025
三、企业数据规范路径 ······ 028
四、政务数据规范路径 ······ 031
五、跨境数据规范路径 ······ 033

第四节 研究目的、方法与创新 ·········· 037
一、研究目的 ·········· 037
二、研究方法 ·········· 039
三、研究创新 ·········· 042

第二章 数据权益的正当性考察：从事实利益到法定权利 ·········· 044

第一节 数据释义及数据权益的生成路径 ·········· 045
一、数据概念辨析 ·········· 045
二、利益到法益：从事实到规范 ·········· 048
三、法益到权利：从消极到积极 ·········· 051

第二节 数据权益兴起的适时性考察 ·········· 054
一、数据正向价值引发的权利诉求 ·········· 054
二、数据负面效应引致的救济诉求 ·········· 058
三、诉求压力下的技术与制度回应 ·········· 061

第三节 数据权益的本质和形式：内部正当性 ·········· 064
一、不同主体数据权利本质的差异化 ·········· 065
二、数据权利形式的层次性 ·········· 067
三、数据权利本质与形式的统合 ·········· 070

第四节 数据权益的边界：外部正当性 ·········· 073
一、数据法律的制度修辞面向 ·········· 073
二、对价原理有助于合理确定权利边界 ·········· 076
三、数据权利的对价分析 ·········· 078

第三章 数据权益客体辨识 ·········· 081

第一节 权益客体概述 ·········· 082
一、权益客体的时代变迁 ·········· 082
二、客体对权益的底层塑造 ·········· 084
三、权益客体规范的开放性 ·········· 087

第二节　数据的特征和分类 · 089
一、数据的特征分析 · 089
二、根据表现形式的分类 · 092
三、根据数据内容的分类 · 094
四、根据所属主体的分类 · 096

第三节　数据与其他权利客体的区分 · 098
一、数据与物权客体的区分 · 099
二、数据与知识产权客体的区分 · 100
三、数据与人格权客体的区分 · 104

第四节　数据权益保护思路 · 106
一、客体定性：场景化理论的有限运用 · 107
二、责任追究：动态系统论的适当运用 · 109
三、形式与实质的统一：法律方法的充分运用 · 111

第四章　个人数据主体：赋权模式 · 114

第一节　个人数据和个人数据集合 · 115
一、个人数据 · 115
二、个人数据集合 · 118
三、大数据时代个人数据的风险 · 122

第二节　个人数据保护路径评析 · 125
一、人格权和财产权的选择 · 126
二、权利束和权利块理论 · 128
三、风险防控和消费者权益保护路径 · 130
四、经济学产权理论的借鉴 · 133

第三节　个人数据之三大领域及制度衡平 · 135
一、私人领域 · 136
二、公共领域 · 138

三、共有领域 …………………………………………………… 140

第四节　个人数据保护的阶段化思路 ………………………………… 143

　　一、人格权权能具体化的积极意义 …………………………… 143

　　二、个人数据集合之入口阶段的保护 ………………………… 144

　　三、个人数据集合之保有阶段的保护 ………………………… 148

　　四、个人数据集合之出口阶段的保护 ………………………… 151

第五章　企业数据主体：规制模式 …………………………………… 154

第一节　企业数据的构成与运行 ……………………………………… 155

　　一、企业数据概述 ……………………………………………… 155

　　二、企业数据的构成 …………………………………………… 157

　　三、企业数据的运行 …………………………………………… 160

第二节　企业数据权益保护 …………………………………………… 162

　　一、赋权保护模式分析 ………………………………………… 163

　　二、行为规制模式分析 ………………………………………… 166

　　三、分类保护模式分析 ………………………………………… 168

　　四、企业数据权益保护的路径选择 …………………………… 170

第三节　企业数据权力规制 …………………………………………… 173

　　一、数据权力的生成 …………………………………………… 173

　　二、数据权力的外部规制 ……………………………………… 177

　　三、数据权力的内部规制 ……………………………………… 181

第四节　企业数据行为规范 …………………………………………… 187

　　一、基于个人利益的数据行为规范 …………………………… 187

　　二、基于公共利益的数据行为规范 …………………………… 191

　　三、基于行业利益的数据行为规范 …………………………… 193

第六章　政务数据主体：职责模式 …………………………………… 197

第一节　政务数据开放释义 …………………………………………… 198

一、政务数据开放的内涵辨析 …………………………… 198

二、政务数据开放的重要价值 …………………………… 201

三、权力和权利基础的嬗变 ……………………………… 204

第二节 政务数据开放的现状 ………………………………… 206

一、相关规定不统一 ……………………………………… 207

二、运行机制不规范 ……………………………………… 210

三、救济保障不到位 ……………………………………… 212

第三节 政务数据开放的制约因素 …………………………… 215

一、内部制约因素 ………………………………………… 215

二、外部制约因素 ………………………………………… 217

三、程序制约因素 ………………………………………… 220

第四节 共享共建共治模式的完善 …………………………… 222

一、实现数据真正共享 …………………………………… 222

二、坚持体系全面共建 …………………………………… 226

三、达成社会和谐共治 …………………………………… 229

第七章 跨境数据主体：对等模式 ……………………………… 233

第一节 数据全球化与数据主权 ……………………………… 234

一、经济全球化与数据跨境 ……………………………… 234

二、网络主权与数据主权 ………………………………… 238

三、数据主权的弹性空间 ………………………………… 240

第二节 数据跨境规范的经验考查 …………………………… 244

一、自由流动模式——流动导向 ………………………… 244

二、权利保护模式——权利导向 ………………………… 249

三、本地存储模式——主权导向 ………………………… 252

四、数据跨境规范模式小结 ……………………………… 255

第三节　国内层面的治理 …………………………………… 258
一、建立数据分类分级与数据跨境审查机制 ……………… 258
二、合理配置相关主体的权利和责任 ……………………… 261
三、本地化之数据信托的实践与未来 ……………………… 264

第四节　国际层面的治理 …………………………………… 267
一、推动跨境数据标准统一化 ……………………………… 267
二、促进国际法与国内法的协调 …………………………… 271
三、赋能国际组织与争端解决机制 ………………………… 274

结　语 …………………………………………………………… 278

参考文献 ………………………………………………………… 282

第一章 导 论

大数据时代，数据影响到国计民生的方方面面，数字生态的良性运行具有重大意义。数据权利义务的合理分配是数字生态健康发展的重要基础，本研究将围绕各数据主体的规范模式进行探讨，尝试运用对价理论确定各方数据主体的权利边界，以期为各方数据主体的行为规范提供参考，努力为良性数字生态的建构提供支持。

第一节 研究背景

数据在大数据时代发挥了前所未有的价值，各方数据主体纷纷加入了数据抢夺大战，而因数据泄露等原因形成的广泛侵权则带有风险社会的深刻印记，各国制定的数据政策法规虽各不相同，但均没有对数据所有权进行正面回答，数据之争与侵权之殇也表明各方数据主体对于数据的权利边界的认知并不清晰。因此，明确各数据主体权利义务分配的基本思路具有现实必要性和紧迫性。

一、数据前所未有的价值之光

纵观产业革命的历史，产业技术的每次兴起均引发生产要素、产业格局、社会文化、国家制度的重构。英国学者卡萝塔·佩蕾丝（Carlota Perez）对工业时代技术—经济范式的进化进行了生动的阐述：第一次产业技术革命以英国的机械化为代表，让世界变"大"；第二次产业技术革命以铁路和蒸汽动力的大范围应用为标志，让世界变"快"；第三次产业技术革命时世界范围的电话、电报、电力网络基础设施开始涌现，让世界变"小"；第四次产业技术革命时以石油为基础的能源密集型组织占据经济核心，让世界变"重"；第五次产业技术革命时英特尔微处理器的问世推动人类进入信息时代，世界正在逐渐变"轻";[1]当前正在经历数据驱动下的第六次产业技术革命,以大数据、算法、人工智能为基础的大数据科技引领了生产力革新,世界正在变"智"。[2]

在当前的产业技术革命过程中,科技的进步让数据发挥了巨大的价值,数据成了重要的生产要素并形成巨大的数字产业。"如果说土地是农业时代的原材料,钢铁是工业时代的原材料,那么数据就是信息时代的原材料。"[3]在中国科协2014年举办的科学家与媒体面对面活动上,中国联通网络技术研究院首席专家唐雄燕提出:"数据已经成为一种新的经济资产类别,就像货币或黄金一样,将形成数据材料、数据探矿、数据加工、数据服务等一系列新兴产业。"[4]此类观点无疑将数据的价值推到了空前的高度。虽然有观点认为"数据科学并不神秘,甚至可以称得上是人类天生的本能,自从发现大哭就能吸引妈妈的关注那刻起,婴儿就已经开始使用数据。"[5]但自罗杰·马古拉斯(Roger Magoulas)2006年提出"大数据"的概念以来,在很短的时间便风靡全球,[6]皆因此概念精准地契合了人们面对大数据时代海量数据及其巨大潜能时的复杂感受。而在大数据出现之前这样的定义显得没有必要,因为之前

---

[1] 参见[英]卡萝塔·佩蕾丝:《技术革命与金融资本:泡沫与黄金时代的动力学》,田方萌等译,中国人民大学出版社2007年版,第13-26页。书中提出,一场技术革命可以被定义为一批有强大影响的、显而易见是崭新且动态的技术、产品和部门,它们在整个经济中能带来巨变,并能推动长期的发展高潮。

[2] 参见李克、朱新月:《第四次工业革命》,北京理工大学出版社2015年版,第36-41页。书中认为,从某种意义上说,机器人与人工智能的发展是第四次工业革命的重中之重。而《日经商务周刊》(Nikkei Business)认为,物联网是第四次工业革命的代表性技术,参见《日经商务周刊》:《第四次工业革命》,华制智能译,机械工业出版社2016年版,第2-3页。本书作者认为,两种观点其实均是对大数据的重点强调,机器人与人工智能主要突出大数据及大数据技术的运用,而物联网同时兼顾了大数据的来源与运用,因此,二者可以统合为第四次工业革命以大数据及大数据技术运用为主要特征。还有观点认为当前正在经历或即将经历以太空技术和太空工业为主要内容的"第五次工业革命"。参见[西]茵玛·马丁内斯:《第五次工业革命:太空技术引发的科技革命和产业变革》,龚若晴译,天地出版社2021年版。

[3] [美]罗斯:《新一轮产业革命》,浮木译译,中信出版社2016年版,第167页。

[4] 《专家解读:大数据是未来的新石油》,载《中国青年报》2014年1月10日,第6版。

[5] See Seth Stephens-Davidowitz, *Everybody Lies: What the Internet Can Tell Us About Who We Really Are*, Bloomsbury Publishing Plc, 2017, p. 27.

[6] See Timandra Harkness, *Big Data: Does Size Matter?*, Bloomsbury Publishing PLc, 2016, pp. 15-16.

还一直处于"小数据"时代。[1]随着数据的爆炸式增加，传统结构化数据占比越来越低、非结构化数据占比加大、混合结构的数据趋于常态。大数据的强大功能来自大数据、算法和人工智能的综合运用，随着可分析和使用的数据大量增加，通过挖掘、脱敏、脱密、分析、应用、叠加应用这些数据，可以发现新的知识及创造新的价值，带来大知识、大科技、大服务和大发展，数据已和固定资产、人力资源相似，成为生产过程中重要的基本要素。

过往的经济发展和社会治理是知识或科技驱动，现在则已经演变为数据驱动。当下数字经济的发展速度、辐射范围、影响程度是之前任何一个时期都无法比拟的，已成为重组全球要素资源、重塑全球经济结构、改变全球竞争格局的核心力量，企业当前正在从数字化转型提升为数据转型。[2]数字经济已经成为衡量国家和地区经济发展水平的重要指标，中国信息通信研究院在2022全球数字经济大会上发布了《全球数字经济白皮书（2022年）》，白皮书显示，2021年，测算的47个国家数字经济增加值规模达到38.1万亿美元。我国数字经济总量达到7.1万亿美元，世界排名第二，占47个国家数字经济总量的18.6%。白皮书认为，数字技术创新仍是各国战略重点，数字化转型正由效率变革向价值变革、由企业内向产业链价值链拓展，面向实体经济的工业/产业互联网平台快速发展，充分实现数据要素价值成为全球共同努力的方向。当前我国数字经济加速转向深化应用、规范发展、普惠共享的新时代，未来需要加强数字技术与实体经济的深度融合，更好赋能产业数字化转型和智能化升级，全方位打造具有全球竞争力的数字经济高地。

二、巨大价值之下的数据之争

在数据呈现出巨大的经济、社会价值之后，各国在国际层面采取不同的数据策略，意在掌控、利用更多的数据。以美国为代表的数据技术强国引领了数据的自由流动政策，助力本国形成数据洼地以吸引更多的数据流入，从

---

[1] See Margaret Hu, "Small Data Surveillance v. Big Data Cybersurveillance", *Pepperdine Law Review*, Vol.42, No.4., 2015, p.798. 什么是小数据？通过比较，小数据被认为是用有限的和结构化的数据解决离散问题，数据也通常由一个机构控制。换句话说，小数据是我们自认为了解的世界：没有超级计算能力的帮助下，一个人类可以看到、触摸、分析和感知的经验体系。

[2] See Caroline Carruthers, Peter Jackson, *Data driven Business Transformation: How to disrupt, innovate and stay ahead of the competition*, John Wiley & Sons, Ltd., 2019, pp.5–12.

而发挥本国的数据技术领先优势并创造更多的价值。数据技术相对落后的发展中国家则倾向于本地化政策，促成数据本地产、本地销的局面，大力促进本国数据技术和数字经济的发展。以欧盟为代表的部分国家则要求数据流入国需有同等的数据保护水平，并设立了白名单制度，注重个人数据权利保护。各国采取的政策各异，但均希望在国际数据规则制定过程中争取主动权和主导权以形成数据优势。各国的数据策略均以本国国情为依据从而秉持不同的价值取向，因此各种策略之间容易形成冲突，相互执行存在张力。

一国之内，数据企业对数据的强烈渴求引发了数据企业与个人、数据企业之间的矛盾。数据驱动之下，为形成微观锁定和宏观决策的有力依据，数据企业不遗余力地全面收集个人数据，往往造成大量的过度收集。自我国工业和信息化部于2019年10月31日出台《关于开展APP侵害用户权益专项整治工作的通知》以来，各地各级陆续开展超范围及违规收集个人数据整治执法。数据企业之间，数据企业利用爬虫技术对其他数据企业的既有数据进行爬取收集，从而形成数据再利用，[1]其中既有合同约定的合法爬取，也有绕过被爬取方的技术措施进行的擅自爬取，在超过合理限度或对被爬取方的数据运行产生严重不利影响时，就可能被认定为侵权。在缺乏具体规定的情况下，司法部门积极探索各方数据主体的权利边界，中国搜索领域爬虫机器人不正当竞争第一案即"百度诉奇虎360违反Robots协议案"判决书认为，在数据企业互爬数据的过程中，机器人协议（Robots协议）发挥了促进信息自由有序流动的重要作用，Robots协议被认为是互联网行业内普遍认可的惯例和商业道德，具有相应的效力，无正当理由不得逾越该协议不正当爬取或不正当限制第三方爬取。相应地，《互联网搜索引擎服务自律公约》这样专门的自律性规范也需要得到应有的尊重。[2]

数据价值日显，但数据权利的边界却越来越难界定，各企业超出其原有的产品"赛道"进行数据收集的行为则给数据权利边界的界定提出新的挑战。现今业态下，手机厂商和APP运营商，这一对原本没有直接竞争关系的行业，

---

〔1〕参见高富平、冉高苒：《数据生产理论下爬虫技术的法律规制路径》，载《江淮论坛》2022年第5期。

〔2〕参见北京市高级人民法院（2017）京民终487号民事判决书［北京百度网讯科技有限公司、百度在线网络技术（北京）有限公司与北京奇虎科技有限公司不正当竞争纠纷案］。

现在也可能因数据争夺形成纠纷。手机厂商不满足于硬件生产者身份，为抢占用户入口对其他第三方的应用采取屏蔽关键词、风险提示、强制跳转等措施，APP运营商也不愿单纯地充当服务商，对于已经形成的应用，两者之间也可能发生争执，苹果和微信就曾对微信内打赏是否可以认定为应用内购买各执一词。随着所收集数据的增长和处理能力的提高，各大电商平台纷纷推出自营业务，利用全平台商家和消费者数据对自营业务进行布局，这种裁判员下场与运动员同场竞争的行为的正当性引发质疑。一直合作的关联企业也可能因数据问题起冲突，菜鸟网络与顺丰速运于2017年6月1日关闭互通数据接口，由此导致了大面积的物流及信息查询不畅，国家邮政局迅速进行协调，要求"寻求解决问题的最大公约数，切实维护市场秩序和消费者合法权益"。[1]快递物流网首席咨询顾问徐勇对《中国经济周刊》表示，"顺丰和菜鸟的大数据之争，看中的是大数据背后的商业价值，因为这是一个金矿。"[2]数据已然成为各数据企业的生命线，对于数据的渴求则是大数据时代的显著特征。但其中的问题仍非常突出，大型互联网企业为了数据掌控权动辄诉诸屏蔽对方的做法将导致数据的隔离，最终伤害的是整个行业和无数消费者。各大数据企业对数据的争夺现状说明数据权属及权利边界不清晰，而"数字资产中有意义的个人财产权将使消费者、创作者和整个市场受益"，因此"定义适用于数字商品的所有权概念刻不容缓"，[3]以更好地为数据企业及个人提供有效的行为指引。

三、巨大价值之下的侵权之殇

随着数据技术的大规模发展，数据泄露、安全漏洞、网络欺诈、勒索病毒等网络隐患日益突出，大规模个人数据泄露带来的个人隐私保护难题、算法推荐加剧的信息茧房效应、人工智能技术隐含的伦理考验等，对数据安全

---

[1]《新闻分析：一言不合就关闭 菜鸟顺丰之争的背后是什么？》，载新华网，http://m.xinhuanet.com/2017-06/02/c_1121078676.htm，最后访问日期：2023年4月25日。

[2]《顺丰VS菜鸟：大数据争夺战》，载经济网，http://www.ceweekly.cn/2017/0612/193805.shtml，最后访问日期：2023年4月25日。

[3][美]亚伦·普赞诺斯基、杰森·舒尔茨：《所有权的终结：数字时代的财产保护》，赵精武译，北京大学出版社2022年版，第283页。

提出了严峻的挑战。[1]

最常见的数据侵权是数据泄露，特别是对个人数据的泄露。不同于传统社会信息泄露所具有的时空局限性，大数据时代数据泄露的数量之巨、范围之广是传统社会所不可比拟的，比如，近年来各大平台、网站的个人数据泄露数目动辄以亿计。同时，部分泄露还可能形成严重的侵权结果，比如，在新型冠状病毒疫情防控期间，基于个人信息和大数据技术的服务如健康码、行程卡等发挥了巨大的作用，但为了防控疫情披露患者轨迹时，多次发生个人信息泄露，甚至因此引发了网络暴力事件。数据的风险与五个因素密切相关：数据被访问的人和方式越多，则越可能被泄露；数据被保留的时间愈长，则泄露风险提升；泄露的风险随着数据拷贝数的增加、扩散而增加；将数据从一地传输到另一地并进行处理的难易程度影响到泄露风险；泄露的风险与数据价值呈正相关，因为违法犯罪分子有理由将其作为获取目标。[2]技术的发展不断增加这五个因素的风险。大规模的数据泄露引发广泛的社会反应，造成了公众普遍性的不安宁感知。[3]因此，有观点提出个人信息泄露带来的风险和焦虑在未来可以考虑认定为大数据时代侵权法上的损害结果，[4]或者未来被侵权的风险可以认定为法律上的损害，并基于精算规则予以赔偿。[5]

还有算法歧视、精准推送、数据权力等形式的数据侵权。算法歧视最典型的是数据企业根据用户提供或生成的数据显示的信息，就同一产品或服务对不同用户区别对待，由此形成同物不同价之类的做法，损及用户的公平对待权。[6]除普遍的消费领域外，在保险理赔、犯罪预警等方面均存在算法歧视。精准推送是指数据企业根据用户的用网习惯、消费习惯向用户推送其可能感兴趣的信息，同时屏蔽或限制其他信息，从而塑造了限制用户的知情权

---

[1] 参见李仁涵编著：《人工智能与国际准则》，上海三联书店2022年版，第26—64页。

[2] 参见[美]雪莉·大卫杜夫：《数据大泄漏：隐私保护危机与数据安全机遇》，马多贺等译，机械工业出版社2021年版，第36页。

[3] 参见李昊：《个人信息侵权责任的规范构造》，载《广东社会科学》2022年第1期。

[4] 参见田野：《风险作为损害：大数据时代侵权"损害"概念的革新》，载《政治与法律》2021年第10期。

[5] 参见谢鸿飞：《个人信息泄露侵权责任构成中的"损害"——兼论风险社会中损害的观念化》，载《国家检察官学院学报》2021年第5期。

[6] 参见程雪军：《超级平台算法价格歧视的反垄断规制》，载《法治研究》2023年第1期。

和选择自由的信息茧房。数据权力则是另一种形式的侵权，数据的效用发挥逐渐改变了传统的权力界定，当数据的容量足够大，数据分析处理能力足够强，数据企业就可以对其他主体形成强大的不正当的影响力，大型数据平台对合作商家、竞争对手、上下游企业和广大消费者均可以因数据权力的存在形成损害。还有，针对个体的个人数据过度收集、违法跟踪、全程监控等问题也时而可见。在数据企业争夺数据的过程中，第三方数据企业通过"搭便车"的方式不正当地利用从其他企业获取的数据，也可能形成不正当竞争侵权。更严重的侵权则构成犯罪，主要类型有数据获取类、数据造假类、数据攻击类犯罪以及数据犯罪的关联犯罪，比如第三方数据企业在缺乏授权的情况下，通过侵入服务器、破解或规避技术措施、不正当使用他人 ID 和密码等方式获取其他企业的数据，情节严重的情形。

当代的数据侵权具有范围广、速度快、后果严重的特点，符合风险社会的属性，其本身也构成风险社会的风险。各项数据技术的"强大力量及其对复杂社会和环境系统长期影响的不确定性，这种外部性效应和意外后果带来的挑战尤其严峻",[1]数据广泛的正外部性和负外部性交织，在追求大数据正外部性的过程中必须面对其广泛的负外部性。不同于传统有体物，数据具有无体性、流动性、易得性等特点，以往的财产权规范无法全面适用，因此形成诸多法律适用的空白地带。数据侵权和传统侵权在样态方面存在重要区别，传统侵权的对象往往是有限的人或财产，但数据的侵权则大概率是大面积的、普遍性的侵权，损害结果测量存在困难，传统的救济方式适用难度大。

四、世界各地的数据法律实践

"法律不只是一整套规则，它是人们进行立法、裁判、执法和谈判的活动。"[2]各国都制定了相应的数据政策,[3]不同政策指导下的各国立法、司法和执法呈现出多元化趋势，但也有一致之处。在具体数据立法方面，欧盟很早就开始

---

〔1〕 参见［德］克劳斯·施瓦布、［澳］尼古拉斯·戴维斯：《第四次工业革命——行动路线图：打造创新型社会》（实践版），世界经济论坛北京代表处译，中信出版社 2018 年版，第 11 页。

〔2〕 参见［美］伯尔曼：《法律与宗教》，梁治平译，中国政法大学出版社 2002 年版，第 11 页。

〔3〕 世界各国均非常重视数据产业和数字经济的发展，并制定了符合自身实际的数据战略。总体来看，各国已逐渐从依靠数据技术、市场优势等外在因素进行资源争夺的冲突格局转向依靠引领数据立法、规范技术精细化等内生要素的数据规则及精准规范的竞争格局。各国制定数据战略往往旨在

了以保护个人数据权利为导向的数据立法，1995年10月，欧盟出台了《关于涉及个人数据处理的个人保护以及此类数据自由流通的第95/46/EC号指令》[以下简称《个人数据保护指令（第95/46/EC号）》]，1998年10月正式生效。《个人数据保护指令（第95/46/EC号）》为欧盟成员国制定和实施数据保护法律提供了基础框架和雏形，促成欧盟境内数据保护标准趋向统一，推动了全球个人数据保护秩序的构建。近期最具有代表性的立法是欧盟在2016年通过的《通用数据保护条例》（General Data Protection Regulation，GDPR），该条例就是在《个人数据保护指令（第95/46/EC号）》的基础上制定的，被称为史上最严的个人数据保护法，[1]之后的2018年，欧盟也对非个人数据以自由流动为指导进行立法，出台了《非个人数据自由流动条例》，目的在于进一步激

（接上页）更好地管控更多的数据，实现较于他国的数据优势，但由于对数据共同的指向，各国间的矛盾在所难免。美国在数据政策方面起步最早，美国商务部1998–1999年就发布了《浮现中的数字经济》系列报告，并于2015年的《数字经济议程》中明确把发展数字经济作为实现繁荣和保持竞争力的关键。其间的2010–2014年，美国国家电信和信息管理局（NTIA）联合经济和统计管理局（ESA）连续发布6份"数字国家"报告。2018年，美国商务部经济分析局（BEA）发布工作文件《数字经济的定义和衡量》，对新时代人们认识和度量数字经济起到重要的促进作用。2021年1月，美国科技创新智库"信息技术和创新基金会"（ITIF）发布题为《美国全球数字经济大战略》的报告，提倡在发展中国家推行美国模式。欧盟数字化战略最早可以追溯到2000年的《里斯本战略》，彼时欧盟委员会已经意识到，科技创新和科研投入在互联网时代是拉动未来新兴经济增长点的重要引擎。2010年出台的《欧盟2020》是在《里斯本战略》基础上的延续和进一步完善，将欧盟数字化正式提上日程。2014年，欧盟提出数据价值链战略计划，重在推动大数据创新和数据生态系统培育，之后又推出欧洲工业数字化战略、欧盟人工智能战略等规划。2015年5月，欧盟正式启动单一数字市场战略，力求整合欧盟区域内的资源，并出台了《数字化单一市场战略》及其配套的35项立法提案和政策倡议，对欧洲数字议程进行了具体规划，首次提及网络平台用户隐私保护责任和欧洲非个人数据自由流动计划，并提出了助力单一数字市场的三大引擎，一是促进跨境数字产品服务升级，二是加大数字网络服务政策支持，三是激发数字经济增长潜力。2020年2月，欧盟发表了《塑造欧洲的数字未来》《欧洲数据战略》《人工智能白皮书》三份战略文件，旨在通过完善数据可用性、数据共享、网络基础设施、研究和创新投资等，助力欧盟完成数字单一市场构建，在数据经济领域成为与美、中比肩的第三极。2021年3月，欧盟发布了《2030数字化指南：实现数字十年的欧洲路径》纲要文件，涵盖了欧盟到2030年实现数字化转型的愿景、目标和途径。在世界各国均积极推出数据战略的背景下，我国中央网络安全和信息化领导小组于2014年2月宣告成立，并明确了建设网络强国的战略目标，2015年8月，国务院公布了《促进大数据发展行动纲要》，提出加快政府数据的开放共享，推动产业的创新发展，建设数据强国。2015年10月，十八届五中全会明确提出"实施国家大数据战略"。2016年，中共中央办公厅、国务院办公厅联合印发了《国家信息化发展战略纲要》，成为之后十年国家信息化发展的纲领性文件。

〔1〕参见《史上最严数据保护法来了 侵犯网民隐私可罚1.5亿》，载环球网，https://baijiahao.baidu.com/s? id=1601662095152822184&wfr=spider&for=pc，最后访问日期：2023年4月25日。

发境内数字经济活力。[1]美国缺乏联邦层面的数据保护立法，而是根据特定行业、事项单独立法，有观点提出在现有分散法律的框架上制定全国性数据保护法律，[2]美国统一法律委员会和立法机构也在为全国性的数据保护立法努力。[3]在数据管辖方面，美国于2018年3月签署通过了《澄清境外数据的合法使用法》(The Clarifying Lawful Overseas Use of Data Act，CLOUD 法案)，该法案的出台打破了数据属地管辖模式，构建了一套以数据控制者实际数据控制权限为判断依据的全新标准框架。在各国加强数据立法的同时，我国也相继出台了《中华人民共和国网络安全法》（以下简称《网络安全法》）（2017年）、《中华人民共和国数据安全法》（以下简称《数据安全法》）（2021年）、《中华人民共和国个人信息保护法》（以下简称《个人信息保护法》）（2021年）、《关键信息基础设施安全保护条例》（2021年）等法律法规及其配套规定，此前于2009年2月审议通过的《中华人民共和国刑法修正案（七）》（以下简称《刑法修正案（七）》）则第一次将个人信息保护纳入刑事法律规范范畴，将侵犯个人信息的特定行为认定为犯罪，[4]这些规定为

---

[1] 参见《欧盟数据自由流动立法的启示》，载雪球网，https://xueqiu.com/7842369805/121792199，最后访问日期：2023年4月25日。

[2] 比如，美国于1974年的《隐私法》(The Private Act) 中规定，隐私保护仅针对公共部门的侵权，没有就私人公司对个人侵权进行规定，并且该法案不适用于非美国公民的个人。See Daniel J. Marcus, "The Data Breach Dilemma: Proactive Solutions for Protecting Consumers' Personal Information", *Duke Law Journal*, Vol. 68, No. 3., 2018, p. 583. 文章提出在规定医疗信息保护的《医疗电子交换法案》(Health Insurance Portability and Accountability Act/1996, HIPAA) 及规定金融信息保护的联邦金融数据隐私法案（Gramm-Leach-Bliley Act, GLBA）的构架基础上制定全国性的数据保护法律。

[3] 2021年7月，美国统一法律委员会（ULC）通过了《统一个人数据保护法》(The Uniform Personal Data Protection Act, UPDPA) 示范法案，旨在为各州的隐私立法提供模板，经过最终修订后，该法案于2022年1月后可以为州立法机构引入。2022年6月，美国众议院和参议院共同发布了《美国数据隐私和保护法》(The American Data Privacy and Protection Act, ADPPA) 草案，这是首个获得两党两院支持的、全面的联邦隐私立法草案，但最终通过仍有待时日。

[4] 根据《刑法修正案（七）》，个人信息保护义务相对人扩大至"国家机关或者金融、电信、交通、教育、医疗等单位的工作人员"，对"出售或者非法提供"以及"窃取或者以其他方法非法获取"等违法行为纳入重点打击范畴。从1997年《中华人民共和国刑法》《刑法修正案（七）》《中华人民共和国刑法修正案（九）》到最高人民法院、最高人民检察院《关于办理危害计算机信息系统安全刑事案件应用法律若干问题的解释》，数据安全刑法保护经历了从附属保护到间接保护，最终趋向独立保护的发展过程。

进一步规范数据出入境和境内数据保护提供了法律依据。[1]

由于各国理念、政策、立法的差异化，相应的冲突在司法中得以展现。欧盟法院以美国国家立法对个人数据的除外保护情况具有相当的不确定性为由，相继宣告规范双方数据流动的《安全港协议》《隐私盾协议》无效，但双方于2022年3月又就跨大西洋数据传输的新框架达成了原则性协议。[2]在国内数据保护方面，各国在判决个人数据保护及不正当竞争侵权方面的尺度有所差异，各国的司法案例也不断形塑新的数据运用规则，比如，2021年2月，美国联邦法官准许了Facebook人脸识别侵权集体诉讼案的和解协议，同意Facebook以6.5亿美元解决集体诉讼纠纷，和解协议确认，Facebook将把人脸识别的默认用户选项设置为"关闭"，以避免擅自收集个人数据。[3] 2020年，TikTok母公司字节跳动因涉嫌非法收集用户隐私数据，而被美国用户集体起诉，这个案件在2021年2月最终以字节跳动向多位美国TikTok用户共支付9200万美元而和解结案，和解协议确认，TikTok同意停止对包括用户的面部特征在内的各类生物识别信息进行记录，停止对用户位置进行GPS跟踪，停止从用户的草稿中收集信息，不再将美国用户的数据存储或传输至国外等。中国在近期的司法案例中，探索出三重授权原则（脉脉与新浪微博不正当竞争纠纷案）、[4]个人数据与集合数据的区分原则（首例涉及微信数据权益认定案）等。[5]

行政执法方面，各国均采取了比较严厉的执法措施。相关企业的违规事由

---

[1] 相关规范还有：《中华人民共和国民法典》（2021年）（以下简称《民法典》）中个人信息和数据的重要规定，最高人民法院、最高人民检察院《关于办理侵犯公民个人信息刑事案件适用法律若干问题的解释》（2017年），最高人民法院《关于审理使用人脸识别技术处理个人信息相关民事案件适用法律若干问题的规定》（2021年），各地的地方性立法等。

[2] 参见《美国与欧盟就跨大西洋数据传输达成原则性一致》，载界面新闻网，https://baijiahao.baidu.com/s?id=1728268539659870204&wfr=spider&for=pc，最后访问日期：2023年4月25日。

[3] 参见《你的脸就是你的资产，别借技术蹭鼻子"上脸"》，载新浪财经网，https://baijiahao.baidu.com/s?id=1694386107657640289&wfr=spider&for=pc，最后访问日期：2023年4月25日。

[4] 参见北京知识产权法院（2016）京73民终588号民事判决书（北京微梦创科网络技术有限公司与北京淘友天下技术有限公司、北京淘友天下科技发展有限公司不正当竞争纠纷案）。

[5] 参见杭州市中级人民法院（2020）浙01民终5889号民事裁定书［深圳市腾讯计算机系统有限公司、腾讯科技（深圳）有限公司与浙江搜道网络技术有限公司、杭州聚客通科技有限公司不正当竞争纠纷案］。

主要包括：数据安全问题和利用个人数据提供广告服务时的信息提供问题、[1]向用户提供信息不充分、个人数据不透明、违反透明原则等，[2]罚款金额也持续居于高位。[3]各国在行政执法上均显示出雷霆态度，我国也在行政执法上采取了重要措施。国家互联网信息办公室于2022年7月对滴滴全球有限公司处以80.26亿元罚款，处罚理由是存在严重侵犯用户隐私、严重侵犯用户个人信息权益等情形。而面对数据平台企业所形成的垄断地位，各国同样采取了强硬的执法态度。[4]德国于2019年开始对《反不正当竞争法》进行第十次修订，这次修订规定了德国联邦反垄断局的一项新权力：对科技企业在滥用市场支配地位行为发生前即可强制实施限制措施，此次修订使德国反垄断案件的处理效率大为提高，表现出德国在数字经济领域反垄断立法方面的先行意

---

[1] 2021年7月16日，卢森堡国家数据保护委员会（CNPD）裁定亚马逊（Amazon）对其用户数据保护不力，违反了GDPR规定，对亚马逊处以7.46亿欧元的罚款。参见《亚马逊因违反欧盟数据保护条例被重罚7.46亿欧元》，载光明网，https://m.gmw.cn/baijia/2021-07/31/1302446236.html，最后访问日期：2023年4月25日。

[2] 2021年9月2日，爱尔兰数据保护委员会（DPC）宣布，对WhatsApp爱尔兰有限公司罚款2.25亿欧元。参见《WhatsApp处理个人数据不透明 爱尔兰罚款2.25亿欧元》，载财新网，https://www.caixin.com/2021-09-03/101768042.html，最后访问日期：2023年4月25日。

[3] 比如，2020年3月瑞典数据保护局认为谷歌违反了GDPR，罚款7500万瑞典克朗，参见《盘点：2020年度GDPR经典执法案例》，载风暴中心网，https://www.websaas.cn/typecho/news/index.php/archives/251/，最后访问日期：2023年4月25日；2019年2月美国联邦贸易委员会（Federal Trade Commission，FTC）裁决TikTok违反美国《儿童在线隐私权保护法案》（Children's Online Privacy Protection Act of 1998，COPPA））非法收集儿童数据，罚款570万美元，参见《违规搜集儿童隐私，抖音国际版在美被罚570万美元》，载安全内参网，https://www.secrss.com/articles/8667，最后访问日期：2023年4月25日；2020年7月韩国广播通信委员会因TikTok处理数据不当，对其罚款1.86亿韩元，参见《因对儿童数据处理不当，TikTok在韩国被罚1.86亿韩元》，载界面新闻网，https://baijiahao.baidu.com/s?id=1672284186824271245&wfr=spider&for=pc，最后访问日期：2023年4月25日。

[4] 比如，2021年10月，我国市场监管总局依法对美团在中国境内网络餐饮外卖平台服务市场实施"二选一"垄断行为作出行政处罚，罚款共计34.42亿元，参见《市场监管总局对美团施行反垄断处罚：罚款34.42亿元 美团：坚决落实，以此为戒》，载人民资讯网，https://baijiahao.baidu.com/s?id=1713043419573385228&wfr=spider&for=pc，最后访问日期：2023年4月25日。之前的2020年7月，苹果（Apple）、谷歌、亚马逊和脸书（Facebook）这4家科技巨头的负责人均出席美国国会反垄断听证会，美国检察机关指控认为，这些互联网科技公司在智能终端、搜索引擎、数字广告、社交媒体、电子商务等领域处于绝对统治地位，是阻碍竞争和创新的"元凶"，参见《反垄断风暴中的互联网巨头》，载澎湃新闻网，https://www.thepaper.cn/newsDetail_forward_3946124，最后访问日期：2023年4月25日。

011

识，其大胆的尝试也为欧盟供应了可借鉴的范本。[1]欧盟于 2017、2018、2019 年以滥用市场支配地位为由对谷歌（Google）分别处 27 亿、50 亿及 17 亿美元罚款，[2]法国因垄断协议对苹果处 11 亿欧元处罚。[3]各国的反垄断实践有力说明数据正在形成数据权力，并形成对社会的不当的强大影响力，从一国乃至全球经济和社会的健康发展计，需要对平台企业的垄断行为进行必要的规制。

第二节 研究维度的选择：数据主体规范模式

数据规范具有数据治理的宏观背景，是数据治理中的法律之维，数据规范的核心在于分配各方数据主体的权利义务。既有的理论研究主要以数据为对象进行讨论，还需要采取主客体相结合的思路，同时考虑数据主体的不同情形，探索出适合于不同数据主体的规范模式，以合理分配各方数据主体的权利义务并努力厘清各方的权利边界。

一、数据规范的基础地位

数据治理是互联网治理的延伸和发展，数据规范的话题在数据治理的宏观背景下展开。[4]习近平总书记在 2019 年 G20 大阪峰会的数字经济特别会议

---

[1] 参见《反垄断全球在行动》，载《经济日报》2021 年 4 月 14 日，第 4 版。

[2] 参见《欧盟对谷歌广告业务展开反垄断调查》，载新华网，http://www.xinhuanet.com/2021-06/24/c_1127593615.htm，最后访问日期：2023 年 4 月 25 日。

[3] 具体理由为与产品分销有关的侵权，包括客户分配、转售价格维持和滥用经销商的经济依赖关系。参见《法国对苹果公司开出 11 亿欧元罚单》，载中国日报网，https://baijiahao.baidu.com/s?id=1661462978699830411&wfr=spider&for=pc，最后访问日期：2023 年 4 月 25 日。

[4] 除社会实践层面的内涵外，数据治理还同时具有技术层面的内涵。国际商业机器公司（International Business Machines Corporation，IBM）也许是最早提出数据治理概念的公司，它凭借多年出色的 IT 咨询经验，以及大数据平台开发经历，提出了数据治理统一流程理论（The IBM Data Governance Unified Process）。IBM 数据治理委员会在构建数据治理统一框架方面，提出了数据治理的要素模型，包含成果、支持条件、核心规程和支持规程四个层次：平衡和考量数据治理项目的风险合规性以及其能为企业带来的价值，是影响项目成果的主要因素；建立完备的组织、形成统一的意识、制定恰当的策略、实施周到的管理工作是项目成功必不可少的支持条件；提升数据质量、做好生命周期管理、保证数据安全是数据治理项目的核心规程；系统体系结构设计、元数据梳理并形成统一资源目录，数据的合规、内控、审计流程是数据治理项目的支持规程。国际数据管理协会（The Data Management Association，DAMA，是一个全球性数据管理和业务专业志愿人士组成的非营利协会，致力于数据管理的研

上提出,"数字经济发展日新月异,深刻重塑世界经济和人类社会面貌""要共同完善数据治理规则"。基于尊重网络空间主权平等原则,从构建人类命运共同体的理念出发,我国政府于2020年发起了旨在推动全球数据治理规则制定的《全球数据安全倡议》。中国共产党中央网络安全和信息化委员会于2021年12月印发《"十四五"国家信息化规划》,提出要建立健全规范有序的数字化发展治理体系。2022年的政府工作报告中提出完善数字经济治理,这是"数字经济治理"首次出现在政府工作报告中。2020年7月,毕马威联合阿里研究院发布《数据大治理》研究报告,报告首次提出了"数据大治理生态体系"这一全新概念,强调从顶层架构上设计各相关主体的权利和义务,在保护个人隐私和数据安全、挖掘数据价值、促进数字经济发展的多重目标之间取得平衡,从而实现社会效益的最大化和可持续发展。数据治理是数字空间治理的重要内容,其中既有技术手段的运用,更有社会政策的安排,注重网络综合治理体系建设,需要系统治理、依法治理、综合治理、源头治理等统筹推进,[1]从而具有社会治理层面的宏观视野,治理原则主要包括:有效性原则、价值化原则、统一性原则、开放性原则、安全性原则。[2]

　　数据规范是明确各主体权利和义务的行为准则,在数据治理中具有基础性地位。与数据治理的社会学角度存在不同,数据规范坚持法学进路。规范,用拆词法理解:规是尺规的规,用来画图的工具;范是范本的范,本意指模具,是一种对思维或行为的约束力量,一般指行为标准。规范一般可分为技

(接上页)究和实践)推出的数据管理知识体系(DMBOK2)对于企业数据治理体系的建设有一定的指导性。DAMA-DMBOK从数据治理生命周期角度开启研究,定义了10个职能域,用于指导组织的数据管理职能和数据战略的评估工作,并建议和指导刚起步的组织去实施和提升数据管理。其总结了数据管理的10个领域:数据治理、数据架构管理、数据开发、数据操作管理、数据安全管理、参考数据和主数据管理、数据仓库和商务智能管理、文档和内容管理、元数据管理、数据质量管理,并把"数据治理"放在核心地位。而要进行有效的数据治理,需要将以上工作内容与DAMA总结的七大环境要素结合起来,并建立匹配关系,从而确保数据治理目标的实现和环境要素的配合贡献。这七大环境要素分别是:目标和原则、活动、主要交付物、角色和责任、技术、实践和方法、组织和文化。其中数据治理定义为:数据资产管理的权威性和控制性活动(规划、监视和强制执行),数据治理是对数据管理的高层计划与控制。参见[美]DAMA国际:《DAMA数据管理知识体系指南(原书第2版)》,DAMA中国分会翻译组译,机械工业出版社2020年版。

〔1〕参见夏学平等:《加强数字化发展治理 推进数字中国建设(人民要论)》,载《人民日报》2022年2月15日,第7版。

〔2〕参见刘驰等编著:《大数据治理与安全:从理论到开源实践》,机械工业出版社2017年版,第9-10页。

术规范和社会规范两大类，技术规范指规定人们支配和利用自然力、劳动工具、劳动对象的行为规则，侧重于强调技术性的流程和操作要求。社会规范是调整人与人之间的社会关系的行为规则，法律规范以外，还有道德、习惯等。法律规范是社会规范中最核心的内容，是指由国家制定或认可的，并由国家强制力保证实施的具体规定权利义务及法律后果的行为准则。技术规范与法律规范存在重大差异又有紧密联系，法律规范可以规定相关人员负有遵守和执行技术规范的义务，并确定违反后的法律责任，技术规范则成为法律义务的具体内容。在当前数据发展形势极为复杂的情况下，技术规范具有特别的地位，是保障数据生产运营依法、合规、安全的基础，违反数据技术规范很可能造成严重的后果并触发社会规范所规定的责任。我国出台的一系列信息安全标准即属于技术规范，[1]用以规范各类数据处理者的技术行为。技术规范主要是生产、运行数据主体的行为规范，基本面是一种义务或职责，而法律规范对各方主体权利义务的分配具有全局性，但又需要技术规范的支撑才能得以落实。

规范模式是配置相关主体权利义务的基本思路。规范作动词使用时，意指使某物某事符合一定的标准，作名词使用时，指相关的行为准则，在法律层面的"数据规范"中，规范既有名词也有动词的理解。模式是主体行为的一般方式，是事物结构的主观理性形式，是理论和实践的中介环节。规范模式即分配各主体权利义务的基本路径、方法所形成的框架性原则，对于某个部分的合理限制并不改变模式的一般性。模式在实际运用中必须与具体情境结合以实现一般性和特殊性的连接，并根据实际情况的变化随时调整要素和结构以保证可操作性。模式可以借鉴现有经验，有些则必须重新形成，与现象本质是否契合则需要在认识过程中逐步检验，在实务过程中不断调整，最终形成最符合现象的适当模式。数据权利义务的分配无法完全参照现有的规范模式（包括人格权规范模式、物权规范模式、知识产权规范模式等），比如物权所有权的概念就无法直接适用于数据，数据的现实形势要求探索出适合

---

[1] 《标准化工作指南 第1部分：标准化和相关活动的通用术语》（GB/T 20000.1-2014）国家标准文件中"标准"的定义：为了在一定范围内获得最佳秩序，经协商一致判定并由公认机构批准，为各种活动或其结果提供规则、指南或特性，供共同使用和重复使用的一种文件。中国信息通信研究院发布的《2019数据标准管理实践白皮书》中对数据标准进行如下定义：数据标准（Data Standards）是保障数据的内外部使用和交换的一致性和准确性的规范性约束。

数据的规范模式，才能公正合理地分配各方数据主体的权利义务，从而构建和谐的数字生态环境。模式是一种基本取向和原则，不排除有例外，因此，本书的规范模式是一种相对宏观的分析框架。

二、数据主体维度的选择

主体是法律关系的参加者，一般包括国家、机构和组织以及公民，在法律关系中作为权利、义务的享有者或承担者。法律的规定不只是对事实的描述和总结，更应该包含各主体权利义务公正分配的内涵。当前的部分观点存在由事实推导出权利的问题，比如有观点认为能力代表权利，谁在数据结构中占据主导地位谁就享有更广泛的数据权利，[1]还有观点认为算法能力决定数据权利。[2]虽然能力是影响权利义务配置的重要因素，但并非简单的正相关关系。社会各方主体在能力、地位、功能、资源等方面都有差异，因此，还需要综合各主体的实际情况合理进行权利、义务、责任的配置，在经验的基础上以公正的价值观为指导进行理性的架构。数据相关主体众多，包括第三方中介机构、行业组织等，但个人、数据企业、政府、国家是最重要的数据主体，解决了这些最直接的相关主体的规范模式，其他主体的问题就可以迎刃而解。

包含无数个体的公众是数字经济的主要参与者。随着数据技术的高速发展，数据自动化记录正在成为各类设施设备的一种基本属性，个人数据总量在数字空间呈几何级数增长，而环境和个人的高度数据化正成为个人生活环境的基本特征。但在享受便利和服务的同时，个人数据泄露等侵权事件频发，个人的应对能力却非常欠缺。数据企业是数据技术的核心参与者，是数字经济发展的重要力量。但也正因为其技术优势及掌握海量数据的事实，更加存在权利滥用的可能，因此，在保护权益的同时需要加强对数据企业的规范管理。政府在数据大治理中具有多重身份，是数字经济的参与者、推动者、监管者。政府首先可以实现政务部门内部政务数据的互联共享，提高政务服务效率和质量；其次可以通过政务数据开放，加强政务信息公开，释放政务数据潜在价值；同时，政府作为数据规范的制定者和执行者，负责界定数据产

---

[1] 参见戴昕：《数据界权的关系进路》，载《中外法学》2021年第6期。
[2] 参见韩旭至：《算法维度下非个人数据确权的反向实现》，载《探索与争鸣》2019年第11期。

权、制定交易规则、维持交易秩序和处理交易纠纷，承担着平衡数据安全保护和数据效益最大化的职责。国家在国际交往中则是独立主体，当前各国的数据争夺战硝烟未散，国际数据规则呈现出碎片化状态。一个国家或地区的数据治理立法和实施，会对其他国家和地区产生"规范溢出"效应，全球数据治理需要各国、各地区密切配合，加强政策的协同性，促进国际数据规则的制定和实施，共同构建良好的国际数据治理格局。

　　数据企业在数据运行中具有枢纽地位。欧盟采用了数据控制者和数据处理者的界定，数据控制者决定数据处理的目的和手段，数据处理者则代表数据控制者进行具体处理。一般认为，在对数据的处理过程中，数据处理者没有自由裁量的余地，必须全面按照数据控制者的要求进行数据处理。如果处理者的活动超出了授权的范围，在某次处理活动中决定了处理活动的目的和方式，那么就这次处理活动而言，处理者就将被认定为是控制者。我国的立法对于数据处理者的规定有一个变化的过程，[1]当前的个人信息保护、数据安全立法中没有区分控制者或处理者，而是只采用了数据"处理者"概念，而根据《数据安全法》第3条对于"数据""数据处理""数据安全"的规定，[2]我国立法中的数据处理者可以涵盖欧盟规定中的控制者和处理者。我国对于数据合规的责任主体范畴拓展至"任何组织与个人"，可以与欧盟更加严格的数据监管接轨。个人是否能够成为数据控制者或处理者？新的互联网及数据技术将使个人成为数据控制/处理者成为可能，如果个人充当了该种角

---

〔1〕《全国人民代表大会常务委员会关于加强网络信息保护的决定》（2012年）第1条第2款明确"任何组织和个人不得窃取或者以其他非法方式获取公民个人电子信息，不得出售或者非法向他人提供公民个人电子信息"，但在后面的具体条文中则以"网络服务提供者"和"其他企业事业单位"为规范对象；《中华人民共和国消费者权益保护法》（2014年）则主要规范经营者收集、使用个人信息的行为；《网络安全法》（2017年）主要规范网络运营者的信息收集、使用行为；《民法典》（2021年）第111条规定的规范对象为"任何组织或者个人"；《个人信息保护法》（2021年）提出了个人信息处理者的概念：是指在个人信息处理活动中自主决定处理目的、处理方式的组织、个人；《数据安全法》（2021年）规范的主要是重要数据的处理者和关键信息基础设施的运营者，其他数据处理者在中华人民共和国境内运营中收集和产生的重要数据的出境安全管理办法，由国家网信部门会同国务院有关部门制定。兜底条款规定，"任何组织、个人收集数据，应当采取合法、正当的方式，不得窃取或者以其他非法方式获取数据。"

〔2〕《数据安全法》第3条规定，本法所称数据，是指任何以电子或者其他方式对信息的记录。数据处理，包括数据的收集、存储、使用、加工、传输、提供、公开等。数据安全，是指通过采取必要措施，确保数据处于有效保护和合法利用的状态，以及具备保障持续安全状态的能力。

色，则应承担相应的责任。

各国也对数据规范的适用对象作出不同的除外规定。根据欧盟或其成员国法律，在特定的调查框架下接收到个人数据的公权力机构，不得被视为个人数据"接收者"；公权力机构应当根据数据处理目的，遵循相应的数据保护规则。《日本个人信息保护法》第2条也进行了除外规定，[1]我国《数据安全法》第49条明确国家机关不履行数据安全保护义务的法律责任。[2]

各方主体均是权利义务的统一体，其合法权益均应受到保护，义务和职责也均应得到落实。但从整体上看，根据各方主体的功能、能力、资源和地位，应分别对个人数据主体、企业数据主体、政务数据主体、跨境数据主体采取赋权模式、规制模式、职责模式、对等模式。但需要注意到对主体的规范模式的讨论是以与主体联系最密切的数据客体为基础，即坚持最典例的主体与对应的最主要的客体相结合的思路。其中，赋权模式不代表没有义务，而是通过赋权补足个人的能力短板，从而更好地维护自身权益；而规制也不代表数据企业没有权益需要保护，而是由于数据企业关系到海量的个人数据安全和国家数据安全，规制模式应构成数据企业权利义务配置的主要面向；政务部门的职责模式存在职权和责任两个层面，政务部门承担着维护国家和社会利益的责任，其合法权益也需要得到维护，但由于只有政务部门才有权力、有能力进行政务数据开放以及数据秩序的强制性维护，因此，应以职责模式为主；而对于国家间的数据跨境，对等模式是一种现实中被广泛采用的操作，但并不否认个别国家的单边操作的实践和可能，只是对等模式更符合公平实践的需要。

三、数据真的没有所有权吗？

数据权属及其分配规则不清，已成为数字经济发展的最大制度性障

---

[1]《日本个人信息保护法》第2条第3项规定，本法所称的"个人信息处理者"，是指正在将个人信息数据库等用于业务的主体，但下列主体除外：（一）国家机关；（二）地方公共团体；（三）独立行政法人等（指《关于保护独立行政法人等所保存的个人信息的法律》（平成15年法律第59号）第2条第1款规定的独立行政法人等。以下相同）；（四）地方独立行政法人［指《地方独立行政法人法》（平成15年法律第118号）第2条第1款规定的地方独立行政法人等。以下相同］。

[2]《数据安全法》第49条规定，国家机关不履行本法规定的数据安全保护义务的，对直接负责的主管人员和其他直接责任人员依法给予处分。

碍。[1]数据确权是大数据时代的头号难题,世界各国对于数据确权的重要性尽管都有普遍性认识,但却由于数据的特殊性和数字经济的灵活性,始终没有进行正面规定,理论界及实务界对数据权属也远未形成共识。但在大数据时代,由无数个体数据汇集而成的海量数据集合实际上已经被作为商品进行交易,甚至许多国家并不禁止个人数据的交易,这大有市场实践先于理论探讨的意味。自 2015 年《促进大数据发展行动纲要》发布至今,在推进数据产业的发展和数据要素的资产化方面,我国已经出台了诸多规定。2020 年 3 月,中共中央、国务院《关于构建更加完善的要素市场化配置体制机制的意见》正式发布,将数据确立为五大生产要素(数据和土地、资本、劳动力以及技术)之一,其中第 6 条明确规定,研究根据数据性质完善产权性质。不过,产权概念具有深刻的经济学内涵,[2]而经济学范畴的词汇在法律规范层面需要法律词汇来承接,本书理解的产权概念应包括权属和权能两个层面,前者解决数据归属问题,后者解决包括数据所有者在内的各相关主体对于数据的权能合理分配问题。正如丹尼斯·罗伊德(Dennis Lloyd)所言,所有权也可分解为"一组"权利并可以分为两类,一类与"所有权之根源"相关;另一类则为用益权。[3]

传统的物权所有权概念是数据所有权确权的最大观念障碍。现今的讨论一旦涉及所有权就立即联想到物权体系下的所有权,但传统的所有权概念来源于有体物时代,自然含有对有体物的全面控制及利用的内涵。而数据属于无体物,无法全面控制,也可以分别利用,在权属上看似不那么清晰,权利主体在权能上也难以全部拥有,难以适用传统的物权所有权体系。这种情况下,吉诺萨尔(Ginossar)的所有权理论中对所有权的还原与限缩具有特别的参考意义,还原是指对所有权(ownership)还原其"归属"意义,也因此将所有权包含归属与完整权能的内涵限缩为"归属"的原义。[4]此时所有权的意义变得稀薄,但又正因其稀薄,具有了更普遍的适用性,其实这种稀薄层

---

[1] 参见申卫星:《论数据用益权》,载《中国社会科学》2020 年第 11 期。

[2] 参见刘凡、刘允斌:《产权经济学》,湖北人民出版社 2002 年版,第 4-8 页。

[3] 参见[英]丹尼斯·罗伊德:《法律的理念》,张茂柏译,上海译文出版社 2014 年版,第 251 页。

[4] 参见张静:《所有权概念有体性之超越及其体系效应——以析评 Ginossar 所有权理论为视角》,载《南大法学》2021 年第 5 期。

面的所有权,在知识产权法律体系中已经得到体现。现代民法学者持类似观点,认为物权乃是关于物之归属秩序的权利,物权的核心功能在于明确物对于权利主体的直接归属。[1]

对于数据权属的确认应该避免外部视角,不能仅从或主要从某个主体所能实现的数据价值来进行认定,而应该回归到数据归属的内部正当性进行考查。对于个人数据属于个人所有及政务数据属于国家所有的观点争议不大,但对于企业数据的归属却充斥着各种声音。企业数据的归属可以从正反两方面进行考查,从正向来看,数据的生产者因其投入、组织、维持数据生产应该享有数据的权属,因为没有数据生产者的各种投入,数据集合就无从产生。而且数据企业需要经营资质,具有生产资格上的合法性。这种合法生产所得与黑客、黑市获取数据的方式有本质的不同;从反向来看,谁能够合法地终止数据生产、服务甚至"消灭"所有数据呢?也只有数据的生产者可以。因此,将数据的权属归于生产者所有具有内部的正当性。从责任的追究角度,只有确定了数据归属,才能够确定最终的责任主体,就如同商标最开始用于标识生产者,但结果也有助于追究产品质量造成损害的责任类似。2022年12月2日,中共中央、国务院印发《关于构建数据基础制度更好发挥数据要素作用的意见》,意见以问题为导向,淡化所有权、强调使用权,聚焦数据使用权的流通性,开创性地提出建立数据资源持有权、数据加工使用权和数据产品经营权三权分置的数据产权制度框架。该种制度框架综合了所有权理论和数据控制者、处理者的思路,根据数据生产、流通、使用的动态过程,设计了各方主体的权利,具有相当的合理性和创新价值。

就是否需要对数据所有权设定期限方面,应以不设期限为原则。对于个人数据应当不设定期限,其权利保护在个人死后可以参照死者人格保护的相关规则。政务数据由于其公共属性,应不设定期限,如果设定期限则期限届满后的归属也将成谜。对于企业数据,如果从照顾到前期投入的补偿及后期共享的需要和必要两方面考虑,进行期限设定具有一定的合理性:一方面对生产者进行回馈,另一方面发挥数据的最大效用。但期限的设定却充满困难,单个数据的起算起点即使可以确定,由于数据集合中存在无数数据,数据容

---

[1] 参见苏永钦:《物权法定主义松动下的民事财产权体系——再探大陆民法典的可能性》,载《厦门大学法律评论》2005年第1期。

量、形态的动态化也足以导致期限制度不具有可操作性。而且企业数据一旦所有权期限届满，则维护主体是谁？在剥夺了原所有权人的权利和名义后难道还让原所有权人继续承担该责任？如果没有维护主体，则大概率会沦为公地悲剧，这也是把数据界定为公共资源的观点面临的问题。这与知识产权的有限期限不同，比如专利的有限期限来源于以公开换权利，其拟制垄断性决定了应该具有期限性，但数据本身不具有与专利类似的特性，其生成过程也存在很大差异，因此，在目前的数据持有权语境下，暂没有必要设定权利期限。

四、合理权利边界的形成

无论所有权是否确权，只要各方数据主体承担义务，则权利必须有边界。如果所有的权利都没有边界，就相当于所有人都没有权利，因为权利随时可能被其他权利覆盖。因此，每一项权利都应有其行使的边界，不得逾越法律划定的范围，也不能妨碍他人权利及社会秩序，不论该权利是由法律明确直接规定的，还是由基本权利派生而来。数据的权属确认和权能确定是两个层面的内容，权属聚焦于内部正当性，而权能的边界则更多考虑外部正当性，当前对于数据确权的讨论往往在权属问题上考虑了过多的外部性因素。

通过对价才能实现各方权利义务的衡平。[1]权属的确定并不意味着全面的权能，私有权利的边界为公共利益，是私有权利与公共利益对价衡平的结果。个体权利与公共利益的冲突，往往表现为个体与个体的行为冲突，因此，我们看到的个人权利冲突经常是个人权利与一个更广大的公共利益之间的冲突，哪一方代表更广大的公共利益将成为评判个人权利冲突的重要依据。人类社会存在着一些有助于人类社会长远发展的公共利益，个人权利需要对公共利益作出一定的让步。被人们理解为全面权利的传统物权，亦存在征收、征用的情形，所有权人也不得以所有权为由对抗公共利益的合理限制。数据权利也不例外，同样需要受制于公共利益。当前数据时代的公共利益主要在于数据价值的最大化，数据的自由流动则是最关键的实现路径；还有个人数据和隐私的保护，这直接涉及无数个体的人格尊严。因此，数据权利的边界

---

〔1〕 参见徐瑄：《知识产权的正当性——论知识产权法中的对价与衡平》，载《中国社会科学》2003年第4期。

在于数据主体权利与广泛的个人人格与数据的自由流动的双重衡平,在价值目标上需要同时兼顾数据主体的财产性权益和人格性权益,以实现数据保护与数据流动的动态平衡。

如何确定私有权利和公共利益的边界?无害化原则和福利最大化是一种可能的标准,对于权能的有效配置可以让福利最大化。在实践中,帕累托效率是社会福利分配的最低标准,即在增加一个群体的福利同时不损害其他群体福利。但这种零损害的效率事实上难以达成,在现实中更可能执行的是卡尔多-希克斯效率,即通过精确计算和平衡不同群体之间的福利的此消彼长情况来实现净福利最大化,这也意味着对遭受损失的一方进行更多补偿的可能性,虽然现实中的补偿往往面临诸多障碍。数据权利从无到有的历程本身就说明数据权利的对价是动态的,数据的对价机制会随着社会的发展而发生变化,国家的立法、司法、执法不能固守原有的法律规定,需要对变动的对价和权利边界及时作出回应,即使没有明确规定,也应秉持公正的立场进行裁量,维护公平规范的数据秩序,比如,当前关于公开数据爬取的判决正在慢慢突破合同法和反不正当竞争思维,开始更多考量公共利益的内容就是体现。

数据由于流动性和非竞争性的特点,比传统物权更容易形成权利冲突,此时权利的边界确定尤为重要。数据的公共利益维度主要可以从两方面进行制度安排,其一,借鉴著作权体系中的合理使用制度,保护数据的自由流动和合理使用。著作权体系中的合理使用制度是为了平衡个体著作权和公共利益的代表性做法,同样适用于数据的流动保护。数据在确定权属之后,可以从各种公共利益角度进行必要的限制。现有理论观点认为要在不同的数据主体之间分配产权,其实可以转化数据持有权人与合理使用主体的权能分配问题,由此,既可以避免权属不清又可以让各方权利得以清晰化。数据的价值具有多维度和多样性,单个企业囿于自身的经营领域和业务特点对于日常运营过程中收集到的数据不可能实现完全的开发利用,由不同经营领域和不同生产环节的企业共同进行数据的合作开发,可以最大程度促进社会福利。其二,对于个人数据的保护,一方面是增强个人数据权利的权能,让个人权能具体化,给个人配备更多的对抗其他更强大主体的武器;另一方面需要落实企业的安全保密义务,企业对数据进行收集、利用,就必须履行安全职责,否则就是以牺牲无数个体的人格权为代价换来企业发展,这并不符合合理的对价要求。

第三节　现有研究成果述评

当前对于数据权利的属性、归属及内容的讨论方兴未艾，主要观点集中在数据层面，借鉴了既有的物权、知识产权、合同权益等思路进行探讨，在数据权利归属上始终没有形成共识，单独所有与共同共有的观点相持不下。而对于数据权利的内容，多数观点注意到权能的分离状态，但侧重于现象描述的权能分离需要进阶到权能的合理分配层面方才更具有指导意义，对数据主体层面的权利义务配置的探讨可以对数据层面的认识形成有益补充。

一、数据界权思路选择

当提及数据界权问题时，一般涉及三个层面：一是数据权利属性，即以何种权利对数据进行保护；二是数据权利主体，即数据权利应该由谁来享有；三是数据权利内容，也就是数据主体享有何种特定的权能。在数据的权利性质方面，有观点提出参照物权进行保护，可以为数据控制者设立适当的控制、使用、收益和处分的权利，[1]如果从财产权权能的角度，则控制、使用、收益和处分具有普遍适用性，只是程度会存在差异，比如对有体物的控制程度要比无体物更强，因此尽管存在有体物与无体物的区别，该种思路仍具有可借鉴性。考虑到传统物权体系以有体物为核心，在具体参照方面，更具有参考价值的应该是同为无体物的知识产权。因此，更上一层次的"财产权"概念成为必要，以形成对有体物及无体物的全面涵盖，吉诺萨尔早就提出财产的种类包括有体物和无体物。[2]

但即使参考知识产权对数据进行保护，也有一定的难度。有学者认为数据为著作权客体，也有学者认为属于邻接权客体，其区分在于是否可以被认定为作品，[3]但数据的创新性是否存在始终是数据能否适用著作权法的一个前提性问题。还有商业秘密的思路，在安客诚信息服务（上海）有限公司与

---

[1] 参见祝艳艳：《大数据时代企业数据保护的困境及路径建构》，载《征信》2020年第12期。
[2] 参见张静：《所有权概念有体性之超越及其体系效应——以析评 Ginossar 所有权理论为视角》，载《南大法学》2021年第5期。
[3] 参见林华：《大数据的法律保护》，载《电子知识产权》2014年第8期。

上海辰邮科技发展有限公司等侵害商业秘密纠纷案、[1]衢州万联网络技术有限公司与周慧民等侵犯商业秘密纠纷案等案件中,[2]法院均肯定了人群信息数据库属于商业秘密,脉脉与新浪微博不正当竞争纠纷案中法院认可新浪通过合同约定将相关数据界定为商业秘密。2019年《中华人民共和国反不正当竞争法》（以下简称《反不正当竞争法》）修正后,增加了电子侵入的侵权手段,且将商业秘密的范围在技术信息和经营信息外增加了一个"等"字。这看似解决了以商业秘密保护数据的法律障碍,但数据的范围远比商业秘密大,除去商业秘密的部分,还有大量的数据包括公开数据等需要保护,而且商业秘密一旦公开不能继续按照商业秘密保护的逻辑也不适用于数据。还有观点认为数据库特别权利制度是对数据提供财产权保护的最早实践,参照此制度可确定"数据财产权"理想模型,[3]按此思路则要将数据内部分割成不同的数据库,这种分割的标准并不明确,而且有些数据并不构成数据库,在实践中难以准确认定数据内部的数据库构成及其边界。数据不一定都具有知识产权所具有的独创性、法定性、期限性等特点,也不一定都是智力劳动成果,更无需经过相关法定程序的确认,知识产权的定性思路将让数据保护呈现出零碎状态。数据规范需要面对的是更多大范围的、普遍的数据集合状态,而不仅是针对某种知识产权类型的数据,如果数据中有内容构成了知识产权的形式,则对于数据权利人来说将形成权利竞合,而如果只参照知识产权则可能形成保护的真空地带,因为总有数据不构成知识产权。有观点将数据权利界定为工业产权,[4]这种情况下数据权属应归于数据生产者。该观点看到数据生产者在数据生产中的主导作用,具有相当的合理性,但工业产权并非严格的法律概念,1873年,奥匈帝国举办的维也纳万国工业博览会触发了《保护工业产权巴黎公约》的制定,公约中的工业产权包括专利、外观设计、商标等内容,这与数据的基本面不符。如果要另辟工业产权的新类型,则工业产权的知识产权内涵又未必有助于数据权利的定性。因此,有观点提出,

---

[1] 参见上海市高级人民法院（2006）沪高民三（知）终字第92号民事判决书。
[2] 参见上海市第二中级人民法院（2010）沪二中民五（知）初字第57号民事判决书。
[3] 参见张浩然：《由传统数据库保护反思新型"数据财产权"》,载《法学杂志》2022年第6期。
[4] 参见孔祥俊：《商业数据权：数字时代的新型工业产权——工业产权的归入与权属界定三原则》,载《比较法研究》2022年第1期。

即使可以借鉴知识产权，也应该根据数据与知识产权的差异坚持不同的原则。[1]还有观点认为，数据财产权兼有物权与债权双重属性的权能，区别于传统物权与知识产权，数据财产权应认定为一种新型的财产权，独立于传统物权和知识产权，[2]该种观点识别到数据财产权客体特征及其运行模式与物权、知识产权的差异，可能代表了数据财产权未来的方向。

还有观点将数据权利诉诸合同利益，希望通过合同法规范各方的权利义务。[3]虽然现实中有不少数据通过合同进行收集和流转，但这种思路明显回避了数据的确权问题，以数据运行中的部分合同行为现象扩展到全部数据行为并不合理。且合同法的思路并无法解决市场主体实现权利的能力存在巨大差异的问题，长此以往，垄断和数据权力肯定会出现，因为合同方式天然具有道德的局限。[4]另有观点认为，可以通过反不正当竞争法进行调整以保护数据处理者的竞争利益。[5]在司法实践中确实有此类判决，但判决主要援引的是竞争法的一般条款，存在过宽的自由裁量空间，导致缺乏可预期性，而且其事后规范的路径难以对数据主体的行为在事前形成有效的指引，日本对数据采取不正当竞争法保护的实践也存在类似的问题。[6]

在数据权利主体方面，有观点认为可区分"普通个人数据"与"敏感个人数据"，并将前者配置给数据业者与数据主体共同共有，将后者仅配置给数据主体所有，且只能交易个人数据的使用权。个人数据权属配置的次级规则是：设定普通个人数据集束的独占使用权有效期，期满后普通个人数据的使用权则进入公共领域，但是所有权（含删除权）一直归原权属主体所有。[7]相关案例采取了这种思路，在一起侵犯著作权纠纷案的判决书中，法院认为，涉案数据

---

[1] 参见冯晓青：《知识产权视野下商业数据保护研究》，载《比较法研究》2022年第5期。

[2] 参见李爱君、夏菲：《论数据产权保护的制度路径》，载《法学杂志》2022年第5期。

[3] 参见金耀：《数据治理法律路径的反思与转进》，载《法律科学（西北政法大学学报）》2020年第2期。

[4] 参见［美］迈克尔·桑德尔：《公正：该如何做是好?》，朱慧玲译，中信出版社2011年版，第161-163页。

[5] 参见刘继峰、曾晓梅：《论用户数据的竞争法保护路径》，载《价格理论与实践》2018年第3期。

[6] 参见李扬：《日本保护数据的不正当竞争法模式及其检视》，载《政法论丛》2021年第4期。

[7] 参见黄锫：《大数据时代个人数据权属的配置规则》，载《法学杂志》2021年第1期。

整体不构成汇编作品,且点评数据的著作权应由平台与用户共有,平台不能单独提起诉讼。[1]该种观点注意到个人数据与数据集合的复合形态,但是却直接按共同生产的事实状态承认了权利分配,忽视了单个个人数据的人格权属性与数据集合的财产权属性之间的重大差异。而且,这种共有方式将产生无数的所有权人,且一直处于动态变化当中,在事实操作中对数据集合是否要进行登记又如何登记?而如果不登记又如何确权始终是一个问题。还有观点将数据认定为公共资源以保障数据的自由流动,归各方共有。[2]但首先公共资源的定性与财产权一路追求私有的历史并不相符,且"大多数指标指出,未来有价值的信息是私有的信息。"[3]而认定为公共资源是否就能保障数据的自由流动,还是沦为公地悲剧?至少数据的处理者们将很可能更缺乏积极性对数据进行收集、分析和处理,这将从源头上减少数据的总量并降低数据的质量,此时又何谈数据自由流动的价值?信息资源的公共资源定性最终可能沦为数据企业利用爬虫技术几乎免费获取他人劳动成果的一种借口。[4]也有观点认为,数据集合就应该属于数据处理者,这符合劳动投入创造价值的一般规律,虽然也有观点认为是劳动投入理论的破产,[5]但合法的劳动投入仍是解决内部正当性的有力依据。

二、个人数据规范路径

以美国学者为代表的主要理论观点是个人数据财产化,莱斯格（Lessig）提出数据即财产的理论,其保护路径倾向于自由化,个人对于财产具有很强的支配权,因此同意和选择模式成为个人数据处理的最主要规则,[6]施瓦茨

---

[1] 参见北京市海淀区人民法院（2008）海民初字第16204号民事判决书［上海汉涛信息咨询有限公司与爱帮聚信（北京）科技有限公司侵犯著作权纠纷案］。

[2] 参见李牧翰:《数字经济下民事新权利的构建:数据资源权》,载《云南社会科学》2020年第4期。

[3] ［美］朱尔斯 J. 伯曼:《大数据原理:复杂信息的准备、共享和分析》,邢春晓等译,机械工业出版社2017年版,第169页。

[4] 参见高富平:《数据经济的制度基础——数据全面开放利用模式的构想》,载《广东社会科学》2019年第5期。

[5] 参见韩旭至:《数据确权的困境及破解之道》,载《东方法学》2020年第1期。

[6] 参见［美］劳伦斯·莱斯格:《代码2.0:网络空间中的法律》,李旭、沈伟伟译,清华大学出版社2018年版。

(Schwartz)认为,对于隐私也需要建立财产规则,[1]卡拉汉-斯劳特(Callahan-Slaughter)认为在美国对数据的保护是临时的、分散的,强调市场约束而不是政府干预。[2]美国学者提出个人数据财产化并不奇怪,长期以来的实用主义导向以及经济高速发展事实、效益最大化宗旨让一切皆可交易,以至于隐私都可以交易。而个人数据属于人格权的观点在欧盟和中国则普遍存在,有观点认为作为承载人格尊严、人格独立、人身自由的个人数据,从法律意义上考察,个人数据不应被作为财产对待。[3]应该看到,美国学者提出的个人数据财产化并没有从根本上否认个人数据承载的人格利益,可以理解为是鼓励数据流动的极端化表达,并不代表个人对个人数据没有相应的隐私类保护措施。而强调个人数据的非财产属性并揭示其人格内涵固然非常重要,但也要注意到一旦个人数据融入数据集合中则具有了一定的财产属性,只是该财产属性是个人数据的第二属性或次要属性而已。

有观点从数据的流动性及公共属性出发提出个人数据的公共资源属性,认为由于数据的流动性、变动性及不可控性,无法完全参照物权或知识产权的权属规定,[4]还应该重视个人数据的共享特点和公共属性,因此,应该对个人数据进行适当的限制。[5]不过,是否能够完全参照物权或知识产权的权属规定与强调个人数据的共享特点和公共属性并非处于同一平面的论题,前者重在提示数据与物权或知识产权的客体差异化,这是在私有权利层面的展开,但后者是对个人数据公共属性的挖掘,该种推论并不能证明无法参照物权或知识产权的权属规定就需要放弃数据的私有权利属性。公共资源属性可以理解为公共利益需要,从而应该对个体数据权利进行必要的限制,该种限制不应成为改变个人数据性质或权属的理由,如果将个人数据定性为公共资

---

[1] See Paul M. Schwartz, "Property, Privacy, and Personal Data", *Harvard Law Review*, Vol. 117, No. 7., 2004, pp. 2056-2128.

[2] See Allison Callahan-Slaughter, "Lipstick on a Pig: The Future of Transnational Data Flow between the EU and the United States", *Tulane Journal of International and Comparative Law*, Vol. 25, No. 1., 2016, pp. 239-258.

[3] 参见徐文:《论个人数据的非财产性及其守护屏障》,载《兰州学刊》2020年第9期。

[4] 参见李牧翰:《数字经济下民事新权利的构建:数据资源权》,载《云南社会科学》2020年第4期。

[5] 参见汪全胜、卫学芝:《基于公共利益利用视角的个人数据的法律规制》,载《电子知识产权》2019年第12期。

源就容易对个人权利形成过分的限制甚至剥夺。

有观点从消费者数据权益保护的角度提出行为规制理论，认为个人数据具有人格权和财产权的双重属性，需要结合特定的语境和社群进行确定。当前数据保护的主要语境为个人消费场景，因此，应从消费者与经营者二者的信息不对称及能力不对等的角度对经营者进行更多的限制，同时对消费者则给予更强的保护。[1]该观点参考消费者保护中照顾弱势群体利益的做法具有相当的合理性，这将对数据企业形成更为严格的规范准则从而实现个人与数据企业的利益平衡。但在很多情境中，个人和数据企业难以被界定为消费者和商家的关系，因此该行为规制理论适用范围有限。而且行为规制理论与赋权理论并不冲突，而是一个问题的两个方面，赋权模式指向个体，而行为规制模式指向数据企业，有权利才有保护，对数据企业进行行为规制的目的即是保护个人数据权利。当前对于行为规制理论的探讨的事实前提在于个人数据权利难以界定，从而认为通过识别数据企业行为的正当性、合理性的行为规制可以更好地保护个人数据权利，但结果在权利不明确的情况下，行为的正当性、合理性的判断标准难以统一，判断变得不确定，甚至存在法律实践的理念由权利本位转向责任本位的风险。

还有研究集中在个人数据的具体权能方面，比如同意权、被遗忘权、可携带权等。一直以来，社会以被人记住为荣，但互联网时代被遗忘变得困难起来，引发了被遗忘权（删除权）的讨论，并首先规定于《个人数据保护指令（第95/46/EC号）》，之后被《通用数据保护条例》（GDPR）沿用，我国的《个人信息保护法》也有此类的规定。因此，有文章对被遗忘权、可携带权等权能的历史演变、内部构造、存在障碍、实现路径等方面进行探讨。比如，可携带权中可携带范围的确定，是以主动提供的数据为限，还是应该包括自动生成的数据，如果包括自动生成的数据，那收集该等自动生成的数据就成为重要的规范内容。[2]还有对国内外法律规范的解读，欧盟的《通用数据保护条例》（GDPR）成了近期重点解读的内容，斯特兰-波帝和耐特（Stalla-Bourdillon & Knight）认为，在 GDPR 规则下，匿名化措施是平衡个人

---

[1] 参见丁晓东：《什么是数据权利？——从欧洲〈一般数据保护条例〉看数据隐私的保护》，载《华东政法大学学报》2018年第4期。

[2] 参见尚海涛：《论我国数据可携权的和缓化路径》，载《科技与法律》2020年第1期。

数据保护和数据利用的最佳方式。[1]话虽如此，由于反匿名化技术也同步发展，匿名化措施在当今的科技水平之下其实已经难以全身而退。[2]与之相应的是国内的相关法律《网络安全法》《个人信息保护法》《数据安全法》也成为讨论的热点，各部法律分别从不同的角度对不同主体的数据行为进行了规范。有观点从个人信息的私权保护、企业合规以及我国对外合作与博弈三个维度对《个人信息保护法》进行评析，认为《个人信息保护法》是对《民法典》中保护平等主体个人信息规定的专门化和具体化。[3]还有观点从基础价值层面提示个人信息权具体权能的价值，认为当前的研究主要聚集于实践层面，即具体权能的实践意义和具体操作，但人格权之具体权能具有更深刻的价值。财产权的具体权能已经在长期的实践中不断扩充与完善，但人格权向来以消极、被动为底色，且其不得交易的普遍认识让人格权的具体权能一直不健全。个人数据权能的具体化反映了个人数据自决权的内容，权能的具体化可以为数据处理者的行为规范提供标准，在预防侵权、事后追责、企业规范方面均能够提供有力支持。[4]此类讨论拓宽了个人数据保护的透视角度，对个人数据权能的具体化运用及个人数据权利保护有所裨益。

三、企业数据规范路径

企业数据的权属颇有争议，企业自身形成的数据与个人数据类似，应属于企业自身所有，但数据企业基于营业需要收集而来的数据权属及相应的权能分配则具有各种观点。在数据权利的内容层面，有文章提出权利内容的分离理论，认为应该在区分个人信息和数据资产的基础上进行分阶段的权利建构：其一，对于用户，就个人信息或初始数据同时配置人格权益和财产权益；其二，对于数据经营者（企业），鉴于企业的营利性目标，应分别配置数据经

---

[1] See Sophie Stalla-Bourdillon, Alison Knight, "Anonymous Data v. Personal Data—A False Debate：An EU Perspective on Anonymization, Pseudonymization and Personal Data", *Wisconsin International Law Journal*, Vol. 34, No. 2., 2016, pp. 284-322.

[2] 参见张富利：《智慧治理抑或数字规训？——智慧城市如何消解匿名性》，载《宁夏社会科学》2023年第1期。

[3] 参见张凌寒：《个人信息跨境流动制度的三重维度》，载《中国法律评论》2021年第5期。

[4] 参见王锡锌：《个人信息权益的三层构造及保护机制》，载《现代法学》2021年第5期。

营权和数据资产权。[1]该观点注意到个人数据与数据集合的分层结构，具有重要参考价值，但将数据企业的行政管理与企业数据权利保护相混淆，数据经营权类似于特许经营权，旨在通过限定行业经营者的资格条件来实现数据企业的数据安全能力和数据保护水平，以保障数据收集源头的合法和数据安全，这实际属于行政管理的内容，与数据资产权并非处于同一层面。而数据资产权的概念由于资产在法律体系中并没有直接对应的概念，无法直接运用财产权规则，因此，数据资产权在法律上仍面临着规范性不足的困境，还需要进一步明晰其所指。另有观点则提出应对当前的数据权利格局的思路为所有权与用益权的分离，"未来应根据数据要素市场对数据积极利用的巨大需求，借助自物权—他物权和著作权—邻接权的权利分割思想，容纳作为现代新兴权利客体的数据"，并根据不同主体的贡献方式和程度设定数据所有权和数据用益权的二元权利结构，以均衡分配数据的财产权益。[2]该种观点注意到不同主体应拥有不同的权利，但用益权是数据处理者独享还是与数据所有者共享？因此，该种观点无法解决所有权主体与数据处理者之间的用益权如何分配及分配比例如何确定的问题，而且个人数据所有权主体都是分散的个人，又如何与数据企业于数据集合整体上的用益权相匹配？

在数据权利分配的理论援用上，权利束理论和权利块理论得到运用。《以"权利束"视角探究数据权利》一文中提出以权利束的角度来考察数据权利的多主体并存的现状，认为各方主体对于数据有着不同的权利束，从而形成各方主体共享数据权利的局面。[3]《数据权利：范式统合与规范分殊》一文中提出可以运用权利块的理论理解数据权利，认为从功能角度可以区分不同的权利块，权利块内部有一定的体系并能形成对外的独立性，由此可以避免权利球带来的终极权属追问、权利束离散的问题。[4]两种理论的区别在于权利块理论强调了诸多单个权利束内部的体系性和关联性，而权利束则是相对离散的状态。但该离散是在权利块理论内含的功能关联性角度提出的，其实权利束理论也讲究按性质进行分类形成权利束集合，只是其聚合的标准与权利

---

[1] 参见龙卫球：《数据新型财产权构建及其体系研究》，载《政法论坛》2017年第4期。
[2] 参见申卫星：《论数据用益权》，载《中国社会科学》2020年第11期。
[3] 参见闫立东：《以"权利束"视角探究数据权利》，载《东方法学》2019年第2期。
[4] 参见许可：《数据权利：范式统合与规范分殊》，载《政法论坛》2021年第4期。

块理论不同。权利束理论的观点主要是对数据之上多主体分别享有的权能所进行的事实性描述,在权利束理论出现之始就具有准确描述权能在不同主体间分配的事实的优势,但其问题在于并不能对如何在不同主体间分配权能提出更多建设性意见。权利块则是在权利束的基础上根据权利束的主体、内容所进行的权利束内部的重新分类组合,从而形成复数的不同功能的权利束组合,其中最为常见的权利块组合为个人(私有)权利块、公共(利益)权利块,该种理论是对权利束理论的升级,提示了不同主体拥有权利束包含了私有权利存在公共限制的重要情形。

有观点提出对数据进行分类保护的思路,《论企业数据权益的法律保护——基于数据法律性质的分析》一文中提出将企业数据分为三类:公开数据、半公开数据和非公开数据,分别对应反不正当竞争法保护、类似数据库的特殊保护、商业秘密保护三种保护模式。[1]但问题在于数据公开程度的界定和区分本身并没有确定的标准,即公开的状态和程度不具有稳定的客观性,而且公开与不公开的状态可能发生转化。一般情况下公开与否与数据重要性判断有关,即造成以客观的公开事实来推导适用的规范,而有关规范却又可能成为是否进行公开的依据,从而形成了论证的循环。因此,需要选取更为可靠的数据分类分级保护标准,以形成数据保护的稳定性和可预期性。当前,我国正在制定并落实的数据分类分级标准正着力于解决这一根本性问题。

在赋权模式之外,也有观点提出行为规制模式。相关观点认为数据的流动性、变动性决定了不宜对数据采用赋权模式。即不拘泥于数据的权属观和权能观,而应更多地从防止侵权的角度出发采用外部行为规制模式对数据企业的相关行为进行规范和引导,在数据采集、分析、处理、存储过程中,用标准化、程序化的操作流程来规范数据企业的数据行为,以此来保障个人的数据权利,如《论算法的法律规制》一文中提出"算法规制应采取场景化的规制路径,根据不同场景类型对算法采取不同的规制方式,以实现负责任的算法为目标。在算法场景化规制原则的指引下,可以构建算法公开、数据赋

---

[1] 参见丁晓东:《论企业数据权益的法律保护——基于数据法律性质的分析》,载《法律科学(西北政法大学学报)》2020年第2期。

权与反算法歧视等算法规制的具体制度。"[1]玛格丽特（Margaret）提出数据技术内在（目的）正当性具有更优先的重要性。[2]对数据企业的行为规制与对数据企业的赋权所实现的目的其实并不相同，对数据企业的行为规制是为了保护个人数据权利、公共利益或者行业发展利益，而对数据企业的赋权则是对数据企业数据权利的维护，因此，赋权模式和行为规制模式的指向并不重合，赋权与行为规制应属于企业数据规范的不同层次。而且行为规制的责任规则也可能造成不良后果，由于行为的规制缺乏清晰的界限导致结果难以预测，因此，如果合规成本超过商业创新的潜在收益，从自身利益出发，大型数据企业更愿意安于现状而不愿创新冒险，中小企业同样为了避免法律风险而拒绝进行研发，这些都可能对数据产业的良性发展造成不利影响。

四、政务数据规范路径

政务数据开放是建设公开透明政府之必要，并已经成为世界性趋势。各国对政务数据开放的必要性认识相对更为统一，只是在政务数据开放的过程中所侧重的政府透明、促进贸易、保护权利等各方面的价值有所不同，[3]尽管目的有所差异，但都承认了政务数据开放的重要价值。对于政务数据开放，现在的研究首先有政务数据开放与政府信息公开之间的比较：在内容层面，政府信息公开是对已经成型的具有确定指向的内容进行公开，而政务数据开放则是对数据类内容进行开放，这当中包括诸多的统计结果并没有形成既定结论的数值等；二者公开的主动性不同。政府信息公开部分是依申请人申请进行公开，政务机关有决定是否公开的权力，而政务数据开放强调的是政府对于政务活动中所形成数据进行主动、积极、及时公开；二者的价值定位不同。一般认为，政府信息公开对应社会公众的知情权，但政务数据公开则属于政府的职责，对于公众而言属于获得公共服务的内容。[4]该种转变应合了管理型政府向服务型政府转型的历史演变，鉴于拥有超个人、超市场的力

---

[1] 丁晓东：《论算法的法律规制》，载《中国社会科学》2020年第12期。

[2] See Margaret Hu, "Big Data Blacklisting", *Florida Law Review*, Vol. 67, No. 5., 2015, pp. 1735-1809.

[3] See Jyh-An Lee, "Licensing Open Government Data", *Hastings Business Law Journal*, Vol. 13, No. 2., 2017, pp. 207-240.

[4] 参见朱峥：《政府数据开放的权利基础及其制度构建》，载《电子政务》2020年第10期。

量，政府不应只是守夜人的角色，还需要更多地发挥公共服务职能。政务数据开放的权利基础又是什么？政务数据的经济和社会价值是事实基础，但与之对应的是个人、市场和社会对于政务数据的利用权基础究竟是什么？如果将传统的知情权进行扩大解释，则公众对于政务数据的知情也属于知情权的范围。但传统知情权的目的指向主要是监督政府，而当前的政务数据知情却指向数据利用，因此，如果限于知情权内部的拓展，则还需要在知情权的目的和价值上进行进一步拓展，[1]可以考虑将政务数据开放归入公共资源使用权的范畴，类似对公共道路、公园等公共资源的建设、开放和利用。

  对政务数据集合的建构路径方面，多数观点提出需要政务部门之间共享数据，有着数据优势的平台企业也要与政务部门有序共享数据。大数据时代，需要破除数据孤岛，政务部门数据共通对于破除数据孤岛具有相当的重要性，《人工智能时代数据孤岛破解法律制度研究》一文提出政务部门、企业、个人均应在破除数据孤岛的过程中发挥作用，[2]但目前政务数据开放程度、范围、水平因地域、部门的不同而差别巨大，且并没有形成明确的追责机制。在缺乏长效机制及追责机制的情况下，需要进一步对共享标准和保障措施进行落实。这可以理解为我国目前政务数据的开放仍处于起步的探索阶段，立法规定和执法机制并不完善，需要遵循循序渐进的进路。政府数据的收集、处理和存储能力与数据企业相比，在某些方面不具有优势，因此，政务数据和平台数据的衔接和共享也是当下研究的重要内容。与政务部门之间的数据共享相似，当前有观点对于企业的公共责任进行了论证并推导出企业共享其数据的结论。平台企业所形成的数据可以承担起公共职能之时，则应该与政府共享，以便政府形成决策及提供服务，但对于共享的范围、程度和路径仍不清晰，这涉及私有财产性利益与公共利益的边界如何确定的问题。《论网络平台的数据报送义务》一文进而提出数据企业向政务部门的数据报送义务，但当前面临着报送规定不明确、报送范围、报送程序、法律责任均需要进一步厘清才能落实的问题。[3]当前在信用体系建设方面，有的平台就借贷信用数据

---

  [1] 参见陈尚龙：《论政府数据开放的理论基础》，载《理论与改革》2016年第6期。

  [2] 参见叶明、王岩：《人工智能时代数据孤岛破解法律制度研究》，载《大连理工大学学报（社会科学版）》2019年第5期。

  [3] 参见刘权：《论网络平台的数据报送义务》，载《当代法学》2019年第5期。

与国家的征信系统共享,由平台向政务部门报送相关数据。[1]该种内容与整个国家的征信体系建设密切相关,涉及广泛的公共利益,且具有相当的客观公正属性,因此,该部分内容先行共享具有合理性。未来更多的共享内容还需要在个人数据保护、商业秘密、公共利益等权益之间进行衡平以确定共享的内容、方式和进度。

还有观点对政务决策的自动化提出程序正当性的质疑及改进措施。《算法自动化决策与行政正当程序制度的冲突与调和》[2]和《自动化行政方式下的行政处罚:挑战与回应》[3]这两篇文章均对政务活动自动化决策过程中的数据处理提出正当程序化的建议。当前的政务决策有自动化、半自动化的趋势,这有助于节省传统的人力、物力,但存在当事人参与程序不足的问题,未来需要进一步扩大当事人于自动化行政决策中的参与度,包括知情、申诉、抗辩、起诉等权利,以避免不当限制当事人的正当权利。目前的政务数据开放中,公众也缺乏救济措施,如果政务数据开放是政务部门之职责,公众则应享有对应的权利,但目前在政务部门不开放政务数据的情况下,公众却无法起诉以获得救济。其重要原因在于政务数据开放不针对个体,面向的是不特定的公众,并没有明确的指向对象,理论上每一个个体都可以进行起诉维权,但事实上由于对象不特定,且政务数据的价值具有潜在性和或然性,即使不开放也不形成损害结果或损害结果难以察觉和举证,起诉主体难以证明自身为利害关系主体。政务数据开放未来的方向应该是内部的行政监管与外部的公众监督相结合的道路。

五、跨境数据规范路径

数据成为新时代的重要资源,在科技的助力下流向了全世界。数据跨境首先涉及数据主权事宜。数据主权是参照威斯特伐利亚体系下传统实体主权

---

[1] 参见《多家网贷平台接入央行征信系统 借款人失信将被记入个人征信报告》,载每日经济新闻网,https://baijiahao.baidu.com/s? id=1658487236726807818&wfr=spider&for=pc,最后访问日期:2023年4月25日。

[2] 参见张凌寒:《算法自动化决策与行政正当程序制度的冲突与调和》,载《东方法学》2020年第6期。

[3] 参见马颜昕:《自动化行政方式下的行政处罚:挑战与回应》,载《政治与法律》2020年第4期。

发展起来的概念,即各国对本国领土范围内的数据享有主权,数据的跨境流动不因其无体而不受主权限制。各国数据主体之间如有数据的流动,则需要遵循相应的规定,比如向政府部门报告(审批)制度、签订特定格式合同制度等。有观点提出因数据的多重属性,数据主权与传统主权的绝对性不同,具有谦抑性。[1]尽管主权的定义比较严格,但在事实上主权从来都有弹性,比如为外交需要设立的使领馆等。自《可适用于网络战的国际法的塔林手册》(《塔林手册》1.0)出版以来,各国对于互联网空间的主权存在也逐渐取得了基本的共识,不过数据是传统主权的又一个弹力点,数据主权具有相当的伸缩性。美国的宽松流动政策似乎表明其对于数据主权持淡然态度,而在本地存储模式当中数据主权被提到很高的位置,这说明数据主权可能只是各国对数据跨境治理选择不同模式的一种理由,即各国为了国家利益最大化可以借助各种理由确立国内国际政策。在当前的数据跨境治理中,美国一方面以数据财产化为由促进数据的自由流动,另一方面以长臂管辖不断拓展数据管辖权,同属于维护国家利益的做法。而如俄罗斯的本地存储模式则以数据主权为理论根据。由此可见,数据主权的弹性让其有充当证成政策工具的潜力,尽管主权的基本面一致,但各国的利用态度各异。

在数据跨境治理的内容方面,有文章分析了美欧的不同立场及其成因。首先在于二者对于个人数据保护程度不同。美国对个人隐私保护的态度相对宽容,即认为个人隐私也是可以交易的,个人可以自行决定是否披露,而欧盟则采取了更为严格的保护规定。这决定了二者在面对数据跨境流动时的不同态度,美国坚持鼓励数据自由流动的政策,而欧盟以同等保护程度对其他各国进行评价,在别国无法达到同等保护水平的情况下,欧盟将限制别国从欧盟获取数据。这相当于确立了个人数据保护的标准,对于塑造欧盟在国际数据市场中的话语权有帮助。[2]这一方面反映了二者在数据市场中的实力差异,美国因其科技优势在世界数字经济版图中处于绝对的领先地位,其采取的数据自由流动策略有利于数据流入,容易形成数据市场的虹吸效应。而欧

---

[1] 参见卜学民、马其家:《论数据主权谦抑性:法理、现实与规则构造》,载《情报杂志》2021年第8期。

[2] 参见冯洁菡、周濛:《跨境数据流动规制:核心议题、国际方案及中国因应》,载《深圳大学学报(人文社会科学版)》2021年第4期。

盟作为数字经济的重要区域，亦存有占领数字经济市场高地的雄心，因此，二者不免在策略选择方面有所区别。其次，这也是功利主义和人本主义传统的延续。美国一直以来以功利主义为旗帜，并在事实上收获了政治、经济、文化各方面的优势，本轮数据竞争中所产生的优势也与其功利主义传统密不可分。而欧盟是人本主义的大本营，本次坚持人本主义对个人数据进行更为严格的人格权保护亦属自然而然。还有观点引进博弈论对各国数据跨境政策进行分析，《博弈论视角下跨境数据流动的问题与对策研究》一文分析了各国基于不同的考量因素，从而在本地化存储、严格保护、宽松保护、折衷保护和低保护五种模式中选取利益最大化的优选治理策略。[1]在具体数据跨境治理模式中，主要包括自由流动模式、权利保护模式、本地存储模式三种典型模式，该文观点是对几种典型模式的进一步细化。

有文章描述并分析了欧盟与美国的数据跨境政策的变动性及其成因。有关观点认为，2020年7月欧盟法院关于美国无法为欧盟的个人数据提供充分保护、认定《隐私盾协议》无效的判决对于欧盟重新夺回技术主权以及二者跨境数据流动合作和规则博弈都将造成巨大影响。[2]美欧在过去20年中就数据跨境治理持续开展了多轮博弈，《隐私盾协议》案件是更早的《安全港协议》案件的延续，欧盟法院以美国未达到欧盟数据保护水平为由判定《隐私盾协议》无效，其实质在于欧盟以同等保护水平的评价机制为路径争取数据跨境治理的主导权。卡拉汉-斯劳特认为美国对数据保护过多的豁免条款以及长期以来相对较低的保护水平是影响与欧盟的数据跨境的重要原因，[3]此种评判可谓一语中的。但美国为了从欧盟获得数据以支持国家产业发展，也不得不在某些方面作出让步。加拿大国际治理创新中心研究人员苏珊·阿里尔·阿伦森（Susan Ariel Aaronson）和帕区克·勒布朗（Patrick Leblond）认为各国治理路径的差异化及变动给国际贸易组织（World Organization，

---

[1] 参见魏远山：《博弈论视角下跨境数据流动的问题与对策研究》，载《西安交通大学学报（社会科学版）》2021年第5期。

[2] 参见黄志雄、韦欣妤：《美欧跨境数据流动规则博弈及中国因应——以〈隐私盾协议〉无效判决为视角》，载《同济大学学报（社会科学版）》2021年第2期。

[3] See Allison Callahan-Slaughter, "Lipstick on a Pig: The Future of Transnational Data Flow between the EU and the United States", *Tulane Journal of International and Comparative Law*, Vol. 25, No. 1., 2016, pp. 239-258.

WTO）带来了挑战，主要体现在难以协调各国之间的数据跨境，但这又可能刺激各国共同协商制定新的规则。[1]

与数据跨境流动密切相关的是管辖问题，各国的基本趋势是陆续规定长臂管辖，但又对他国的长臂管辖进行阻却。有文章对以美国为代表的数据长臂管辖进行了分析，美国国家机构当年依据《存储通信法案》，要求微软提供其存储于境外的数据，但爱尔兰巡回法院裁定美国政府无权获取境外存储的通信数据，之后美国政府出台了更为强势的法案，从而形成更为强势的长臂管辖规定，相当于涉及美国的数据及其主体，美国都有管辖权。在该种管辖原则的示范效应下，各国都尽量规定了长臂管辖的内容，又尝试规定了对于他国长臂管辖的阻断条款。[2]在当前的数据立法背景下，长臂管辖与阻断他国的长臂管辖条款成了一枚硬币的两面，一面是各国都希望对他国的数据实现管辖，另一面是各国都基于主权排斥他国的长臂管辖，制定中国版的阻断法具有重大的实践价值。[3]还有观点从个别国家的治理策略提炼出各国积极发展本国数字产业的共同意向，《日本跨境数据流动治理问题研究》一文对日本的数据跨境问题进行了细致的分析，文章认为，在美国、欧盟、中国治理模式的基础上，日本属于综合型的治理模式。日本由于传统经济不景气，更为积极争取数字经济的主动权，因此，在数据跨境问题上显示出更为开放的态度，在治理路径的选择上更为包容和灵活。[4]事实上，各国均希望在本轮数据发展竞赛中获得主动权，各国的政策法规也都着力于塑造自身的竞争优势。

---

〔1〕 See Susan Ariel Aaronson, Patrick Leblond, "Another Digital Divide: The Rise of Data Realms and its Implications for the WTO", *Journal of International Economic Law*, Vol. 21, No. 2., 2018, pp. 245-272.

〔2〕 参见郑琳：《美国〈澄清海外合法使用数据法〉及其影响与启示》，载《现代情报》2021年第1期。

〔3〕 参见郭烁：《云存储的数据主权维护——以阻断法案规制"长臂管辖"为例》，载《中国法律评论》2022年第6期。欧盟于1996年制定了《免受第三国立法及由此产生行动之域外适用影响的保护法案》[Council Regulation (EC) No. 2271/96 of 22 November 1996 protecting against the effects of the extra-territorial application of legislation adopted by a third country, and actions based thereon or resulting therefrom]，欧盟通过法案明确不承认第三国通过的法律的域外适用，并认为这种影响违反了国际法。

〔4〕 参见张晓磊：《日本跨境数据流动治理问题研究》，载《日本学刊》2020年第4期。

第四节　研究目的、方法与创新

数据权属不够清晰、各方数据主体权利义务不够明确成为数字经济发展的重要障碍。本研究以国家数字经济发展战略为指导，运用多种研究方法，在既有研究成果的基础上，力求形成具有较强解释力和可行性的研究成果，为理论进步和各方数据主体权利义务分配实践提供思路，为建设和谐数据秩序、推动数字经济发展贡献力量。

一、研究目的

1. 理论目的

总结现有理论，从而形成经验价值。鉴往方知未来，现有的理论成果对本研究具有良好的启迪作用。比如数据权能分离理论认为，基于数据的流动性、非竞争性等特征，权能分离更有利于数据价值的发挥。又如霍菲尔德的权利理论提示，权利体系的起点应为特权（排他权），而不应该是处分权（支配权），这样才能更好地理解有体物和无体物的权属与权能两个不同层面。而吉诺萨尔的所有权理论则将所有权限定为只承担归属认定功能，这样就可以将权属和权能两个层面更好地进行分配。现实中的数据交易等事实也表明各方主体事实上已经承认了数据权属的存在，只是由于数据的复杂性暂时没有进行明确回答。

反思现有理论，从而形成反思价值。现有理论往往从数据自由流动更有利于实现价值最大化的角度论证各方合理共享产权最有助于数据价值的实现，而对数据权属进行回避，并借用了经济学上的产权概念。但经济学的概念在法律领域需要法律词汇进行承接，各方分享产权并非对权属的否定，只是更着眼于权能的合理分配，因此有助于权利分配的优化，但并不能替代法律对权属的确认和权能的分配，否则将以功利代替公正。权利束和权利块的理论于权利分离的事实状态描述准确，但对于数据结构内在的层次性和逻辑结构仍需要进一步探讨，个人对于个人数据与数据企业对于数据集合的权利处于不同层面，虽然二者是包含关系，但仍要区分内部的层次，才能更好地理解数据集合之上的权利嵌套关系。而权利块的并存理由并非来自数据集合内部，而是来源于外在的公共利益限制。

进行理论创新，从而形成创新价值。本书并没有回避数据的所有权，而是参考吉诺萨尔的所有权理论对物权体系下的所有权进行改造，将所有权仅界定为权属，即物之归属。而对于各方主体的权能分配，则提出了针对各主体的权利义务分配模式。各方主体地位、功能、能力存在差异，且现实力量往往差别较大，对于各主体的权利义务分配应坚持公正的价值观。数据技术之下，一般用户非常弱小，因此，个人数据规范更需要采取赋权模式，让个人的数据权利具有更多更具体的权能，从而有助于对抗强大的数据处理者。而对于数据企业而言，其合法合理的权益也需要受到保护，但由于数据技术及大数据优势容易形成数据权力，关系到更大范围的公共利益，因此，在保护的同时更需要进行规范和规制。

2. 实践意义

对立法的参考价值。当前我国立法中的处理者概念和欧盟的控制者/处理者概念可以理解为规范对象不限于数据所有权人，而是所有与数据相关的控制者或处理主体，但是否仍存在一种情况是所有权人并不控制也不处理？这种情况下则可能出现归责上的困难。综合归属层面的所有权概念可以对数据的全生命周期进行更加全面准确的反映，也更有利于分配各方主体的权利义务并形成不同的规范设计，当前数据持有权的规定可以视为是对归属层面的权利确认。不同的规范对于不同主体具有不同的功能，比如基于保护个人数据的信息安全技术标准规范是针对数据企业的数据行为规范，但对于个人而言则是保护性规定，在具体条款设计上可以更清晰地明确其保护目的与规范对象并形成相应的体系。

对司法的参考价值。当前的司法也回避了数据所有权的概念，而把相关利益界定为合法权益，未来可以更充分地运用数据持有权、数据加工使用权和数据产品经营权的框架方案。在司法过程中，司法机关还可以参考对价理论对各方权利义务进行更公正地衡量。司法目前形成了一些具有指导意义的具体的数据行为规则，此举相当于为数据行为立法，但基于立法和司法的功能分野，在没有具体规定的情况下，司法更应该着力于价值选择和判断对错，尽量避免制定具体的数据运行规则。就数据跨境纠纷的国际裁决机制，最好能在既有的世界贸易组织（WTO）、世界知识产权组织（World Intellectual Property Organization，WIPO）框架下，进一步发挥现有纠纷解决机制的功能，将跨境数据纠纷一并纳入，欧盟法院对相关数据跨境案件的裁判实践表明，国内司法也可能成为引发国际条约变迁的有力因素。

对执法的参考价值。当前的数据行政执法已经逐渐步入正轨，比如我国对于 APP 数据收集端口的规范，旨在控制超范围收集等问题，还有世界各国对于平台企业进行的广泛的严厉的反垄断执法，均对数据企业的数据行为提出警示并进行引导。未来的行政执法将更加明确事前、事中、事后各个阶段的内容，而且应尽量将风险控制在前端，避免数据泄露、电信诈骗等风险的爆发与扩散。对于政务数据的开放，未来内部的监督执法机制应更为完善有力。对于数据出境，国内的事先审查成为必要，其中的标准应更为合理明确且可操作，在控制风险的同时促进数据流动和数字产业发展，在与世界交融的过程中又能适度保持独立的个性。

二、研究方法

本书以中国实践为基础，参考借鉴域外经验，综合运用多种研究方法，希冀探索出具有原创性的思路。

文献检索法。本书搜集了大量中外的著作和论文，提炼其中的观点，借鉴部分素材，追溯名称、规范及其结构的历史脉络，思考相应规范当时制定的理由和优劣，以期为当下提供借鉴。例如数据法律所规范的主体方面，当前欧盟规范的主体包括数据控制者/处理者，我国使用的是处理者，但根据法律规定，我国的处理者概念可以包含欧盟现行规定中的控制者和处理者，而更早的 1984 年英国的《数据保护法》（Data Protection Act）中运用的是"数据使用者"的概念，[1]于今看来，"数据使用者"的概念当然无法涵盖与数据相涉的全部主体，只是在 1984 年的情境下，由于数据行业分工并没有如今细化，使用者大多数时候同时也是存储者、处理者，因此，"数据使用者"的概念在当时具有合理性。但随着技术的进步，控制者和处理者日益分离，欧盟根据当下的实际情况，适时将二者进行了区分。而且在当下的语境中使用者还包括很多数据产品、数据服务的接受者，这与英国《数据保护法》中的

---

[1] See David I. Bainbridge, "Processing Personal Data and the Data Protection Directive", *Information & Communications Technology Law*, Vol. 6, No. 1., 1997, p. 20. 欧盟在 1995 年的《个人数据保护指令（第 95/46/EC 号）》中就已经使用了"数据控制者"的概念，改变了英国于 1984 年通过的《数据保护法》中的"数据使用者"的概念。

"数据使用者"的内涵已经相去甚远。而我国选择"处理者"其实是一种更为务实的包容的做法，这体现在对"处理"的更为宽泛的界定上，《网络安全法》对于网络运营者的界定也具有类似特点。[1]因此，相关文献可以展示不同时代的做法及其理由，具有重要的参考价值。

案例研究法。大数据作为一种新兴现象，现有的立法难以覆盖数据的纠纷范围，司法的职责决定了法官不得拒绝审判，因此承担了先行先试解决纠纷的责任。对于案例的研究可以理解各国在裁判时的标准，并预判其后继影响。例如，一般认为我国的脉脉与新浪微博不正当竞争纠纷案确立了数据利用的三重授权规则，但是三重授权与个人的可携带权的行使存在冲突，而且三重授权具有特定的背景，普通推广适用的可行性不足。与个人与数据企业共有数据所有权的观点类似，三重授权规则之下使用者使用数据需要征得所有个人的同意，还需要征得上一手数据处理者的同意，且不说工作量的大小，单使用者与上一手数据处理者的竞争关系这一点就已经决定了三重授权规则难以落地，该规则并不利于数据的流动与效用的提高。因此，司法如只裁决对错则具有优势，而司法一旦制定行为规范，就可能承担了不应承担的立法职责。

实证分析法。分析法学派持规范法学理论观点，认为法律具有规范的标准术语和逻辑结构。这与经验法学存在区别，经验法学的规定和理论非常依赖经验，一般而言更缺乏包容性和面向未来的潜力。本书借鉴了吉诺萨尔的所有权理论，将所有权降维至归属层面的含义，与指向客体之上的权能相对，共同构成权利体系。权属和权能分层面探讨之可行，在于其有更广泛的适用性，对物权所有权也可以进行解释：权属为所有权人所有，权能全面由所有权人享有。但权属与权能的分离理论还可以对无体物的权利状态作出更好的解释，又不囿于物权所有权的体系结构。例如，对于数据集合的权利，在分析数据集合结构层次性的基础上，将个人数据和数据集合不同层次的内容归属于不同主体，同时各主体也具有不同的权能，避免了笼统地归纳出个人与数据企业共有数据集合的结论。就归属的界定，本书借鉴霍菲尔德的权利理论，霍菲尔德权利体系的起点为特权——一种排他权，而终极的排他权就是

---

〔1〕《网络安全法》第76条第3项规定，网络运营者，是指网络的所有者、管理者和网络服务提供者。

归属，如果正面无法识别排他权，还可以在反面进行推导，即如果某个主体有消灭其客体的自主权则该客体应归属于该主体。

社会学方法。法律是一种社会现象，也可以置于社会背景中进行研究和考察。大数据的社会渗透力更是无与伦比，对其社会影响的了解和理解将有助于数据法律实践。本书采纳了风险社会的概念作为整体的社会背景，过往的巨量的个人数据泄露事件非常符合风险社会的特征，甚至可以说是生动地阐释了风险社会的内涵。风险社会的风险已经不像传统社会具有时空局限性，而是具有很强的跨时空能力，范围极广影响极大，事后的损害难以计量，事后的救济往往于事无补。这也决定了数据纠纷已经不能套用物权时代的侵权法，侵权的构成要件面临改造的需要。这种情况下，需要将风险控制的措施前移，着眼于事前和事中监管。例如，对于数据企业控制下的个人数据，数据企业需要遵循国家制定的信息安全技术标准，如果违反，首先成立的是行政责任，相关行政处理结果则可能成为民事诉讼中的证据。又如反垄断执法应该更加重视经营者集中申报制度的执行，在垄断发生前事先进行预警。就精准推送的危害方面，社会学词汇"信息茧房"由于其生动性值得借用，但由于并非法律词汇，在法律层面进行分析时，可以根据"信息茧房"的含义再转化为法律表达从而推导出相关数据行为有损个体的知情权、选择自由等。[1]

比较分析法。通过境内外数据规范的比较分析，可以更好地理解各国数据规定的理由和效果，并对我国有所启示。在借鉴的基础上，还需要根据国情进行适当的调适以形成更为符合国情的规定。例如，在各国的数据跨境规范方面，存在以美国为代表的自由流动模式、欧盟为代表的权利保护模式、俄罗斯为代表的本地存储模式，对待同一事物的不同态度表明数据主权尽管确实存在，但数据主权更多地将可能演变成一国利益最大化的一种可操作的因素。主权尽管具有很强的独立性和排他性，但仍然具有相当的弹性，而且该种弹性因国、因事、因时而异，可能随着社会形势的变化而变化。所以本地化存储虽然可能被认为是"非关税贸易壁垒"，但坚持本地化原则的国家仍然不少。美国针对数据流出与数据流入的管理分属不同部门，造成两类政策

---

[1] 参见［立陶宛］伊格纳斯·卡尔波卡斯：《算法治理：后人类时代的政治与法律》，邱遥堃译，上海人民出版社2022年版，第158-159页。

的逐渐分化，在国际交往中容易引发双重标准的质疑，这提示各国应尽量保持标准的一致性和连贯性以获取国际信任。在个人数据保护方面，欧盟的同等的数据保护水平和白名单制度具有相当的影响力，抛去操作上可能存在的不规范，该制度代表了国际交往的一般准则——对等与互惠，具有重要的参考价值。

三、研究创新

其一，研究对象从数据客体转向数据主体，并采纳了整体性视角。整体性视角就是从整体与部分相互依赖、相互制约的关系中揭示研究对象的特征和运动规律，把研究对象看作由各个构成要素形成的有机整体，考察的是研究对象的整体性质。整体性视角从全局着眼、局部着手、通盘考虑、各方协调，有助于实现整体最优化。以往的研究以数据客体为本位，而主体是联动各种数据规定的关键性要素，也是各种权利义务最终的承担者。本书选择从权利的归属与权利的边界——主体的权利义务分配模式角度进行论述，将促进对数据权利的全面性研究和认识。而在数据跨境治理中，国家也是一级主体，因此，本书将国家也列为一类主体进行讨论，从而形成个人、企业、政府、国家四个主体维度，再根据各主体的地位、功能、能力等因素提炼出分配各主体权利义务的基本框架。当前数据企业的国内数据业务和国际数据业务是一体两面的存在，在中国市场已经成为国际市场的重要组成部分的形势下，沟通数据流动的国内规范与国际规定具有必要性和紧迫性。因此，此种整体性视角在视野上更为宏观，能更好地对数据规范进行全局性理解。

其二，引进了对价理论，通过私有领域与公共领域的对价确定各方主体权利的合理边界。和作为有体物的物权所有权具有全面的权能不同，无体物的权能有着更多的限制，这种限制来源于无体物的流动性、非竞争性特征本身，在事实上无法完全控制，往往在规范上也难以拥有全面的权能，否则其他主体可能承担过重的义务。各方主体的权利边界确定涉及私有领域和公有领域的对价，私有领域关注个体的、当下的、局部的利益，而公有领域侧重公众的、长期的、全局的利益。在数据领域，公共领域主要有两部分内容，一是以个人人格为内容的不特定主体的个人数据安全。数据企业能力越大责任也越大，需要遵守个人数据安全保密的相关规范，尽最大努力在最大程度上保障个人数据安全。二是以财产利益最大化为内容的数据自由流动。其实，数据的利用可以有很多的角度和方式，数据持有者的利用往往只能是有限角度的部分利用，这就需要在特定情形下允许第三方进行合理利用。制定类似于著作权合理使用制度的数据合理使用制度是可行的选择，只是目前分歧较大，未来还需要进一步达成共识，促进数据的自由流动与价值发挥。

第二章
数据权益的正当性考察：从事实利益到法定权利

一般认为，数据是信息的形式，信息是数据的内容，二者体用合一，难以分离，以至于相关的定义总是对数据和信息进行相互界定。文字如同三角洲地带的沙滩，不断积淀不断更新，社会生活层面、科学层面和技术层面的数据或信息均有不同的内涵，相应的含义亦随着时代的变迁而不断变化，对于数据范围大于、小于、等于信息的探讨均是从不同的角度进行评价的结果。数据对于个体的人格利益或对于企业的财产利益自古有之，绝非大数据时代之专属。但当大数据时代赋予数据以更为显著的经济价值、社会价值和安全价值时则引起了社会共同的期待和相互的角力。数据经历事实上之利益到法定之利益再到法定权利化的过程，需面对适时性、内部正当性、外部正当性的审问。在从事实往规范跃变的过程中，数据利用所激发的正向价值引发了公众对数据权利进行塑造的期待，但同时数据利用导致的侵权损害又引致公力救济的诉求，既有的规范已经无法形成足够的制度供给，正是在这种情况下，社会和国家通过技术或法律实践予以回应。参考霍菲尔德权利理论中权利的层次性，有关权利本质的利益说、意志说、法力说与不同层次的权利具有相应的适用性，对于基础性的数据权利，其根本是数据对于主体之正当利益和价值。数据权利的外部边界则由对价机制塑成，数据所承载之多重利益包括个人利益、社会利益和国家利益之间的利益衡平决定了数据权利的边界。数据权利的限制应以公共利益的限制为限，数据物理上无边界的事实描述并不能推导出数据应该共享的逻辑结论，相反，应以规范引导数据之保护和流动。

第二章　数据权益的正当性考察：从事实利益到法定权利

第一节　数据释义及数据权益的生成路径

数据和信息互为形式和内容，存在相互界定的现象，其内涵随着运用场景的历史变化具有不同的时代内涵。数据经历了从利益到权利的过程，这是事实到规范的飞跃，也是消极法益到积极权利的提升。

一、数据概念辨析

文字的含义是一个不断延伸、变化的过程。对于数据的界定往往选择"信息"一词作为坐标系。在《现代汉语词典（2002年增补本）》中，"数据"是指进行各种统计、计算、科学研究或技术设计等所以依据的数值。"信息"一词的含义为"音信；消息。"柯林斯英语词典中，对"data"一词的解释为：（1）对一系列观察、测量或事实的记录；信息；（2）计算机运行的数字、字节、字母和标志等。对单数形式"datum"的解释则是"单个的信息，一般形式是事实或数据。"[1]对"information"一词的解释为：（1）任何形式获得的知识；事实；（2）（计算机术语）A：数据的含义；B：数据。[2]柯林斯英语词典的界定显示信息和数据在事实层面具有相当程度的同构性。在牛津英语词典中，"data"的释义为：（1）事实（细节）或信息，经常被用于发现事物或做出决定；（2）计算机中存储的信息。[3]"information"的释义为关于某人/某事的事实或细节。[4]也有观点认为数据就是任何信息，或者代表信息的标志，"一个人的名字是数据，名字中的各字母也是数据"。[5]

以上中英文语境下的词典解释可以认为是对数据和信息的传统解释，在时代背景及认识能力均没有实质性突破的情况下，该种定义具有相当的稳定

---

[1] See *Collins English Dictionary*, HarperCollins Publishers, 2015, pp.193-194.

[2] See *Collins English Dictionary*, HarperCollins Publishers, 2015, p.399.

[3] See *Oxford Advanced Learner's Dictionary*, Oxford University Press, 2010, p.384. 在牛津大辞典中，"data"被解释为事实，特别是数据（字）化事实，以供参考或提供信息，See *The Oxford English Dictionary* (Volume IV), Oxford University Press, 2004, pp.264-265.

[4] See *Oxford Advanced Learner's Dictionary*, Oxford University Press, 2010, p.798.

[5] See Richard W. Brightman et al., *Data Processing for Decision-making: An Introduction to Third-Generation Information Systems*, Macmillan Company, 1971, p.4.

性和连续性。但随着运用场景的增加以及科技的发展，数据和信息的含义有了新的变化。在法律语境下，《元照英美法词典》中"data"的词义为"1.（为特定目的而收集的）资料；材料；数据；2. 作为证据的事实；3.（古）（转让所有权的契据）签约日；交付日；履行日。"[1]第二、三项释义具有了浓重的法律内涵，已经远超出了传统的定义范围。而"information"一词则已经演变为"1.（美）检察官起诉书；2.（英）（民事）起诉状；（刑事）起诉书。"的释义，同时延伸出控告的含义，在各种词组中还有着更丰富的意思。[2]

在传统释义基础上，科学研究领域对信息一词进行了很大程度的改造。"信息"作为科学术语最早出现于1928年由哈特莱（Hartley）发表的《信息传输》一文，[3]20世纪40年代，信息论的代表人物香农（Shannon）对信息进行了重新定义："信息是用来消除随机不确定性的东西"，将信息界定为揭示社会或自然规律的内容，有助于从认识论的角度提升人与外界关系的确定性。[4]也因此，控制论创始人维纳（Wiener）认为"信息这个名称的内容就是我们对外界进行调节并使我们的调节为外界所了解时而与外界交换来的东西"。[5]控制论作为实践论的代表，反映了人和外部世界的互动过程。系统论则从更宏大的背景将世界区分为要素，信息在要素间流动，各要素共同发挥作用维系着系统的健康稳定运行。信息论、控制论、系统论均以信息及信息流为切入点进行理论建构，反映了人类在与外部世界沟通过程中认识的不断深化和追求确定性的诉求，当从众多有争议的选项中进行选择时，信息作为行动的前提，是人类决策与行为的依据。[6]尽管数据能消除一些不确定因素，但不确定的变量始终存在，数据分析往往需要综合确定的内容和不确定的内容。[7]

---

[1] 薛波主编：《元照英美法词典》，法律出版社2003年版，第366页。

[2] 参见薛波主编：《元照英美法词典》，法律出版社2003年版，第692页。

[3] See Hartley R. V. L., "Transmission of Information", *The Bell System Technical Journal*, Vol. 7, No. 3., 1928, pp. 535-563.

[4] See Shannon C. E., "A mathematical theory of communication", *The Bell System Technical Journal*, Vol. 27, No. 3., 1948, pp. 379-423.

[5] [美] 维纳：《人有人的用处——控制论与社会》，陈步译，北京大学出版社2010年版，第13页。

[6] See Richard W. Brightman et al., *Data Processing for Decision-making: An Introduction to Third-Generation Information Systems*, Macmillan Company, 1971, p. 5.

[7] See Matt Taddy, *Business Data Science: Combining Machine Learning and Economics to Optimize, Automate and Accelerate Business Decisions*, McGraw-Hill, 2019, pp. 17-18.

第二章　数据权益的正当性考察：从事实利益到法定权利

在科技的助力下，数据的变化并不仅体现在含义的直接扩展上，更重要的是形式、载体和运行方式的变化。随着计算机技术的发展，二进制以 0 和 1 的组合形成的比特形式也被界定为数据，其中的 0 和 1 只是最基本的两个元素，二者无数的排列组合形成无数的数据累积，该等数据累积可以"翻译"成可读的传统意义上的"数据"或"信息"。表现形式的特殊性决定了载体的特殊化，相应的 0 和 1 并非不能运用纸张等传统方式进行书面保存，比如计算机程序的编程过程就是一个可纸质化的过程，但这并不符合电子化、数码化意在提高存储、处理效率的本义，因此晶片存储成了普遍的选择，缩小了体积又提高了效率，在静态层面确定了数据的电子化、数码化的表现形式。随着互联网技术的发展，由 0 和 1 所形成的数据可以通过网络进行流动，而且由于爬虫技术、[1] cookie 技术的运用，形成了数据的随时流动和千变万化的组合，这种情形下构成了数据的动态层面，个人的轨迹也会不断生成，"静态人"越来越少，"动态人"越来越多。[2] 但无论是静态层面还是动态层面的数据，其根本在于数据所能展示出来的信息——一种揭示规律性的存在。参照莱斯格对网络通信规制的划分方式，可分别在物理层、代码层、内容层讨论信息与数据的法律内涵与外延。[3]

关于数据信息知识及智慧（Data-Information-Knowledge-Wisdom，DIKW）的体系理论提出了"数据-信息-知识-智慧"的递进升级模式，其中数据是基础事实展示，信息是数据的规律和意义。本书也采用国际标准化组织的定义，即信息是"在特定语境中具有特定意义的关于客体的知识，如事实、事件、事物、过程或思想包括理念"；数据是"信息的形式化表现，可展现其背

---

[1] 参见刘鹏主编：《大数据》，中国工信出版集团、电子工业出版社 2017 年版，第 246 页。网络爬虫有很多名字，例如，"网络蜘蛛"（Web Spider）、"蚂蚁"（Ant）、"自动检索工具"（Automatic Indexer）。网络爬虫是一种机器人程序，其作用是自动采集所有它们可以到达的网页，并记录下这些网页的内容，以便其他程序进行后续处理。

[2] 参见［美］汤姆·查韦斯等：《数据驱动》，古留歆译，中信出版集团 2021 年版，第 35 页。

[3] 参见［美］劳伦斯·莱斯格：《思想的未来：网络时代公共知识领域的警世喻言》，李旭译，中信出版社 2004 年版，第 153 页以下。物理层属于信息传播的底层设备，可对应法律中的信息基础设施。代码层是设备上运行的代码，以 0 和 1 组合而成的比特形式存在，是信息的形式与载体，可对应法律中的数据。内容层则体现为代码符号所表达的具体内容，具有一定的意义，可对应法律中的信息。

047

后的意义，用于沟通、含义展示或处理"。[1]即信息揭示内容含义，而数据则是这种内容的表现形式及载体。数据并不局限于电子化数据，也包括实体化数据，信息与之对应，包括电子化和非电子化的表现形式。当前我国《个人信息保护法》和《数据安全法》没有局限于电子化形式，而采用了更为宽泛的包括电子化和非电子化两种形式的界定。[2]从体用不分的角度可以理解数据与信息为不可分之物，脱离数据的信息无法存在，而数据本身即蕴含着信息。也因此，《通用数据保护条例》（GDPR）同样通过信息来定义个人数据为"任何已识别或可识别的自然人（数据主体）相关的信息"。

在互联网时代，信息环节可能并不独立存在，而是以被整理（Collated）、组织（Curated）和编排（Contextualised）从而形成相关性的数据所替代，从而形成"数据–被整理、组织和编排的数据–知识–智慧"的金字塔结构。[3]大数据尽管揭露又产生问题，但丰富的数据资源又是生成解决大数据时代特有问题的智慧的基础。[4]DIKW体系理论的递进模式提示了从数据到信息的过程需要特定的能力，数据本身不包括在考察之后通过论证和推理才获得的内容，即不同的主体具有强弱不同的收集、分析数据及生产信息的能力，正是这种强弱对比造成了今天我们所面对的数据时代的诸多分歧，这也是我们需要重视和重点研究大数据应对之道的重要理由所在。

二、利益到法益：从事实到规范

数据经历了从事实层面的利益到规范层面的法益的过程。在事实层面，数据首先反映了数据对于主体的价值，价值体现为对人的有用性，比如工具对于人的使用价值，食物对于人的食用价值。物品的有用性是不断触发的过程，在没有火的时代，柴火、石油、天然气均缺乏价值，但在火被使用之后，

---

〔1〕 国际标准化组织《信息技术—词汇》（ISO/IEC 2382-2015）。

〔2〕 法国 1978 年的《数据处理、数据文件及个人自由法》（Data Processing, Data Files and Individual Liberties）中的数据就不仅包括机器生成还包含人工生成的数据。See Robert Bigelow, "Transborder Data Flow Barriers", *Jurimetrics Journal*, Vol. 20, No. 1., 1979, p. 9.

〔3〕 See Caroline Carruthers, Peter Jackson, *Data driven Business Transformation: How to disrupt, innovate and stay ahead of the competition*, John Wiley & Sons, Ltd., 2019, pp. 22-29.

〔4〕 See Seth Stephens-Davidowitz, *Everybody Lies: What the Internet Can Tell Us about Who We Really Are*, Bloomsbury Publishing Plc, 2017, p. 163.

第二章　数据权益的正当性考察：从事实利益到法定权利

这些物品逐步被充分利用起来。而有些物品的价值却可能随着时代的进步而逐步减少甚至失去价值，比如电灯对煤油灯的取代。随着人类认识能力和人类自我意识的发展，价值的评价从具体到抽象，从客观转变为主客观结合，从着眼于物之层面的财产价值逐渐扩展至人本身的人格价值。数据的有用性也是一个从无到有、从小到大的过程，大数据已成为互联网时代重要的生产要素，数字身份则可能同时承载了个人的人格利益和财产利益。

在形成数据规范过程中，特定的数据利益经历了正当化的评价环节，即需要回答"哪些利益应该被视为公正的利益？"[1]正当性标准的评价基础是人类价值共识，具有正向性的价值才具有正当性，尽管主观评价具有个体性，甚至个体对于利益的选择享有一定的自由，但在社会发展过程中，个体的选择与社会的选择具有互动性，最终形成社会认可的价值观。[2]普芬道夫（Pufendorf）的观点也类似，他提出的保存义务理论将保存自身、社会的完善视为天然的义务。[3]参照此种观点可知，凡有助于人的完善的方为正当。沃尔夫（Wolff）的自然权利义务理论认为，自然法赋予人为善行、不为恶行的义务，换言之，为有助于人的完善的行为，不为导致人不完善的行为，这是最基本的自然义务，人们享有平等权、安全权、自卫权、利用外物的权利等。[4]从社会学的视角，则可以理解为人类整体往往选择更有利于保全自身及促进发展的方案。比如毒品和酒品对于个人均有用，但所受到的保护程度却各不相同，其原因在于毒品容易造成个体的毁灭以及社会的失范，因此成为社会所排斥的对象，而酒类在过量的情况下也会对个体造成伤害，但其潜在的危害性远不如毒品。因此，法律选择从民事责任的角度对酒类进行规范，比如劝酒者对醉酒人员的伤亡承担一定的责任，但对毒品则连持有一定量都构成刑事犯罪。数据体现人格尊严及促进物质进步，物质的进步又进一步促进人的自由全面发展和社会发展，所具有的人格价值和经济价值均具有正向性，从而能够形

---

[1]　[奥]欧根·埃利希：《法社会学原理》，舒国滢译，中国大百科全书出版社2009年版，第229页。

[2]　参见彭诚信：《现代权利理论研究——基于"意志理论"与"利益理论"的评析》，法律出版社2017年版，第257页。

[3]　参见[德]塞缪尔·普芬道夫：《人和公民的自然法义务》，鞠成伟译，商务印书馆2017年版，第135-136页。

[4]　参见[美]博登海默：《博登海默法理学》，潘汉典译，法律出版社2014年版，第117页。

成正当性。其中，数据秩序的失范与毒品所导致的失范不同，并非因为数据本身自带负面价值，而是规范性不足的结果，而毒品则是内含可能的损害。

数据纳入法律考量范畴是一个社会选择的过程，是社会公众共同实践的结果，法律可视为是对该种选择的确认。梅迪库斯（Medicus）认为我们只是从生活关系的连续统一体中取出一部分来进行法律观察而已，[1]该种选择并非立法机关、司法机关、执法机关的主观单向选择，而是"我们"共同选择的结果，然后由法律工作者进行专门的法律观察，从而形成法律的回应——一种哈特（Hart）式的承认规则的形成过程。对数据的社会选择具有特定的要求或特征：一是普遍性，当互联网成为时代背景，每个人都身处其中，个人数据、企业数据、政务数据已经成为社会运行的构成要素，成为一个无法回避的事实；二是重要性，数据问题已经不再局限于象牙塔内的科研，而已经成为影响到个体人格、公众生活、经济利益、国家安全的重要因素，甚至已经超出以往任何个别要素的影响力；三是紧迫性，当前的数据纠纷不断，数据权属、权能问题如果不及时解决将导致严重的社会问题，而这将是社会难以承受之重。在这种特殊情境下，如果法律不对法定权利之外的正当利益进行规范，网络社会就可能沦为数据丛林，各方主体的权利最终将无法得到应有的保障。

法律的规范和介入也反映了社会无法通过自治系统和现有规范解决数据问题。社会规范具有多个层面，道德规范或正当利益并不一定需要转化为法益。各个时代均存在道德规范，比如见义勇为、邻里互助等，均反映了有助于社会共同利益和个人发展的正向价值，但并不一定以转化为法益为结果。其中有必要性的问题，比如邻里互助是一种自发生成的来源于社会性相互支持的力量，该种互助系人类普遍的情感或利益所在，没有必要进行规定，道德的感召反而会因法律的强制而使人反感；也有可行性的问题，比如见义勇为无法强制，即使强制也容易形成虚假的道德，而法益的维护又需要得到有效落实，否则将影响到法律的权威；还有，民间的习惯、惯例等类似规范如已足够，则已经对各方的权利义务进行了安排，虽然没有法律明确规定，但仍可以得到较好的执行，各方的正当利益也能够得到维护。我国《民法典》规定习惯也是法律渊源，尽管存在习惯与习惯法的不同观点，但均承认习惯

---

[1] 参见［德］迪特尔·梅迪库斯：《德国民法总论》，邵建东译，法律出版社2013年版，第51页。

作为一种民间规范所具有的普适效力，各方因习惯所形成的正当利益亦为法律所认可和保护。但数据问题无法通过道德自律实现数据秩序的和谐，也还没有形成完善的行业习惯，无法通过民间力量自发形成良好的数据秩序。在现有规范亦无法适用的情况下，需要借助于国家力量对各方主体的数据法律关系进行塑造。数据利益经历了事实到规范，规范指引事实的循环过程，事实催生了规范，规范又反作用于事实，并进一步形塑相关主体的行为。

三、法益到权利：从消极到积极

法益是对正当利益的抽象与笼统规定，比如人格利益、身份利益、财产利益为最普遍的界定，法益的保护往往具有被动性。如果仅限于某种特定的法益则不能给法益主体以具体的行为规范和行为指引，还需要从"法定之益"转变为"法定之权"。[1]我国《民法典》第 127 条沿袭《中华人民共和国民法总则》（以下简称《民法总则》）（现已废止）规定了法律对数据、网络虚拟财产的保护有规定的，依照其规定，同时于第 1034 条第 1 款还规定自然人的个人信息受法律保护。《民法总则》的规定可以认为是对数据这种法益客体进行的确认和宣示，在《民法总则》实施之际，《通用数据保护条例》（GDPR）已经出台，此前经合组织和欧盟对于个人数据的保护已有时日，在美国、欧盟均加强数据保护的大背景下，我国《民法总则》原则性地体现了对数据的保护动向，是对国际趋势的认同与回应，但仍缺乏可操作性，具体权能还有待具体法律进行更为仔细的规定。不过，即使在对法益主体权能无正面规定的情况下，侵权责任条款和刑法也可以提供反向保护。比如《民法典》第 120 条规定了侵权救济的内容，《中华人民共和国刑法》（以下简称《刑法》）则直接以数据法益为保护对象，且其保护的法益包括个体、社会、国家等多个维度，相应的数据犯罪罪名有侵犯公民个人信息罪、非法侵入计算机信息系统罪、破坏计算机信息系统罪等。[2]通过侵权责任条款或刑法保护则只有数据法益

---

[1] 参见童之伟：《法权说之应用》，中国社会科学出版社 2022 年版，第 1 页。
[2] 数据犯罪可能涉及的主要罪名包括：（1）破坏计算机信息系统罪，（2）非法控制计算机信息系统罪，（3）非法获取计算机信息系统数据罪，（4）侵犯公民个人信息罪，（5）侵犯商业秘密罪。此外，关联罪名还包括：（6）非法侵入计算机信息系统罪，（7）提供侵入、非法控制计算机信息系统程序、工具罪，（8）侵犯著作权罪，（9）非法经营罪，（10）掩饰、隐瞒犯罪所得、犯罪所得收益罪，（11）拒不履行信息网络安全管理义务罪，（12）帮助信息网络犯罪活动罪等。

这种正当利益在受到侵害时才能够形成救济，但数据利益的实现不能只依赖于被动保护，还需要正向权能的激励，才能形成被动与主动结合的完整的保护体系。

数据的属性决定了数据所代表之正当利益的实现受制于各种因素。其一，个人数据所代表的人格利益具有被动性，不具有特定的使用价值。与一般物品不同，人格尊严的价值不在于交易，而在于人之为人的重要性，因此人格利益缺乏向外的主动性。传统人格权的保护均缺乏主动的权能，在法律中一般有正向的笼统规定，主要依靠被动的救济。其二，个人数据被侵害所导致的结果具有隐蔽性，难以查明和界定。除了极端情况下的重大损害，针对个人数据形成的损害在很长一段时间里一般均在个人所能承受的阈值以内，因此，尽管有侵害也未必有多少个体会进行积极的维护。健康权、身体权具有直观的特点，隐私权的暴露也正说明隐私已经为公众所知晓，而大数据时代个人数据的泄露却可能不被察觉，越来越隐蔽且难以被检测，这种情况下就连被动的救济方式都无从谈起，[1]因此，维根特（Weigend）将数据时代称为"后隐私"时代。[2]其三，企业数据由于权属不清、权能不明导致需要通过《反不正当竞争法》《中华人民共和国反垄断法》（以下简称《反垄断法》）等规定进行概括式保护。当前对于企业数据保护的讨论还经常围绕在是否赋权、如何赋权以及是否通过行为规制模式进行保护的层面，因此企业数据的权利基础薄弱，法律保护存在重大不确定性。此外，数据的正当利益实现还受到个体的主观能力、主观意愿及客观环境因素的影响，数据如仅规定为法益，类似于有了权威的外表，但却无法提供便利的实现路径。

具体的权能是权利人的积极行为方向和相对方的尊重边界，权能的具体化可以形成对法益保护的支持。权能的具体化可以明示法益的受保护范围、受保护程度及受保护方式。比如传统物权所具有的占有、使用、收益、处分的四种权能，当中的处分又可以对前三种权能甚至所有权整体进行处分。这种权能式规定比起"个人之物受法律保护"的概括式规定具有更强的操作性，

---

[1] 参见［美］雪莉·大卫杜夫：《数据大泄漏：隐私保护危机与数据安全机遇》，马多贺等译，机械工业出版社2021年版，第13-14页。数据"泄漏"而不"露"，这也是数据泄漏危机的根源。

[2] See Andreas Weigend, *Data for the People: How to Make Our Post-Privacy Economy Work for You*, Basic Books, 2017, pp.6-8.

增加了权利的行使可能，强化了对权利的保护。与《通用数据保护条例》（GDPR）类似，我国《个人信息保护法》中也规定了具体权能，为个人提供了主动行使权利的可能，这可以缓解主观能力和客观条件有别所形成的个人和市场主体力量悬殊导致的不公平局面，为个人数据权利提供支持。数据权利的权能具有特殊性，是技术时代的产物，有部分与传统权利权能类似，比如充当保护个人信息免受无端收集、使用或披露的个人信息保护立法基石的同意权，[1]大致可理解为对数据的处分权，即同意他人收集、处理、利用个人数据的处分行为。但与传统的物权权能体系的形式又具有重大区别，比如删除权，又称为被遗忘权，是对互联网时代被遗忘困难的专项回应，虽然与物权权利人对物进行消灭的自主权类似，但网络中个人数据与个人分离，删除权的行使需要借助数据企业的技术支持，因此更需要删除权的特别规定。并非所有的法益均能够获得类似的待遇，特别是荣誉、隐私、姓名等传统人格要素，由于不具有交易性和流通性，相应的权利保护一般只是排除干扰、侵害的消极模式，至今没有特别的权能规定，这可以认为是人格权不得交易的古老传统使然。但在互联网时代，各种传统的人格要素可能转化为数据进行流动，未来需要通过数据权能进行捍卫和实现。

从正当利益到权利并不一定要经过法益的确认环节，可以由正当利益直接上升为权利。有一种方式是直接把正当利益规定为某种权利，但如果权利的权能不够具体化，则此种情形下的权利与一般法益并无太大区别，毕竟对法益的承认是一个层面，而对法益的切实保护又是另一个层面。从法益到权利，或从正当利益到权利，实现了防御式保护到积极式保护的转变，由被动转为主动，对于平衡各方主体主客观力量的差距具有相当的帮助。在实践当中，目前个人数据权利的具体权能足以对各数据平台形成大量的工作量，特别是国内数据平台进化为国际数据平台之际不断扩大了平台的辐射范围，[2]这也不断提示各数据平台加强个人数据保护以免产生额外的工作负担。正当利益、法益的法定权利化是一个渐进的过程，各国的数据法律保护进度往往

---

[1] See Teresa Scassa, "Text and Context: Making Sense of Canada's New Personal Information Protection Legislation", *Ottawa Law Review*, Vol. 32, No. 1., 2001, p. 8.

[2] See Marc Steinberg, *The Platform Economy: How Japan Transformed the Consumer Internet*, University of Minnesota Press, 2019, p. 233.

因社会发展水平、保护的迫切程度呈现出差异，相对落后国家的法律制度建设容易受到先行发达国家的影响。因此，全球范围内对于数据具有的正当利益的法律保护注定是一种分层分级式的保护格局，适时提炼出应该予以立法保护的内容在事实上考验着一国的立法能力和立法水平。

第二节　数据权益兴起的适时性考察

并非所有的正当利益都会转化为法定权利，当现有道德规范、法律规范、习惯能够形成足够的制度供给时则不必制定新的法律制度。当前数据利用所形成的巨大正向价值引发了强烈的权利诉求，以及数据利用的广泛负外部性引致强烈的救济诉求，而数据的特殊性让既有规范无法全面涵盖，这时各方主体都有制度需求，社会和国家则适时作出技术与规范回应。

一、数据正向价值引发的权利诉求

互联网的诞生是数据问题的事实根源。1969年，阿帕网（The Advanced Research Project Agency Network，ARPANET）通过网络控制协议（Network Control Protocol，NCP）实现了计算机首次互联，但随着网络的发展和用户对网络的需求不断提高，NCP仅能适用于同构环境的技术设计成为了重大障碍。1974年，用于"异构"网络环境中的传输控制协议/网际协议（Transmission Control Protocol /Internet Protocol，TCP/IP）研发成功，网络联通可以在各种硬件和软件系统上实现互操作。1983年，阿帕网（ARPANET）开始采用TCP/IP，TCP/IP正式替代NCP成为大部分因特网共同遵守的网络规则，1990年，阿帕网（ARPANET）的核心架构被更新，随之因特网成了全球互联网。[1] 互联网中，数据成为信息交互的新载体，数据开始实现全球性流动，社会的方方面面不断受到网络数据的影响，数据生产力引领了经济和社会发展，也因此创造出巨大的价值。[2] 而在互联网之前的"小数据"时代，数据由于

---

〔1〕 参见赵宏瑞：《网络主权论》，九州出版社2019年版，第37—41页。
〔2〕 参见中国信息化百人会编著：《数据生产力崛起：新动能·新治理》，电子工业出版社2021年版，第16页。数据生产力是在"数据+算力+算法"所定义的世界中，知识创造者借助智能工具，基于能源、资源及数据这一新生产要素，构建的一种认识、适应和改造自然的新能力。数据要素成为核心要素。

无法大面积、大规模流动，应用范围、深度和广度有限，所创造的价值亦有限。

　　数据爆炸式增长成就的大数据环境让数据的价值得到空前的挖掘。"数据生产力的提升，是人类社会生产力发展到一定水平的重要标志，将为人类发展带来更多的可能",[1]在预测、推荐、商业情报、科学研究各方面发挥着日益重要的作用。[2]《自然》（Nature）杂志在 2008 年 9 月推出了名为"大数据"（"Big Data"）的专题，2011 年 5 月，麦肯锡咨询公司在研究报告《大数据：创新、竞争和生产力的下一个前沿领域》中预示大数据时代已经来临，2013 年英国学者维克托·迈尔-舍恩伯格（Viktor Mayer-Schönberger）、肯尼斯·库克耶（Kenneth Cukier）出版了《大数据》一书，标志着大数据时代的到来，从此"大数据"概念和方法受到社会广泛认同和重视，并形成诸多应用成果。什么是大数据？乔纳森·斯图亚特·沃德（Jonathan Stuart Ward）和巴克（Barker）希望给出每个人都能同意的定义：大数据是使用一系列技术描述大型和庞杂数据集存储和分析的术语。朱莉·科恩（Julie Cohen）对此进行了扩展：大数据是一种技术和过程的结合。该技术是一种能够在极短的时间内筛选、分类和分析海量数据的信息处理硬件配置。该过程包括挖掘模式数据，将诸模式提取为预测模式分析，并将分析应用于新数据。还有观点认为，"大数据"是一个笼统的、不精确的术语，指的是在数据科学和预测分析中使用大数据集合。[3]丹·库斯内茨基（Dan Kusnetzky）则在《什么是大数据？》（What is "Big Data"）一文中将大数据定义为：人工无法在短时间内管理、处理、截取并整理成为人类可读的大规模信息。全球范围内权威的 IT

---

〔1〕　大数据战略重点实验室：《块数据 5.0——数据社会学的理论与方法》，中信出版集团 2019 年版，第 158 页。

〔2〕　参见王宏志编著：《大数据算法》，机械工业出版社 2015 年版，第 4-5 页。科学研究到目前经历了四种范式的变迁，第一范式：几千年前，也就是亚里士多德的时代，科学研究是基于经验的，用于描述自然现象；第二范式：数百年前，也就是牛顿的时代，科学研究是基于理论研究的，着眼于建立数学模型并进行推广；第三范式：几十年前，开始了基于计算的科学研究，通过强大的能力，得以模拟复杂的自然现象；第四范式：也叫作 eScience，基于数据探索的科学研究，利用仪器获取数据或者利用模拟器生成数据，再利用软件进行处理，将知识或信息存储在计算机中，科学家利用数据管理技术和统计方法进行科学发现。

〔3〕　See Margaret Hu, "Small Data Surveillance v. Big Data Cybersurveillance", *Pepperdine Law Review* Vol. 42, No. 4., 2015, p.794.

研究公司高德纳（Gartner）公司在其术语汇编（Gartner Glossary）中认为"大数据"是指具有更强的流程优化能力、洞察发现力和决策力的海量、高产且多元化的信息资产。维克托·迈尔-舍恩伯格和肯尼斯·库克耶看重大数据的全样本特征，从而将大数据方法定义为：不用抽样调查的捷径，而采用所有数据的方法，以提炼信息并创造新的价值。[1]综合来看，"大数据"最被广泛认可的定义通常由几个数据特有的特征来界定，通常称为"3V"：容量大（Volume）、[2]速度快（Velocity）[3]和多样性（Variety），技术人员经常在技术层面进行这样的定义：需要用于帮助发现和决策的具有高性价比的、形式创新的信息处理能力的大容量、高速度和多样化的信息资产。专家们越来越注意到，大数据的第四个"V"特征涉及基础数据的准确性或可靠性（Veracity）。还有一些专家，如罗伯·基钦（Rob Kitchin），已经发现了大数据的其他的特征，包括"大范围，在范围上详尽无遗，涉及社会的方方面面；高识别度，着眼于最多的细节，用于识别；相关性，在公共字节的基础上不同的数据集合可以进行衔接；灵活性，具有可扩展性（容易添加新字节）和可伸缩性（快速扩展的潜力）。"[4]大数据技术的广泛应用，使表面无关联的数据在经过大数据技术分析后可以建立起相关性，超越数据被采集时的目的，并催生出新的产品、服务、商业模式及数字经济的兴起，成为重要的经济增长极，原先分散存储、内容简单并且无法利用的数据，变为重要的经济资源，最终被誉为"数字经济时代的原油"。数据成了21世纪最宝贵的资源，与材料、能源并称为人类社会赖以生存和发展的三大基础性战略资源，未来科技企业的竞争将聚焦在数据的收集和使用上。

---

[1] See Viktor Mayer-Schönberger, Kenneth Cukier, *Big Data: The Essential Guide to Work, Life and Learning in the Age of Insight*, John Murray, 2017, pp.8-9.

[2] 参见张云泉等编著：《人工智能三驾马车——大数据、算力和算法》，科学技术文献出版社2021年版，第24页。对于数据巨大到什么程度，业内目前还没有统一的标准，一般认为数据量在10TB-1PB（1TB=1024GB，1PB=1024TB）及以上。

[3] 参见赵勇等编著：《大数据革命：理论、模式与技术创新》，电子工业出版社2014年版，第237-238页。数据挖掘的发展阶段包括：数据搜集（20世纪60年代。提供历史性的、静态的数据信息）、数据访问（20世纪80年代。在记录及提供历史性的、动态数据信息）、数据仓库及决策支持（20世纪90年代。在各种层次上提供回溯的、动态数据信息）、数据挖掘（正在流行。提供预测性的信息）。

[4] See Margaret Hu, "Small Data Surveillance v. Big Data Cybersurveillance", *Pepperdine Law Review*, Vol.42, No.4., 2015, pp.794-795.

第二章 数据权益的正当性考察：从事实利益到法定权利

数据成为推动国民经济发展的重要力量，其价值为个人、企业、国家所重视，并形成各方争夺的局面。中国信息通信研究院发布的《全球数字经济白皮书（2022年）》显示，在2021年数字经济GDP占比方面，德国、英国和美国分别位居前三位，占比均在65%以上，而在2019年这一数字经济占比分别为63.4%、62.3%和61.0%。从增速看，挪威数字经济同比增长34.4%，位居全球第一，另外南非、爱尔兰、新西兰等13个国家数字经济的增速超过20%。经济领域之外，数据及数据技术在国家治理、个体社交等领域均被广泛运用，国家治理过程中，运用自动化决策的人工智能提高了政府治理的效能，个人社交工具中的精准推送提高了交流的效率。目前，数字世界中需要保护的数据增长速度快于数字世界本身。习近平总书记强调："信息资源日益成为重要生产要素和社会财富，信息掌握的多寡成为国家软实力和竞争力的重要标志。"[1]传统强国和新兴国家均对数据资源给予了前所未有的重视，美国联邦数据战略团队（Federal Data Strategy Team）于2019年发布了《联邦数据战略》，描述了美国联邦政府对于2020-2030年十年间的数据愿景，并初步确定了各政府机构在2020年需要采取的20项关键行动。欧盟委员会于2020年2月19日发布了《欧洲数据战略》，阐述了未来五年欧盟实现数据经济所需的政策措施和投资策略，意在将欧洲打造成当今世界最具吸引力、最安全和最具活力的数据敏捷经济体（Data-Agile Economy）。英国政府于2020年发布了《国家数据战略》，阐明了在英国如何释放数据的力量，为处理和投资数据以促进经济发展建立了框架。韩国科学和信息通信技术部（MSIT）于2021年宣布，旨在为发展数据产业振兴数据经济奠定基础的《数据产业振兴和利用促进基本法》已获国务会议通过。澳大利亚于2021年发布《政府间数据共享协议》，该协议为澳大利亚联邦、州和地区政府间的数据共享行为提供了规范依据。新兴国家中，印度电子和信息技术部于2019年成立针对非个人数据治理的专家委员会，并于2020年12月发布了《非个人数据治理框架报告》，报告建议建立国家法定的监管机构，即"非个人数据管理局"（NPDA），以确立各方主体的非个人数据权利。对数据的掌握优势将成为国际竞争的先机，各国企业和政府事实上形成了对于数据的争夺局面，各国在侧重不同利益的

---

[1]《习近平主持召开中央网络安全和信息化领导小组第一次会议强调总体布局统筹各方创新发展 努力把我国建设成为网络强国》，载《人民日报》2014年2月28日，第1版。

情况下对数据出入境采取了宽严程度不等的数据跨境政策。可以预见的是，由于数据的重要性日益凸显，各国对于数据的争夺局面将愈演愈烈。在企业层面，相互之间利用爬虫技术、cookie技术对其他主体数据资源的抓取及利用已经形成诸多诉讼案件。

数据资源的价值性和稀缺性促成对数据利益进行保护的诉求，"随着社会总体可供资源的增长，人们认识到可以享有新的权利，进而推动社会制度使之明确化。这是权利产生的最普通的形式。"[1]尽管数据在常识意义上或在前互联网时代并非稀缺性资源，但在大数据时代，数据已然是稀缺资源。资源的稀缺意味着社会中只有部分人才能占有和使用，另一部分人必然不能占有和使用，甚至要失去曾经的拥有。由于数据形式新颖、内容多样，涉及的主体众多、关系复杂，既有规定无法全面规范到位。这种状况的存在激发了各方主体通过努力争取资源和保护已有资源的意识，这种意识便是数据权利形成的重要催化剂。数据权利的保护已然成为一种全球共识，数据资源重要性的上升及数据资源争夺局面的现状要求各国对数据行为和数据权利进行规范，[2]以合理确定数据权属并理顺各主体相互关系，为国内国际数据秩序提供规范支持。

二、数据负面效应引致的救济诉求

科塞（Coser）提出冲突经常充当社会关系的整合器，"冲突使现存的规范复兴，又创造了竞争者赖以进行斗争的新的规范框架"。[3]技术赋能与技术赋权"一显一隐"的非均衡发展导致算法歧视、隐私弱化、数字鸿沟等问题加剧，技术赋能引发了权利诉求，但相关的负面效应引发了寻求救济的诉求。艾伦·德肖维茨（Alan M. Dershowitz）也指出："权利来自于人类经验，特别是不正义的经验。我们从历史的错误中学到，为了避免重蹈过去的不正义，以权利为基础的体系以及某些基本权利至关重要。"[4]

---

〔1〕何志鹏：《权利基本理论：反思与构建》，北京大学出版社2012年版，第217页。

〔2〕参见大数据战略重点实验室：《块数据5.0——数据社会学的理论与方法》，中信出版集团2019年版，第257页。

〔3〕[美] L·科塞：《社会冲突的功能》，孙立平等译，华夏出版社1989年版，第110页。

〔4〕[美] 艾伦·德肖维茨：《你的权利从哪里来?》，黄煜文译，北京大学出版社2014年版，第8页。

第二章 数据权益的正当性考察：从事实利益到法定权利

对于个人而言，最直接的影响是个人数据的泄露和无处不在的算法歧视。在大数据时代，个人数据的泄露经常是大面积的。2020年，社交媒体平台新浪微博超过5.38亿用户数据被泄露，并在其他网站上用于交易；雅诗兰黛集团一套含有4.4亿条信息的数据库被暴露，里面含有电子邮件地址、IP地址等信息；[1] 2021年美国社交媒体脸书超5亿用户的个人数据遭到泄露。[2] 范围如此之广的个人数据泄露将造成难以估量的侵权与损害，当前流行的电信或网络诈骗、骚扰短信等已经造成了个人和社会的深刻困扰和重大损失。2020年1—10月，我国信息通信行业处置诈骗呼叫2.3亿次、短信13亿余条、互联网账号103万个、域名2.5万个，累计处置涉诈网络资源15.3亿件次，[3] 相关信息泄露甚至还可能造成个体的恶性伤亡事件，比如徐玉玉被电信诈骗致死案。[4] 而以大量数据为基础的技术运用形成的算法歧视则导致各大数据平台全面收集个人数据，以形成精确的个体数字画像从而能够进行更为精准且有差别的对待。算法歧视所需要的大量数据又成为数据泄露的来源，可以为诈骗或骚扰短信等违法犯罪提供明确的目标。算法歧视造成的更为严重的问题在于为大量用户造就了信息茧房，使广大用户受限于数据平台为其推送的认为其感兴趣的产品或信息，而广大用户往往缺乏相应的能力识别或鉴定出何种信息为算法歧视之下的精准推送。[5] 然而，即使已有认识并加以辨识，也可能由于路径依赖而不愿意放弃或改变，用户在这种情况下将事实上失去选择的能力和自由，阿克顿（Acton）认为"每个人都是自身利益的最好

---

[1] 参见《盘点：2020年最大的十起数据泄露事件》，载互联网安全内参网，https://www.secrss.com/articles/28972，最后访问日期：2023年4月25日。

[2] 参见《超5亿脸书用户信息遭泄露，包括扎克伯格》，载中国青年网，https://baijiahao.baidu.com/s? id=1696153586493678907&wfr=spider&for=pc，最后访问日期：2023年4月25日。

[3] 参见中国信息通信研究院《新形势下电信网络诈骗治理研究报告（2020年）》。

[4] 徐玉玉被电信诈骗致死案：2016年8月19日应届高考生徐玉玉接到诈骗电话，导致其银行卡中所存学费被诈骗一空，2016年8月21日，徐玉玉因受骗而伤心欲绝，郁结于心，心脏骤停，不幸离世。2017年7月19日，该案犯罪嫌疑人陈文辉等7人分别被判以无期徒刑、有期徒刑、罚金等刑罚。

[5] 参见［美］凯西·奥尼尔：《算法霸权：数学杀伤性武器的威胁》，马青玲译，中信出版集团2018年版，第230-231页。观点认为这种通过挖掘数据建立个人档案预测个人行为的微目标锁定技术经不断发展，已完全符合我们所说的数学杀伤性武器的所有特征。这种技术影响范围广，不透明，且不负责任。

的、最敏感的判断者",[1]但这种观点是否适应现代网络社会已然存疑。只有数据企业才有能力成为自身利益的判断者和追求者,长此以往,个体之间的信息孤岛现象将愈发严峻,社群之间的沟通可能迷失在海量的数据当中,只有在个体进行真正的反思后才可能不轻信网络所展示给他(她)的"潮流",[2]但反思又谈何容易。

对于个人数据收集的治理,行政执法的反复性也说明侵权之广泛及持续性,且不易解决。工业和信息化部2019年6月发布的《工业和信息化部关于电信服务质量的通告》显示,在数字经济繁荣发展的背景下,运营商未经用户同意擅自通过应用程序采集个人数据、过度采集个人数据的问题较为突出。为此,相关执法部门充分重视,全国公安机关根据部署,对100家违规APP及其运营的互联网企业进行了集中查处。针对用户反映强烈的违规收集用户个人信息、违规使用个人用户信息、不合理索要用户权限、为注销用户账号设置障碍四个方面的八类问题,工业和信息化部也于同年10月发布了《工业和信息化部关于开展APP侵害用户权益专项整治工作的通知》,展开集中整治。国家互联网信息办公室秘书局、工业和信息化部办公厅、公安部办公厅、国家市场监督管理总局办公厅则联合发布《APP违法违规收集使用个人信息行为认定办法》(国信办秘字〔2019〕191号),并形成了APP治理的常态化,对发现的侵害用户权益行为的APP进行定期不定期通报。然而,尽管相关部门加大了对互联网企业应用的审查和整治力度,数据保护方面的大量隐患还是引发了人们对数据流动背景下的隐私保护等诸多问题的担忧,尤其是移动互联网助推了平台的监控能力,更深层次地引发了移动互联网时代乃至人与人、人与内容、人与环境的连接和匹配的物联网场景下,关于包括权利、竞争、创新、安全等方面价值的数据保护与数据利用平衡的再思考。

在市场主体层面,由于权利归属及权利边界存在争议,各市场主体之间相互获取数据的路径是否正当存在重大分歧。因此,目前较为常用的保护路径为

---

[1] [英]约翰·埃默里克·爱德华·达尔伯格-阿克顿:《自由与权力》,侯健、范亚峰译,译林出版社2014年版,第336页。

[2] See Sara McCorquodale, *Influence: How social media influencers are shaping our digital future*, Bloomsbury Publishing Plc, 2021, pp.144-147.

反不正当竞争和反垄断。当前平台取代互联网成为当代世界经济的主角,[1]而数据平台因数据优势所形成的"二选一"政策则已被认定为垄断行为,2021年4月10日,国家市场监督管理总局认定阿里巴巴集团实施的"二选一"政策属于滥用市场支配地位,依法对其作出行政处罚。[2]而在本案之前,尽管各界对数据平台的"二选一"政策已广为讨论,但一直没有有效的行政执法进行纠正。企业数据治理则经历了漫长的讨论,在这个过程中,已经有无数的入驻数据平台的经营者和广大用户受到广泛的损害,而其救济却仍呈现出胶着、模糊的局面。

国家之间的冲突最先来源于跨境跟踪、调查、取证,以"棱镜门事件"为代表的国家对个人权益的国际性侵犯具有典型性。[3]其中反映了国家机关与数据平台的合谋形成的对于个人数据、国家安全各方面的威胁,重点在于个人数据无法得到保护,企业数据不具有严格的隔离制度,国家机关获取数据的权力没有合理的限制等。数据的跨境流动以国界为天然屏障,法域有差异,治理难度更大。数据权利的觉醒总是在受到侵害之后。以上反映出大数据所造成的广泛负外部性,但由于取证困难、维权成本较高,受侵害最多的诸多个体在这场数据争夺战中基本处于被动地位,在客观上缺乏能力保护自己的合法利益,因此急需国家介入。

三、诉求压力下的技术与制度回应

法制史学家艾伦·沃森(Alan Watson)的一个基本观点是:对于社会的

---

[1] See Marc Steinberg, *The Platform Economy: How Japan Transtormed the Consumer Internet*, University of Minnesota Press, 2019, p. 7.

[2] 参见国家市场监督管理总局国市监处〔2021〕28号行政处罚决定书。2020年12月,国家市场监督管理总局依法《反垄断法》对阿里巴巴集团控股有限公司在中国境内网络零售平台服务市场滥用市场支配地位行为立案调查。2021年4月10日,国家市场监督管理总局依法对阿里巴巴集团控股有限公司在中国境内网络零售平台服务市场实施"二选一"垄断行为作出行政处罚,责令阿里巴巴集团停止违法行为,并处以其2019年度中国境内销售额4557.12亿元4%的罚款,计182.28亿元。

[3] See Dawn E. Holmes, *Big Data: A very short introduction*, Oxford University Press, 2017, pp. 97-99. 斯诺登事件("棱镜门事件")是美国国家安全局(National Security Agency, NSA)实施的绝密电子监听计划,直接进入美国网际网络公司的中心服务器里挖掘数据、收集情报。该计划于2013年由前美国中央情报局(Central Intelligence Agency, CIA)技术分析员爱德华·斯诺登(Edward Snowden)曝光,根据斯诺登披露的文件,美国国家安全局可以接触到大量个人聊天日志、存储的数据、语音通信、文件传输、个人社交网络数据。

控制,当既有的法律制度足够用时,传统会压倒一切具有稳定性,只有当既有的制度不能满足社会需要时,在各种社会压力下才会发生变革。[1]面对数据的正面效应和负面影响,在技术层面,各数据企业纷纷采取了保密措施,对数据进行隔离,以防止其他数据企业未经许可获得其数据。针对个人数据方面,数据企业普遍采取匿名化处理。不过,技术治理并不能解决规范性问题,"无论这些技术多么具有开创性,都无法解决所有权问题。"[2]技术规则也是另一种"法律"的视角具有相当的合理性,如果采取技术中立的观点,则以技术对抗技术本身即存在合理性,还能在交互作业中促进技术的进步,结果会推导出解密技术和保密技术一样有价值的结论,对于不正当的解密也因技术规则相生相克的逻辑而合理化。技术没有意识和意志,但利用者的目的却会有所区别,对于技术的放任明显忽视了徒技术不足以自行规范的事实。因此,在吸纳技术所带来的制度创新的同时,"避免进入技术决定一切的社会物理学世界"。[3]技术治理的思路需要和法律治理结合起来,通过法律规范对技术的运行进行引导、管理和监督。

"公共政策导源于冲突、讨价还价和组织起来维护或促进成员特殊利益的大量潜在的社会集团的联合形式。"[4]政策具有迅速及时的优势,可以在短时间内形成相对系统性的文件,并对当下的形势进行有效回应。以我国为例,2014年,习近平总书记在中央网络安全和信息化领导小组第一次会议上提出了建设网络强国的战略目标,强调要加强核心技术自主创新和基础设施建设,提升信息采集、处理、传播、利用、安全能力。2015年8月国务院公布了《促进大数据发展行动纲要》,提出加快政府数据的开放共享,推动产业的创新发展,建设数据强国。2015年10月,十八届五中全会明确提出"实施国家大数据战略"。2016年,中共中央办公厅、国务院办公厅联合印发了《国家信息化发展战略纲要》,成为此后十年国家信息化发展的纲领性文件。2023

---

[1] [美]艾伦·沃森:《民法法系的演变及形成》,李静冰、姚新华译,中国政法大学出版社1992年版,第252—268页。

[2] 参见[美]亚伦·普赞诺斯基、杰森·舒尔茨:《所有权的终结:数字时代的财产保护》,赵精武译,北京大学出版社2022年版,第282页。

[3] 郑戈:《区块链与未来法治》,载《东方法学》2018年第3期。

[4] [美]梅里利·S.格林德尔、约翰·W.托马斯:《公共选择与政策变迁——发展中国家改革的政治经济学》,黄新华、陈天慈译,商务印书馆2016年版,第32页。

年,中共中央、国务院印发《数字中国建设整体布局规划》指出,建设数字中国是构筑国家竞争新优势的有力支撑。其他国家或地区也有类似的政策,2015年7月,印度莫迪政府提出"数字印度"倡议,计划以"印度制造"和"数字印度"两大战略引领国家未来的发展。欧盟于2016年正式出台《欧洲工业数字化战略》,旨在整合欧盟成员国的工业数字化战略,加快欧洲工业数字化进程。2017年7月,俄罗斯政府正式批准的《俄罗斯联邦数字经济规划》描绘了俄罗斯数字经济发展的路线图。政策性回应内容一般具有多层次的立体性特点,即对国家、市场、个人的数据均作出指导,反映了时代背景和国家的价值选择,起到了数据法益的宣示性及价值导向作用,对于凝聚共识、激发动力具有重大意义。

司法的回应具有重要的承上启下的桥梁作用。法官不得拒绝审判的原则决定了法官遇见新型纠纷必须进行审判和裁决,由此形成了"春江水暖司法先知"的事实。在英美法系,对于新兴权利的回应具有明显的司法主导特点。即使在大陆法系,在法典化之前,依照温德沙伊德(Windscheid)的观点,实体权利来自诉权,诉权也是母权。这是因为有纠纷才最终形成有关权利的判断和裁决,如之前无争议,则说明权利意识并未被激发。司法对正当利益的回应遵循一定的路径:首先一般会依附于已经成型的其他权利,之后则可能被认定为独立的正当利益。比如,隐私权曾先后以附属于名誉权、作为法院承认的新型权利、宪法上的基本权利、法律值得保护的利益("隐私利益")、作为法定权利("隐私权")等多种方式予以保护。但司法的回应的局限性在于同样的情形由于法官的认识不同可能出现不同的裁决结果,同案不同判不利于树立司法的权威。比如,数据的财产利益保护参考既有的数据库方式和反不正当竞争保护的路径,人格利益方面则参照隐私权保护,但在司法中难以形成统一认识。即使是最高院的决定也只是针对个案,最终还需要民主协商基础上的立法,因为立法更具有说服力和普适性。[1]

---

[1] See Michael Hopkins, "Your Personal Information Was Stolen? That's an Injury: Article III Standing in the Context of Data Breaches Not Sure Should Not Be Enough to Put Someone in Jail for Life." *The University of the Pacific Law Review*, Vol. 50, No. 3., 2019, pp. 449-450.

法律有助于为社会提供维系其内部团结所需要的结构和完型。[1]权利要被认可，尤其是要被法律承认，[2]立法回应是最完备的一种回应方式，最终将应然规范转变为实然规范。[3]但法律机制具有相当的滞后性，这并非仅是成文法的不足，而是法律的天性。从发生史的角度看，并非建好了纠纷解决机制等待纠纷，而是有了纠纷才有解决机制的需求并最终促进法律机制的形成。相较于司法，立法往往积累了更多的经验，立法决定一般更为周全，不过立法的回应效率也相对更缓慢。比如，在我国的立法层面，尽管数据首先是一种个体权益，但却最先由刑法进行规范，早在2009年，我国《刑法修正案（七）》即增设第253条之一的侵犯公民个人信息罪，而民法直到2012年之后，才出现个人信息方面的专门条款。随着民事立法的发展，虽然我国《民法总则》（现已废止）、《民法典》和《网络安全法》并没有确定"个人信息"的权利属性，但《民法典》已将"个人信息"规定在"人格权编"，这表明了其人格权属性，《个人信息保护法》则可以视为对个人信息权独立地位的确认。刑法作为最后保障法，根据法秩序统一原理，一般应优先承认其他部门法中已经存在的或被立法正式确认的权利，刑法保护的法益与前置法上的法益应具有一致性，这对刑法适用提出了更为谨慎的要求。

第三节 数据权益的本质和形式：内部正当性

权利本质的理论观点以利益说、意志说和法力说为代表，结合权利的层次性可以理解各层次权利侧重不同的权利本质。但从根本上应以客体于主体之正当利益为根本目的，其他工具性权利应服务于目的性权利，数据权利之于个人或企业之初始的人格利益或财产利益为本质所在。

---

[1] 参见［美］伯尔曼：《法律与宗教》，梁治平译，中国政法大学出版社2002年版，第11页。

[2] 参见刘作翔：《权利冲突：案例、理论与解决机制》，社会科学文献出版社2014年版，第228页。

[3] 参见［德］伯恩·魏德士：《法理学》，丁晓春、吴越译，法律出版社2013年版，第46-47页。

第二章　数据权益的正当性考察：从事实利益到法定权利

一、不同主体数据权利本质的差异化

比克斯（Bix）指出一旦提到权利的本质就难免分成意志说和利益说两派。[1]一派是由萨维尼（Savigny）与温德沙伊德提出的意志说，认为权利就是为个人的意志自由活动或个人意志所能支配的范围。[2]正如卢梭在《社会契约论》中指出的"奴隶制和权利，这两个名词是互相矛盾的，它们是互相排斥的"，[3]权利是实现或维持权利主体特定的类型化法益，并由法律之力进行保障，即"权利是类型化的自由"。另一派是由法学家边沁（Bentham）、耶林（Jehring）提出的利益说，耶林提出法律重在维护利益，且存在利益的等级，拉兹（Raz）也认为权利的真正所在为利益。当今民法通说综合上述两种观点后认为，权利就是法律规范授予个人的旨在满足其个人利益的意思力（Willensmacht）。[4]意志说和利益说其实是从主客观的角度分别对权利的本质进行论述，虽然利益本身的评价也带有主观性，但相较于意志说中的意志自由，则仍具有相当的客观性。如果从自由的状态本身即是一种利益的角度，则利益说具有更大的合理性。意志说必须以正当利益为前提，如果是不利益，则不存在保护的空间，而如果是非法利益，还会遭到法律的禁止。除意志说和利益说外，法力说也非常具有代表性，法力说认为权利的本质是法律强制力，以保障权利主体所享有之正当利益。但无法绕开的问题是强制力所维护的对象又将回到意志说或利益说，强制力只是维护的手段，如果没有利益或自由的前提，则没有维护的对象和必要，因为强制力并没有创造出新的价值。而权利由正当利益、法益演化而来的进程说明，即使没有法律强制力的保障，亦不影响正当利益的存在和应受保护的属性。在没有公力救济的时代，当事

---

[1]　参见[美]布赖恩·H. 比克斯：《牛津法律理论词典》，邱昭继等译，法律出版社2007年版，第205-206页。

[2]　参见彭诚信：《现代权利理论研究：基于"意志理论"与"利益理论"的评析》，法律出版社2017年版，第11页。温德沙伊德首先提出了实体请求权理论，为系统研究权利奠定了基础。萨维尼虽然使用了一般性的权利概念，但在他的理论体系中，居于核心地位的不是"权利"，而是"法律关系"。

[3]　[法]卢梭：《社会契约论》，何兆武译，商务印书馆2003年版，第16页。

[4]　参见[德]汉斯·布洛克斯、沃尔夫·迪特里希·瓦尔克：《德国民法总论》，张艳译，杨大可校，冯楚奇补译，中国人民大学出版社2019年版，第276页。

人依然可以选择以私力救济的方式维护自身的正当利益，比如正当防卫、紧急避险或其他方式的自力救济。因此，法力说的观点注意到权利法定化所带来的益处，说明了法定权利与事实利益的区别，但却并没有揭示权利对于权利人真正的价值所在，具有外部性的局限。

对于个人而言，数据权利的本质在于人格利益。个人数据是一种人格要素，与其他非实体性人格要素类似，比如名誉、荣誉等，共同构成人格利益。其重要意义在于个人数据所构建起来的数字身份具有重要价值，并可以影响到现实的人身和财产利益。而由数据所形成的人格利益与传统人格利益之间可能存在重叠之处，在该种情况下，权利人应可以按照请求权竞合的处理规则进行选择。对于企业而言，个人数据则并非人格要素，而是财产性的生产要素，个人及非个人数据集合经处理、分析所形成的数据产品、数据服务能够实现大量的经济利益，恰应该消除个人数据可识别性以避免对具体个人利益的损害。个人数据对于个人并不具有直接的财产价值，个人出售自身的个人数据直接变现也不能否认个人数据的人格属性基础，个人数据在此时充当了数据生产所用的原材料，这正说明该种创造性财产价值只有数据企业才能实现，个人所收获的对价是数据企业财产利益的附属，只是说明数据企业愿意为个人数据所蕴含的财产价值支付一定的对价，并不足以改变个人数据对于个人之人格利益的基本属性。且人格权被认为是与个人不可分离的存在，是人之为人的依据，而财产权益可以与人分离，可以转让和交易，如果说个人数据对于个人是人格利益又是财产利益，则意味着对于个人既可以分离又不可以分离，这将陷入自相矛盾的境地。因此，对于数据权利的本质需要对不同的主体进行考察，而不能笼统地说个人数据具有人格利益和财产利益的双重属性。当个人数据转化为大数据的组成部分并成为生产要素之时，个人数据就已经完成了从人格要素向财产要素的转化，但只要其识别性仍然存在，则个人对于此数据仍具有人格权，"财产权之属性是人格权的第二位的特征，"不影响人格权非财产属性的基本特征。[1]这也是个人在数据企业进行数据处理、分析过程中对其个人数据享有具体权能的根本原因。当数据企业利用个人数据造成侵权时，通过个人数据所侵犯的可能是个人的人格利益，也可能是由于识别到具体个人从而形成对个人人身或财产的损害。

---

〔1〕 参见马俊驹：《人格和人格权理论讲稿》，法律出版社2009年版，第104-105页。

"权利是获得自由与公平的过程而非目的本身",[1]因此,从权利本质的角度分析企业数据权利与个人数据权利的关系可以认为数据企业与个人只是"各取所需"。个人数据是分散的,且个人没有相应的数据技术和能力对个人数据进行再生产,个人无法从个人数据中创造出真正的财产价值,甚至一般情况下数据的人格价值都只是隐性的。而数据企业也不需要个人数据所携带的人格内涵,相反,数据企业要对个人数据进行匿名化处理,以消除个人数据的可识别性。其中存在的典型问题在于用户数字画像的生成与利用,数据企业广泛运用数据技术生成用户数字画像并据此进行营销,这种运用涉及用户的数字身份和数字人格,需要加以规范,《中华人民共和国电子商务法》(以下简称《电子商务法》)和《个人信息保护法》对此类经算法的精准推送都进行了相应的规范。从本质上看,个人数据的人格利益与财产利益并不冲突,只是个人数据在不同情景下的不同展现而已。如果没有经过匿名化处理,则个人数据在任何场合仍将承载着个人的人格利益,企业数据权利与个人数据权利的冲突或矛盾,主要是个人数据在企业数据中无法完全匿名化处理的问题,如果彻底匿名化且无法复原则相关冲突将大为减少,不过数据企业因用户数字画像类的运用获利颇多,又缺乏积极性进行改变。

二、数据权利形式的层次性

权利的形式体系讲究权利形式之间所存在的层次性和内在联系。自然法学派讨论权利时往往侧重于权利对于人和社会的价值和意义,并从天赋人权的角度确认权利的正当性。但实证主义法学派并没有陷于抽象之论,而是从具体的权利展示形式角度总结出权利的类型化。实证主义法学派从边沁、奥斯丁(Austin)开始,提出法律是主权者的命令,后来的哈特又提出第一性规则和第二性规则,初步显示出法律规则的层次性。之后的霍菲尔德在萨尔蒙德(Salmond)理论的基础上提出了权利义务的八个概念和四组相关关系,为权利的形式化、类型化体系奠定了坚实的基础。霍菲尔德从众多的案件当中提炼出权利组和义务组的各四个概念,可谓是理论来源于实践的杰出代表。以往对于霍菲尔德理论的探讨多在于平面化理解其形式,正如同对

---

[1] [美]艾伦·德肖维茨:《你的权利从哪里来?》,黄煜文译,北京大学出版社2014年版,第199页。

物权、人格权、知识产权的理解往往基于同一平面的理解，一旦提及人格权和物权，首先想到的是其客体及内容的差异化。提及权能也往往是平铺式的叙事，比如传统民法中物权的占有、使用、收益、处分的构成。该种权能构成具有经验民法的痕迹，即属于对事实的复述与提炼，但缺乏抽象的类型化。[1]

霍菲尔德权利理论中蕴含着层次化的内容，该等层次化有助于建构起权利的形式化体系。当前《通用数据保护条例》（GDPR）和我国《个人信息保护法》均规定了诸多数据权利的权能，该等权能均属于权利形式体系中的特定层次。从静态和动态角度进行区分，往往是先有静态权利的确定，再有动态权利的确定。静态权利的表现形成往往是权属——人和物之间的关系。一般情况下，人和物之间的关系是不言自明的，无须依赖特定行为，比如包括数据在内的各种人格要素并不以人的行为为媒介，个人数据于个人是一种当然的存在和归属。以《法学阶梯》为蓝本建立起来的《法国民法典》分为人法、财产法、财产权取得法三大部分，是从经验出发，着重规定了物的变动、取得方式，但其并没有深入规定人与物之间的静态关系，直到《德国民法典》根据权利主体、客体、内容的要素观才对静态的人和物之间的所有权（权属）关系进行反思和规定。这也是人类的认识由具象到抽象，由经验到理性的进步过程。霍菲尔德权利理论中的"privilege"为特权、自由，所对应的是其他所有人的无权利（主张），其他所有人的无权利状态也反向体现了权利人之特权或自由是一种消极的不为他人干扰的权利，也就是一种静态的人和物的和平状态，权利人对于物之使用与收益也并不影响该静态关系，甚至被第三人侵占也不影响特权之存在。[2] 如果把特权理解为对特定的正当利益的控制的话，就可以理解所有权的概念只是权利人对特定的物之上的正当利益具有排他性，而不论是否是有体物。数据权利也应该首先是一种不为他人干扰的排他性权利，只是不同主体排他权的排他程度存在不同。

人类的意志力和外界力量的存在决定了静态权利不可能一成不变。与受

---

〔1〕 参见［美］霍菲尔德：《基本法律概念》，张书友编译，中国法制出版社2009年版，第10-20页。

〔2〕 参见［美］霍菲尔德：《基本法律概念》，张书友编译，中国法制出版社2009年版，第157-164页。

第二章　数据权益的正当性考察：从事实利益到法定权利

人类的意志力影响不同，人和物的静态状态也可能受到自然力或社会力量的影响，比如自然孳息的产生、房屋自然的老化等受自然力影响的增减与变化，均可能影响到静态关系的权利范围和行使可能性。数据成为重要的人格要素也是受到社会力量的影响，才由人格权、财产权的边缘进入中心地带，成了时代的重心。但自然力和社会力量并非个体所能控制，由人的意志力所决定或蕴育的在静态权利之下便形成了私"权力"——一种处分的"权力"。此处的处分应理解为意在与外界发生关系的处分。由于处分是对静态关系的打破以及对新的静态关系的建立，因此，需要借助特定的对外行为才能完成。不与外界发生关系的行为仍属于静态的人与物之间的关系，仍意在实现物对于权利主体的效用，比如占有、使用、收益均为实现物于权利人之价值。处分即在于对完整之特权、自由之一部或全部进行对外处理的"权力"，该种处分一旦形成，则形成相对方的责任。比如个人对于个人数据享有之同意权，即为该种处分，当前的网络设置中非同意即离开的模式体现了静态与动态之间的切换环节，具有重大意义。个人信息之诸多权能均隶属于自决权的范畴，个人对个人数据之处分具有无限追及性，这才能解释在同意之后为何还能一直主张知情、删除、修改等各种要求。这正体现了个人数据之人格属性的本质，否则就变成了一旦处分则失去处分权的财产，这对个人人格权利是莫大的风险。

权利人与外界发生关联之后，便生成了狭义上之"权利（主张）"，这接近于民法体系中请求权的概念。[1]所主张的便是对对方处分决定的完成与责任的落实。在狭义的权利（主张）层面，有着重要的第一性权利和第二性权利的区分，第一性权利属于原生性的权利，即基于权利人处分后与其他主体合意生成的原生权利。但第二性权利是在相对方违反了第一性义务的情况下权利方的救济性权利。前面内容述及权利由静态转向动态的过程，此处是私人领域可能转向公共领域的环节，个人之间的私力救济如无法实现个体权利则不得不寻求公力救济。而与无权力对应的豁免权则更加需要第二性权利

---

[1] 参见［美］霍菲尔德：《基本法律概念》，张书友编译，中国法制出版社2009年版，第32页。霍菲尔德举例说明，"换言之，若某甲拥有令某乙不得进入前者土地的权利，则某乙便对某甲负担不进入该处的相关（及相应）义务。"本例中的权利和义务更接近特权和无权利的概念，只有在某乙有进入的意图或行为时，该种特权才显现出来，成为一种权利（主张），特权在大多数时候无须进行主张。

的支持，否则豁免只是一种应然的目标，无法实际兑现。综上，权利体系是由静态往动态发展的过程，由静态的原点开始，层层推导，直到新的静态关系的形成才稳定下来。[1]当前的数据权问题，一方面在于对静态的权利还没有厘清，另一方面在于对动态的权利规范不足，因此数据秩序呈现出混乱的局面。

三、数据权利本质与形式的统合

权利形式体系的各层次内容与权利本质的各种观点具有对应性，权利体系中各个层次的权利所对应的利益其实有所侧重。以往对霍菲尔德权利理论的讨论容易将特权、权力、权利（主张）、豁免置于平行或平面化的位置。这一方面是因为霍菲尔德是从大量的案例当中总结出来的经验，而案件与案件之间具有独立性和平等性，因此，提炼出来的判决的权利依据和权利类型也相对独立，并容易被平等对待。但仔细考察，案件之间具有平等性并不影响各种权利之间的层次性，具体案件反映的被侵犯的权利类型则可能处于不同的层次之中。另一方面，原有的权利体系结构往往由客体、功能决定。各种客体具有特殊性，不同的客体形成不同的权利，财产权与人格权、物权与知识产权成为最基本的类型，彼此的权利形式当然具有独立性和平等性。而依据功能划分的形成权、抗辩权、请求权则是依据对于法律关系的效果形成的区分，也具有相应的平等地位。

分析性的权利体系当中，各种权利应该有相应的原点权利和延伸权利，其原点即是特权（自由），其他的内容为延伸权利。在特权层面，尽管也有"自由"的译法，但特权之根本在于对权利客体之正当利益的排他性控制，而如果不是正当利益则根本不成立此种特权，其根本性在于体现了正当利益。只有正当利益才存在"风能进，雨能进，国王不能进"的逻辑，而如果是违禁物品则可以被强制规范或直接没收。在特权之下，私"权力"主要是行为自由，即对于正当利益之内容的意志力，此时的本质更在于自由，其自由的内容在于可以处理正当利益之一部或全部。该种处分的基础在于其已经拥有了排他性，即在其他人不能进行干涉和处分的前提下，权利人的私"权力"才能得以实现。当私"权力"递进至"主张"之时，则更多的在于个体对于

---

[1] 参见［德］拉德布鲁赫：《法学导论》，米健译，商务印书馆2013年版，第96-97页。

处分之目的的实现，第一性的权利（主张）往往隐而不发。在大数据环境中，如果数据企业自觉履行安全保护义务，则各主体的第一性权利没有运用之必要，而如果数据企业不自觉履行个人数据安全保护义务，则各主体行使该第一性权利也难以产生效果。但并非第一性的权利（主张）没有作用，比如在违约方违约之时，如果守约方进行提示和催告后，违约方及时进行了纠正，纠正的原因可能是违约方不想违约了、正好满足了履约的条件或通过其他途径克服了履约存在的困难等，此时的第一性的权利（主张）则发挥了相应的作用。更重要的在于第二性的权利（救济性权利）对于权利的救济，如果违约方不自动履行且守约方通过第一性的权利的行使后违约方仍不履约，守约方权利的实现则需要求诸强制力的保障，此时权利的本质则对应法力说，公权力机关提供的强制力成为最后的保障。因此，权利本质的观点如果只是平面式的铺排，则正当利益由于其最终性无疑是唯一的正解，但如果从权利的层次性角度，则各个层次的权利本质会有所侧重且功能存在不同。

权利形式体系内部有静态权利（向内的人与物的关系）和动态权利（向外的人与人的关系）之分，与目的性权利和工具性权利对应。当事人总是希望通过各种法律行为或事实行为实现某种目标，而该种目标往往以静态的最终结果展现出来。比如个人对于个人数据的同意行为是一种处分行为，一旦数据企业收集完成则形成了静态的数据集合，数据企业对数据集合所进行的分析、使用则属于数据企业与数据内部之间的关系，在这个阶段并不涉外。因此，数据形式体系中的特权以外的行为均可认为是工具性权利，其根本目的在于实现特权，只有实现特权才能进一步对数据进行利用，而且特权并不一定需要完整，比如承租人的排他权是受限的，在数据许可使用合同中，被许可人也不能对许可人进行排他，但均不影响其程度不等的特权存在。法定权利的设计也主要是从静态归属和动态权能两个角度进行，赋权首要的是赋予特权以确定权属，行为规范类权利主要是具体的处分权能。新近规定的个人数据诸多权能均是在确立了个人对于个人数据的静态权利之后才成立的相应的具体权能。比如，2021年9月，全国首单基于区块链数据知识产权质押落地杭州市高新区（滨江），[1]浙江凡聚科技有限公司的数据资产通过杭州高新融资担保公司增信，获得上海银行滨江支行授信 100 万元；[2]同年 10 月，广东省数据资产凭证化启动活动暨全国首张公共数据资产凭证发布会在广州举行，现场发布全国首张公共数据资产凭证，被运用在了企业信贷场景。[3]此类运用都是在数据的静态权属有所确定之后才得以进行。"处分"则是一个临界，是连接个体与其他个体之间的纽带，该纽带同时产生了处分主体与受体之间的目的，之后的权利主张均来源于新产生的法律关系。形成权、抗辩权、请求权等内容为功能性权利，均为实现各方合意之目的而设，比如形成权的目的在于形成新的特权，而请求权的目的在于要求对方实施一定的行为以实现自己的新的特权，抗辩权主要存在于诉讼程序以内（程序以外的抗辩可认为是事实上的抗辩，但与抗辩权存在差异），更多的是对抗性的程序性权利，这几种权利均需要法律程序保障行使和实现，以相应的强制力为后盾。

  权利形式并不只是简单地反映数据权利的本质，甚至有时并不直接反映数据权利的本质。其本身具有相当的独立性和体系性，数据权利本质的实现需要数据权利形式的支持，如果数据权利形式规定不到位或者有所偏差，则将影响到数据权利本质的实现程度。比如，在很长一段时间里，对于人格权的规定并没有相应的主动性权能，而在数据环境下则形成了历史性的突破。从技术上和操作上，数据权利的形式将成为未来的关键，而《通用数据保护

---

[1] 区块链是一项复杂的技术，但其基本功能非常简单，即提供分布式但高度精准的记录。换言之，每个个体都可以保留一份自动更新的分类账副本，即使没有中央管理员或原本，这些副本也都保持不变。这一方式有两大优势：其一，使用者可以对交易完全放心，无需受制于任何个体、中介或政府的诚信；其二，单一的分布式分类账取代需要对账的私人分类账，降低了交易成本。以数字加密技术和博弈论激励机制为基础的软件使得欺骗系统难如登天，这是达成以上目的之关键。区块链技术包含以下三个特征：分布式分类账、共识和智能合约。参见 [美] 凯文·沃巴赫：《链之以法：区块链值得信任吗？》，林少伟译，上海人民出版社 2019 年版，第 15-40 页。

[2] 数据质押，就是通过对接银行、担保机构、数据公司等多方主体，利用大数据、区块链等技术手段，采集企业生产、经营链上的各类数据，由区块链存证平台发放存证证书，将数据转变成可量化的数字资产。参见《数据资产"变现"，授信 100 万元！全国首单基于区块链数据知识产权质押落地滨江》，载杭州日报网，https://baijiahao.baidu.com/s?id=1710400714852503172&wfr=spider&for=pc，最后访问日期：2023 年 4 月 25 日。

[3] 参见《广东试点公共数据资产凭证化改革（经济聚焦）》，载人民网，https://baijiahao.baidu.com/s?id=1728765862374299024&wfr=spider&for=pc，最后访问日期：2023 年 4 月 25 日。

条例》(GDPR)及我国《个人信息保护法》中对于具体权能的广泛规定正说明各方对数据权利的正当性已经逐步达成共识,但具体权能的形式及行使将成为数据权利保护的重点所在。

第四节　数据权益的边界：外部正当性

权利承载着正当利益,但权利的社会性决定了权利必须有合理的边界。数据所承载的个人利益、社会利益、国家利益等多重利益之间的对价衡平决定着数据权利的边界,各方主体均可接受的边界方为正当,罗尔斯提出的互惠理论反映了各方对价后形成合理边界的共同目标在于共赢。

一、数据法律的制度修辞面向

法律作为一种制度,被视为正义之化身,立法者一直追求最符合应然状态的规则并描述出来,从而实现良善的规则之治。然而,由于客观事物的复杂性、个体认识能力的局限性以及社会形势的流变性等原因,法律从来都是也只能是一种制度性修辞,可以接近但却难以完整地呈现出应然的规则。自然法学派从一开始便以客观理性为指导,试图让法律能够符合一切事物之应然状态。但现实情况是,司法、立法、执法实践在利益之正当化的过程中,均无法与利益正当化本身的需求和进度保持一致,"权利的变动并非循序渐进亦非对称",[1]法律作为制度或制度性行为具有被动性和滞后性。社会对于正当化过程中的利益的接触、反应、认可、确认需要一个渐进的过程,可能经历否定、确定、再否定、再确定之循环前进的轨迹。个人数据权利和企业数据权利从数据被无序收集、处理、运用的阶段到形成诉讼案件、大规模泄露侵权,再到立法的过程,各方主体对于数据之正当利益的认识在不断深化,法律机制则以最大的努力在维护社会之公正。但过程的反复和观点的分歧正反映了数据利益的矛盾性和复杂性。司法作为先行区,在具体案件中尽力论述其结论的合理性和正当性,以努力接近正当利益的真实及应然状态,从判决的变迁和立法的渐进过程可知,当时的判决和立法均是当

---

[1] [美]艾伦·德肖维茨:《你的权利从哪里来?》,黄煜文译,北京大学出版社2014年版,第80页。

时的可能选择。因此，在新兴事物出现之时，法律总是努力揭示正当接近正义，但却难以一步到位，其所用的词汇与论证更多地只是增强当时社会之接受度。

法律即便是反映了正当利益之正当性，很多时候也未必准确确定其合理边界。对于数据权利而言，个人数据之人格利益与企业之财产利益交错冲突，个人与个人之间也可能因为言论或行为对他者之数据权利形成冒犯。法律应当首先揭示正当利益并予以保护，但对于保护之限度却是一个不断"试错"的过程，即司法和立法不断以新的判决结果或立法修订来替代掉原来的司法结论或立法规定，形成螺旋式上升或波浪式前进的进程。前者未必全错，后者未必全对，因为还可能有更后者的调校。以被遗忘权为例，判决的结果呈现出相反的结论，对于自生之数据，个人可以享有被遗忘权，而对于他生之数据，个人则并不享有被遗忘权，原因在于他人有知情权和言论之自由。后者判决体现了个人数据保护之边界的问题，就该案例往下分析，如果言论自由对个人数据形成不实言论并进而影响到个人名誉、荣誉，甚至构成侮辱、诽谤，则个人又可以以人格侵权为由提起诉讼，名誉权、荣誉权侵权救济的重要方式为停止侵害、消除影响，与被遗忘权的诉求具有异曲同工之处。但如果从立法本意看，被遗忘权与停止侵害、消除影响又有不同，前者重点在于克服网络时代信息的永久性和广泛性，而后者在于对既成之侵权的否定，网络时代的个人数据保护边界具有独特的个性。

网络时代不易把握的特性和人类认识能力的局限性是数据法律制度存在更多修辞的重要原因。尽管我们无限渴望制定最完美的符合正义的法律，但人类始终受制于认识能力和现实背景，无论是立法者和司法人员，都是作为个体从呱呱学语到蹒跚学步，再经学习后从事实务工作，其所获得的知识从无到有从少到多，无法全知全能洞察一切。而且，人类个体由于代际学习经历的重复性，个体的认识能力在个体层面难以有普遍的重大突破，只有从宏观的角度才可以认为人类的知识储量有了重大进展或人类的认识工具有了重大飞跃，比如大数据分析就成了人类认识世界的又一利器。但大数据本身却又成了难以认识的内容，比如大数据技术对于数据资源当中所包含的突发事件所形成的数据并不具有识别能力，算法公式中的数据具有同质性。[1]所以，不仅主体之认识能力有限，认识之对象的日新月异亦增加了其复杂性及认识的难度。又或者并非对象本身具有太多复杂性，而是人类自身的认识能力或认识方法是过去式，但客体已是现在时，二者无法匹配，正如过去的知识产权实现了从有体物到无体物保护之突破，这提醒对于数据问题应该采用与数据特征匹配的认知模式。作为工具的语言具有相当的局限性也是法律制度修辞的基础因素。前述词典、理论对于数据和信息的定义不断变化，反映出语言与对象、含义并非一一对应的稳定关系，能指与所指具有模糊性、多元性、变动性。法律制度中，法律人员之想表达、能表达与表达结果之间也均可能有差距，这正是司法需要加强论证的重要原因，过于简单的结论难以直指人心、立竿见影。此外，个体之间的认识能力、理解能力存有差异，对于同一事物各方主体都可能形成相异的意见和态度，假定法律已经不是修辞而是无限接近，由于执行主体的理解力，结果也将与理想的正当与正义存在差距。

当前的数据法律制度面临的问题尤其突出，传统的认识方法无法适用于大数据时代的语境，而技术人员和法律人员又具有较强的区隔。这种区隔可以认为是时代发展之必然，法律制度从规范有体物开始到规范无体物，再到越来越复杂的有体物、无体物，能够认识、理解甚至把握个中语言、规律的人员越来越少，由此形成了严重的信息不对称，即对于数据从业者而言，其他个体完全是透明的状态，而其他个体则知之甚少，法律的正义对于大多数人而言，更是一种"诗性"的正义。法律从业人员对于数据之无知到有知，以及从法律与公众之疏远与隔膜到了解与接近，都是一个漫长的过程，知识产权成为越来越专业的领域就是例证，尽管知识产权的概念已为更多的民众所了解，但其专业内容却依然保持了相当的门槛。数据更与每一个个体相关，对于公众而言，数据立法如何使修辞更接近事实，是一个现实的难题。

---

[1] See Q. Ethan McCallum, *Bad Data Handbook, Cleaning Up The Data So You Can Get Back To Work*, O'Reilly Media, Inc., 2012, pp. 125-127. 比如，2010年5月6日美国股票市场突现闪电崩盘，不少股票价格跳水一半以上，尽管事后撤销了大部分交易，但数据依然存在。如果不加以区分，则大数据技术将按照模型进行分析并得出相应的结论，这将与事实存在重大出入。

二、对价原理有助于合理确定权利边界

合适的对价决定了各方的合理行为范围和权利边界。2017年1月10日欧盟委员会对外发布了一份通讯《在一个全球化的世界中交换和保护个人数据》,展现了欧盟委员会制度设计的对价原理和思路,数据的运用并非单向的索取而是双向的支持。对价理论滥觞于合同领域,并在解释合同是否成立方面具有很强的优势,[1]后来的专利法领域以公开换权利成为经典例证,但对价原理可以有更广泛的运用。普通法体系之下,对于合同效力的最初判断来源于是否存在合适的对价,并通过司法实践逐步确立了对价理论。尽管后来有承诺理论、形式理论等对对价理论进行批判,但对价理论仍有其先验式和经验式的双重合理性优势。社会状态下的公正是否有借鉴自然界中的相处模式还需要进一步证明,但无边界的自由将事实上导致相互的不自由,比如,无限伤害他人的自由将导致自身随时处于可能被伤害的状态,日夜担惊受怕的状态反而沦为一种意志不自由。因此,人和人之间自由和权利的合适边界成为必要,康德(Kant)则将调整个体与他人之间的自由界限作为法律的首要任务,合适的边界即是公正,即是各方之"应当"的状态。因此,一种规范是否公正的判断标准即在于其设定的边界是否合适,此时的合适、公正,应当可以进行相互解释。但合适、公正、应当的相互解释并不能给公正的实现带来可行的方案,即公正的理念和需求并不能形成自给自足,需要借助其他标准进行衡量并依据其他方式得以实现。即问题在于何种标准可以判断是否公正,又通过什么路径能够实现公正?在数据权领域就是各方主体可以行使权利的边界(或范围)在何处?

罗尔斯在对分配正义的可能进行阐述时,提出了著名的"无知之幕"的假设,只有在无知之幕的背后,没有人知道自己是成为权利人还是相对人,人们对于权利义务的算计才会相对公允。只有所有人特别是立法者经历了无知之幕的洗礼后才可能更为公平地设计权利人及相对人的权利义务,各方数据主体对权利和义务的设计才可能有所坚持有所放弃,这种洗礼的最基本的道理在于:一、同时考虑过权利人和义务人的立场;二、立法者自己可能成

---

[1] 参见王延川:《英国对价制度的历史变迁与当代价值》,载《河南大学学报(社会科学版)》2011年第4期。

为权利人也可能成为义务人。哈特对罗尔斯的批判指出，无知之幕背后的人们"一旦正义的具体构想对自由不仅平等分配，还要在一定条件下进行最大化分配"，[1]则将出现自由的等级区分及某些自由的数量扩张。由该批判可见，罗尔斯的正义观仍因袭了密尔的功利主义。在逻辑层面，如果真是无知之幕，又如何可能最大化？最大化肯定是有在先的立场。但罗尔斯在无知之幕的理论假设前提之下仍袭用最大化的思路，正折射出现实的立法困境：有所选择却本不应选择。罗尔斯后期在无知之幕的基础上提出了互惠原则，即需要坚持各方互惠的立场，才能维护各方关系的和谐。数据权利主体与义务主体之角色也可能互换，只有对价和互惠才可能各得其所。

坚持互惠与对价的根本前提在于世界的整体性，社会与自然是一个系统性存在。系统论的核心思想是系统的整体观念，就是把所研究和处理的对象视为一个系统，对系统的结构和功能进行分析，并进一步研究系统、要素、环境三者之间的关系和变动规律。任何系统都是一个有机的整体，并非各个部分的机械组合，具有各要素孤立状态或简单相加时所无法形成的整体功能。系统论揭示了系统内各要素存在着有机联系，相互影响，体现了统一观的思维。在统一观之下，在各自利益的基础上各方主体具有共同的利益指向：维系系统整体的良性运行，促进各方主体的共同进步。也因此，各方主体之间的权利义务并非单向度的出入，而是双向的互动与支持。马克思提出支配型社会关系向相互依赖型社会关系的转化必要，即从社会共生性的角度提出社会是各成员相互依存之所在。[2]这也就可以理解，社会主体间的交往，甚至是社会与自然的交往都不是非此即彼的对立，而是此消彼长的关系。非此即彼可能造成你死我活的争夺，而此消彼长的交互是权利义务主体彼此交互的正常反映。只要消长的比例是适当的，就可以实现共存与进步。只有各方主体功能良性发挥才能维系整个系统的健康运行，所有失衡的操作都将形成或大或小的社会或自然问题。比如，人类的碳排放过度，导致地球气温升高，两极冰川融化，海平面上涨，从而引发各种问题，即是人和自然交往的对价

---

[1] 季卫东：《罗尔斯晚年为何修正公平观——把互惠性嵌入程序正义的两大动机》，载《文汇报》2021年7月3日，第12版。

[2] 参见[美]莎伦·斯诺伊思：《马克思"共生"理论的意义及其生态思维》，李玲译，载《武汉理工大学学报（社会科学版）》2019年第2期。

不均衡的反映。数据领域涉及个人、市场主体、政府等多方主体，其所承载的个人利益、社会利益和国家利益之间的对价和衡平是维系数据系统整体功能稳定运行及各方利益共同发展的必要，整体观、统一观、系统观可以有助于我们理解数据权利对价的内涵。

依靠个体之间的商谈和博弈显然无法达成主观与客观均符合公正标准的权利和自由边界，当前各种诉讼争端即表明依靠各方数据主体的认识、自觉和自制无法形成彼此合理的界限。国家和政府没有自己的私利，其所做的均为促进个体利益与社会公共利益。只有国家才有这种能力维护公平对价及社会的可持续发展，并为人的自由全面发展保驾护航。因此，公正的法律机制对于数据权利及其边界的公正设定与良性运行具有根本的保障意义。

三、数据权利的对价分析

随着社会、科技、文化等方面的发展，既有的环境改变并重塑了利益的格局，对价的内容和量度发生了深刻的变革。"从历史形态上说，数据秩序是个体自主性与公共秩序性在网络化和大数据时代的又一次平衡。"[1]数据权利中人格权包含的隐私权和生活安宁权在任何时代都存在，但为什么在大数据时代被一再重申和强调？就是因为，大数据的环境改变了原有的人格权对价，个体所获得的与其所失去或可能失去的已经不能再按照原来的对价水准来评估，否则，单个的个体将遭受非常不利后果。新的环境对再次调整权利义务的比例提出新的要求，需要重新寻找到最适合大数据时代的权利义务对价。对于数据企业而言，其对数据的财产利益毋庸置疑，但其排他性权利有一定的限度，如果对所收集的数据即具有完整的排他权，则对于个人数据具有的人格利益将产生不当的全面限制。对数据企业形成财产权益的手段及后期的处分所进行的规制，目的在于避免形成对个体或其他数据企业的不当伤害，即避免所得并非应得的不公平局面。如果从所得与所失、目的与手段成合适比例角度，比例原则可以作为践行对价原则的路径，并可认为是当下与对价原理最为接近的原则。其他的诸如最小伤害、最大效益、目的原则等并非与对价原理处于同一水平，而属于拆解之后的具体操作性规则，且普适性程度

---

[1] 大数据战略重点实验室：《块数据 5.0——数据社会学的理论与方法》，中信出版集团 2019 年版，第 306 页。

第二章　数据权益的正当性考察：从事实利益到法定权利

不等。

　　就权利对价的分析框架，权属和权能两个部分具有基础性地位。传统的权属理论仍有相当的参考价值，从格劳秀斯（Grotius）、普芬道夫的占有理论，到洛克（Locke）的劳动形成增殖理论，这些理论都反映了个体对于客体之权属的正当性，即客体归属正当形成之对价内容，或是占有或是劳动。在数据领域，个人数据的生成是个体自然而然的呈现结果，并不具有明显的劳动属性，直接以个体属性进行权属的确认即可。而对于数据企业，对个人数据的收集形成的集合并不能直接证成为数据企业的资产，正如个人就肖像使用与企业签订的合同，肖像并不形成企业资产，而只有使用权用于广告或其他用途。但对于匿名化处理及之后的分析、运用则已经无法进行个体识别，成为数据企业劳动形成增殖的内容。权利主体并不因他者的使用就失去对人格要素的特权，数据企业对于原生数据特别是个人数据只有一定的排他权，但不具有最终的排他权，个人数据主体拥有限制处理权、删除权等终极的处分权。但数据企业对其基于合法收集而来的原生数据集合具有正当的占有权，同时需要承担数据保护义务，可以理解为数据企业对数据集合享有一定的排他性权利且不得与个人数据权利主体的排他性权利对抗，对个人数据的处分权能受到严格限制。

　　权能范围的确定则是不同主体、不同权利对价形成边界的过程。这当中需要运用到无知之幕的假设理论，即权能所涉及的主体之间如果均置于无知之幕背后，且相互之间的权利随时可能互换，权利只有在它们得到各方承认时才能称之存在，并且只有那些要求权利的人同时也承认其他人也有这种权利时权利才真正存在。各相关主体彼此之间均认可和接受才是合理的边界，权能边界的确定的基本原则应坚持无害化原则和帕累托效率，[1]即一种权利的诞生应无害于既存之正当利益，并在此基础上形成共同的提升。数据领域中，原始个人数据所承载的人格利益将是最基础的正当利益，后来的衍生权利均不得以牺牲个人数据所承载的人格利益为前提。一方面，人格利益具有优先性。这是人格权优先于财产权在理论层面的宏观价值导向，但并非绝对。现有的对个人数据人格权所进行的限制大多来源于经济利益的驱动，只是不应对人格权形成过多的不当限制；另一方面，如果后来的权利均可以以减损

---

[1] 无害化原则和帕累托效率是一种理想状态，在现实操作中往往演变成比例原则。

在先权利为代价,则以此类推,所有的后来权利又将成为在先权利,均无法得到保障。因此,当前的数据权利中的对价基础为人格权利与其他后来权利之间的关系。即所有后来权利均需要以既有之人格权利为对价。因此,并不存在天然的数据共享,特别是对于个人数据,其私的人格属性决定了并非共享共有的基本特性,不能因为数据事实上的流动性而推导出他人可以共享的权利。如对个人数据保护不足,则用户数据共享意愿势必降低,数据供给水平下降,最终将损害到数据市场,当前公众对数据企业有所不满也是由于保护不力引起。知识产权与之类似,知识产权的信息属性也不能推导应该共享的结论,而应该对于个体智力劳动所形成的成果予以应有的尊重。但个人数据需要受制于社会交往之必需,即当数据的交互成为必需时,则个人数据需要进行公开。比如中国裁判文书网对于裁判文书的公开,尽管涉及个人数据但仍然要在适当处理后进行公开,类似的还有国家企业信用信息公示系统,均可能涉及个体数据公开,此类公开有助于建立社会互信及促进社会主体交往与交易,仍应进行且不侵犯个人数据承载的人格利益。因此,对于个人数据权利进行限制的正当理由应在于其他正当利益,例如,《民法典》第 999 条意在协调人格权保护与新闻报道、舆论监督的关系,第 1027 条第 2 款规定了保护名誉权与鼓励创作自由的协调路径,第 1020 条确定了肖像权保护和合理利用的平衡方法,这些规定均在不同层面对数据权利边界的确定形成参考价值。数字产业发展的需要并不能成为个人数据权利受限的当然理由,相关政策的导向性表明在数据权能的对价选择上有所倾斜,但仍要基本上符合适当的对价标准,类似价格围绕价值线浮动但有限度。

Chapter 03 ◀ 第三章

数据权益客体辨识

　　权利客体随着科技和社会的发展不断演化。与此同时，人类的认识能力、控制能力及规则设计能力日益增强，对于无体物运行规律的认识不断深入。回顾权利的发展史，权利客体从有体物到人格、知识产权，再到信息、数据，体现了人类对于外界事物的认识升级过程。权利客体对于权属的确定及权能的边界具有基础性的影响，决定着权利的生成路径、流动方式和消灭形式。参照霍菲尔德权利理论中蕴含的层次性，不同层次的权利对应着不同的权利客体，但最终受制于初始权利之客体的样态和特征。数据的特征可以从内部与外部、自然属性与社会属性两个维度交叉组合成的四个视角进行提炼，即对数据内部各数据的自然属性、数据内部各数据的社会属性、数据与其他权利客体的自然属性、数据与其他权利客体的社会属性进行比较分析，可以更清晰地认识到数据所具有的独特个性：非均等性、非均质性、无体性、非排他性等。根据数据的自然属性或社会属性，可以对数据进行分类，根据表现形式可以区分为原生数据、衍生数据、数据产品，根据内容的重要性程度可以区分为重要数据、受控数据、一般数据，而根据持有或所属主体，则可以区分为个人数据、机构数据和政务数据，各种分类为数据的立体规范治理框架提供了重要参考。通过与物权、知识产权、商业秘密、人格权权利客体的比较，可以更好地选择数据的规范模式。在数据权利保护思路方面，对于客体的定性，需要根据不同的场景进行确定，但又需要防止过分相对化的倾向。在确定客体定性之后，对于侵权责任的追究需要综合考虑各方面的影响因素。在数据纠纷司法过程中，需要综合运用各种法律适用方法以实现形式正义与实质正义的统一。

第一节　权益客体概述

权利客体的演变过程是一部反映科技和社会进步的演化史，人类认识能力和控制能力的提升是权利客体从有体物向无体物扩张的重要原因，而客体的特征决定了权利的生成、变化和消灭方式以及权利内部的权属和权能，因此，客体可称之权利"规范的规范"，具有基础性地位。

一、权益客体的时代变迁

客体对应主体，是与人的主体性相对的范畴，首先体现了人与物之间的关系。客体之于主体权利，需要以客体之有用性为前提，即在于充实主体之财产或人格。权利客体的概念起源于德国民法理论中的权利要素思维，《德国民法典》从抽象的层面对权利之结构进行解析，这与之前的《法国民法典》从经验论的角度界定物存在不同。在经验上，最直观的权利客体即是有体物，这也是财产权起源时的唯一客体，但发展至法国民法典时代，非物质性财产已经得到很大的发展，《法国民法典》则将权利也一并纳入物的体系。《法国民法典》对财产之平铺式列举的方式无法适用《德国民法典》制定时物的种类大量增加的现实，但为《德国民法典》的反思和提升提供了良好的参照，客观上促进了抽象的权利理论的发展。权利一旦抽象化为法律关系之后，无体物也可能形构于权利体系内部，成为权利之一部分，无体物与有体物成了类似的实在的存在，信息、数据的客体化也遵循了这一发展规律。需要区分的一个概念是权利对象，对象主要反映事实性特征，而客体为规范性内容，比如数据交易合同当中，在权属层面，数据为客体，但在交易层面一方请求相对方交付数据的权利中，交付行为为权利之客体，数据此时成了交付行为指向的对象。

随着社会的发展，权利的主体与客体结构中，客体的内容不断扩张。首先是外在之物的形态不断发展变化，无体物的价值日益重要。比如专利权是因工业化生产之后，工业产权具有了巨大的利用价值，成为了新的权利类型，商标也是因为存在巨大的溢价空间而受到重视，现实中商标的溢价已经为众多商家带来了超额价值。大数据时代，互联网和数据技术的飞速进步导致数字经济的蓬勃发展，数据也具有了之前没有的价值。外在之物的客体经历了有体物、资本、知识产权和信息、数据的变迁。其次是人格权独立成编。人格利益被提炼出来之后，人格权成为和财产权并立的存在，其客体包括从生命、身体、健康之物质性存在到名誉、荣誉、信息、数据等非物质性存在之人格要素。在物权主导的时代，精神损害赔偿被认为是惩罚性赔偿，而在人格权觉醒并被法律确认的时代，精神损害赔偿为理所当然之赔偿，并不具有惩罚性赔偿的内涵，这也反向说明了人格及人格权已成为独立性的存在。

客体的扩张为多方面因素影响所致，其一，人类的认识能力提升。当人们的理性和抽象思维能力不足时，物即是世界，风雨雷电都被看成是神秘的力量，那时的无形之物还没有被认识，自然难以进入权利客体的视野。人类从对自然的崇拜与迷信到对自然规律的认识，再到对社会规律的把握，均促进了人类掌控范围的扩大，拓展了权利客体之范围。而数据技术的发展让无法肉眼直接观察到的数据被细致处理和分析，并可以为人们认识、理解和管理，从而成为权利之客体。其二，科技是直接推动力。专利、商标、虚拟财产等财产权的存在均是科技发展的产物，专利更是与科技互为促进。谷歌在 2006 年之前通过论文介绍了分布式文件系统（The Google File System，GFS）、分布式数据存储系统（BigTable）以及分布式计算框架（MapReduce），掀起了云计算以及大数据应用和研究的热潮。[1]当前数据之所以成为重要的生产要素，也是因为互联网科技的进步促进了算法、人工智能等高新技术的迅猛发展，[2]从而让大数据大有可为。科技的进步一方面反映了人类认知水平的提高，同时该种认知能力的提高也有助于人类管理、控制能力的提高，更多的无体物才可能形成有用性。其三，观念的变化也影响到客体的范围。对于

---

[1] 参见赵勇等编著：《大数据革命：理论、模式与技术创新》，电子工业出版社 2014 年版，第 140-142 页。分布式文件系统是为了满足快速发展的数据处理需要，谷歌内部开发的一个面向数据密集应用的、可扩展的分布式文件系统。分布式数据存储系统是一个分布式的结构化数据存储系统，它被设计用来查询和处理海量数据，通常是分布在数千台普通服务器上的 TB 甚至是 PB 级的数据。分布式计算框架把对数据的操作都简化成两个简单运算，一个是"Map"映射，另一个是"Reduce"规约，编程时只需要考虑把计算分解成这两个简单运算，而不必关心如何处理底层细节。

[2] 参见张云泉等编著：《人工智能三驾马车——大数据、算力和算法》，科学技术文献出版社 2021 年版，第 3 页。人工智能就是根据对环境的感知，做出合理的行动，并获得最大收益的计算机程序。对人工智能的定义观点纷纭，有观点按像人类一样思考、理性地思考、像人类一样行事、理性地行事四种类型对人工智能的定义进行分类，参见［美］伍德罗·巴菲尔德、［意大利］乌戈·帕加洛：《法律与人工智能高级导论》，苏苗罕译，上海人民出版社 2022 年版，第 9-14 页。

同一事物，随着时代观念的变迁，权利客体是否成立也会发生改变。比如，封建观念的解体造成夫权制度及夫之支配权的解体，夫之相对方的客体地位上升成了主体。又比如，比特币、以太币等虚拟货币是否有价值是一个方面，但能否作为通货，则属于观念和制度的结果。而对于承载人格利益的人格物的损害是否能够获得精神损害赔偿则经历了很长一段时间的争议，最终特定物也被认定为可以承载一定的人格利益。其四，制度塑造客体。在物物交换的时代，并没有货币之概念，人们的交换行为是基于社会观念和实际需要的双重语境下进行的，不过特殊情况下，即使社会惯例并不认可，但个体由于实际情况之需要仍可以作出不太符合公平尺度的互换。在贵金属被规定为流通物之后，再经纸币的转换，然后又到货币数字化，这体现了货币被规则所塑造又影响规则之运行的过程。货币的产生一方面是经济发展的结果，助力交易效率的提升，另一方面是制度设计的结果，"法币"即法定货币的概念。比特币、以太币也是网络货币规则的产物，但其前提为一定的群体接受该种货币形式并愿意付诸实践，但在国家规则承认之前属于民间规则，适用范围有限。当前的数据已经进入国家治理的范畴，数据治理的方向需要相应的制度进行引导。

客体之变迁事实上反映了科技、经济、社会的发展，也反映了客体之物从事实向规范的转变过程，这个过程中充满了人类的认知、判断和选择。在大数据时代之前，数据并没有产生如此之强大的生产力，对于个人人格和社会关系也不会产生如此深刻广泛的影响，[1]因此，数据一直并未被认真对待为权利之客体。数据在不断生成、变化、丰富、创造的过程中，随着规则对数据客体的确认，规则进一步塑造数据客体之存在形态，而数据之滋生发展的客观性和规律性又将反映到规则上来，形成交互影响的促进过程。

二、客体对权益的底层塑造

客体对权利规范有着重要的塑造作用，客观上决定着权利规范的可能和方向。传统民法中物权是最初的权利形态，但权利理论的抽象化使得客体具有独立性，成为与主体相对应的存在，从而超越了有体物并涵盖了无体物。

---

[1] See Karen E. C. Levy, "Relational Big Data", *Stanford Law Review Online*, Vol. 66, 2013, pp. 73-79.

各种客体经提取公因式形成类型化的结果,该结果有助于提炼出共通的适用规则,这提高了规则适用的效率,在确定新的客体所属之类型后则可以参考适用既有的规则。在各国民法典中,对于客体的分类存在不同的规定,《德国民法典》将物规定为物和动物,[1]《俄罗斯联邦民法典》则规定民事权利客体包括物和其他财产。[2]这些客体分类均指向了不同的适用规则。各国对于权利客体的总结分类因各国的经验和实践存在差异,这正反映了法律规则受到地方性经验的影响,同时又成了地方性经验的一部分,这也可以解释当前各国对于数据治理规则规定相去甚远的现象。

客体的客观性质和特点决定了权利的形态,"客体对于民法的形式理性的基本作用正是建立在它对权利的界定上。"[3]客体的特性决定着权利不同层面的内容:权利的生成路径层面,财产权理论最开始是以占有、劳动为其正当性基础,就有体物而言,在前权利的公共资源时代,以占有、劳动作为链接公共资源与个人私有的要素具有相当的合理性,于数据而言,占有、劳动可以成为链接主体归属的要素,却不足以成为全面权能的依据,比如平台企业的收集系统或设备均需要一定的投入,但并不能因此推断企业对其收集而来的个人数据拥有全面的权利。因为个人数据已经有既定的权属,前权利时代的公共资源的大前提难以适用于数据领域。权利的变化(流动)层面,有体物在一个时点只能服务于有限个体,流动范围和速度有限,但无体物却可能服务于无限个体,比如知识产权可以许可给国内和国际众多主体使用,众多主体同时使用却不影响彼此的使用效果。而个人数据在不同的数据企业中可能产生出不同的分析结果,这也决定了数据的流动将流向最有利于其价值实现的领域和平台。权利的消灭层面,有体物以客体直接消灭为限,但无体物却可以一直不消灭,比如被遗忘权的兴起即是源于当今互联网世界中数据可以永久存在的事实,这决定了不同权利客体不同导致消灭路径存在差异。

在权利内部的权属和权能方面,客体也形成了直接的决定作用。决定了

---

[1]《德国民法典》第90a条规定,动物不是物。它们受特别法的保护。法律没有另行规定时,对于动物适用有关物所确定的有效规则。

[2]《俄罗斯联邦民法典》第128条规定,民事权利的客体包括:物(其中包括现金和有证有价证券),其他财产,其中包括财产权(非现金资产、无纸有价证券、数字权利);工作成果和提供服务;受保护的智力活动成果和与之相当的个别化手段(知识产权);非物质利益。

[3] 梅夏英:《民法权利客体制度的体系价值及当代反思》,载《法学家》2016年第6期。

权属的绝对性程度不同，传统物权以有体物为限，有体物由于其确切的边界决定了全面控制的可能性，决定了权属边界泾渭分明。这与无体物，如知识产权、数据、信息、精神性人格要素明显不同，后者的无体性决定了其流动性和不可全面控制的特点。因此，尽管是绝对权、对世权，但后者却缺乏绝对性，而具有更强的相对性。相应地，如以物权之所有权的完整模式套用到其他无体物上，则可能得出无体物没有所有权的不当结论。无体物权属如果有其他外界力量的介入，还可能形成实际劳动者与权属人不统一的结果，比如依法认定作品作者为机构而非实际创作的自然人的情形。权能的边界方面，有体物的边界清晰，受其他主体的权利的影响较少，但信息、数据之类的客体由于缺乏清晰的边界，需要受到更多的其他主体权利的限制和约束。数据承载着个人利益、社会利益和国家利益，各种利益的博弈和衡平决定了各方主体数据权利边界。

权利形式体系内部不同层次的权利也从形式上反向决定了客体的内容。根据霍菲尔德权利理论框架，特权（自由）范畴为人与物的关系，物是客体。前述涉及的客体于物理层面的扩张均是在此权利层面进行，该层面的客体内容具有基础性地位。但特权之后不同层次的权利具有不同的客体内容，处分权的客体为权属或权能，可以是部分或全部权能，但保留权属，也可能是权属和权能一并处分，但在权属已经转让的情况下所保留的权能已经转变为受让者的处分内容。举例说明，货物买卖合同约定交易的是物，但本质上交易的是对于物之权属与权能之全部，而房屋租赁合同则是对占有、使用权能的处分，出租人实现的是收益权。受传统民法之塑造，物权体系中的占有、使用、收益、处分权能为并列陈述，但前三种权能可以成为处分之对象，四者其实并非处于同一层面的性质。在狭义的权利（主张）层面，客体为相对人的行为，即权利人因处分与他人发生法律关系比如数据交易关系之后，权利人要求相对人实施特定的行为，比如交付数据或价款。该种交付行为一方面是主张性权利之客体，另一方面是处分权行使之结果，前者具有程序意义，后果具有法律效果价值。豁免权可以理解为一种自我修复的权利，即在权利受到侵害的情况下，权利人依然保有完整的权利。但与水流拥有自我清洁功能不同，豁免权并不具有主动性，需要以救济性权利为保障，比如个人数据经第三方非法获取遭到泄露后，并不当然经豁免恢复原状，而需要通过主张第一性权利或第二性权利维护个人数据所代表的人格利益。权利之层次性所决定之客体与客体所决定之权利具有相互性，即权利层次性之客体的形式具有既定性和稳定性，但客体所决定之权利形式体系及内容具有差异性和动态性，由此，权利形式体系中的层次性具有重要的分析框架意义。[1]

三、权益客体规范的开放性

客体的重要意义在于对权利体系的建构价值。民法是权利法，民事主体享有复杂多样的民事权利，但民法典对每种具体的权利分别规定相应的行使规则、效力以及救济途径既不经济也不现实，适宜的做法是在民法体系内采取"提取公因式"的方法，在把握各种民事权利的含义与特征、起源与发展、价值与功能、性质与地位、范围与界限等内容的基础上对各种民事权利进行归纳和分类，再在分类的基础上对各种民事权利分别作出规定。"物的身份划分是对客体进行法律调整的前提"，[2]但权利客体的提炼并非事先早有准备，其提炼往往落后于具体民事权益的产生，新的民事权益通常是基于社会的发展、伦理道德或者经济目的先行涌现，比如人格权、环境权等，而各种民事客体的相关理论却于其后产生并可能存在争议，比如人格权的客体和股权的客体至今存有分歧。这种情况下，对于权利客体的讨论往往有着事后追寻的意味，即在利益已经广为实现的情况下，再分析利益之来源。所以，客体的确定尽管落后于利益，但在事实层面却并不影响利益之实现，只是可能影响到利益之公平分配与对损害的控制，因此，对客体规律的把握将有助于规范的公正与利益的公平分配。在客体理论及权利实践相对成熟的情况下，新生权益客体之归类才可能变得更为便捷。

各国的民法典对于民事客体的规定不一。比如德国、俄罗斯的民法典规定了客体的分类，但大量的国家则并没有专门的客体分类。就我国《民法典》中是否规定客体在《民法典》通过之前有过诸多讨论，最终确定的《民法典》当中并没有民事客体的专门章节，其中的民事权利章节中规定了民事主体对各种客体享有权利，可以理解为相当于对权利客体、权利及其边界、权利救济等内容进行了规定。该种规定具有统合性的优势，但也存在不够具体

---

[1] 参见方新军：《权利客体论——历史和逻辑的双重视角》，中国政法大学出版社2012年版，第169-178页。

[2] 徐国栋：《民法哲学》，中国法制出版社2015年版，第89-90页。

化的不足，比如对于客体的归类并不清晰，人格权、身份权、财产权之间界分不清，且难以应对复合性权利客体的情形。例如，我国《民法典》第111条规定的个人信息应受到保护紧随人格权之后，其后的婚姻家庭关系属于身份权，由于个人信息无法归入婚姻家庭关系范畴，则该条应被理解为人格权范畴，而之后的第127条规定的数据与网络虚拟财产并列，一般容易理解为数据为财产类客体。但数据与信息在《民法典》中并没有进行明确界定区分，个人数据又确实容易形成个人信息属于个人人格权保护的范围。问题还在于信息与数据均属于事实性描述，而非抽象特征之提取，在信息或数据可能承载人格利益和经济利益从而具有复合性的情况下最终可能难以取舍。我国《民法典》在人格权部分安放了"信息"，财产权部分运用了"数据"一词的实践，对信息和数据的进一步区分和规范难以形成清晰的指引。因此，在信息与数据的界定及区分方面还需要其他单行法进行补充规定。

整体框架上，《民法典》对于人格权和财产权的规范模式存在差异。在人格权方面，《民法典》对于个人信息进行了与其他具体人格权相似量级的规定，甚至可以说是更为详细的规定。人格权向来以消极面目出现，因此既有规定的篇幅相对较小，但由于个人信息之于当代的特殊意义，因此，给予了个人信息更多的积极权能，这是对以往人格权的重大改革，形成了消极权能与积极权能结合的复合体系。在财产权层面，《民法典》采用了物债两分的模式，这事实上是针对有体物不同层次的权利形式分别进行的规定，即按照静态和动态的双重权利层次对有体物财产权利进行规定。这种模式从罗马法以降已经存续了几千年，经由《德国民法典》的夯实，已经成为民法典的经典模式。也因此，之前的无体物财产——知识产权在《民法典》民事权利章节中的原则性规定和相应的知识产权合同规定之后，更多的内容仍需要单行法的详细规定进行补足，而无法在民法典中进行更为详尽的规定。这是民法典的基本体系使然，与其说是选择不如说是民法典制度化的传统决定了物权、债权模式的稳定性，而现实世界中有体物的稳定性与民法典之稳定性需求也正好匹配。无体物则面临着法定化与拟制的问题，与有体物之天然的归属感和稳定性根本不在同一量级，数据也不例外。当前的数据立法也只能采用单行立法模式，才能与《民法典》相映照，同时又能够保持自身体系的完整性，该种完整性往往体现在行政性规定与民事性规定融于一部单行法的立法模式，但正如《民法典》规定不动产抵押须经登记生效，或者专利法等知识产权单行法规定大量行政管理规定，行政性的规定并不影响数据权利为私权的根本属性。

客体规范的开放性具有重要价值。一方面，具有包容性的规定能够面向未来，就新产生的客体可以归入相应的客体类型，而无须纠结其具体的客体归类或者需要创设新的客体类型。如果宏观性的客体规范本身不具有足够的延展性，则新生事物和新生权益都面临着同样的法律漏洞困境；另一方面，对于数据类客体具有财产价值和人格价值的内容也由于客体的开放性而可以兼容，避免对于数据的人格权属性与财产权属性的争论。比如，财产类客体内容中可以开放性地规定为非物质性财产利益，这样就可以为后来的无形财产权客体提供支持。而对于人格权则是采用"体现人格利益的人格要素"的类似表述。对我国《民法典》第990条第2款的人格权条款规定，[1]应理解为对于基于前款未列举的人格要素所体现的人格利益也应该进行保护。这样就不会因数据为财产客体、信息为人格要素的区分而造成混乱。客体之体现的利益内容方为根本，同时结合相应的主体和语境最终确定其财产权或人格权性质。而从体例上，该款规定应统摄性地置于人格权章节的首部，比如原则性规定"自然人享有基于人身自由、人格尊严产生的人格权益"，从而保持人格权客体的弹性，随后再列明各类具体人格权益。

第二节　数据的特征和分类

对于数据特征的揭示可以更好地认识数据权利。从坐标的选择上，可以从数据内部、外部和自然属性、社会属性两个维度两两结合后的四个视角对数据的特征进行总结，在此基础上形成的数据分类对于数据规范体系的架构具有实践指导意义。

一、数据的特征分析

客体的特征决定着权利结构和行为规则。因此，对于数据的特征所代表

---

[1]《民法典》第990条规定，人格权是民事主体享有的生命权、身体权、健康权、姓名权、名称权、肖像权、名誉权、荣誉权、隐私权等权利。

除前款规定的人格权外，自然人享有基于人身自由、人格尊严产生的其他人格权益。

的规律性内容予以揭示有助于理解和把握数据权利。在讨论数据特征时，我们往往在外部寻找参照系，但数据种类繁多，各数据内部也存在很大的差别。当我们评价事物特征时，往往有自然特征和社会特征两个维度，自然特征指的是数据本身具有的不因人的评价而存在的某些规律性，而社会特征是依赖于社会运行及社会评价所形成的某些规律性。因此，通过两两组合，我们可以从外部比较下的自然特征、外部比较下的社会特征、内部比较下的自然特征、内部比较下的社会特征四个角度进行总结。

外部比较下的自然特征方面，无体性是数据的基本特征。这种无体性不因其载体的消灭而消灭，比如，一个硬盘的灭失并不必然导致所装载的数据灭失，因为数据可以同时存在于诸多硬盘甚至云存储设备当中，因此，与一般的有体物相比，数据具有可复制性且不减损其价值的特点，即可以由不同的主体同时使用并分别实现各自的价值。甚至可以说，数据并不依赖于外在形式而存在，比如一棵树的存在必须基于它的物质性存在，但数据的存在可以只存在于人脑而不存在于外在介质中，即这棵树在人脑中形成的记忆可以脱离实体存在的树本身，这棵树在实体上是否继续存在并不影响这棵树在记忆中的形象。无体性的基本特征还决定了数据有很强的流动性，前述可复制性是从静态的角度阐述其可以存在于多个介质当中，同时数据可以通过各种媒介进行传递，不同时代的数据具有不同的流动方式，在科技没有如此发达的年代数据通过广播、报纸、杂志等方式进行传递，其中部分载体（报纸、杂志）可以成为复制的对象，同时也可以是流动的载体。与广播、报纸、杂志之直接传递数据不同，电缆的传导功能首先需要通过电缆将数据转化为二进制代码，再通过终端转化为数据，其流动速度比传统载体更为迅捷、广泛。

外部比较下的社会特征方面，数据具有非排他性。即在涉及人与人之间的关系时，数据因其无体性导致个人对于数据无法像有体物一样真正独占。因此，在非常长的时间里，无体物因其事实上的非独占性长期未被规定为权利之客体，比如，工业产权是在工业时代的维也纳万国工业博览会上因各国参展商担心发明等创新被模仿后才最终引发《保护工业产权巴黎公约》的议题，而在这之前漫漫几千年，并非没有技术发明，只是从来没有引起这样的重视。而当知识产权成为重要的生产力后，知识产权通过法律拟制排他被规范起来。数据的价值更是新近的产物，也需要法律拟定的排他性。不过与知识产权不同的是，数据经历了非稀缺性向稀缺性转变的过程，零散的数据一直以来并没有成为重要的生产要素，而直到产生巨大价值后才被稀缺化，而知识产权一直就是稀缺的，即使当时人们并不以之为稀缺。

内部比较下的自然特征方面，数据首先具有非均等性，即每个个体所产生的数据并非均等，比如各个阶层、职业人员乘坐飞机、入住星级酒店的频率和密度会有明显的区别，这将影响到数据企业对于不同群体的数据采用不同等级的关注程度，并影响到数据企业的策略选择。该种非均等性能够反映出不同主体背后的资源情况，比如接入互联网的便利程度、经济状况、使用网络的熟练程度等，这些信息未必完全准确，但数据技术也不必探寻数据间的因果关系，大致勾勒出相关性的轮廓即可，且即使存在个体描述上的差异，也不影响到数据企业制定和运用概率性策略。[1]其次数据的随机性与规律性并存，比如就某个特定场所，由于某个主体以此为工作场所，则其输出的数据具有规律性，而另一主体只是访客，则其输出的数据具有随机性，该两种数据均具有重要价值。在疫情防控期间，访客产生的随机数据成了密接人员调查的重要依据，而随机性数据所记录和描述出来的个体的行为轨迹也可以承载重要信息内容。

内部比较下的社会特征方面，数据存在着非均质性，即不同的数据对于数据企业的价值并不相同。有的数据在分散时并没有价值，而只有形成集合之后才有价值，有的数据在个体时即已经具有价值，数据价值相差巨大，且可能因时而异。[2]各数据企业本身的经营范围决定了其需求的数据性质和数据内容并不相同，比如医疗大健康行业所关注的数据与文化娱乐行业所关注的数据并不相同，前者更为关注老年人的健康状况和疾病分布，而后者一般选择年轻人的空闲时间、娱乐爱好等数据内容。不同数据可能具有人格、财产、公共管理的不同价值，个人数据对于个人而言是人格价值，而对于数据企业而言就只应是财产价值，对于公共管理事务而言则是公共管理价值，不同主体的同类数据也具有不同的价值。非均质性的另一层含义就是数据具有个体性、公共性和主权性价值，同一个数据可能同时具有该三方面的性质，

---

[1] 参见［美］史蒂夫·洛尔：《大数据主义》，胡小锐、朱胜超译，中信出版社2015年版，第153-162页。

[2] See Houston Putnam Lowry, "Transborder Data Flow: Public and Private International Law Aspects", *Houston Journal of International Law*, Vol. 6, No. 2., 1984, p. 161.

而不同的数据所蕴含的个体性、公共性和主权性价值程度也是不同的。从社会的秩序性角度，数据呈现出无序的组合状态，当前数据企业所实施工作的重中之重在于数据的分析处理，即是因为数据展示出强烈的无序性。之所以将无序性列入社会属性，是因为对于自然产生并存在的事实意义上的数据而言，并没有所谓的有序与无序的区分，没有社会评价之下的数据属于自然状态。

二、根据表现形式的分类

根据数据产生的内在逻辑和外在表现形式，可以分为原生数据、衍生数据和数据产品三个进阶，在结构上可以分为结构化数据（Structured Data）、非结构化数据（Unstructured Data）和半结构化数据（Semi-structured Data）。[1]原生数据是未经处理的数据，其进一步使用需要进行数据成熟度评估（Data Maturity Assessment）；[2]衍生数据是经过加工、匿名化处理的数据；数据产品是经过处理的具有特定效用的数据，可以是某种数据服务。权利客体层面的数据应为原生数据、衍生数据和数据产品的总称。结构化数据就是能够用二维表结构（包含属性和元组）来逻辑表达的数据，比如字母表中，字母表是属性，而具体的字母则是元组；非结构化数据是难以用二维表结构逻辑表达的数据，比如网页、音频；半结构化数据是介于结构化数据和非结构化数据之间的数据，比如HTML文档。

原生数据涉及数据权利的基础性问题，对于数据企业收集到的原生数据集合的权属一直以来存在争议。即该个人数据的支配性权利是仍由贡献数据的个体享有，还是由数据企业全面享有的问题。从有体物的生产过程可知，如果生产企业购买了原料则原料的所有权归生产企业所有，即使原料上有相应的商标标识和生产厂家名称。生产厂家名称和商标标识的意义不在于原料主的无限控制，恰恰在于其对外销售实现交换价值和价值的目的。但个人数据作为人格要素又涉及人格利益，无法完全比照有体物之物权转移。如果按照有体物转移的思维，则个人在行使同意权后就相当于完成处分，无法再追

---

〔1〕 See Dawn E. Holmes, *Big Data: A Very Short Introduction*, Oxford University Press, 2017, p. 5.

〔2〕 See Caroline Carruthers, Peter Jackson, *Data-driven Business Transformation: How to Disrupt, Innovate and Stay Ahead of the Competition*, John Wiley & Sons, Ltd., 2019, pp. 88-92.

及数据企业完成数据收集之后的各种行为，但《通用数据保护条例》（GDPR）和我国《个人信息保护法》的规定显然未循此种逻辑，而是承认了个人对个人数据的无限追及权利。因此，对于该部分内容可以参考人格要素之财产化运用的思路进行，比如广告商对于明星肖像的商业使用，个人对于肖像之不当利用从而形成对于个人人格损害时有权主张纠正甚至撤销授权，数据企业对于个人数据并不取得所有权，类似只是依法获得有限的使用权。

原生数据的使用受到各方面限制，需要衍生数据的形式进行过渡。衍生数据是指原生数据被记录、存储后，经过算法加工、计算、聚合而成的具有使用价值的可读取数据。在计算机科学领域，衍生特征是指用原始数据进行特征学习后得到新的特征。衍生特征主要由两种原因形成：数据自身的变化，使数据中出现许多原本没有的特征；进行特征学习时，算法根据特征之间的某种关系，产生了衍生特征，有时衍生特征更多地反映数据特征之间的关系。在机器学习中，有多种原因导致衍生特征的形成：数据具有时间属性，时间特征强；数据是动态的、无序的、无限的、随机的。衍生数据还需要进行匿名化处理，即将个人数据处理为无法识别至个人的数据。但匿名化的处理过程中面临着反匿名化、逆匿名化的挑战，[1]这经常导致衍生数据的初始化问题。[2]衍生数据属于可以交易的内容，当前我国在各地设立了为数不少的数据交易场所，并出现了数据质押融资的实践。当前各地以多种形式开展了关于数据交易的探索和实践，形成了数据撮合交易和数据增值服务两种主要交易模式。但衍生数据同样需要受制于个人数据自决权，如果个人提出相应的更正权或限制处理权则数据企业需要进行配合。

数据产品为衍生数据的高级状态，是在属性数据、空间数据基础上构建的可以应用在不同领域的专题数据，这类数据应用的价值是帮助业务决策优

---

[1] 参见［新加坡］凯文·谢泼德森等：《数据安全实操指南——不可不知的个人隐私侵犯陷阱》，任颂华译，中信出版集团2021年版，第113页。互联网和便携式智能设备让个人的使用习惯和位置变得更容易追踪，服务供应商可以将这些数据与他们的数据库关联，即将个人的相关信息与公共记录进行匹配，从而识别出个人身份。

[2] 《德国联邦数据保护法》第3条第6款规定，"匿名"是指对个人资料的修改，使有关个人或物质情况的信息不再或者仅仅以不相称的时间、费用和劳动归于确定或可识别的个人。我国《网络安全法》第42条第1款也对数据的匿名化提出了相应的要求，即匿名处理的数据不仅应当"无法识别特定个人"，而且是"不能复原"的。

化。数据产品与有体物产品、知识产权产品类似，均能够成为市场化的交易内容，但有着数据语境的特殊性。目前大部分数据应用发生在数据化运营领域，典型的有商业智能（Business Intelligence）分析工具、数据可视化产品、定制可视化产品等，都是企业常见的数据产品。而搜索算法、排序优化、千人千面产品逻辑和营销、广告推荐系统、智能运营系统等，是各行业各大公司都在探索的核心方向，也是人工智能时代的趋势所在。[1]大数据挖掘商业价值的途径主要分为四种：细分客户群体，再量身定做针对各群体的特色服务；模拟现实环境，在提高投资回报率的同时，发掘新的需求；加强部门之间的衔接，使整个管理链条、产业链条的效率都得到提高；降低服务成本，为产品和服务创新寻找潜在的路径。数据产品主要受制于原始数据的基数，大数据时代的典型特征在于由样本分析向全样本分析转变，其优势即在于其全样本的数据基础。但由于各数据企业所掌握的数据数量和质量千差万别，所谓的全样本分析模型均带有一定的理想色彩，因此，产品经理的素质及理论分析模型的科学性就很关键。数据产品在具体指令的设定情况下，有助于提高决策效率与自动化决策程度，但其问题在于数据产品与原始数据的非分离状态，这当中包括数据产品与原始数据打包一并处理的情形，也包括购买数据产品运用于自身所拥有的原始数据的情形，从而导致算法歧视、自动化决策结果错误、由于数据不全导致的归类偏差等问题。

三、根据数据内容的分类

根据内容重要程度不同可以区分为重要数据、受控数据、一般数据，不同性质的数据对应不同的保护方式和保护力度。我国《网络安全法》第31条第1款对重点保护领域进行了规定，[2]参照该规定，按照对国家安全和重大社会公共利益的危害程度，根据《网络安全法》第21条、第37条关于"重

---

［1］参见刘海滨编著：《人工智能及其演化》，科学出版社2016年版，第5-8页。人工智能涉及的热门技术领域有：问题求解、自然语言处理、人工神经网络、遗传算法、专家系统、知识工程、人工生命、深度学习、智能控制等。

［2］《网络安全法》第31条第1款规定，国家对公共通信和信息服务、能源、交通、水利、金融、公共服务、电子政务等重要行业和领域，以及其他一旦遭到破坏、丧失功能或者数据泄露，可能严重危害国家安全、国计民生、公共利益的关键信息基础设施，在网络安全等级保护制度的基础上，实行重点保护。关键信息基础设施的具体范围和安全保护办法由国务院制定。

要数据"的安全等级保护与境内储存原则的规范,可以将不同领域的数据划分为三个重要性程度不等的层次:"重要数据"、"受控数据"和"一般数据"。其中,"重要数据"是指与国家安全直接相关的数据;"受控数据"是指可能影响国家安全而应予限制传播的数据,二者是《数据安全法》规范和保护的重点。美国对受控非密信息(Controlled Unclassified Information,CUI)的管理制度中,按照行业将受控非密信息分为二十大类,如隐私、专利、移民等,这些大类又被细分为许多子类,比如,隐私类被细分为合同使用、死亡记录、一般隐私信息、遗传信息、健康信息等子类别。每个子类都有详细的定义、各自的强制分类标识、所对应的分级保护标准以及相应的法律责任。我国目前对于数据分类保护规制较多的行业主要是金融业和数据平台企业,其基本的分类路径是按照影响对象、影响范围、影响程度对数据进行大类别划分,再通过业务领域和数据类型细分。2021年国务院通过并发布了《关键信息基础设施安全保护条例》,根据《网络安全法》,对关键信息基础设施认定、运营者责任义务、保障和促进、法律责任等方面进行了更为细致的规定,重在落实对重要数据的安全责任。

个人信息和重要数据相对独立,但在重要性上具有相当性,《网络安全法》第37条进行了相应的规定。[1]我国《个人信息保护法》区分了敏感个人信息和一般个人信息,设立敏感个人信息处理规则专节,并对敏感个人信息进行界定。[2]美国的做法类似,将个人信息作了敏感和一般的区分,并对前者采取更为严格的保护制度。对于对敏感信息的特别保护需要,为防止公权力滥用,美国最终制定了有关专门规范公权力使用个人数据单行法,在1974年出台了《隐私权法》(The Privacy Act of 1974)。之后一些特殊领域的特别法律也陆续出台,包括1988年的《影视隐私保护法》(Video Privacy Protection Act of 1988,VPPA)、1998年为了保护儿童隐私的《儿童在线隐私权保护法案》(COPPA)等,建立对特殊主体敏感信息的公共保护原则。因此,

---

[1]《网络安全法》第37条规定,关键信息基础设施的运营者在中华人民共和国境内运营中收集和产生的个人信息和重要数据应当在境内存储。因业务需要,确需向境外提供的,应当按照国家网信部门会同国务院有关部门制定的办法进行安全评估;法律、行政法规另有规定的,依照其规定。

[2]《个人信息保护法》第28条第1款规定,敏感个人信息是一旦泄露或者非法使用,容易导致自然人的人格尊严受到侵害或者人身、财产安全受到危害的个人信息,包括生物识别、宗教信仰、特定身份、医疗健康、金融账户、行踪轨迹等信息,以及不满十四周岁未成年人的个人信息。

在个人信息内部可以区分为敏感信息和非敏感信息，但在涉及网络安全的层面，则个人信息和重要数据具有同等受保护的特点。美国联邦贸易委员会（FTC）于 2013 年 7 月 1 日修订了《儿童在线隐私权保护法案》（COPPA）规则，旨在确保父母在各个方面都可以参与到儿童网上活动的过程中，同时也注意保护网络创新，使网络能够为儿童提供更多的在线内容。相关规则要求：专门针对孩子的应用软件和网址，在儿童父母未知、未获得其同意时，禁止第三方通过添加插件的方式获取孩子的信息。2013 年 9 月，美国加州通过的《商业与专业条例》（Business and Professions Code，BPC）明确规定，未满 18 岁的未成年人有权要求网络服务提供者删除他们的个人信息。儿童数据具有相对独立性，面对儿童不经理性思考而存留下来的网络数据，如果无法有效删除，则容易导致未成年人的数字身份失控。究其根本原因，是未成年人较弱的识别能力和自控能力与个人信息的重要性不匹配，无法对抗强大的数据控制者和处理者，容易导致严重的不公平或侵害结果，因此需要进行特别保护。

我国《网络安全法》对个人信息与重要数据采用了同等的保护力度。对于敏感信息和重要数据，从根本上说不应该进入公共领域被处理，一般情况下，除实名制的需求外，其他的内容应该非必要不得收集。《个人信息保护法》第 28 条第 2 款也规定，只有在具有特定的目的和充分的必要性，并采取严格保护措施的情形下，个人信息处理者方可处理敏感个人信息。但其实不仅是处理的部分，还包括收集和处理环节，更需要从入口处进行管理和控制。未来在收集敏感数据之前应征得有关部门的审批，说明收集敏感信息的必要性，在获得批准之后才能收集敏感信息。但考虑到行政审批之工作量和效率，可以采用行政检查的方式反向督促数据收集必要性原则的落实。

四、根据所属主体的分类

根据占有或归属的角度区分，可以区分为个人数据、机构数据和政务数据，机构数据的机构不包括政务部门。该种数据区分的界限并不完全清晰，存在着一定的交叉。此种分类可以和数据本身的分类结合起来，大致相当于横向的主体与纵向的分类数据构成不同的组合从而形成不同保护进路或规制方式。例如，美国将数据分为一般的个人数据、商业和技术类数据、政府数据，并分别以"问责制"模式、"受控非密信息清单制度"和"商业出口管制制度"进行管理和控制，澳大利亚的规定相似。

根据我国《个人信息保护法》第 4 条第 1 款关于个人信息的规定，[1]个人数据是指已识别或者可识别的自然人有关的各种数据，经过匿名化处理后的数据则因为不具有识别性因此不列入个人数据，但经过反匿名化或复原技术处理过的可识别至个人的各类数据又将恢复到个人数据行列。[2]个人对于个人数据具有基本的自决权，个人可以根据个人意愿进行处置，《通用数据保护条例》（GDPR）和我国《个人信息保护法》所规定的具体权能均是个人数据自决权的具体形式。在个人数据内部，还有自生数据和他生数据的区别，个体一般只对自生数据有自决权，而对于他生数据不具有自决权，比如他人的正常评论尽管可识别至个人，但由于他人的言论自由，个人不得对他人的言论行为进行干涉，不过如果他人的该等言论构成侮辱、诽谤等侵权，则可以依民法等法律规定进行维权，人肉搜索即是隐私与言论自由平衡的例子，观点的攻击性或不友善不是禁止发表意见的理由，而必须对个人精神或物质形成"真正的威胁"。[3]又比如网络生成的搜索记录和自动排名，反映了社会公众对于某个个体或其所涉事件的认可或关注程度，属于事实的反映，个人也不具有自决权。

除去个人即是机构，企业数据是机构数据的主要代表。机构数据是机构基于其职能、业务、经营等需要所收集获得的数据。该种数据与机构自身的数据内容不同，企业自身数据与个人数据类似，直接指向企业，企业也拥有相应的自决权，但是为了公共利益而运行的国家企业信用信息公示系统（工商企业登记信息）、中国裁判文书网（裁判文书信息）中包含的个体信息不受个体的控制。随着时代的发展，企业数据范围也经历了变化的过程，一是传统企业数据：包括消费者数据、企业资源规划（Enterprise Resource Planning,

---

[1]《个人信息保护法》第 4 条第 1 款规定，个人信息是以电子或者其他方式记录的与已识别或者可识别的自然人有关的各种信息，不包括匿名化处理后的信息。

[2] See Jules J. Berman, *Principles of Big Data: Preparing, Sharing and Analyzing Complex Information*, Morgan Kaufmann, 2013, pp. 32-33. 书中认为没有识别度的大数据资源没有价值，相关数据也没有可信度。因此，被批准和监督的再识别化行为应该被允许。比如有人在分析数据时发现了某人因某种可治愈疾病导致的基因异常，而该疾病需要及时在早期进行干预，或者发现某人的生化指标适合或不适合进行手术，则应该被允许在第一时间联系上该主体，而完全的匿名化将造成无法联系的后果。书中还提出，如果缺乏足够的识别系统，则大数据资源将失去价值。

[3] See Julia M. MacAllister, "The Doxing Dilemma: Seeking a Remedy for the Malicious Publication of Personal Information", *Fordham Law Review*, Vol. 85, No. 5., 2017, p. 2462.

ERP）数据、库存与账目数据等；二是机器与传感器数据：包括通话记录、设备日志等；三是社交数据：涵盖用户行为记录、反馈信息等。各类社交媒体平台机构在实施收集、存储、加工、删除第三人数据等行为时，需要遵循法律规定的数据行为规范。2021年7月工业和信息化部信息通信管理局广泛召开企业数据自查行动，各市场主体从扰乱市场秩序、侵害用户权益、威胁数据安全、违反资质和资源管理规定等各个方面对企业数据的安全性和规范性进行自查，类似的检查有助于推动企业数据安全的升级。企业对于涉及个人数据或重要数据部分尤其需要遵守相关的法律规定进行规范化操作。

政务数据主要是政务机关在政务活动中收集、统计形成的数据，数据的内容包括政治、经济、文化、教育、安全、国防、司法等各个方面的数据。政务数据在国际层面涉及数据主权的独立性问题，一国的数据对于他国具有独立性，当然，个人数据和机构数据也具有主权属性，只是其主权属性没有政务数据直接、直观。在公共管理层面，政府需要提供开放政务数据的公共服务，以为社会民生、经济发展提供支持。在涉及个人信息的处理方面，同样需要遵守《个人信息保护法》的规定，《个人信息保护法》第72条第2款则明确如法律对统计、档案工作另有规定的则适用其他规定。[1]当前政务数据的问题在于：政务数据的开放不规范；政务数据与数据企业所拥有的数据资源不平衡；平台数据与政务数据之间互通有无的必要性和范围不明确。当前的数据平台企业也发挥着承接一些公共服务的功能，比如平台企业在APP上设计了自来水、电、燃气缴费、查询等方面的入口，在一定程度上形成了共治的局面，未来还需要进一步发挥数据平台在公共治理方面的价值。

第三节　数据与其他权利客体的区分

不同的客体具有不同的利益，决定了不同的权利类型及权能状态。数据作为一种新兴的权利客体，将其与既有权利体系版图中的其他权利客体进行比较，有利于明确数据权利的应有地位，一方面可以借鉴既有的权利规范进路，另一方面通过比较可以找到符合数据特征的个性化规范路径。

---

[1]《个人信息保护法》第72条第2款规定，法律对各级人民政府及其有关部门组织实施的统计、档案管理活动中的个人信息处理有规定的，适用其规定。

一、数据与物权客体的区分

当数据作为财产权客体时，与物权的关系应为共同隶属于财产权的范畴。随着科技的进步，财产早已不限于有体物，知识产权之各组成部分在财产权体系中均为与有体物相并列的客体，有着各自独立的权利体系。在长期的理论研究和具体实践中，人们对物权领域精耕细作，已经创设出用益物权、担保物权等各种物权形式，并形成了不动产、特定动产的登记公示公信原则、一般动产的交付公示原则，这些原则或规定的目的均在于明确物之权属与权能，并促进物之效用，形成传统物权体系非常之发达的局面。也因此，物权体系能够为数据权利体系之设计提供参考，但由于没有更高层级的财产权体系，对于物权体系的借鉴又难免受到有体物规则的限制。因此，对于物权体系的参考应从财产权的共通性出发，而非拘泥于有体物的具体特征。抽象意义上的财产权保护又可能会流于"合法财产权受法律保护"的宽泛宣示，具体权利规则必须结合各种客体之独特性进行设计。

在权属方面，传统物权以所有权为起点进行界定。从字义上，"所有"有双重含义，一是指归谁所有，即指明了权属，表达了人和物之间的归属关系。归属有着从属的内涵，蕴含着以主体为中心的基本思路，改变了过去个体依附于外在之物的附属性。二是指权利主体对客体之完整的支配权。所有权的权能具有全面性、绝对性、支配性，权利人从而享有完整的排他性权利。如以有体物之所有权反推数据权利，则数据权利存在诸种不完整的表现，比如，数据企业对于原生数据集合的权能要受制于个人数据主体，个人基于《个人信息保护法》的规定甚至享有要求删除数据企业所管理的个人数据的权利。这否定了个人与数据企业之间商业交易的纯粹性，即使同意提供数据与接受服务之间是一种合同关系，也与一般的货物买卖合同不同，数据企业对于个人数据之权利无法像买进货物一样对货物享有完整的权能。从数据无法满足所有权之绝对排他性并不能否定数据于归属层面的所有权。如果将物权所有权体现出的支配性不当地代入民事客体理论，那么分析性概念的民事客体将无法适用，结果可能推导出生命权赋予个体自杀权利的观点，这显然是所有权于生命权的错误套用。因此，权利体系之抽象构造与具体权利之权利构成存在差异，权利体系的构造具有普适性和一般性，可以适用于各种具体权利，具体客体之下的权利之间的权属安排与权能组成则存在差异。有观点认为，静态排他性权利的物权结构难以满足数据共享的实现，数据的瞬时性、复用性和多归属性构成了数据的基本属性，这些属性将数据与传统民法上的有体物区分开来，使得数据的交易不必然涉及或转移数据的所有权，将其纳入物权范畴无法合理、准确、全面地定义数据的权利属性，赋予数据相关主体静态排他性的权利无疑会提高数据流转和增值的成本，使得运行效率低下，有碍数据价值的实现。[1]但需要注意的是，确定权属与限制流动之间并无必然联系，过去的物权体系下交易和合同法均得到大发展，并不存在阻碍流动的必然性，反而是减少和解决纠纷的依据。数据的权利和其动态化本身是两个层面的内容，正如人格数据随时在变，但对人格权的保护始终不变一样。权能的不全面并不能否定其权属，权能所代表的只是客体之可能性，但权属仍应得到基本的尊重。以所有权权能的全面性否定数据应有所有权权属存在逻辑层次的不对应，也是经验民法对规范民法进行否定的表现。而且在实际效果层面，对数据不赋权就一定能够促进流动实现效用最大化吗？如果少数数据企业利用其垄断地位限制竞争和流动，则对于数据效用的发挥亦将产生不利的影响。

从有体财产到无体财产，反映了人类认识能力和控制能力的提升，但更反映了制度法学的力量，对无体物的财产化是制度法学的成果。一方面，法律因势利导，需要对数据的特征和运行规律进行准确的反映，比如对于数据权属一直在探索其应然的权利归属，而当前对于原生数据集合的权属一直没有达成共识；另一方面，法律对于无体物权利规则的塑造也比有体物更为谨慎和务实。即使在权属没有达成共识的情况下，数据规则已经开始塑造各方主体的权利边界和行为模式。即从效用发挥及时代合理性角度先行提供各方数据主体的行为规则。因此，相较于传统民法及物权体系，数据权利体系的进路反而是从权能到权属的回溯过程，在这个过程中，权属的不清晰也没有限制住权能的行使和数据效用的发挥。对于客体性质之探明是权利体系以权属为基础之必要，有助于厘清数据权属与权能之合理边界。

二、数据与知识产权客体的区分

从家族相似性角度，数据与知识产权客体具有某种相似性。二者皆具有

---

[1] 参见陈兵、顾丹丹：《数字经济下数据共享理路的反思与再造——以数据类型化考察为视角》，载《上海财经大学学报》2020年第2期。

无体性，专利、商标、作品均以信息为内容，流动性、非竞争性与生俱来。因此，知识产权中对于知识产权的权利规定及其限制方式对于数据权利体系的构建有很强的参考价值。尽管有观点认为借鉴知识产权的思路又将"阻碍新世界的全球竞争"，并面临"知识产权的终结"境地的风险，但现实仍有借鉴之必要。各方主体对于数据产生不同的控制力，比如个人数据往往与个人相互分离，经常是数据企业收集之后才呈现出数据状态，如果不经收集，即不存在不同主体之间权属不清的状态，这时才存在各方主体的权利边界如何确定的问题。

但数据与知识产权客体仍有重大区别，首要在于创新性的争议。知识产权以促进创新为第一要务，专利制度鼓励发明，著作权制度鼓励创新，商标制度鼓励品质提升。但数据本身是否具有创新性仍存在不同的理解。从来源角度看，数据首先是一种自生性的内容，即只是对于事实的记录和反映，即使是用一定的载体对数据进行记录和存储，原生数据也并不具有创新性。后期的衍生数据或数据产品则存在不同层面的创新问题，首先是对于处理的技术，即通过特定的数据技术对原生数据进行处理、分析的方式、方法可以成为专利，但这并非数据本身。其次是衍生数据、数据产品是否构成知识产权问题，从衍生数据、数据产品是特定的数据技术处理的结果或产物的角度，只是一种技术运用后"物化"的结果，可以视为专利产品。但其前提需要数据技术本身构成专利，正如微量元素不构成专利，但提取微量元素的方法可以形成专利，对于微量元素的形式改造的方法也可能构成专利。对照著作权，数据企业通过处理技术对原生数据进行处理后形成的内容具有特定的展示形式，从作品是无中生有的角度，衍生数据和数据产品只是内容的调整和形式的变化，其中还有一些分析过程和结论性内容，这正好说明衍生数据是有中生有，是提炼一般主体所无法提炼和理解之有，也难以成为著作权中的作品。知识产权都是需要公开的，并有一定的权利期限，比如发明专利是 20 年，著作权保护期为作者终生及其死亡后 50 年，商标 10 年后需要续期。但如果衍生数据、数据产品只是技术处理之成果的话，那就和有体物之物权类似，又不应有期限之限制。

在数据独立赋权之前存在对数据库的赋权。对于数据库赋权的实践始于欧盟 1996 年颁行的《关于数据库法律保护的指令（第 96/9/EC 号）》，该指令提出了数据库特殊权利的概念，试图引入一定的财产权机制，使企业的数据在知识产权框架之外得到保护。基于欧盟范围内各国对汇编作品受著作权法保护的原创性判断标准并不统一，且目录规则对事实汇编作品的保护已不足以支持高速发展的电子数据库，欧盟于1996年发布了该指令，旨在直接保护那些因不符合原创性标准而无法直接受到著作权法保护的数据库，以保护数据库产业，发展欧盟范围内的信息产业市场。指令第1条规定，数据制作者通过电子或其他方式对其经过系统或有序安排并能单独访问的独立作品、数据或其他材料的集合，可以享有专有财产权的独立保护，保护期限为15年。这种权利的取得不需要以数据库被认定为汇编作品为前提，数据库制作方即可以取得这种特殊权利，前提是数据库制作方有实质性投入于收集、核准和提供。[1]从数据库的界定角度，当前的衍生数据集合具有数据库的特征，但其技术化处理的结果本身可以理解为经系统或有序安排的结果，但如果这么推导，则原生数据集合也可以形成著作权保护，而这与个人对于原生数据中的个人数据之追及权相悖。早在2008年，联合国在国民经济核算体系（System of National Accounts 2008，SNA2008）就已将数据库列入知识产权产品。经济合作与发展组织（Organization for Economic Co-operation and Development，OECD）在SNA2008的基础上发布了《知识产权产品资本测度手册》，从操作层面给出了知识产权产品核算的具体指导，明确了只要数据库符合资产的定义构成，就应当列入知识产权资产。数据库保护的规定反映了实用主义的进路，但并非规范主义的进路，数据库真正的创新在于排列组合之创新性，但与内容之创新存在根本区别，"需要授予的财产权的精确特征和范围并不明显"。[2]衍生数据、数据产品都是围绕实用的价值展示，与著作权之精神性、非实用性形成区别。在国内暂无数据库保护规定的情况下，对于数据库内容的抄袭，如该内容本身构成作品则受著作权法保护，否则应属于反不正

---

[1]《关于数据库法律保护的指令（第96/9/EC/号）》第1条规定，范围1. 本指令涉及任何形式的数据库的法律保护。2. 在本指令中，"数据库"是指经系统或有序的安排，并可通过电子或其他手段单独加以访问的独立作品、数据或其他材料的集合。3. 本指令所提供的保护不适用于制作与采用电子手段访问数据的过程中所使用的计算机程序。第3条规定，保护的客体1. 依照本指令规定，凡在其内容的选择或编排方面体现了制作者的智力创作的数据库，均可据此获得版权保护。本指令是判定一个数据库能否获得版权保护的唯一标准。2. 依据本指令对数据库的版权保护不延及数据库的内容，也不影响这些内容本身所具有的任何权利。

[2][澳]马克·戴维森：《数据库的法律保护》，朱理译，北京大学出版社2007年版，第250页。

当竞争法、民法之规范范围。

　　从作为生产要素的角度，商业秘密和数据均可以称之为生产要素。商业秘密主要包含两大类：商业信息类和技术秘密类。技术秘密为专利的前身，所有的专利均可以技术秘密的形式存在，但并非所有的技术秘密都可以转化为专利，而且专利的申请和认定受到新颖性、创造性、实用性的限制。技术秘密相对于专利具有特别的优势在于，可以避免申请专利不成功所带来的公开风险，可以持续性独占技术方案。而在类型选择方面，可以通过直观解析得出的技术方案，由于在转化为产品的过程中很容易被竞争对手获得，发明人一般会选择申请技术专利，而一些配方、配比、参数类的技术方案，发明人则可以通过技术秘密的方式进行秘密保有以形成竞争优势。商业信息的范围则并没有限制，主要是客户名单、沟通渠道、定价策略、营销方案等内容，该部分也构成了企业的重要资源。鉴于专利的国别性及世界范围内的维权存在较大难度，且商业秘密具有独占性的排他优势，当前全球化企业进一步加强了对商业秘密的保护，并与专利保护结合起来构成立体保护体系，以此形成对于特定领域的领先优势。如果将技术秘密视为一种信息内容的话，未来可以按数据权利进行保护，即技术秘密只是作为一种数据，也应该可以受到保护。

　　数据与技术方案的比较与前述数据与专利的比较类似，而在商业信息上容易造成混淆。企业数据中包含了大量的个人信息，对于微信用户、邮箱用户等各种用户注册信息及浏览时同意数据企业收集的数据，也是一种用户名单。但以往客户名单往往认为是实体交易中的客户名单，而对于网络用户的名单并不作为客户名单看待。但如果将该部分名单看作是交易客户名单，则将对原始数据的定性产生重大影响，即平台企业可以将该部分内容永远保密，但网络用户数据的流动性与传统客户名单的封闭性又存在区别。网络时代的用户目前已经拥有了删除权和可携带权，如果按此逻辑，是否应赋权于传统的交易主体在交易完成后要求对方删除相关个人信息的权利？从历史和档案的角度，交易主体各方均应有权继续保有该部分内容，只是应该进行保密，不得不当使用。而数据的有些内容则会因当代技术的发展超出传统商业信息的范畴，比如用户行踪和用户数字画像，这在之前的商业模式中是难以轻易获取的，但在计算机技术高速发展的今天，则已经可以轻易完成。衍生数据的内容在未转化为数据产品之前，与商业信息所包含的数据内容之间并没有明显的界限和区别，即使是数据产品，在未公开之前，也是属于秘密状态。

因此，在内容上，无法完全区分商业秘密和数据，关键在于数据本身是否处于秘密状态。

在秘密性层面，商业秘密的排他性和知识产权的排他性不同，商业秘密的排他是实践意义上的，即由于有秘密的事实从而拥有排他的合理性，知识产权的排他性是规范意义上的，是因为有了法定程序的赋权才形成排他权，因此，商业秘密的保护思路具有保密的可取之处。就采取技术措施方面，数据企业对于所收集到的数据有些设置了技术措施以防止其他主体通过爬取技术简单获取，[1]有些则没有设置任何防范措施，而是鼓励收集和转发；以此获得更大程度的推广。不同企业在对待数据的态度上存在差异，这种情况下，似乎可以将采取了技术保护措施的数据认定为与商业秘密具有相似性。但技术措施和保密措施是两种不同的内容，技术措施所防范的是其他企业的爬取行为，但不对数据保密，因为，对于公开的数据也可以采取技术措施进行保护，其所针对的只是其他数据企业的无序获取。而对于后来的衍生数据和数据产品的秘密状态和商业秘密则具有相当的相似性，一般而言，数据企业也会采取技术措施进行保护。

采取了保密措施的处于保密状态下的数据可能形成商业秘密。而对于那些已经处于公开状态的数据，则无法适用商业秘密的规定，是否绕过或冲破技术措施的限制进行爬取已经不是区分是否侵权的标志，既然已经公开，则如何收集只是技术问题。所谓的数据侵权，一般指的是数据收集后进行了同行业使用或其他可识别到个体的使用，这种情况下可被认定为不正当竞争等侵权行为。如果按照不正当竞争行为进行认定，则属于行为规制的形式，其结果未必形成损害，但相当于无偿获取竞争对手经大量投入之后获取的竞争性资源，是一种行为无价值的评价结果，因此缺乏正当性。

三、数据与人格权客体的区分

人格权是否有客体在很长的一段时间里存在争论，因为随着人的主体意识的觉醒和提升，人作为主体、作为目的的理念已深入人心，似乎相应地人

---

[1] 参见［新］凯文·谢泼德森等：《数据安全实操指南——不可不知的个人隐私侵犯陷阱》，任颂华译，中信出版集团2021年版，第3-4页。数据还有物理存在的表现形式，而且出于法律原因或者为了照顾各方喜好，不少文件以纸质形式存在，此时的数据保护措施则变成了物理隔离。

就不应该成为客体。以至于在很长一段时间里，精神损害无法得到赔偿，在精神损害赔偿制度建立以后，由于人是目的的理念产生了人格无价的观念，精神损害赔偿金额的上限一直被突破。人格权客体与人格利益存在差异，人格利益指的是人格权客体对人的利益，即是人之为人的本质。如将人格利益界定为人格权客体，人格权就成为人和自身的关系，如此界定则最后变成了人如何和自身相处的哲学问题，而不是法律问题。因此，具体的人格利益在处分权层面会有体现，比如人放弃自身的尊严而做出一定的行为，这属于人对于自身人格利益的放弃，但即使理论上人对于人格具有处分权，也要受到公序良俗的限制，如有损社会公共道德则不得随意处分。

  人格权客体即人格要素，那些承载、反映人格利益的内容即可能是人格权客体。具体的人格权客体包括物质性客体和精神性客体，前者如生命、健康、身体等内容，该部分人格权客体直接影响到身体和生命的存在或完整，属于人格权的基础性客体。当前对于该部分内容的赔偿制度相对比较完善，比如各省市区每年出台的人身损害赔偿规定，对于构成十级至一级伤残及死亡的赔偿标准进行规定。而对于城乡、不同城市同命不同价的问题，最高院最终于2022年进行了统一规定，化解了存在多年的同命不同价的问题。非实体性客体是指的那些非物质性的人格客体，包括名誉、荣誉等内容，相关客体受到损害的情况下，当事人可以获得精神损害赔偿，当前我国对于精神损害的人格权侵权赔偿的上限规定较低，这一方面是因为该部分人格权客体具有无形性从而难以衡量，另一方面，也可能受制于感情受损应不超过实体性损害赔偿的保守观念。另有一类物质性的具有标志性意义的物品，因寄托着权利人的感情或寄托，可能成为人格权客体，比如独一无二的照片、独特的纪念品等物件，均可能成为该类人格权客体，在受到损害后，当事人不仅可以获得经济赔偿，还能获得精神赔偿，兼具物质性和精神性双重性质。根据我国《民法典》中个人信息的规定，个人信息属于新的人格权客体，又根据信息与数据相互释义的规定，个人数据也可以成为人格权客体。因此，个人数据当前可以作为非实体性人格权客体。但存在的问题在于个人数据在表述上具有中立性，即数据对于个人之人格利益并不明确，与名誉权、荣誉权等人格权不同，名誉、荣誉名称本身就呈现其承载了个人之名誉与荣誉之类的人格利益，而个人数据本身到底承载了什么人格利益从个人数据的表述上无法识别。在事实上，因个人数据造成的个人人格侵害往往是其他更具体的人格权受到损害，比如名誉权、荣誉权、身体权，甚至是因个人数据泄露造成的诈骗、盗窃形成的财产损失，这给个人数据的定性及其被侵权的认定带来困难。[1]个人数据所承载的利益具有间接性，不具有直接性，相当于工具性权利，但由于其直接反映个人之特征与信息，因此，更应归入人格权范畴。

需要明确，非个人数据则不构成人格要素。经过匿名化处理的衍生数据和数据产品虽然很多来源于个人数据，但其本身已经不具有识别性和指向性，无法成为人格权客体。其中的问题是逆匿名化操作所造成的个人数据复原是否形成个人数据之侵权？从原生数据集合本身即存在个人数据的角度看不应该认定为侵权，但从逆匿名化操作之非常规性角度，应对该种行为予以禁止，否则匿名化形成的保护层将褪去，个人数据将重新回到风险敞口之下。个人数据与其他人格权客体则是特别与一般的关系，当某种人格权客体已经具有独立化的称谓后则适用于特别的规定，比如名誉、荣誉，在没有具体的人格权适用的情况下，可以认定为更为宽泛的个人信息权。大部分的个人信息均是生活数据、消费数据、出行数据等内容，其本身原来并不具有特别的人格利益，但网络时代却可能形成人肉搜索、网络暴力等形式的侵权，该等数据的公开、流传所导致的对个人的感情伤害不逊于其他人格要素受损。比如因个人电话被泄露而导致的个人受到骚扰、威胁形成的伤害与其他类型的感情伤害无异。所以，个人数据所承载的人格利益和其他客体所承载的人格利益相同，这是个人数据可以成为人格权客体的根本原因。而个人数据之包容性将形成对其他客体的有效补充，这也是个人数据成为人格权客体的重要意义。

第四节　数据权益保护思路

数据保护的首要问题在于对数据的客体定性，其定性因情境不同形成不

---

[1] See Michael Hopkins,"Your Personal Information Was Stolen: That's an Injury; Article III Standing in the Context of Data Breaches Not Sure. Should Not Be Enough to Put Someone in Jail for Life", *The University of the Pacific Law Review*, Vol. 50, No. 3., 2019, pp. 427-431. 顾客 Hilary Remijas 就数据泄露侵权向联邦地区法院起诉零售商 Neiman Marcus，地区法院以不符合法律规定、缺乏利害关系否定了 Hilary Remijas 的原告主体资格。Hilary Remijas 上诉后，第七巡回上诉法院认为个人数据被窃取的风险不断增加，因此有必要采取相应的保护措施以降低风险，认可了原告的主体资格，Neiman Marcus 最终以160万美元了结此案。但同时期的第八巡回上诉法院坚持认为此类原告不具有主体资格。这反映了数据侵权案件在开始时面临的识别、认定困境。

同的评价从而得出不同的结论，也因此形成不同的保护方式和保护程度，只是需要防止过分相对化的倾向。就对侵权责任的追究方面，数据因其权利边界的模糊性决定了更需要综合各种影响因素合理确定责任的范围和强度，以衡平保障权利人和责任人各方主体的合法权益。在司法过程中，需要综合运用各种法律适用方法，以实现形式正义与实质正义的和谐融合。

一、客体定性：场景化理论的有限运用

在不同的情境下，相同的数据可能具有不同的性质，即承载不同的利益，从而形成不同的权利客体。情境脉络完整性理论对此具有指导意义，情境脉络完整性理论由美国的尼森鲍姆（Nissenbaum）教授创立，即特定的信息规范要适配不同的情境脉络，相应地，需要根据是否保持了情境的完整性而判定一个规范是否合理，相同的信息在不同的语境中需要适用不同的规范。[1] 该理论中，信息的适当流通、分享是隐私场景公正理论的逻辑起点，对数据信息的规制需要强调隐私在特定场景下的公众及不同场景之间的区别，即在一个场景下属于敏感隐私的信息，可能在另一种场景下属于个人一般信息，反之亦然；这也体现了数据之上民事主体的数据隐私利益可能随着应用场景的转换而有所变化。将此理论扩展到个人数据保护，则应尊重个人数据在原始采集时的特定语境，其后续的传播与利用不应超出最初的语境限定。至于个人数据处理是否合理，则要看是不是符合用户的"合理预期"，引发的影响是否能被用户接受。具体的因素可以包括所涉及的行业、数据用途、收集者信用等内容。情境化理论提示了数据利益和性质的评价具有相对性，即不同的数据于不同的情境中可能得出不同的结论，这反映了社会评价的多元性并符合事实，从而具有一定的合理性。

情境化理论反映了数据受保护的范围取决于其所承载利益的性质：越是具有高价值的利益，越是被精确地定义，同时又具有广泛的保护范围。根据涉及的利益的强弱程度来决定其应当受保护的程度，这具有具体问题具体分析的合理性。但其中仍存在一定的问题，首先，利益的衡量需要结合主体进行评价，脱离主体的泛泛而论并没有区分度。该种主体不仅是评价主体——

---

[1] 参见倪蕴帷：《隐私权在美国法中的理论演进与概念重构——基于情境脉络完整性理论的分析及其对中国法的启示》，载《政治与法律》2019年第10期。

一种第三方的存在，而更应该是数据的来源主体或原生主体，第三方评价的第三方立场具有随机性，但数据于相关主体的评价则具有稳定性。比如对于金融机构而言，在发放贷款时候收集个体收入情况属于正常的内容，甚至可以说这时的个人收入状况成了普通的基本数据，虽然其他行业在收集个人数据时一般不得收集个人收入情况。但是，如果以金融情境下常规需要该等数据为由就否定个人收入情况具有较高敏感度的话，则会形成金融机构对于该数据无须特别保护的不当结论。但其实该种数据对于个人而言始终属于重要数据，不受收集主体性质和收集场景的影响。其次，合理预期存在着错位的可能。如前所述，对于不同的主体而言，相同的数据可能构成重要性、常见性并不相同的内容，其中有以经验代替规范的问题。个人对于其自身的重要数据的保护预期并不随着收集者经常普遍性地收集而降低。个人对于其收入状况的数据，即使在提供给银行后也不意味着个人降低了对于该数据的保密要求，反而是认为银行作为金融机构当然应该具有更高级别的保护措施，而不应该是相反。而且银行等金融机构工作人员并不具有道德上的天然优越性，同样存在泄露该数据的风险。因此，银行若以银行系统内部或其他证券机构具有同等性质为由进行分享，则事实上很可能已经超出了个人的合理预期，即使形式上未超出金融机构的应用场景。

因此，在这种情况下，需要克服过分相对化的思路。数据分类与评价应具有相当的稳定性，否则就会陷入变动不居的状态中。具体问题具体分析的做法固然有其适应性，但却难以避免不确定性。大数据时代最直接的例子就是平台企业直接收集到无数的个人数据，但从来不能以平台企业对个人数据司空见惯来否定个人数据之敏感程度。理论中所言的隐私在不同情境下可能存在是否成立的不同结论，于数据企业也基本适用，数据企业对所收集到的无数个人数据根本无心挖掘个人之隐私，也无心于实现曝光隐私带来的可能的乐趣，其目的在于通过无数数据形成经营上的优势获利，如果按照情境化理论则可能得出对于相应的涉及隐私信息的数据无须特别保护的结论，即对于个人数据匿名化处理也没有太多必要性，但推论到此显然与一般道理和相关法律规定相违背。对于平台企业而言，某个个体的个人数据只是亿万分之一，但对于该个体而言，则是百分之百，司法当中经常会警示错案对于司法机关只是万分之一，而对于当事人而言却是百分之百的观点，与之类似。这种情况下，应该以对某方主体的重要性程度来确定该数据的定性，即以对哪一方主体的重要性最强来定性该数据，就高不就低，而不是就低不就高，或者随机决定，太强的随机性对于数据特别是个人数据的保护不利。在一般意义上，在数据涉及人格权和财产权的时候，需要以人格权为本位，而不能以财产权为重。因此，数据内部的分类分级应具有相当的稳定性，场景理论所反映出来的具体问题具体分析的思路对于合理、准确定性具有指导意义，但仍然需要以数据本身的重要性程度为基础对数据定级分类，从而形成合适的保护层级。

二、责任追究：动态系统论的适当运用

在法律关系或侵权状态中，对于数据所涉权益因多种因素的影响而形成不同的保护方式和保护力度。一般侵权当中也需要综合各种因素确定责任之大小，数据侵权由于数据无形的特点，导致更难以量化，从而更具有综合考量的空间。区分不同位阶权利进行保护属于动态系统论的运用，数据内部所涉权益的差序化是动态化决定保护程度的基础，数据利益内部存在差异，在判断其侵权行为是否成立、是否提供必要救济、提供何种救济等问题上，对处于不同位阶的权利要根据其所处的位阶进行综合考量，位阶较低的利益则会受到更大的限制。其中主要是财产权和人格权的差别，鉴于人格权优先财产权的基本理念，在涉及人格权和财产权冲突的情况下，一般需要优先保护人格权，在人格权内部则是物质性基础人格要素优先于非物质性人格要素，比如在企业数据财产权和个人数据人格权的关系处理上，应优先照顾个人数据人格权，当前《通用数据保护条例》（GDPR）和我国《个人信息保护法》中对于个人信息权能的诸多规定均在于提高个体管理和控制个人数据的能力和可能，意在保障个人数据人格权利之优先性。部分数据则可能引致行为无价值的评价结果，如系争对象属于权利主体不可让渡的权利（如与人格尊严直接相关的个人敏感信息）则属于禁易规则调整的范围，如进行侵犯则无需造成严重后果即可形成责任追究。对于可以让渡的数据权利，当交易会产生重大的负外部性，例如受害者人数众多，则责任规则将发挥重要作用。

在考查客体之余，需要综合行为人对数据的取得方式、披露方式、披露范围、披露目的、披露后果及利用方式等主客观因素，对行为人承担责任的范围和程度进行综合认定。在民法当中也有过错责任、严格责任和公平责任所分别适用的情形，即表明在相对清晰的物权体系范畴内，亦需要根据特定

的情形确定各方主体承担责任的大小。在知识产权案件中，对于知识产权的损害赔偿有三种标准，包括权利人受损害程度、侵权人获益程度以及一般许可费率标准，此外，还有法定赔偿金和惩罚性赔偿制度进行辅助。而由于知识产权的受损与获益程度均难以确定，结果往往根据侵权人过错程度、侵权期限、行业盈利水平、社会评价等各方面的因素进行评价和裁量。数据侵权也与之类似，无论是个人数据涉及的人格权侵权还是数据财产涉及的财产权侵权，如果是人格权侵权则与非物质性人格权具有相似性，财产性侵权则与知识产权具有共通性，其所依据的考量因素将更为多元。在归责原则的选择方面，过错推定原则应更有助于平衡数据企业责任与个人数据权利保护，以免数据企业负担过重。例如，《民法典》第1026条对于行为人由于对他人提供的严重失实内容未尽到合理核实义务，为公共利益实施新闻报道、舆论监督等行为，影响他人名誉时应承担民事责任，在确定合理核实义务时列明了内容来源的可信度等六种考虑因素，[1]可见合理核实义务的程度并非一成不变，实施新闻报道、舆论监督的行为人，在不同情况下，负有的核实义务不尽相同，需要因时、因地制宜，结合所处环境的不同进行判断，不宜泛泛地对核实义务进行笼统的认定。因此，需要综合考虑客体代表的权利等级以及侵权行为性质、损害后果、主观过错、特定背景等因素综合确定赔偿的范围。

上述分析主要是涉及权利的层级性及考量因素的多元性，而在权利与权利之间也存在着竞争。比如，在判断隐私权是否应当受到保护时，其常常要与言论自由、公共利益等权利或利益进行平衡。在数据权益保护中，也往往要考虑新闻自由与舆论监督的关系。除《民法典》第998条关于认定行为人侵害人格权的责任规则以外，人格权编还在其他条款运用了动态系统论，例如《民法典》第999条关于为公共利益实施新闻报道、舆论监督的规定。[2]这表明个人信息权利的行使边界需要以公共利益为边界，不允许为了个人利

---

[1]《民法典》第1026条规定，认定行为人是否尽到前条第二项规定的合理核实义务，应当考虑下列因素：（一）内容来源的可信度；（二）对明显可能引发争议的内容是否进行了必要的调查；（三）内容的时限性；（四）内容与公序良俗的关联性；（五）受害人名誉受贬损的可能性；（六）核实能力和核实成本。

[2]《民法典》第999条规定，为公共利益实施新闻报道、舆论监督等行为的，可以合理使用民事主体的姓名、名称、肖像、个人信息等；使用不合理侵害民事主体人格权的，应当依法承担民事责任。

益损害公共利益。当然也不允许为了公共利益不正当地损害个人利益,比如新闻报道中应尽量隐去个人的真实姓名、联系方式、家庭住址、工作单位等信息。《民法典》第 1000 条第 1 款要求行为人承担消除影响、恢复名誉、赔礼道歉等民事责任时,其作出上述行为的方式应当与被损害的方式及造成的影响范围相当。这里涉及的基本问题在于权利义务具有对等性,不能因保护某方的权利而过于加重相对方的义务,权利人之权利与义务人之权利需要有合适的衡平。

三、形式与实质的统一:法律方法的充分运用

当数据对于同一主体涉及不同利益时,即意味着面临不同法律从不同角度进行评价从而形成不同法律结论的情况,这将形成请求权竞合的问题。比如当某一数据既是个人信息同时又涉及名誉、荣誉或隐私时,则应适用特别规定,而将个人信息保护置于补充性的地位,但却并不能排除或否认权利人有权根据更为宽泛的个人信息或数据权利进行维权。特别法和一般法并非相斥关系,而是补充关系,可以相互替代,特别法优于一般法的观点应是权利人的一种选择权,否则多重保护规定不仅没有形成保护,反而成了限制。又比如数据企业在面对其他竞争性企业以不正当方式获取数据时,特别是在不正当获取衍生数据或数据产品时,可以形成财产权侵权,也可能因以不正当方式获取竞争性资源而构成不正当竞争,此种情况下,数据企业当事人应具有自主选择权。但如果是第三方对数据企业对既有权利作品的组合性使用的侵犯,则更应该认定不正当竞争行为。[1]而请求权的选择不仅是名义的选择,更是构成要件、举证责任、赔偿范围等内容的区别,当事人的选择对于最终结论具有重大影响。当前情况下,企业数据的财产权界定还不够清晰,对于财产权的保护仍缺乏完善的路径,因此反不正当竞争法路径是可行的选择。而在诉讼层面,由于我国目前并没有采取预备合并、选择合并的诉的合并规定,而是排斥并行的诉讼请求,且从严格意义上说,并行的诉讼请求将构成诉讼请求的不明状态,从有利于权利人权利保护的角度看,应在未来采取预备合并或选择合并的诉讼请求制度,这将更有助于维护权利及追究责任。

---

[1] 参见北京知识产权法院(2021)京 73 民终 1011 号民事判决书(北京创锐文化传媒有限公司与北京微播视界科技有限公司不正当竞争纠纷案)。

当涉及不同主体权利时，则需要进行利益平衡。一般应该对优先性权利形成倾向性，比如人格权在普遍情况下优先于财产权。但当涉及同等位阶或相近位阶的权利时，则需要综合事件影响范围、深度、广度、当事人的主体角色不同采取不同的保护措施。比如对于明星人物的个人数据保护相对没有这么严格，其从公众处收获了认可、赞誉等内容，同样需要接受公众对其进行检视以保证其所得为应当的评价，因此，公众人物的个人数据保护比一般个体将更弱。还有新闻报道对于事实的报道及对于不良事件的监督均以公共知情权和促进公共利益为导向，因此，并不完全以个体权利保护为取向。当涉及不同数据主体的财产权时，需要综合比较各方的力量、行为影响及保护效果，比如平台数据企业对于入驻企业"二选一"的政策带有明确的垄断性，尽管表面上仍然通过合同进行约定，但实际上是利用其强大的优势地位所实施的不公平行为，此时需要法律介入。

从平衡中可以看到，各方在行使权利时均有其特定的边界，具体权利本身亦会附着特定的限制性内容，权利和义务总是相伴相生。不过，尽管权利义务的边界一直存在，但却难以直接识别，在不同案件、不同主体、不同权利、不同影响因素之下，仍需以公平原则进行衡平处理。这里有以下重要的内容：一是回归权利本位和民法精神，以《民法典》为中心建构私法体系。在涉及私权之间的关系和边界时，需要以公平原则界定各自的保护范围，并辨别权利主体、义务主体之间的影响因素及边界所在。公平原则不是和稀泥式的各打五十大板，而是在准确识别影响因素基础上形成的更加符合公正的裁判结果。当前数据立法中还有不少漏洞，对于既有的数据问题还有立法空白，因此，在具体司法、执法实践中需要综合运用公平原则、诚信原则等原则性规定对各方的权利和责任进行分析、判断和确定。二是正确认识行政监管的地位和作用。对于个人数据而言，不具备足够的技术力量，无法应对数据处理者的强大优势，因此，各国个人信息/数据保护法均对数据处理者的安全、保密义务进行了相应的规定，以平衡数据双方力量，也因此促成了行政机关的监管职责。另有数据出境问题也需要行政机关进行监管，以保障国内数据安全。三是适度发挥司法机关和司法人员的司法能动性。实证主义法学派对于形式主义非常重视，而当前的实证主义法学派所形成的注释法学具有相当的市场，但容易产生的问题在于过分形式主义的倾向。形式主义的局限在于无法按照场景化和动态系统化的思路在法律的框架范围内以公平原则为指导实现个案的实质正义与形式正义的统一。但过度的能动主义又有完全以实质正义为旨归的随意性和主观性，因此，适度的能动主义在大数据时代社会变迁日益加剧的情况下具有相当的适用必要和适用前景。在民事保护、刑事保护的关系方面，需要坚持民事保护的基础地位及刑事保护的谦抑性，在民事保护制度效用不足的情况下再启动处罚性的刑事保护措施。

Chapter 04 ◀ 第四章
个人数据主体：赋权模式

个人数据权利是互联网背景和大数据时代下的产物。个人数据与个人信息互为表里，个人数据是指任何以电子或者其他方式对个人信息的记录。个人数据承载着个人的人格利益，与个人的人身自由和人格尊严有着千丝万缕的联系。大数据时代以数据集合为基础，其中个人数据为重要的组成部分，可以说，没有个人数据集合，就没有大数据。个人数据所承载的财产利益是随着大数据时代个人数据集合之生产要素化而被激发出来的。以往各种观点对于个人数据保护的思路具有不同的视角，人格权和财产权的选择属于对于个人数据的权利本质的探讨，需要注意的是人格权和财产权的定性需要因主体而定，对于个人而言，个人数据的基色为人格利益，其人格要素的财产化并不改变其人格权的基本性质；权利束和权利块理论可视为对各方主体对数据分享权利的事实进行描述，但该类理论囿于事实，并没有区分个人数据和个人数据集合；风险防控和消费者权益保护的思路揭示了数据市场上个人与数据处理者之间的实力不平等的普遍状况，从而有必要加重数据企业的责任来加强对个人数据的保护，具有明显的外部路径取向，需要与个人数据权利的内在动力结合起来更有成效；有观点借用经济学中的产权概念，对数据权利进行分析，该种分析具有现实主义倾向，以效用最大化为目标，但存在经济学与法学体系的区隔问题。要理解个人数据，需要结合个人数据集合所承载的广泛的公共利益来进行理解，个人数据与个人数据集合相互关联，个人数据集合所承载的其他主体的私益或公共利益对个人数据权利形成限制，个人数据权利的边界即是在个人数据所代表之私人领域和个人数据集合所代表的公共领域的对价中确定，国家对该对价进行识别、规定并进行动态化调整。当前个人数据权能的具体化有助于实现公法规制与私法保护的有机结合，对个人数据集合分阶段透视有助于我们理解法律对于私人领域或公共领域在不同阶段进行倾向性表达的依据。

第一节 个人数据和个人数据集合

大数据时代是个人数据保护的背景,个人数据所承载的人格利益无法完全纳入既有的传统具体人格权范畴。大数据时代的个人数据侵权具有分散性、隐蔽性、广泛性的特点,符合风险社会负外部性的溢出效应,需要转向结果惩治向与行为预防结合。

一、个人数据

个人数据和个人信息互为形式和内容。在互联时代,数据主要是指由0和1组成的比特代码,但如将数据仅局限于电子代码承载的内容,则个人数据和个人信息存在互不对应的情况,比如单个的数据并不具有信息的价值,而实体物所承载的信息却不具有电子化的形式。因此,我国在立法层面对此类问题进行了协调,我国《个人信息保护法》第4条第1款规定了个人信息的定义,[1]个人信息包括电子化及非电子化方式两种方式,不包括匿名化处理后无法识别到个人的信息。我国《数据安全法》第3条第1款规定了数据的定义:是指任何以电子或者其他方式对信息的记录。从两部法律对于数据和信息的概念可知,数据和信息互为定义,且包括了电子或其他记录方式,即结合时代特征采用了比传统的涵盖面更广的数据含义,主要关注内容,而记录的展现形式并不影响数据和信息的认定。新加坡2012年的《个人数据保护法》对个人数据的界定是"无论真假的可识别至个人的数据",其定义认识到数据存在真假的客观事实。[2]还有一些国家则在隐私立法中将数据保护的范围扩展至法人主体(公司及其他实体),继挪威首先扩展保护法人数据之后,澳大利亚、丹麦、卢森堡等国家相继采用该模式。[3]由此,个人信息和

---

[1]《个人信息保护法》第4条第1款规定,个人信息是以电子或者其他方式记录的与已识别或者可识别的自然人有关的各种信息,不包括匿名化处理后的信息。

[2] See Warren B. Chik, Joey Keep Ying Pang, "The Meaning and Scope of Personal Data under the Singapore Personal Data Protection Act", *Singapore Academy of Law Journal*, Vol. 26, No. 2., 2014, p. 356.

[3] See Richard P. McGuire, "The Information Age: An Introduction to Transborder Data Flow", *Jurimetrics Journal*, Vol. 20, No. 1., 1979, p. 6.

个人数据并没有实质区别，个人信息保护法当然应该适用于个人数据的保护，否则就会出现个人数据无从保护的情形，其结果是要么对个人数据保护另起炉灶专门立法，要么改为个人数据信息保护法，但此二种做法均不经济且无必要。但要注意到，数据安全法中所涉的数据包括了非个人数据，即无法识别到个人或与个人无关的数据，该部分内容同样可以得到法律保护。

个人数据指的是能够识别到个人的数据，主要是姓名、性别、年龄、籍贯、电话号码、身份证号码、使用习惯、消费习惯、行踪记录等能够对个体进行锁定的内容。将这些数据痕迹分为两类，一类是数字足迹，也就是用户自己建立的数据；另一类是数据影子，即由他人建立的关于用户的各种记录。但这其中对于个人的识别仍有区别，其中姓名、性别、身份证号码之类的内容具有客观性，即与个人密不可分，一般情况下不会轻易变更，即使姓名可以变更也会以曾用名的形式并存，因此，该部分数据缺乏弹性。但通过cookie技术等跟踪技术所记录的使用习惯、消费习惯、行踪轨迹等内容，则具有相当的弹性，比如，一个IP地址上有多人使用时，在一般的不记名搜索的情况下，每个人的搜索习惯和搜索内容存在差别，但cookie技术所记录的只是该IP地址上的搜索、互动记录，通过"过滤器"模型进行分析后，数据企业可以进行精准推送，[1]该种推送其实并不针对个人而是针对IP地址，与针对账号的精准推送存在一定的不同。由此，对于个人数据的可识别性不应仅局限于单个的个体，也可能是通过某种可识别的连接点形成的个体组合，但基于两种情况下均以个人为基础，因此二者可统称为个人数据。在第二种情况下，可识别到的具体个人具有一定的群体幅度，即与连接点的IP地址发生过关联的个人组合，而不仅是IP地址的登记主体个人。

---

[1] 参见［瑞］大卫·萨普特：《被算法操控的生活：重新定义精准广告、大数据和AI》，易文波译，湖南科学技术出版社2020年版，第130-131页。过滤算法描述起来寥寥几句，不易理解，但可以通过数学来解释其原理。比如，脸书根据以下等式来决定一个最近分享的报纸文章在你动态消息上出现的可能性：你见到该文章的可能性＝你对该报纸的兴趣×你和分享该文章的朋友的亲密度。当与朋友交流分享某个帖子时，等式中的兴趣和亲密度均得到提高，可以认为见到某篇文章的可能性是随参与度的平方变化的。桑斯坦认为，在信息有多样来源的任何地方，大量的过滤是不可避免的。但我们总要寻求扩展我们自己的视野，如果人们通过网络寻找相反的观点和思想，接触并不赞同的思想和新的话题成为时尚或人们的规范，且如果经常如此，那将是极为理想的事情，也可以在一定程度上缓解群体极化，参见［美］凯斯·桑斯坦：《网络共和国：网络社会中的民主问题》，黄维明译，上海人民出版社2003年版，第150-151页。

与个人数据权利最为接近的是隐私权，隐私权与名誉权、肖像权等均为具体人格权，共同隶属于一般人格权之下。因此，当个人数据被作为人格权来对待时，就面临着是否归入具体人格权或成立独立人格权的问题。我国《民法典》对于隐私的定义中包含两部分的内容，一是自然人的生活安宁，二是不愿为他人知晓的私密空间、私密活动、私密信息。[1]个人信息中有不少并非私密信息，不符合第二种情形，而信息与生活安宁应属于不同的内容，生活安宁指的是一种生活状态，而信息则是外在的人格要素。[2]但此处的问题在于生活安宁究竟应认定为人格利益还是人格要素，从客体与利益的区分角度，生活安宁更应该是一种人格利益，不愿为他人知晓的秘密信息所承载的重要利益即是生活安宁（和情感安宁，可纳入生活安宁的范围）。对法条进行文义解释则个人信息难以完整纳入隐私权范围，尽管个人隐私信息以外的信息的泄露可能对生活安宁造成损害。所以，个人信息所承担的人格利益和隐私权存在一定的差异，无法完全纳入隐私范畴。[3]个人信息成为更为宽泛

---

[1]《民法典》第1032条规定，自然人享有隐私权。任何组织或者个人不得以刺探、侵扰、泄露、公开等方式侵害他人的隐私权。隐私是自然人的私人生活安宁和不愿为他人知晓的私密空间、私密活动、私密信息。

[2] 从《民法典》条文中用词"侵扰"与私人生活安宁相对应可知，该条文将生活安宁列为隐私权的客体。但对私人生活安宁所造成的侵扰实际上是刺探、泄露、公开私密信息之后的后果，而并非同为侵权方式。且私人生活安宁还可能因其他原因被侵扰，比如他人对户外花园的侵扰即构成对业主私人生活安宁的侵扰，但此时更应适用物上请求权寻求救济。

[3] 参见江苏省淮安市中级人民法院（2019）苏08民终3198号民事判决书（顾怀荣、黄翠英等与洪泽县富达纺织有限公司、淮安日报社隐私权纠纷案）。法院认为，隐私权是自然人享有的对其个人的、与公共利益无关的个人信息、私人活动和私有领域进行支配并排除他人干涉的一种人格权。而公民身份号码是每个公民唯一的、终身不变的身份代码，属于一般性的个人信息。在无其他特殊规定的情况下，一般性的个人信息不属于隐私权的保护范围。本案中，被上诉人在公告中刊登公民身份号码的目的是确定被解除劳动关系以及领取经济补偿金的对象，并非侵犯上诉人隐私权的行为。故上诉人主张被上诉人在公告中刊登其公民身份号码、侵犯其隐私权的上诉理由不成立。该判决中存在可商榷之处：其一，每个公民唯一的、终身不变的个人信息是否属于一般性的个人信息？答案显然是否定的。身份证号码关系到银行账号、手机号码及各类网络账号的注册、认证，是非常重要的个人信息。特别是，生物识别标志的使用正因其唯一性、不可变更性而被更加严格的限定。其二，法院需要根据个人信息合理使用的合法、正当、必要原则进行判断。就案件中的确定被解除劳动关系以及领取经济补偿金的事项，是否必须利用到个人身份证信息？答案也是否定的。在公司内部员工没有重名的情况下，直接公告名字即能够实现唯一的指向，即使在重名的情况下，通过提示户籍（或提示身份证尾号、隐去出生日期）也可以实现唯一指向的目的。其三，本案是否真正涉及公共利益，因此该个人身

的人格客体，其承载的人格利益甚至具有多元性，可以认为是人格权非实体性客体的兜底式内容，无法提取、剥离为其他具体人格客体的信息均可以归入个人信息保护。

我国《民法典》第1034条第3款规定，个人信息中的私密信息，适用有关隐私权的相关规定；没有规定的，适用有关个人信息保护的规定。该规定可以有不同理解：第一种，对于个人信息中的私密信息，可以适用隐私权的规定，如果隐私权的内容没有规定，则适用个人信息保护的规定；第二种，对于个人信息中的私密信息，适用有关隐私权的规定，隐私信息以外的信息则适用于个人信息保护的规定。此二种理解均有道理，前者可以认为个人信息保护的规定为隐私权规定的补充，在隐私权规定存在立法空白的情况下，可以适用个人信息的相关规定，以此形成对隐私信息更为全面的保护，后者则是突出个人信息保护具有特定适用对象——隐私信息以外的个人信息，但并不能直接推导出隐私信息的保护不适用一般个人信息的保护。此二种理解可以做合并处理，即个人信息规定可以作为隐私权保护的补充保护规定，同时对于其他信息则可能适用个人信息的相关规定，尽管有隐私权保护的特别规定，但并不排斥隐私信息的一般个人信息保护方式。但需要注意，由于二者的保护机理存在根本性不同，隐私权保护规范个体的交往行为，而个人信息保护规范信息处理行为，对于公权力机关的权力运行的依赖程度存在重大差异。[1]

二、个人数据集合

个人数据通过海量个人数据集合实现了价值的飞跃。个人数据对于个人而言主要是人格利益，单个的个人数据由于其离散的特点并不足以成为生产要素。大数据之价值或生产要素之生成依赖于海量的数据，动态的大数据概念往往还包含海量数据基础上的分析、处理、使用等后续环节，但其基础在于海量的数据集合，而个人数据构成其中最重要的组成部分。个人数据集合

（接上页）份证信息的使用无法避免？答案也是否定的。公安机关刊登的通缉令才是真正地涉及公共利益，且只有准确的身份证信息才能更好地锁定嫌疑人。而一般的商业活动中应该尽量避免可识别到个人的个人信息公开，以免产生不必要的人肉搜索等侵权行为。

〔1〕参见王苑：《数据权力视野下个人信息保护的趋向——以个人信息保护与隐私权的分立为中心》，载《北京航空航天大学学报（社会科学版）》2022年第1期。

中的个人数据包含两个部分,一部分为确定的个人数据,即由于实名制或使用网络之必要形成的个人信息,该部分内容具有确定性、稳定性。基于公共管理的需要,目前我国实行的网络实名制规定主要包括《互联网用户账号名称管理规定》和《网络安全法》。个人在进行网络活动时需要进行实名登记以形成实名记录,以促进网络活动的理性和克制。但也由于网络实名制,个人数据上网后一旦保密不到位,则形成大量个人数据的泄露问题。且大数据为重新识别提供了足够的素材,甚至可以说"大数据消除了匿名性",因此,网络实名制对于数据保密技术和管理制度提出了更高的要求。[1]各国对于实名的程度要求不一,但网络实名制对于数据企业的保密提出了更高的要求。另一部分为根据用户的使用习惯、消费习惯等网络使用行为所形成的动态数据集合,往往提炼为用户数字画像。此两种数据的结合将形成更为精准的用户数字画像。前者无须特别的技术,数据企业只需要在用户使用网络时进行收集即可,由此形成基本的用户数据库。而后者需要通过爬虫、cookie等技术进行跟踪、收集、存储之后再整理、分析,大数据只有转化为衍生数据、数据产品才能实现效率和效益的提升,仅是单纯的个人数据集合本身也不产生效益,其中大量的数据技术如算法、人工智能是关键。

所有的大数据技术均围绕数据集合展开。奥地利符号计算研究所(Research Institute for Symbolic Computation,RISC)的克里斯托夫·库钦(Christoph Koutschan)博士在自己的页面上发表了一篇关于他所做的调查文章,调查的参与者大多数是计算机科学家,他请这些科学家投票选出最重要的算法,最终选出32种大数据算法,包括A*搜索算法(A-Star Search Algorithm)、集束搜索(定向搜索,Beam Search)、二分查找(折半查找,Binary Search)、分支界定算法(Branch and Bound Algorithm)等,这些算法当中有些是古老的算法,即使没有几百年也至少有几十年的历史,[2]但运用于大数据当中则发挥了前所未有的效果,比如欧几里得算法(Euclidean Algorithm)——计算两个整数的最大公约数,这是最古老的算法之一,出现在公

---

[1] 参见[美]雪莉·大卫杜夫:《数据大泄漏:隐私保护危机与数据安全机遇》,马多贺等译,机械工业出版社2021年版,第45-48页。书中提到,被盗身份信息已经在网上被交易了数十年,为了保护个人信息,各机构对数据进行匿名化(去标识化)处理,但面临着重新识别的风险。

[2] See Vijay Kotu, Bala Deshpande, *Data Science: Concepts and Practice*, Morgan Kaufmann, 2018, p.1.

元前 300 年的欧几里得的《几何原本》。[1]算法的重要价值在于对海量的数据进行类型化、模型化以方便定性、定量、定位以及准确预测，从而实现商业价值。人工智能的基础为算法与大数据的有机组合，从而形成超越以往机器的收集、识别、分析、推理、判断、决策能力，这有助于改善决策和实践效果，[2]而单个的个人数据并不能为算法和人工智能提供足够的素材。

大数据的重要价值至少包含着产品智能（个人精准推送为典型代表）和宏观决策两大部分，[3]其所依据的概率论和相关性决定了在追求个体推送的高精准率的情况下更注重大基数之上的概率，"对于企业而言，未来的常态是基于各种人工智能的算法，做出一系列的决策与行动。"[4]用户数字画像的精确性是一种概率，不代表对每个个体的高精度。因为，个人的使用习惯、消费习惯、行动轨迹具有阶段性和一定的随机性，其部分数据不具有稳定的规律性。因此用户数字画像中存在着规律性内容和非规律性内容混杂。可以肯定的是其中有部分数据的分析存在偏差或失误，但即便如此，由于整体的概率基数足够大，绝对值仍然得以大幅度提高，数据企业针对海量个体所进行的推送仍可以大大提高营销的成功概率。数据是公司深入了解用户的动力，能够提升产品质量、优化客户体验、完善业务流程、预测市场发展的方向。[5]精准推送主要是针对特定个体，决策则主要是宏观的针对不特定个体的另一种"推送"。通过海量数据，数据企业可以进行行业的趋势分析与判断，从而形成更为贴合实际的生产、营销计划。

个人数据由离散的原子结构经量的提升最终实现了质的提升，其价值不

---

[1] 参见王宏志编著：《大数据算法》，机械工业出版社 2015 年版，第 7 页。大数据算法的定义：在给定的资源约束下，以大数据为输入，在给定时间约束内可以计算出给定问题结果的算法。这个定义和传统的算法有一样的地方，首先大数据算法也是一个算法，有输入有输出，而且算法必须是可行的，也必须是机械执行的计算步骤。算法须满足以下条件：有穷性/终止性（有限步内必须停止）、确定性（每一步都是严格定义和确定的动作）、可行性（第一个动作都能够被精确地机械执行）、输入（有一个满足给定约束条件的输入）、输出（满足给定约束条件的结果）。

[2] 参见 Matt Taddy, *Business Data Science*: *Combining Machine Learning and Economics to Optimize, Automate, and Accelerate Business Decisions*, McGraw-Hill, 2019, p.290. 书中观点认为人工智能的限制在于可能预测了一个和过去类似的未来。

[3] 参见桑文锋：《数据驱动：从方法到实践》，电子工业出版社 2018 年版，第 20 页。

[4] 华为公司数据管理部：《华为数据之道》，机械工业出版社 2022 年版，第 299 页。

[5] [美] 参加汤姆·查韦斯等：《数据驱动》，古留歆译，中信出版集团 2021 年版，前言。

再是一加一等于二的关系,而是零加零等于一或无限大的关系。个人数据因此得到前所未有的重视,被数据企业广泛收集,形成了个人数据的网络化、集合化。而其他事物的数据化与个人数据共同构成整体概念上的数据集合,形成社会数据化的形态。过去由于科技的限制,包括市场主体、政府部门等各方主体收集数据的能力有局限性,因此,在制定计划时存在信息不足或信息不对称的问题,但数据世界因数据企业突破了信息不足或信息不对称的不足,蕴含最广泛的潜能。但与此同时,快速增长的数据导致的数据过剩也成了问题,著名未来学家托夫勒(Toffler)早在1970年就曾预言,我们将生产出远超我们处理能力的数据。[1]但相对于数据企业的数据收集能力和处理能力,个人的信息不足或信息不对称问题更为严重,尽管互联网时代可以给予个人海量的数据,但对于缺乏数据技术和数据能力的个人而言并不具有特别的价值,数据企业和个人双方主体的力量并不对等。个人数据对于大数据具有不可或缺性,而个人却对此参与甚微,该种社会化的个人数据集合在创造价值的同时,又由于其易得性和渗透性,容易形成对于个人的侵害。

对于用户浏览信息的自动抓取收集行为以及个性化推荐行为是否侵犯隐私问题,相关判决提供了思考的路径。北京百度网讯科技有限公司与朱烨隐私权纠纷案件民事判决书认为,百度公司的自动抓取收集行为不具有公开性,以及用户通过《使用百度前必读》可以选择是否禁用cookie,因此网络服务商已经尊重了网络用户的选择权,因此不构成侵权。[2]但其问题在于,不同用户对于《使用百度前必读》及cookie技术的理解可能性及深度并不相同,相当于格式合同条款的《使用百度前必读》本不应设定具有权利限制的条款,且其运用于商业目的,最终形成的精准推送是对用户终端选择权的限制,其以前端的格式性选择条款推导出整体不侵权缺乏正当性。而且数据即使没有被明显操纵,也可能会误导用户,"因为数据只关注可测量的事物,不可测量的事物都忽视了",[3]或者随着时间的推移,数据发生了变化,数据需求扩大

---

[1] See Robert Mandel, *Global Data Shock: Strategic Ambiguity, Deception, and Surprise in an Age of Information Overload*, Stanford University Press, 2019, p. 5.

[2] 参见江苏省南京市中级人民法院(2014)宁民终字第5028号民事判决书(北京百度网讯科技有限公司与朱烨隐私权纠纷案)。

[3] [英]洛伦佐·费尔拉蒙蒂:《数据之巅:数据的本质与未来》,张梦溪译,中华工商联合出版社2019年版,第214页。

而企业却停滞不前或进度缓慢,[1]又或者数据企业忽视已拥有的小数据而片面追求大数据的决策帮助。[2]匿名化处理后形成的数据产品往往又结合个人用户数字画像进行更为精准的推送,即数据企业在获取相关数据之后的衍生数据、数据产品又返回可识别化运用,这是数据企业当前精准推送之症结所在——匿名化与逆匿名化并存。[3]

三、大数据时代个人数据的风险

现代化风险具备一种内在固有的全球化趋势。[4]互联网使用的目的和可能性与当初创建它时完全不同,[5]大数据带来了诸多福利,但随着互联网的发展,数据企业在收集、存储、处理、使用数据等环节又可能存在泄露等诸多风险。数据技术依赖于资金、人才、设备等要素的相当投入后才能够实现,因此,个人无法实现数据使用合同的平等协商,传统合同法在大数据时代难以适用。[6]个人数据的收集和使用绝大多数是在用户并不知情的情况下进行的,个人缺乏对数据收集和处理的参与度,个人数据一旦被收集则如同石入大海,个人失去了控制和管理的能力、机会和可能。即使个人作为数据企业的技术人员,掌握了核心数据技术,但其对于大数据而言也只是单个个人,当其作为消费者时尽管可以理解数据技术的运行,但也无法回避提供数据,而一旦提供了数据,则其个人数据也落入大数据范畴,成为数据技术的处理对象。社会中的大部分人利用网络并提供数据已经不可避免,即使明知存在单边化的情况也无能为力,"产销合一"经济是一种拥有极端剥削方式的经

---

[1] 参见[美]汤姆·查韦斯等:《数据驱动》,古留歆译,中信出版集团2021年版,第40页。

[2] See Bernard Marr, *Big Data for Small Business for Dummies*, John Wiley & Sons, Ltd., 2016, p. 215.

[3] 2021年,谷歌表示将停止支持cookie,并使用只依赖匿名化和数据汇总方式的"隐私保护技术"。参见《快讯谷歌宣布放弃浏览记录追踪技术 提高对用户的隐私保护》,载财经网科技,https://baijiahao.baidu.com/s?id=1693372265809635798&wfr=spider&for=pc,最后访问日期:2023年4月25日。

[4] 参见[德]乌尔里希·贝克:《风险社会:新的现代性之路》,张文杰、何博闻译,译林出版社2018年版,第28页。

[5] 参见[美]拜伦·瑞希:《人工智能哲学》,王斐译,文汇出版社2020年版,第271页。

[6] See Patrick Myers, "Protecting Personal Information: Achieving a Balance Between User Privacy and Behavioral Targeting", *University of Michigan Journal of Law Reform*, Vol. 49, No. 3., 2016, pp. 733-734.

济，网络用户的网络消费行为对于网络平台而言也是一种创造剩余价值的劳动。[1]甚至那些不使用网络的人员也成为大数据技术所分析和记录的对象，比如对于不使用网络人群的人物数字画像有助于拟定吸引更多的人上网购物的策略，以拼多多为例，拼多多以团购优惠的方式激发了不少老年群体上网团购的热情和积极性。其中，老年群体成了拼多多的重要用户并提供了大量的个人数据，为平台运营策略的进一步优化提供了支持，而在一开始由于银发鸿沟的存在老年人并非网络用户的主力，老年群体对于网络数据技术及精准推送本身更缺乏基本的辨识能力。

除精准推送之外，还有因个人数据泄露引发的诈骗、冒开银行卡、冒开公司、跟踪等违法犯罪的后果，风险由纯粹的线上环境转为线下侵害的真实风险，[2]个人被数据化后"个人只是数据网络中可量化的一个点或行为对象"。[3]个人数据的侵权显示出层次性，与侵犯隐私权不同。对于隐私信息的泄露本身就已经构成了侵权，还有就是针对名誉权、荣誉权的信息的侮辱、诽谤、诋毁均可能构成侵权，该部分人格权客体可以直接成为侵权对象，而个人数据的侵权则不相同，个人数据的泄露或滥用只是一种潜在的风险，由此可能引发人身、财产多方面的损失。个人数据泄露本身并没有明显的直接损失，最终结果所形成的损失也往往具有间接性、或然性。也因此，个人数据的侵权更具有隐蔽性，即个人对泄露事实本身并不了解，往往是在引起了较大社会影响时才了解到自身的个人数据出现了风险，而损害结果又存在不确定性。数据的泄露与损失的发生之间的时间差及或然性导致个人一般只关注网络使用的便捷性而忽视其安全性。

弗兰克·耐特（Frank Knight）于 1921 年提出，如果不确定某事是否发生，但了解到有可能性，这就是风险。[4]风险不同于灾难，灾难属于不可抗力范畴，而风险可以进行预测。但人类的认识能力和预测能力均有时代的局

---

[1] 参见大数据战略重点实验室：《块数据 5.0——数据社会学的理论与方法》，中信出版集团 2019 年版，第 172 页。

[2] See Julia M. MacAllister, "The Doxing Dilemma: Seeking a Remedy for the Malicious Publication of Personal Information", *Fordham Law Review*, Vol. 85, No. 5., 2017, p. 2481.

[3] See Timandra Harkness, *Big Data: Does Size Matter?* Bloomsbury Publishing PLc, 2016, pp. 265-268.

[4] See John Adams, *Risk*, Routledge, 2001, p. 25. 书中提出，与风险不同，如果连可能性都不知道，则是不确定性。

限性。当前的网络时代具有显著的风险社会特征,个人数据风险具有显著的负外部性。风险社会的风险有以下特征,其一,从根源上讲,风险具有内生性。风险与人类决策和行为相伴而生,是各种工业制度、法律制度、商业制度、科技制度等正常运行的结果。数据风险是科学技术进步的产物,也是经济社会发展的正常结果。面对当代的数据问题,各种计算机高新技术既是解决大数据时代各种风险的途径,但同时也是风险的来源,[1]因此,个人数据风险具有显著的内生性。其二,在影响和后果上,风险具有延展性、外溢性。其空间影响早已不局限于一时一地,数据全球化的事实已经深刻地影响到各国公众的生活,而数据的流动性也决定了个人数据的风险跨出了国界,超越了地理界线和文化边界的限制,具有持续性的影响,甚至影响到下一代。而在深度上,风险可以影响到社会生活、文化、经济结构的运行方式。当代社会的个人数据的泄露早已不是个别的、少量的,而是几何量级的,比如在2017年的10个数据泄露丑闻中,最高的泄露量为30亿笔账号。[2]尽管数据平台的倒闭看似遥不可及,但仍然存在这种可能,一旦平台终止运营,则无数数据的维护也将无以为继,数据风险将难以衡量。[3]该种负外部性所引发的直接灾害数量众多,而相应的间接灾害数量更是难以估算。其负外部性具有强溢出效果,形成社会性的涟漪波动,甚至形成蝴蝶效应。其三,在应对方法上,受制于成本收益的整体衡量,现有的风险计算方法、经济补偿、技术措施等都难以从根本上解决问题。[4]需要通过提高对现代性的反思能力来架构应对风险的新模式。不过显然无法单纯以技术对抗技术,如前所言,个人根本不掌握数据技术和数据能力,而数据企业的生命线即是数据技术,即使以技术对抗技术,其结果也无非是促进技术的螺旋式进步,但大多数个人仍然只能是旁观者,无法参与技术,更谈不上在技术面前的主动权。

数据风险因损害结果的难以测量而难以救济。传统侵权法对于结果的重视适合于物权时代和物质性人格权时代,而对于无体物财产或非物质性人格

---

[1] See John Adams, *Risk*, Routledge, 2001, pp. 208-209.

[2] 参见《触目惊心 亚信安全盘点2017年十大数据泄露事件》,载环球网,https://tech.huanqiu.com/article/9CaKrnK6i9p,最后访问日期:2023年4月25日。

[3] See Sara McCorquodale, *Influence:How social media influencers are shaping our digital future*, Bloomsbury Publishing Plc, 2021, pp. 92-95.

[4] See John Adams, *Risk*, Routledge, 2001, p. 93.

损害则适用乏力。比如，2017年亚马逊云存储系统突然断网近五个小时，各用户的损失就难以衡量。[1]也因此，为了提供更好的救济，各知识产权单行法对于侵权结果的惩罚不仅着眼于损害结果的填平或补偿，如无法查清侵权结果时，还可以采用侵权人之获利或许可费率标准进行裁判。我国《个人信息保护法》第69条第2款规定与知识产权的赔偿规定类似，在个人因此受到的损失和个人信息处理者因此获得的利益难以确定之时，根据实际情况确定赔偿数额。该种救济困境并非只在最近才发生，在《德国民法典》制定之际，面对大工业时代的生产安全风险，侵权模式的认定即已经采用了不同于《法国民法典》的过错、行为、结果三构成要件模式的二要件模式，侵犯了权益即可以构成侵权，而无须产生特定的侵权结果。这表明对于侵权的惩罚或责任追究已经从结果端提前至行为端。其中，损害结果的无形性、分散性是重要原因，比如对知识产权的侵权并没有直接的物化结果，还有对于人格的损害也往往只是存在于公众评价当中。另一个重要原因在于风险社会的行为规制着眼于风险预防，而不局限于个体损害结果的填平。传统以结果为导向的侵权法和刑法已经无力应对风险社会的特征，这种思路也体现在刑事立法和司法上，从结果无价值转向行为无价值的评价方式，例如直接规定个人有权保持个人数据的秘密状态，任何没有授权的接触或获取均是侵权，从而避免了传统侵权法以结果为导向的困境。[2]

第二节 个人数据保护路径评析

个人数据的人格权益和财产权益的定性选择需要与相关的主体进行关联，对于不同的主体而言，个人数据的利益性质并不相同，对于个人则是人格权底色。权利束可视为是对权利分散事实的总结，但无法解释其各种权利组合内在的合理性，权利块理论则从权利束的功能及互换的角度进行解释具有合理性。风险防控和消费者权益保护理论对于各类数据情境缺乏全面的适用性。

---

[1] See Dawn E. Holmes, *Big Data: A very short introduction*, Oxford University Press, 2017, p.37. 尽管亚马逊承认是员工操作失误，但各用户的损失却难以测定，且因果关系的证明存在困难。

[2] See Michael Hopkins, "Your Personal Information Was Stolen: That's an Injury: Article III Standing in the Context of Data Breaches Not Sure, Should Not Be Enough to Put Someone in Jail for Life", *The University of the Pacific Law Review*, Vol.50, No.3., 2019, pp.445-448.

经济学中的产权理论与法学体系存在区隔，个人数据规范模式需要回归到法学的分析路径。

一、人格权和财产权的选择

欧盟和美国对于个人数据的保护采用了不同进路。美国采用的是财产权进路，自莱斯格于1999年提出数据财产化以来，数据的财产化进路得到广泛的支持和普及。在推崇言论自由、网络信息科技产业最为发达的背景下，理论界认为，个人数据受到保护的根本原因在于它是一种财产，即个人对个人信息享有所有权，与其他财产类似，个人有权控制对个人信息的任何使用。[1]莱斯格认为，传统法律架构通过侵权规则来保护个人数据既不能有效，也不利于促进数据流动，并提出个人必须具有针对隐私进行协商的能力，这正是财产概念的意图，那些希望得到财产的人必须在协商成功后才能获取。[2]而责任规则对隐私进行保护则不如财产规则：财产制度要求获得财产之前必须先行达成合意，而责任制度在侧面允许了先强制性获取然后进行赔偿。此类观点直接影响到立法，并对司法和社会实践产生重要影响，不少美国法院将数据类比为"野生动物"，通常不承认收集前的数据属于财产的范畴，但主张最先收集数据的人有权对该数据主张权利。[3]但此等思路存在单边化的不足，即由人格要素直接转变为财产权，存在定价机制不明、交易成本过高等问题。且商品化后，即意味着人格可以被定价，当一样东西可以被物化时，其受保护的程度将比人格权保护受到更多的制约。

由于历史传统等多方面的原因，欧洲各国法律对保护人格尊严与人格自由等基本人权给予了高度重视。在这些国家看来，赋予自然人对个人数据以民事权利旨在保护隐私权等基本人权和自由，如个人对其数据无自主权，则个人之人格自由发展与人格尊严就无从谈起。因此，个人数据保护被认为具有宪法层面的意义，因而相对于经济利益更具有优先性。1953年生效的《欧

---

[1] See Jerry Kang, "Information Privacy in Cyberspace Transactions", *Stanford Law Review*, Vol. 50, No. 4., 1998, pp. 1246-1294.

[2] 参见［美］劳伦斯·莱斯格：《代码2.0：网络空间中的法律》，李旭、沈伟伟译，清华大学出版社2018年版。

[3] See Vera Bergelson, "It's Personal But Is It Mine? Toward Property Rights in Personal Information", *U. C. Davis Law Review*, Vol. 37, No. 2., 2003, pp. 403-414.

洲人权公约》（European Convention on Human Rights，ECHR）第 8 条第 1 款规定每个人的私人和家庭生活以及通信隐私的权利与自由必须受到尊重。1995年 10 月 24 日欧洲议会和欧盟理事会在向各成员国作出的《个人数据保护指令（第 95/46/EC 号）》开篇就对隐私权和个人的基本权利和自由予以了强调，[1]2000 年制定的《欧盟基本权利宪章》（Charter of Fundamental Rights of the European Union，CFREU）第 7 条和第 8 条规定私生活与家庭生活受尊重以及个人数据受保护的权利。2002 年 7 月 12 日欧洲议会和欧盟理事会通过了《关于电子通信领域个人数据处理和隐私保护的指令第 2002/58/EC 号》（《隐私和电子通信指令》），该指令的宗旨也在于"尊重和遵守《欧盟基本权利宪章》确认的基本权利和原则，尤其是旨在充分保证对《宪章》第 7 条和第 8 条规定的权利的尊重。"2009 年生效的《欧洲联盟运作方式条约》（Treaty on the Functioning of the European Union，TFEU）第 16 条规定对个人数据权利应加以保护。成员国中，德国的做法具有代表性，根据德国《基本法》（GG）第 1 条第 1 款和第 2 条第 1 款以及有关人格尊严和人格自由的条款，德国法上自然人对个人数据的"信息自决权"被认为是"一般人格权"的具体化，从而具有宪法上的基本权利的地位。最近的《通用数据保护条例》（GDPR）则遵循了人格权的进路，明显提高了个人对个人数据的自决权，其表现为增加个人数据权的权能，使人格权的可操作性和主动性更强。从隐私权到数据权，欧盟不断加大对个人数据的保护力度，相关规定为自然人的权利提供防御性保护，并在因个人数据被违法收集、使用而导致个人民事权益受到侵害时提供救济，目标在于实现自然人的合法权益保护与数据活动的合理自由之间的平衡。

尽管一直以来欧盟和美国在个人数据问题上存在人格权和财产权的不同进路，但从美国长期以来的泛隐私化做法可知，其同样具有人格权的坚持，并非如一般观点所言二者为人格权和财产权的显著分野。纯粹的财产权进路显然无法解决人格问题，无价之人格被定价后，相当于降格保护，这事实上对人格权的保护不利。莱斯格所提出的数据财产化的观点更多的是为了解决长期以来受限于人格权的被动性而导致数据主体无法自主处理的问题，可以

---

[1]《个人数据保护指令（第 95/46/EC 号）》第 2 条和第 3 条指出，"鉴于数据处理制度是服务于人类的，无论自然人的国籍和住所，必须尊重他们的基本权利和自由，特别是隐私权"，"不仅要求个人数据能在成员国之间自由流动，而且应当保护个人的基本权利"。

认为是对互联网时代的积极回应。而个人数据的侵权具有隐蔽性、或然性、延时性、浮动性等特征，传统的侵权法对个人数据进行保护已经不适应数据时代的特征。因此，莱斯格的数据财产权提议有助于个人参照合同法的要约、承诺、协商提高主动性，增加个人受保护的可能。欧盟的做法则直接在人格权的基础上增加其权能以提升其积极性和能动性，可谓是在权利体系内部进行的升级改造，这就相当于霍菲尔德权利理论中的特权或自由层面的权利向处分或权力的权利的延伸和挖掘。当然，这更应该被认为只是对既有权能的发现和展示，而不是权利创新。即对于人格的自决本应属于自然权利之组成部分，而不能认定为是创造性的新设内容，只是在具体权能的设计上会存在拟定的痕迹，因为，立法者的认识未必能够与自然权利之内容一一对应。当前美国的部分州又借鉴欧盟的思路，希望能够回到人格权的范畴中来保护个人数据，其中以加州、纽约州、密西西比州为代表。[1] 2020年11月加州通过了《加州隐私权法》（California Privacy Rights Act，CPRA）提案，对《加州消费者隐私法》（the California Consumer Privacy Act，CCPA）进行了修正并增强了对隐私的保护，成为美国最接近《通用数据保护条例》（GDPR）的个人数据保护立法，此外还有部分州借鉴了这样的立法思路，但目前尚未通过。[2] 这也可以视为是人格权和财产权进路的趋同和融合，个人数据保护最终需要回归到人格权范畴，财产权进路只是增强个人自主权的辅助。

二、权利束和权利块理论

鉴于数据承载着不同主体的多种权利，有观点提出，应当借用"权利束"的概念，通过有效"束点"以确定权利束及其"权利边界"，以数据权利束的价值内涵和权利价值观作为指导，形成数据权利束内在权利位阶，从而形成一种数据权利束确权、归集与保护之范式。"权利束"的主体多元，包括个

---

〔1〕 See Daniel J. Marcus, "The Data Breach Dilemma: Proactive Solutions for Protecting Consumers' Personal Information", *Duke Law Journal*, Vol. 68, No. 3., 2018, p. 578.

〔2〕 See Kakhaber Goshadze, "The Data Protection Officer (DPO) - Ensuring Greater Data Protection Compliance", *Law and World*, Vol. 14, 2020, pp. 45-46. 比如佐治亚州参照《个人数据保护指令（第95/46/EC号）》制定了个人数据保护法，并与欧盟签订过《欧盟-佐治亚联盟协定》（the EU-Georgia Association Agreement），但随着《通用数据条例》（GDPR）的实施，又需要对原个人数据保护法进行修订，虽已提上了日程并形成草案，但目前暂未通过。

人、集体、国家，还有少数不明确主体；种类多样，即财产固有的权能，包括使用、交易、赠与等，还有拒绝使用这些权能的自由。权利束的束点是基础，所谓"束点"就是将某类权利集合在一起，即这组权利的共同性，比如"财产权利束"则是以财产权性质为共性的集合体。在现实当中，权利束的组成往往具有层次性和复杂性，这在事实层面决定了不同权利主体可能享有不同的权利内容。又或者不同主体分享同一权利束，即分享同一性质的权利。因此，尽管权利束可以对权利内部进行归类整理，但却只是分析层面的价值，比如数据具有人格权利束、财产权利束，但却无法区分各主体应该享有哪部分权利。而且该种理论无法解释权利束的变动，比如由于社会利益、公共利益对相应的权利形成制约，此时的权利束则与最初的权利束不同。而此时的新权利束一般应符合特定的条件才能够产生，比如有体物之征收、征用需要符合特定的条件且符合比例性原则，数据的共享也需要满足一定的条件。施瓦茨则使用了"利益束"（A Bundle of Interests）的表述。[1]

在权利束理论之外，近20年来，美国"新私法运动"蓬勃兴起，在扬弃权利束理论的基础上，开辟了"作为模块的权利"（Right as Modularity）的新思路，可称为"权利块"理论。所谓"模块"，是指"半自律性的子系统，通过和其他同样的子系统按照一定的规则相互联系而构成的更加复杂的系统或过程"。[2]模块化理论借鉴了系统论的思路，将系统分解为系统功能相对独立的模块，再自发或自觉地建构起模块之间的联系和整合。鲍德温（Baldwin）和克拉克（Clark）使用"整体设计规则"和"个别设计规则"来描述上述整合过程，[3]前者是各模块之上层面必须遵循的整体性结构安排，而后者则是根据每个模块的特性进行独特设计的法则。"整体设计规则"可细分为如下三种：一是架构规则，即关系到系统各部分是什么模块，及其具有什么功能的规则；二是界面规则，即不同模块之间如何匹配、衔接和互动的规则；三是标准规则，即系统中各模块的设计与运行是否符合系统一体化要求的规则。

---

[1] See Paul M. Schwartz, "Property, Privacy, and Personal Data", *Harvard Law Review*, Vol. 117, No. 7., 2004, p. 2060.

[2] [日]青木昌彦、安藤晴彦编著：《模块时代：新产业结构的本质》，周国荣译，上海远东出版社2003年版，第5-35页。

[3] 参见[美]卡丽斯·鲍德温、金·克拉克：《设计规则》，张传良等译，中信出版社2006年版。

而"个别设计规则"则是在"整体设计规则"的指导下因具体情况形成的各模块的实际规则。对于数据领域而言,架构规则涉及公共数据权利模块和私人数据权利模块,而界面规则一般描述为私人数据的公共化或公共数据的私有化,标准规则则是这种转化应遵循的原理,比如比例原则。从另一个角度即可以理解为是对于权利主体所享有权利的限制理由,限制的含义类似于私人利益胜过公共利益——公共领域私有化或者相反。权利块理论和权利束理论具有的相同之处在于,束点所形成的权利束与权利块都是权利的组合形态,但二者又有区别,权利束理论的束点注重权利的共同性,比如财产性、人身性,从而形成集合,但权利块理论更关注权利的功能,比如公共利益属性、个人利益属性,因此,权利束和权利块之间存在交叉。

权利束和权利块理论从形式上展示了就某一客体之上存在不同主体的不同权利,因此具有相当的适用性。在有体物之上也可能存在不同主体的不同权利,比如租赁合同关系中的所有权和使用权分离,担保合同对于有体物可以创新设定抵押权。其次,权利块理论展示了不同权利之间的对立存在。即针对于同一客体的不同权利具有相应的优先等级,因此形成了内部的层级性。比如租赁合同中所有权在权属意义上优先于使用权,但在实践意义上使用权又优先于所有权,甚至在长期实践当中产生了买卖不破租赁的交易习惯。而在抵押关系中,在债务人不清偿债务的情况下,抵押权人可以就相关物品的拍卖、变卖所得优先受偿。权利束理论主要是强调权利的并存,比如人格权与财产权并存,但并不解决相互之间的限制问题。权利块理论则对权利束理论进行了升级,增加了对权利块内容相互转化的可能和原因,在一定程度上克服了权利束理论事实性描述的不足,加入了规范化的权利运行规则。不足在于权利束理论和权利块理论均没有对权利客体进行层次化细分,因此,也无法形成权利的层次性,比如个人对数据集合中的个人数据有权利,但对数据集合缺乏权利,数据企业对数据集合享有权利,但对单个的个人数据难言排他权利,数据企业对数据集合的权利限制并不来源于个人对数据集合的权利,而来源于个人对个人数据层面的权利。在无体物被广泛认可的时代,该种结构和权利的层次性具有普遍性。

三、风险防控和消费者权益保护路径

从风险规制的角度来看,在网络时代特别是大数据时代,数据风险已经

成为一个复杂的系统性问题。数据科学家所测量的指标也许并非我们真正所关心的内容,[1]数据的微小偏差都可能导致重大事故,[2]数据的运行链条如此之长以至于个人根本无法进行跟踪、监控与把握,个人很难对风险作出即时的合理判断,无论是数据的人格权保护还是财产权保护,都无力预防或规制风险。如需对数据收集、处理与流通中存在的风险进行必要的规制,就必须全面地对其中的风险进行评估、防范和救济。数据收集、处理与流通各个环节所能产生的风险范围及程度均有所区别,因此需要区别对待。数据处理过程中的风险存在概率与后果的不同结合,包括概率高、中、低与后果严重、中等、一般的组合,其中概率高、后果严重的风险需要重点防控,此时对于数据处理者的强制性义务重在降低概率控制后果,而对于概率低、后果一般的风险可以选择侵权法等后果导向的治理模式,对于中等的风险则需要根据治理环境、企业承受能力、防范成本、防范效益等因素进行综合考虑。由于风险防控之下的行为规制具有事前预防的效果,但同时也形成了对权利人权利的限制或至少是成本的增加,因此,需要进行更为充分的论证。当前,个人数据的大规模泄露及因此而来的广泛的诈骗、骚扰短信、电话等事件,可见风险之易发与多发且后果严重,有必要加强数据处理者之安全保密义务。

个人数据保护的重要背景是现代信息社会中个体与数据企业等大型社会机构之间能力上的巨大悬殊,这与私法所强调的主体地位平等、意思自治等理念不符。风险防控的具体路径上,有观点提出借鉴消费者法或直接将个人数据保护归入消费者法,[3]因为无论是开放性的人格权还是以同意为核心的财产权,都难以为数据收集与处理提供较为合理的边界。而消费者预期的进路可以综合考虑具体的生活场景,在具体生活场景与社会关系中明确个人数据保护的边界,从而更好地维持信息保护与信息流通之间的平衡。消费者法的基本思路为增加生产主体、销售主体、流通主体的责任,以提升消费者的

---

[1] See Seth Stephens-Davidowitz, *Everybody Lies: What the Internet Can Tell Us About Who We Really Are*, Bloomsbury Publishing Plc, 2017, p. 254. 测量的内容往往是可量化的,而需要得出的结论却往往本来是难以量化的,因此,在指标和结论之间存在缺乏对应性的问题。

[2] See Jules J. Berman, *Principles of Big Data: Preparing, Sharing, and Analyzing Complex Information*, Morgan Kaufmann, 2013, pp. 168-169.

[3] 参见丁晓东:《什么是数据权利?——从欧洲〈一般数据保护条例〉看数据隐私的保护》,载《华东政法大学学报》2018年第4期。

稳定预期并降低各环节主体的不合法预期。转化到合同法上，则是落实生产者、销售者、流通者之附随义务，包括保密、安全等义务。不过，消费者权益保护的路径存在一定问题：其一，个人在数据收集、处理、使用过程中并不总是消费者，消费者情境无法涵盖数据的全部可能性场景，情境化理论的运用不完全适用。虽然收集过程中存在以个人数据换取服务的事实，但在数据处理、使用过程中便不再是消费者，而如果以个人数据换取服务即失去了对于个人数据的掌控的话，事实上并不利于保护个人。其二，质量保证义务与安全保密义务不同。消费者权益保护思路并没有回答为什么使用网络服务就一定要提供个人数据，因为大多数网络服务并不以个人数据为条件。而如果其提供的个人数据为提供产品或服务之必须，则个人数据是消费合同之前提，并非消费者权益保护中对于产品或服务质量的担保对象。此时的个人数据更应该是产品或服务提供者应该履行的保密义务之对象，与质量保证义务并不相同。其三，消费者权益保护的思路将限制数据治理的层次。个人数据保护和数据治理并不局限于消费层面，[1]还涉及更高层面的经济发展、国家安全、信息社会等方面的内容。因此，消费者权益保护路径可以作为一种有益参考和可能选择，但个人数据保护不能全部依靠消费者法。此外，消费者法中，消费者必须有事实的损失，或者该种损失虽未发生但具有紧迫性，而个人数据主体对此也难以举证。[2]

  风险防控理论体现了在私法救济和公法规制相结合的策略上对公法规制的重视，可以称为行为规制的路径。该理论具有以保障实体公正为目标的程

---

[1] 参见刘运席主编：《大数据治理与服务》，中国工信出版集团、电子工业出版社2021年版，第12页。狭义上讲，大数据治理是指对数据质量的管理，专注于数据本身。广义上讲，大数据治理是对数据的全生命周期进行管理，包含数据采集、清洗、转换等传统数据集成和存储环节的工作，同时还包含数据资产目录、数据标准、数据质量、数据安全、数据开发、数据价值、数据服务与应用等环节。在整个数据生命周期开展的业务、技术和管理活动都属于数据治理范畴。

[2] See Daniel J. Marcus, "The Data Breach Dilemma: Proactive Solutions for Protecting Consumers' Personal Information", *Duke Law Journal*, Vol. 68, No. 3., 2018, pp. 566-569. 由此产生了关于损失的数种理论：风险增加说，即个人数据的泄露将增加身份盗窃的风险，但法院在没有现实损失的情况下对于风险增加的调查并没有积极性；价值贬值说，即数据侵权导致个人数据贬值的损失，但现实的损失难以证明，除非原告有能力出售其个人信息，且被告确实销售了该个人信息；超额支付说，即消费者的支付款项已经预留了信息安全措施的费用，如果企业的信息安全措施不力或存在疏忽，则相当于消费者超额进行了支付，但该说很快被否定。

序正义导向，在单一个体难以对数据企业进行监督和对抗时，政府将通过限制优势者的"权力"从而重新平衡二者的能力和责任，以保护弱势者的"权利"。风险防范措施则有助于克服数据企业市场利益最大化导向所带来的弊端，事实上规范着市场自由的边界。但风险防控模式存在对个人权利功能的忽视倾向，缺乏对于个体权利包括被规制主体权利的正确定位，即风险防控理论并不能为权利内部的合理结构和外在边界提供指导，其更多在于为防范严重后果而采取的预防性做法，具有被动性、实用性，仍需要与个人权利体系的完善结合起来，对于个人数据权能的完善就是重要的举措。无论是美国的财产权模式定位，还是近来欧盟人格权权能的扩张，均体现了增强个人对抗数据收集者、处理者、使用者的能力的诉求，这些内容对于数据企业具有一定的约束力，倒逼数据企业做好个人数据保护。

四、经济学产权理论的借鉴

产权理论经历了由绝对产权观向相对产权观的转变过程，前一阶段理论更关注权属层面，更为关注权利的正当性，后一阶段理论更关注权能分配层面，形成了效率导向。[1] 在相关英文文献中，数据产权的批判论者更多的是围绕数据所有权（Data Ownership）展开分析，认为从数据为无体物的角度看，数据无法承载像物权一样完整的所有权，而只能是部分的非完整性权利。而肯定论者则围绕数据财产权/产权（Data Property）进行分析，认为各方主体均对数据享有差异化的财产性利益，因此财产权益的思路具有可行性。两者的分歧也体现了数据权属与权能之立场差异，但比较起来，批判论者与肯定论者的结论基本一致，批判论者从反面说明了数据权利结构与物权体系不符，而应该选择更为多元的权利结构，肯定论者则从正面挖掘了产权理论与数据权益事实状态的契合度，二者的角度不同但结论大致相同。施瓦茨在2004年提出了用以平衡所有权和使用权的个人数据产权化模型，以更好地保护个人数据，但施瓦茨也注意到个人数据的财产化对于个人的控制将产生不利影响。[2] 在国内，数据产权的提出可以追溯到2010年召开的"数据产权若

---

[1] 参见苏志强：《产权理论发展史》，经济科学出版社2013年版，第449-450页。
[2] See Paul M. Schwartz, "Property, Privacy, and Personal Data", *Harvard Law Review*, Vol. 117, No. 7., 2004, pp. 2056-2128.

干法律问题研究"研讨会，以及之后的 2015 年的"知识产权、信息产权与数据产权之辩"学术沙龙。因此，有观点认为，从数据权、数据权利到数据产权，数据确权正经历权利范式、权利—权力范式和私权—经济范式的嬗变，其中的私权—经济范式遵循实质主义进路，能够兼顾数据安全所需要的正义和数字经济所需要的效率，还能统合数据确权的人格权路径和财产权路径。数据产权的主体是数据生成者，它分为两类：数据产生者（用户）和数据生产者（企业），用户是由人类干预产生数据的所有权主体，企业则是由机器生产数据的所有权主体。

从数据产权的用词可知，其具有深刻的经济学内涵，因此，属于经济学概念和理论导入法学的套用。经济理论模型的借鉴具有启发性，即可以从不同的角度对数据权利结构进行理解，但存在几方面的问题：其一，经济学以效率为导向，即追求在既有基础上的发展效率和经济总量的双重提升，而法律则主要针对分配正义的实现，前者着眼于总量提升，而后者着眼于分配的公正性。从社会发展之目标包含的福利总量增长与福利分配公正两部分内容可知，二者其实属于不同层面的价值取向，以总量之增长路径来套用分配公正之促进并不匹配。数据产权的提法采用了功利主义的进路，采取了对各方均有利的方案来提升各方主体的积极性从而实现效用的最大化，但未必能够推导出公正的分配结果。当前数据产业大发展之下的数字鸿沟、银发鸿沟、数据监控、算法歧视等问题均反映出数据产业的发展对于福利的公正分配未必有促进作用，反而可能加剧不平等格局，因此，需要从分配正义的角度进一步思考数据权利的分配问题。其二，数据产权的提法存在直接从事实推导出价值，又从价值回到事实的循环论证的不足。亚当·斯密（Adam Smith）当年提出的产权清晰为交易之前提，需要从权利结构的公平分配角度进行理解，即交易之前提是产权之公正分配，清晰的意思不仅是清楚，而且应当有公正之义，否则又会演变为强者的真理，垄断与强制既可以成为产权清晰的理由又可以是产权清晰的结果。经济学的思路具有实用主义的倾向，对现实有一定的解释力，能较好地解释现状的成因，但无法解决权利应然的选择——数据的权属和权能究竟该如何分配的问题。还有，数据产权无法解释如何改进的问题。数据产权的配置因时势发生变化是客观演化的结果，均具有经济激励的合理性，对于获利最大的主体而言，一定是有积极性的，也一般能够促进数据行业的发展，如果以获利者为标准，则往往要等到垄断或不正当竞争行为横行之时才会有调整的问题，但数据行业之规范显然不能等到垄断或不正当竞争之时才进行规制，而需要在权利结构的基础和数据运行过程中均进行必要的规范。

经济学原理中，成本是重要考虑，投入与产出比是决定总量增长的关键，但成本的考虑并非内在正当性的来源，而是现实存在合理性的理由。如果以外部的正当性来掩盖内部的正当性，甚至推倒内部的正当性，则是本末倒置。当前的类似观点均在为技术的发展辩护，即技术之发展总是需要付出相应的代价，因此对于隐私等人格权的减损保护也被认为是技术发展的必然。问题在于不能因为技术之发展容易对人格权形成侵害即认为侵害本身是技术发展的应有之义从而具有正当性，相反，分配正义的思考有时与经济学的效率理论相悖，对于人格权的保护可能会对技术之发展形成一定的制约，但却是人的全面自由发展最终目标之必需，否则将异化为人为技术服务而不是技术为人服务，技术的发展将偏离正确的方向。而且，也不能假设在技术发展到一定程度后，在实现了福利总量的极大提升之时，再考虑福利之公平分配的问题，原因在于技术发展不受约束最终将发展为技术垄断，那时已经失去了公正分配之实践习惯，要想再回头梳理权利义务之合理结构将受制于既成的利益格局，可能性和可行性均存疑。而在技术发展过程中群体和个人受到的侵害将成为既定的成本而无补偿的可能，这对于弱势群体非常不公平。因此，产权理论尽管有效率的优势，但更需要维系基本的公正。

第三节　个人数据之三大领域及制度衡平

各方数据权利的形成不应只是事实总结的结果，还应是内在正当性的需求。个人数据权利之形成及其边界的确定系个人之私人领域与他人之私人领域、公共领域之对价生成的结果，社会物质财富相对稀缺是个人领域与公共领域对立的根源，[1]合理的边界有助于各方主体积极性和数据整体福利的提升，国家则在更高层面随着形势的变化对对价内容、权利边界进行动态调整。

---

[1] 参见童之伟：《法权说之应用》，中国社会科学出版社2022年版，第195页。

一、私人领域

个人数据于个人具有人格利益和财产利益，应该受到保护。个人数据权利一直以一般人格权之消极面貌出现，缺乏主动性，而《通用数据保护条例》（GDPR）集之前的规范性文件之大成，规定了诸多主动性权能，从而有助于发挥个人对数据的主动性、积极性，自决权已经成为个人数据权利维护的重要武器。知情同意权所要解决的是个人对于数据企业收集、使用目的不了解的问题，但在现实当中，个体仍然难以对数据运行真正知情，随着算法的日益复杂化，即使算法全面公开也无法解决一般个人的专业缺乏问题。因此，对于算法的公开更应该采用规范性公开的方式，而不应该是技术性内容之公开，如此才能实现一般主体之知情同意等民事权利。[1]同意权相对应的为拒绝权，个体可以同意也可以拒绝，该种权利事实上已经隐藏在知情同意权内部。访问权和限制处理权具有技术上的门槛，即对于数据企业之数据处理、使用过程，个人并无相应的简便易行之技术进行监督，比如望远镜和显微镜解决了物品太远或者太过微小的问题，而且即使有此类技术，由于个人数据被收集、处理、使用的广泛性、长期性，个人也没有精力和时间进行跟踪。尽管如此，该种权利仍给了个人一项非常重要的监督权。更正权是为保持数据完整性、准确性的重要权利，其意义在于个人人格要素之完整性的维护。但该种权利以个体之选择为限，个体可以选择放任个人数据之瑕疵状态，除非该种瑕疵状态影响到其他主体之利益。可携带权的思路沿袭了物权之支配性思路，反映了个人对于其个人数据之处分权。删除权相当于事后的不同意，该种删除正说明个人数据权利并非基于合同的许诺和交换，而是体现了个人数据权利之人格权的基础属性。

个人数据权利也存在合理限制。个人数据权利受到知情权、信息自由的约束，信息自由是指个体依法可以自由地获取并处理信息的权利，是重要的宪法权利和精神权利。[2]联合国于1946年通过第59（1）号决议，其中明确宣示"查情报自由原为基本人权之一，且属联合国所致力维护之一切自由之

---

[1] See Solon Barocas, Andrew D. Selbst, "Big Data's Disparate Impact", *California Law Review*, Vol. 104, No. 3., 2016, p. 676.

[2] 信息自由主要包括知情权、采集权、传播权、个人信息保护权与隐私权。

关键"。其中，最重要的基础和前提就是知情权。如果没有"知情权"的实现，个人就不能按照自己可能选择的方式获取希望得到的信息，也就谈不上"采集权"，更毋庸说传播权。从社会共生的角度，个人为社会性主体，其存在由人与人的关系来界定。个体相互知情为社会交往之必要，以此建立起个体之间的信息对称以及可能的相互信任，在这种情况下社会的交往才具有可能性和可持续性。比如合同之签订需要相互之间基本信息的互通，事实上即是对个人数据的合理使用，可以形成对个人数据的限制。当前，国家企业信用信息公示系统、天眼查之类的网站对于商事主体及经营管理人员的信息公开，以及中国裁判文书网对个体涉诉案件法律文书的公开，失信被执行人名单公开，均可以提示个人的交易、交往对象之信用状况，这是社会主体之间交往的需要。当然该种信息公开的范围具有变动性，随着管理型社会向服务型社会转型以及权力本位向权利本位的转变，"不可知则威不可测"的观念逐步被公开、公平、公正的理念所取代，各国总体的趋势是公开的内容更多、范围更广。此类公开制度具有常规性和相当的公信力，对于大众而言也是一种提示，如果个体希望实施相关的活动，则可以预计到会有相应的信息公开，这对于个体的数据管理又具有了规范和指引功能。

  数据企业之财产性权利也可能与个人数据权利形成相互限制。此处之限制并非财产性权利对于人格权之超越，而是个人因数据企业之数据运营获得服务和福利，该种福利体现为购物、出行、学习、社交等方面的便利，而数据企业创造该种服务或福利需要投入大量的成本，如果没有财产性的激励，则数据企业将没有积极性进行研究开发和改进完善，其结果是个人也无法继续享受到数据产业所带来的好处。对于数据企业而言，个人数据集合具有基础性价值，如果个人均不提供素材支持，则数据集合无法形成，数据产业也将失去基础，自然也就无法得到发展。所以，个人在享受好处的同时也必然需要付出相应的对价，即每个人对于大数据均作出贡献也都享受红利，这也是为什么有观点从交易的角度认为个人数据为享受免费服务的对价。但由于个人数据权利之人格权基本属性，数据企业收集个人数据应以必要为限，否则便有滥用数据收集权利之嫌。数据企业之财产权利的保护应避免只以效率为导向，还需要遵循公平、公正原则，我国《个人信息保护法》相应规定数据收集的最小化原则正是希望将数据处理对个人之影响降到最低。互联网技术的发展让终端用户的成本"从昂贵降为免费"的观点忽视了个人提供的个人数据的重要性,[1]而且目前存在的数字鸿沟表明有些个人并没有享受到大数据技术发展的红利,过度收集个人数据的问题也表明隐性的侵权大量存在,这两种现象均是企业数据财产权与个人数据权利分配不当的结果,需要在未来进行重点改善。

二、公共领域

对个人利益进行限制的必须是制度化的具有普遍性的正当利益,[2]而且该种正当利益应当具有明确性而避免模糊化。[3]大数据承载着广泛的公共利益,涉及经济发展、科技进步、信息社会等方方面面,这些公共利益可能形成对个人利益的限制。大数据首先承载着科技进步的功能。科技是第一生产力,大数据的产生是互联网技术、算法技术、硬件生产技术等共同进步的产物,而大数据生产所面临的问题又将反馈给数据技术进行改进,从而形成大数据和数据技术相互促进的结果。当前的国际竞争以科技和经济为引领,当各国都在发展数据技术和数据产业之时,任何一国对于数据产业的懈怠都将形成落后局面。数据科技进步和数字经济发展关系到一国之内各方主体的利益,而且涉及国家层面的利益。美国司法实践越来越重视网络整体事业发展的重要性,考虑到网络营运商的合理需求,对隐私权保护模式尽可能地予以软化或变通处理,并在必要时引入宪法,以平衡数据企业与用户之间的利益关系,来支持网络运营商"法无禁止即自由"的行为空间。

我国《刑法》对公民个人信息罪的规定也说明个人信息涉及更广泛的社会公共利益。《刑法修正案(七)》设立了侵犯公民个人信息罪,其客体明确为个人信息,[4]而我国《刑法》至今仍然没有规定"隐私"的内容,侵犯

---

〔1〕 See Q. Ethan McCallum, "Bad Data Handbook: Cleaning Up The Data So You Can Get Back To Work", O'Reilly Media, Inc., 2012, pp.214-215.

〔2〕 参见彭诚信:《现代权利理论研究——基于"意志理论"与"利益理论"的评析》,法律出版社2017年版,第287-295页。

〔3〕 参见[美]哈罗德·德姆塞茨:《所有权、控制与企业——论经济活动的组织》,段毅才等译,经济科学出版社1999年版,第103-104页。

〔4〕 此外,诸如窃取、收买、非法提供信用卡信息罪,非法获取计算机信息系统数据、非法控制计算机信息系统罪,拒不履行信息网络安全管理义务罪,泄露不应公开的案件信息罪,披露、报道不应公开的案件信息罪等,也都是指向信息系统或者(个人)信息,并不局限于隐私。

隐私在我国并不单独构成犯罪,[1]而是由《中华人民共和国治安管理处罚法》(以下简称《治安管理处罚法》)规定对于"偷窥、偷拍、窃听、散布他人隐私的",可以进行治安管理处罚。由此形成刑罚制裁侵犯公民个人信息行为,治安管理处罚措施制裁侵犯隐私行为的平行适用体系,体现了梯度保护的立法精神,对个人信息明显给予更高程度的保护。从我国长期将隐私权作为名誉权加以保护的司法实践,以及从刑法修正案近几年来几次将侵犯个人信息相关行为纳入刑罚制裁可以推断,大量侵犯个人信息的犯罪行为存在造成大面积侵权的风险,涉及公共安全与公共秩序,民事法律救济不足,必须通过刑罚加以制裁。其原因为个人隐私与名誉权、荣誉权之类似之处在于主要涉及单个个人的精神性人格利益,具有更为单一的私人属性,而这又与身体和健康所关系到的物质性人格利益不同,物质性人格利益具有基础性地位,因此,故意伤害造成轻伤即可构成刑事犯罪。

大数据有助于社会治理的进步。一方面,大数据助推信息社会的建设。只有数据足够多和足够准确时才能为信息社会的建设和完善提供强大的支持。之前从传统社会向信息社会过渡之初以技术为导向,即缺乏信息互通的技术。但当前已经从技术缺乏转变为数据缺乏,在技术基础之上,大数据成了信息社会功能发挥的关键所在。比如,智慧城市系统的精细化管理、缓解交通、改善城市环境等功能,都离不开数据的支持。[2]另一方面,大数据有助于公共管理。公共管理需要精准定位、精准施策、精准服务,国家进行公共管理需要收集足够多且精确的数据。当前的刑事案件侦查、民事案件调查均可以运用大数据技术得以良好完成。但同时也要看到,大数据所运用的人工智能和算法技术的自动化对于公平的维持又存在风险,比如交通违法的自动化处罚存在的决策单向化和相对人无法参与问题,刑事案件的技术侦查对于个人隐私的侵扰问题。我国《个人信息保护法》第13条还规定了个人信息的合理使用情形,这些合理使用的情况主要是与公共管理、公共卫生、公共利益密切相关,可以形成对于个人信息的限制。

---

[1] 如果犯罪行为牵连侵犯公民隐私的,可适用其他相应的罪名,如侮辱罪、诽谤罪、侵害英雄烈士名誉、荣誉罪等。

[2] See Timandra Harkness, *Big Data: Does Size Matter?*, Bloomsbury Publishing PLc, 2016, pp. 174-177. 智慧城市(Smart City)最初运用于节约能源。

数据主体规范模式研究

综上，个人数据权利所面临的第二重对价即在于个人利益和公共利益的对价。私人领域当中，从个体的角色互换角度即可以理解不同主体权利的相互限制，相当于个体自身享有的不同权利之间的协调。而公共领域与私人领域之对价关系的角色互换则相对隐蔽，即该种公共利益表面上并不是具体个体的利益，而是全体个体之利益，但实质上仍然是以无数个体为基础的利益。个人数据所组成的数据资源成为社会发展、安全之基本要素，而个人也均可能受到社会公共利益之普惠，比如互联网科技所带来的便利，公共场所之监控所带来的对于安全事件的调查速度。当前的问题主要在于公共利益对于个人数据权利边界进行限制的合适程度问题，即以公共利益之名在多大程度和范围上可以对个人数据权利特别是其所代表的人格利益进行限制，如果太多地限制，则个人数据权利将面临解构的风险。[1]还有，尽管以公共利益之名对个人数据进行限制，但存在着个体与个体、群体与群体之间对于公共福利的享受程度的区别，社会的不均衡发展需要得到综合改进。

三、共有领域

数据秩序无法自我完成，"国家及其机构必须介入，再造公正。"[2]私人领域之间、私人领域与公共领域的平衡不可能自动实现，需要国家权力作为后盾进行构建，"对价与衡平、实现多赢的至善目标是现代国家的法定职责"，[3]且只有在公共权力所有者权能与使用者权能分离时更为公正。[4]国家维持数据权利制度的均衡，并保持数据资源的持续供给以形成各数据主体权利的稳定和促进数据产业的可持续发展，在保证分配基本公正的同时增加数据社会总福利，这是个体为代表的私人领域和社会公众代表的公共领域之共同指向的共有领域，对于各方利益的实现均具有重大意义。其一，国家需要清晰识别并界定数据所代表的私人领域和公共领域。纯粹的个人数据属于更为单纯的

---

[1] See Lawrence O. Gostin et al., "The Nationalization of Health Information Privacy Protections", *Connecticut Insurance Law Journal*, Vol. 8, No. 2., 2002, p. 294.

[2] [德] 尤夫娜·霍夫施泰特：《大数据之眼：无所不知的数字幽灵》，陈巍译，浙江文艺出版社2018年版，第236页。

[3] 徐瑄：《知识产权的正当性——论知识产权法中的对价与衡平》，载《中国社会科学》2003年第4期。

[4] 参见童之伟：《法权说之应用》，中国社会科学出版社2022年版，第212-213页。

私人领域，而公共领域的问题更多的是因为个人数据集合发挥功能时可能产生的普遍性效应。因此，在个人数据集合的内部存在个人数据与数据集合两个部分，个人数据是数据集合的基础，但个人数据并不能自动生成数据集合，需要数据收集者进行投入才能完成，因此，个人对于其数据的私人领域利益可以对数据集合层面的权利形成限制。但数据集合所负担的公共利益又将对个人数据权利形成合理的限制。其二，尽管个人数据集合涉及公共利益，但仍需要以人为本，对人格尊严的尊重是基础。不同的公共利益可能的限制范围和限制程度不同，在不同情境下需要科学分类、区分对待，从而形成权利的最佳边界。

私人领域和公共领域的对价具有动态性，国家需要对数据形势的动态化进行准确适时的回应。数据权利的发生、发展过程中，数据由不明显的利益客体成长为重要的权利客体，并由人格领域发展至财产领域、安全领域等，其重要性、辐射范围处于变化当中，均具有特定的产生背景和合理性，但同时又因各方主体力量悬殊可能形成不公。由于数据集合生产要素价值的显性特征，国家机关更容易关注到其经济价值，但由于个人数据的价值及其受到侵害的隐性的不明显特征，个人数据权利往往被边缘化，这也是过去的很长一段时间里个人数据被大量泄露并造成各种侵权的原因。数据的对价机制随着科技和社会的发展而不断发生变化，而法律是"分配权利与义务、并据以解决纷争、创造合作关系的活生生的程序"，[1]如果国家的立法、司法、执法仍固守原有的法律规定则无法发挥公平规范数据秩序的功能。因此，国家需要营造易于从善难于为恶的良好环境，进一步明确公共利益对于私人领域限制的合理边界，在该种动态化过程中国家的立法、司法、执法机制需要随时进行调节以适应时代的变化。

目标方面，共有领域的根本目标在于大数据福利的最大化，同时促进全体社会民众共享数据时代的便利、服务和发展，实现总量提升和分配公正的双重价值。该种福利的最大化以提升双方积极性为前提，即在私人领域与公共领域边界合理的情况下，个人有提供数据的意愿，数据企业有收集并处理数据的热情。对于任何一方权利的不当压缩均会导致数据产业中的某个环节功能的消退甚至缺失，这种情况下，数据产业要么是个人数据的原料过剩，

---

[1] [美]伯尔曼：《法律与宗教》，梁治平译，中国政法大学出版社2003年版，第11页。

要么数据产业的产能过剩，任何一种过剩都意味着资源的浪费，需要进行供给侧或者需求侧的改革。在法律层面就体现为对于个人的私人领域或者是相对的公共领域的压缩或扩张，当数据产业发展至垄断程度时，则涉及更广泛的公共利益，虽然数据企业实现了最大化的利益，但与公平竞争及社会公众的长远利益发生冲突，此时则需要对数据企业所享有的经济利益进行限制，尽管数据企业的经济利益也可以认为是广义的公共利益之一部分，但却要受制于更高层次的公共利益。[1]

在追求大数据福利最大化的过程中，应该以无害化原则为导向。即在初始性权利、自然权利、道德权利均不受到损害的情况下通过各种路径实现各方利益的最大化。比如数据产业应该基本无害于个人数据所承载的人格利益，即使在大数据产业蓬勃发展之际也不能逾越这条红线。不过，权利起码无害原则往往只是理想状态，公共利益往往会对个人的私人领域形成限制，比如刑事侦查领域对于个人行踪的跟踪，大数据产业对于个体的精准推送，均会对个人数据承载的人格利益形成限制。因此，在现实当中往往以现实可行的比例原则为操作准则。比例原则最开始适用于行政管制领域，但后来被广泛借鉴，这里可以理解为在综合衡量公益与私益的基础上选择对个体侵害最小的方式，并且不能超出必要的限度。比例原则是在符合宪法的前提下，先考虑手段的有效性，然后选择最小限度侵害公民权益的手段来达到同样的目的，最后在利益上也必须进行总体衡量：考察此手段实现的目标价值是否真正高于实现此目标所适用的手段对公民的人身财产等基本权利的损害价值。尽管一般意义上公共利益越重要将对私人领域形成越大的限制，但由于利益的重要性判断或衡量具有相当的主观性，在现实当中仍需要谨慎对待，以一般理性人的识别标准进行判断是相对可行的选择。[2]国家权力的强制性对于权利的保护是一种保障，但若对权利边界的安排不适当，不能提供公平的标尺功能，则又可能造成更大的损害。

---

[1] 参见刘作翔：《权利冲突：案例、理论与解决机制》，社会科学文献出版社2014年版，第216-221页。

[2] See Warren B. Chik, Joey Keep Ying Pang, "The Meaning and Scope of Personal Data under the Singapore Personal Data Protection Act", *Singapore Academy of Law Journal*, Vol. 26, No. 2., 2014, p. 361.

第四节　个人数据保护的阶段化思路

个人数据权利权能的具体化对于提升个人数据权利主动性具有重大意义，有助于改变长时间以来人格权保护之被动局面，可以促进公法规制和私法保护的有机结合。与大数据生命周期中收集、编制整理、数据挖掘与分析、使用四个阶段对应，在个人数据集合的生成、处理、处分的不同阶段，个人数据权利权能可以发挥不同的功能。

一、人格权权能具体化的积极意义

传统人格权因其消极特点在大数据时代难以及时得到保护和救济，个人数据自决权权能具体化的重大意义在于可以让人格权具有主动性、参与性和穿透性。[1]在数据产业链条当中，个人对于其个人数据的控制不限于入口阶段，而是可以穿透整个数据处理过程。个人数据权利人有形的反击增加了数据处理者的违法成本和侵权成本，降低了侵权人的收益预期，从而实现了更好的防御效果。在数据企业日益强大之际，个人数据权利权能之具体化，可以加强个人对于个人数据的管控，形成与数据企业制衡的"武器"，[2]这种情况下，不同主体之私人领域以及私人领域与公共领域之对价具有了自治调节器的作用，有助于促进各方主体的合作治理，而不只依靠国家的规制。鉴于个体对于数据权利的把控能力的差异，国家需要做的更多的是像民法对无行为能力或限制行为能力人的保护一样提供特别的保护措施，从而实现更为公平的保护。在数据运行的各个阶段则有不相同的侧重点，从而实现各个阶段的层次性保护。

个人数据权利权能的具体化有助于个人数据保护从问题导向转向规范导向。问题导向启发或点燃了问题，解决方式也往往选择事后责任的追究，要求侵权人赔偿损失。但解决侵权问题并不能只是反向的行为规制，行为规制

---

〔1〕 See Houston Putnam Lowry, "Transborder Data Flow: Public and Private International Law Aspects", *Houston Journal of International Law*, Vol. 6, No. 2., 1984, p. 169.

〔2〕 See Andreas Weigend, *Data for the People: How to Make Our Post-Privacy Economy Work for You*, Basic Books, 2017, pp. 145-174.

尽管有效果，但面对数据产业之产业链的纵深度，以往只是以问题为导向的解决思路已经无法满足其长期性和动态化的特征，因此，更需要以规范化思路确定个人数据权利保护的基本内容，从而形成各数据主体对保护对象的清晰认识和稳定预期。这也是实用主义与实证主义的分野，个人数据权利保护之初的保护与过往的人格权保护进展类似，在保护之初也是经验式的实用主义进路，保护对象从模糊逐渐明确。而具体权能的进一步细化体现了法学之科学性，符合法学体系性构建的实证主义进路，这对于数据权利保护具有体系性的保障作用。

个人数据权能的发展对于公法规制与私法保护的结合具有促进作用。私法的介入，依靠的是自下而上的法治推动机制，充分体现了私法领域的自主性，而公法则是自上而下的促进机制，充分体现了外部规制的强制性，两者具备内外部的互补性。个人数据自决权除了个体的私法意义外，还可以充当检验数据处理者公法义务是否完成的标尺。由于侵犯个人数据权利案件中原告难以证明数据处理者存在过错，公法上的个人数据保护义务与违法性要件就具有特别重要的意义，实践中可以通过查证信息处理者的违法性（违反公法义务）来证明其过错的存在以及因果关系，我国《民法典》《个人信息保护法》对于个人信息保护之具体规定，特别是《个人信息保护法》对于个人数据权能的规定将成为判断数据企业是否侵权的重要依据。"事实上很多主体无法指望依靠法院实现数据权利，专门机构才是最合适的维权主体"的观点提示专业领域公法执法机制的重要性。[1] 未来需基于系统治理的思路，通过公法执法机制弥补私法执法的不足，发挥政府执法与监管的作用，并从合规与风险预防角度从根源上预防个人数据侵权发生，形成立体的保护机制。

二、个人数据集合之入口阶段的保护

个人数据集合之入口阶段指的是数据企业对于个人数据的收集阶段，该阶段为数据处理的起点，也是预防数据泄露侵权的起点，从源头上需要"最

---

[1] See Peter Blume, "Transborder Data Flow: Is There a Solution in Sight", *International Journal of Law and Information Technology*, Vol. 8, No. 1., 2000, p. 67.

小化"收集。[1]我国《个人信息保护法》第4条第2款的规定了个人信息的各个处理环节，在第6条第2款专门提出"收集个人信息，应当限于实现处理目的的最小范围，不得过度收集个人信息。"可以综合理解为数据收集应在第5条规定的合法、正当、必要和诚信原则基础上，具有明确、合理的目的，并应当与处理目的直接相关，采取对个人权益影响最小的方式进行。

其中"处理目的"需进一步分析。根据《个人信息保护法》第16条的规定，[2]个人信息是否属于提供产品或服务所必需是区分个人能否拒绝提供个人信息及商家能否拒绝提供产品或者服务的依据。但很明显，现实中大量的收集之后的处理显然不限于提供产品或者服务，更多在于制定营销策略、精准推送等商业化的提效措施，而这与收集的初始目的并不相同。根据消费者合理预期理论，信息处理者的处理行为不应超出初始之目的，但如果按照这种理解，则个人数据将失去再次利用于其他用途的可能，而这与事实中存在着大量的数据交易、数据利用不符，且数据企业如果后期不得再利用，那么其收集并加工的积极性也将降低。

因此，需要正确理解《个人信息保护法》第16条之前半部分和第6条第1款内容，[3]即明确、合理的目的并不限于提供产品或服务之必需的范围，而具有更为广阔的外延。否则相关的规定会变更为"如并非提供产品或者服务之必需，不得收集个人信息"，该种规定将更利于个人信息之保密保护。但如果一方面限定目的为提供产品、服务之必需，另一方面，又限定了后期的处理目的不得超出初始的收集目的，则将完全束缚住数据处理者的手脚，根本没有空间发展大数据技术。因此，根据《个人信息保护法》第16条数据处理者可以设定收集个人信息的选择项，由个人进行选择是否提供个人数据以及是否同意数据处理者进行处理，至于收集目的，则已不限于提供产品、服务之必需，即数据处理者可以基于其他目的收集个人数据，但应保障个人

---

[1] See Daniel J. Marcus, "The Data Breach Dilemma: Proactive Solutions for Protecting Consumers' Personal Information", *Duke Law Journal*, Vol. 68, No. 3., 2018, p. 561.

[2] 《个人信息保护法》第16条中规定，个人信息处理者不得以个人不同意处理其个人信息或者撤回同意为由，拒绝提供产品或者服务；处理个人信息属于提供产品或者服务所必需的除外。

[3] 《个人信息保护法》第6条中规定，处理个人信息应当具有明确、合理的目的，并应当与处理目的直接相关，采取对个人权益影响最小的方式。

收集个人信息，应当限于实现处理目的的最小范围，不得过度收集个人信息。

的知情权和同意权。而且，如果是提供产品或服务之必需则不存在个人同意与否的选择，因为如果没有个人信息则无法生成产品或服务，此处更多的只是知情而已。综合来看，法律对于数据处理者之权利的倾向性表达，是基于经济发展、信息社会等公共利益考虑为数据处理者收集、处理个人数据留下了空间。这种情况下，才有了第 6 条"明确、合理的目的"的适用空间，即只要是明确、合理的处理目的，即能够得到法律的支持。理论上，个人既有数据才有可能为提供产品或服务之必需，而持续生成的用户使用网络记录、消费记录等未来之数据则不可能成为必需，只能理解为数据处理者的需要。比如精准推送的问题，《个人信息保护法》第 24 条第 2 款明确，数据处理者通过自动化决策方式向个人进行信息推送、商业营销的目的可以是明确并合理的，只是需要同时提供不针对个人特征的选项或者向用户提供便捷的拒绝方式。[1] 而一旦各种目的均可以成为明确、合理的处理目的，则对于"采取对个人权益影响最小的方式"的方式要求，以及"收集个人信息，应当限于实现处理目的的最小范围，不得过度收集个人信息"的程度要求就变得难以把握。如果连精准推送都可能是明确、合理的目的，则个人信息显然应该越具体越全面越好，但又与最小化的基本要求相违背，在现实操作中，数据处理者为了实现真正的精准推送，无疑会尽可能多地收集更多的具体的个人信息。

大数据对个人知情并同意的能力提出了很高的要求，但个人数据权利人的知情权和同意权的落实显然存在困难。第一，谁来判断最小化成了问题。对于数据外行的个人而言，鉴于数据技术的专业性，其无从知晓究竟多少量的个人数据为明确、合理的处理目的之必要。只能由数据处理者设定收集的数据范围，这种情况下，数据处理者既是运动员又是裁判员，难以保证公正立场，而且，"现在收集数据似乎成为企业的目的，而不再是手段"，尽管可能在未来进行使用。[2] 工业和信息化部、信息通信管理局、国家互联网信息

---

[1]《个人信息保护法》第 24 条规定，个人信息处理者利用个人信息进行自动化决策，应当保证决策的透明度和结果公平、公正，不得对个人在交易价格等交易条件上实行不合理的差别待遇。通过自动化决策方式向个人进行信息推送、商业营销，应当同时提供不针对其个人特征的选项，或者向个人提供便捷的拒绝方式。通过自动化决策方式作出对个人权益有重大影响的决定，个人有权要求个人信息处理者予以说明，并有权拒绝个人信息处理者仅通过自动化决策的方式作出决定。

[2] 参见 [美] 布瑞恩·戈德西：《数据即未来：大数据王者之道》，陈斌译，机械工业出版社 2018 年版，第 57 页。

办公室对 APP 收集信息的违规行为进行系列通报表明各 APP 在收集个人数据时经常存在不规范且超范围的问题。但这需要基于行政执法检查才能查处与监督超范围等问题，即只有行政执法机关才能对收集的范围与目的的匹配性进行判断，而个人在 APP 的使用过程中并没有足够的知识和能力对抗各 APP 运营商。为贯彻落实《网络安全法》关于合法、正当、必要的原则规定，国家互联网信息办公室秘书局联合工业和信息化部办公厅、公安部办公厅、国家市场监督管理总局办公厅于 2021 年制定了《常见类型移动互联网应用程序必要个人信息范围规定》，该规定明确移动互联网应用程序（Application, APP）运营者不得因用户不同意提供非必要的个人信息，而拒绝用户使用 APP 基本功能服务。该规定可以视为是对于个人数据之提供应以数据企业提供产品或服务之必需的回归，即明确、合理的目的应仅限于提供产品、服务之必需的情形。即使存在二次使用目的，也需要进一步论证个人数据收集时的目的与进一步处理的目的之间的全部关联性，有观点提出该种关联性可以转化为前后两次使用目的的兼容性考察。[1]第二，同意权是隐私权、人格权从消极向积极的重要转变，但个人数据权利人于大数据语境下行使同意权也存在难度。我国《民法典》对隐私和个人信息保护持不同立场，将隐私权放到更高的受保护位置。如第 1033 条在规定侵害隐私权的免责事由时，要求必须经过"权利人明确同意"；[2]第 1038 条关于个人信息的处理免责事由包括须经自然人"同意"，但没有"明确"二字。[3]说明对个人信息的收集，不一定必须取得权利人同意，也不一定必须是明示的同意，默示的同意也可以。但是对隐私信息的收集一定要明示，不得采用默示同意的方式。有学者也指

---

〔1〕 参见刘颖、郝晓慧：《个人数据交易的法律基础》，载《学术研究》2022 年第 11 期。

〔2〕《民法典》第 1033 条规定，除法律另有规定或者权利人明确同意外，任何组织或者个人不得实施下列行为：（一）以电话、短信、即时通讯工具、电子邮件、传单等方式侵扰他人的私人生活安宁；（二）进入、拍摄、窥视他人的住宅、宾馆房间等私密空间；（三）拍摄、窥视、窃听、公开他人的私密活动；（四）拍摄、窥视他人身体的私密部位；（五）处理他人的私密信息；（六）以其他方式侵害他人的隐私权。

〔3〕《民法典》第 1038 条规定，信息处理者不得泄露或者篡改其收集、存储的个人信息；未经自然人同意，不得向他人非法提供其个人信息，但是经过加工无法识别特定个人且不能复原的除外。信息处理者应当采取技术措施和其他必要措施，确保其收集、存储的个人信息安全，防止信息泄露、篡改、丢失；发生或者可能发生个人信息泄露、篡改、丢失的，应当及时采取补救措施，按照规定告知自然人并向有关主管部门报告。

出在合理收集、结果无害的情况下应尽量避免事前同意规则，否则数据企业的成本将大为提升且存在不确定性。[1]还有观点则认为（对于个人健康信息的）知情同意规则既不一定是"知情的"也未必是"协商一致的"。[2]我国《信息安全技术　公共及商用服务信息系统个人信息保护指南》对一般个人信息和敏感个人信息进行了区分，对于前者的处理可以建立在默许同意的基础上，只要相关主体没有明确表示反对，对于后者的处理则需要相关主体的明示同意。这表明对一般信息的收集只要默示许可即可，大大增加了数据收集者的便利性。《个人信息保护法》第 26 条规定在公共安全的事由之外在公共场所安装图像采集、个人身份识别设备的，应取得个人单独同意，[3]但该种个人单独同意的执行存在巨大的阻力，一方面是有关机构是否有获取个人单独同意方面的意愿存在疑问，另一方面是对于流动人员的单独同意的取得操作性不强。欧盟对于人脸识别持更为保守的态度，2020 年 1 月，欧盟《人工智能白皮书》草案拟禁止未来 3 至 5 年在公共场所使用人脸识别技术。2022 年 11 月，意大利数据保护局（Data Protection Agency）表示，在通过特定法律或至少到 2023 年年底之前，不允许使用生物识别数据的面部识别系统，除用于司法调查或打击犯罪用途。[4]

三、个人数据集合之保有阶段的保护

个人数据利用目的不限于初始目的事实和规定让个人数据的保有阶段更需要有个人数据保护的特殊要求。前述个人数据集合之入口阶段需要受制于

---

[1] See Jules J. Berman, *Principles of Big Data*: *Preparing*, *Sharing*, *and Analyzing Complex Information*, Morgan Kaufmann, 2013, pp. 194-197.

[2] See Lawrence O. Gostin et al., "The Nationalization of Health Information Privacy Protections", *Connecticut Insurance Law Journal*, Vol. 8, No. 2., 2002, p. 287. 根据使用目的不同个人健康信息采取不同的原则，用于（公共）医疗卫生目的时适用知情同意规则，而用于（公共）医疗卫生以外的目的时则适用书面同意规则。因此，信息的公开有两个维度，一方面是信息的性质，另一方面是使用的目的，二者将影响到公开的程度和规则。

[3]《个人信息保护法》第 26 条规定，在公共场所安装图像采集、个人身份识别设备，应当为维护公共安全所必需，遵守国家有关规定，并设置显著的提示标识。所收集的个人图像、身份识别信息只能用于维护公共安全的目的，不得用于其他目的；取得个人单独同意的除外。

[4] 参见《意大利对面部识别技术发出禁令，用于打击犯罪的除外》，载国际商业新闻网，https://cn.ibnews.com/2022/11/18/17959.html，最后访问日期：2023 年 4 月 25 日。

提供产品、服务之必需或者公共利益之需要，但如果仅是提供产品、服务之必需，则存在储存期限的问题，在提供产品、服务完成之后便需要进行删除，《个人信息保护法》第 19 条规定，除法律、行政法规另有规定外，个人信息的保存期限应当为实现处理目的所必要的最短时间。数据处理中之"使用"显然不仅限于提供产品或服务，否则就不存在所谓的加工及之后的传输、提供、公开等处理事宜，也就更不存在衍生数据、数据产品及大数据产业的发展。因此，《个人信息保护法》第 27 条规定为数据处理者在"合理的范围内"处理个人信息提供了规范支持，[1]即赋予了个人信息处理者在合法占有或至少不违法占有的情况下处理相关信息的权利，其中自行公开或者其他已经合法公开的个人信息在个人接受产品或服务时即已经提供，这些个人信息对于数据处理者而言可以理解为公开，数据处理者可以进行处理，而对于个人在网络上形成的其他已公开的个人信息，数据处理者也可以收集并进行处理，这事实上给数据处理者赋予了很大的操作空间。虽然要求对个人有重大影响的，应当取得个人同意，但"重大影响"之重大难以认定，逐个取得个人同意在操作上存在难度，而没有取得个人同意的责任也难以落实，数据处理者可能更愿意选择直接进行处理。此处的表述与处理目的的表述已经呈现出差异，处理数据不再拘泥于收集目的，即表明在初始的收集目的之外，仍可以进一步拓宽处理的范围。这可以理解为公开的个人信息具有相当的公共属性，各方主体均可以加以合法利用，只有如此，才能解释衍生数据、数据产品之产生、交易的可能。

安全保密义务为数据企业保有个人数据集合之最为重要的义务。数据企业使用数据后立即全面清除在技术上可行，但大多数企业均不会立即全面清除。一方面，数据处理者可以处理公开的个人信息，另一方面，数据处理者又在事实上保留了大量的个人信息。个人为了再次使用便利，也经常会选择继续留存相关的数据。但个人数据一旦提供，则脱离了个人之实际控制，成为数据集合之一部分。网络将世界设置成"记忆模式"，数据一旦让渡，不可收回且不可遗忘，潜藏着被复制、传播与转卖的风险。从权利无害化原则的

---

[1]《个人信息保护法》第 27 条规定，个人信息处理者可以在合理的范围内处理个人自行公开或者其他已经合法公开的个人信息；个人明确拒绝的除外。个人信息处理者处理已公开的个人信息，对个人权益有重大影响的，应当依照本法规定取得个人同意。

角度，数据处理者需要在无害于数据主体之利益的情况下进行处理，防止泄露个人数据从而对个人形成侵害。因此，个人数据集合保有阶段需要采取保密措施，以降低对个人数据泄露的风险，使用区块链加密技术保存数据在未来具有可能性，但还面临着法律规定健全程度、基础设施完善程度及个人意愿的实际问题。[1]全国信息安全标准化技术委员会于2022年9月制定了国家标准《信息安全技术 网络数据分类分级要求》的征求意见稿，对个人数据的保密提出了相应的要求。而在行政检查当中，保密措施的落实也是重要的一项内容。

鉴于个人对于个人数据的终极控制权，个人对于个人数据集合之保有阶段享有访问权。访问权是事后的知情权，但处理过程的技术性、专业性和秘密性均是个体无法理解和参与的，事实上难以实现，更多的是用以阐明制衡黑暗操作的宣示性意义。在此基础上还有更正权、限制处理权、删除权、拒绝权，这些权能均可能对数据处理者的处理行为形成限制，改变完全被动式的对于个人数据的无法控制状态。个人数据人格权能的增加为数据主体提供了更为宽泛的保护，同时降低了数据企业的违法预期，这也意味着各数据企业必须不断承担新的保护责任，并为此承担更多的人力与资金成本。比如，欧洲每天有约千人要求谷歌删除"说自己不好"的网页信息，这导致谷歌陷入"遗忘权之灾"当中。[2]《加州消费者隐私法》（CCPA）还规定了非歧视性原则，即商业企业不得因消费者要求信息拷贝或选择删除等行为而提供较差的产品或服务。[3]这些规范性要求还可能形成行政合规的审查内容，如数据企业未履行相应的合规义务从而不能满足个人行使权利的条件，则可能招致行政处罚，因此，具体权能可以启动民事义务还可以引发行政责任，对于个人数据权利的保护大有裨益。

---

〔1〕 See Daniel J. Marcus, "The Data Breach Dilemma: Proactive Solutions for Protecting Consumers' Personal Information", *Duke Law Journal*, Vol. 68, No. 3, 2018, pp. 588-592.

〔2〕 参见《谷歌陷"遗忘权"之灾：欧洲每天千人要删网页》，载腾讯研究院网，https://www.tisi.org/2810，最后访问日期：2023年4月25日。

〔3〕 See Sanford Shatz, Susan E. Chylik, "The California Consumer Privacy Act of 2018: A Sea Change in the Protection of California Consumers' Personal Information", *The Business Lawyer*, Vol. 75, No. 2, 2020, p. 1920.

四、个人数据集合之出口阶段的保护

如果数据企业之间的数据无法互通，则会形成一座座数据孤岛，但这并非理论和制度设计所欲的局面。从数据效用最大化以及促进科技进步和经济发展的公共利益角度，数据政策只有以破除数据孤岛为指向，从而实现数据之互通共享，才可能形成大数据的基础。个人数据集合之出口阶段指的是数据处理者在收集到个人数据集合后为第三方主体所获取的阶段。该阶段具有主动式和被动式的方式区分。主动式中，一般可以通过协议进行互通。比如在脉脉与新浪微博不正当竞争纠纷案当中，在前期微博即是通过协议的方式许可脉脉可以在一定条件下自动获取微博用户的信息，但仍需要以用户的知情同意权为基础，这形成了用户许可、企业许可再到用户的再次许可的三重许可模式。从收集目的上看，脉脉收集个人信息已经属于与微博不同的收集目的，需要重新获得用户许可，而通过微博接口进行获取可减少成本，相当于从微博处获得了便利，因此，也需要微博的同意。但后来的情形有所转变，脉脉在与微博解除协议的情况下，仍通过爬虫技术对微博用户的信息进行抓取，这时则转变为被动式共享。这里涉及微博用户信息是否属于公共资源的问题，如果微博用户信息属于公共资源，则脉脉当然有权进行抓取，而不论微博是否设置了技术措施。但如果微博用户信息不属于公共资源，则理论上无论是否设置了技术措施（比如通过 user-agent 来控制访问、通过 IP 来限制、设置请求间隔、使用自动化测试工具 Selenium 等），脉脉均不得单方进行抓取。从个人数据保护的角度，各种用户信息当然不具有公共性质，即使个人自愿提供也仍有安全保密的要求，数据企业就不应该将个人信息额外公开化。因此，在网络环境当中，设置技术隔离措施成了判断是否侵权的重要依据。而对于个人数据而言，则需要更进一步获得个人用户的再次授权。但在事实操作当中，在自动爬取过程中，爬虫技术无法做到一次爬取一次问询一次许可。这种情况下，第三方数据企业就可能选择互通协议与其他平台[1]互通接

---

[1] 参见［美］亚历克斯·莫塞德、尼古拉斯 L. 约翰逊：《平台垄断：主导 21 世纪经济的力量》，杨菲译，机械工业出版社 2017 年版，序言，第 16 页。平台是一种将两个或者更多个相互独立的团体以共赢的方式连通起来的模式，新平台企业并不是像线性商业那样通过供应链生成和控制库存。通俗地说，平台企业并不具备生产的手段，而是创造连接的手段。其实，平台和人类社会本身一样历

口的方式降低成本，尽量保证第三方收集个人信息时得到个人和原数据企业的双重同意。

除数据企业之间的协议促进数据互通外，《通用数据保护条例》（GDPR）和我国《个人信息保护法》均设置了可携带权。可携带权与数据企业之间的数据互通协议为一个问题的两个方面，在数据互通协议中，个人对于数据的共享相对具有被动性，其无法决定与何家数据企业进行互通，只有在共享互通的接入时享有同意权以决定是否授权新的数据企业共享其已经提供的个人数据。而可携带权则具有主动性，个人用户可以自行选择数据企业，从而要求原数据企业配合其进行数据转移。但数据迁移可能存在各种问题，是静态数据和动态数据的区分，如果只是静态数据则相对容易进行迁移，但如果还有动态数据，则存在收集和迁移的困难。因此，在实际操作中，应以静态数据和动态数据的即时状态为限进行固定和迁移。数据企业设置的迁移程序和条件非常重要，数据迁移的成本将决定个人用户迁移的意愿和几率，如无法迁移或成本过大，权利人可能选择直接进行删除，可携带权未来的方向应该是越来越便捷，否则将形同虚设。因此，可携带权需要与删除权（注销权）、更正权结合起来运用，《通用数据保护条例》（GDPR）规定，可携带权的行使不影响删除权的正常行使，不过不适用于为执行公共任务、行使职权进行数据处理的情形，且不应对他人的权利和自由产生负面效果。

由于缺乏可识别性，对于原生数据之后的衍生数据、数据产品的交易则属于财产化数据的交易范畴，尽管以个人数据集合为基础，但却已经无法识别至个人。其中需要重点关注匿名化处理的技术标准，《德国联邦数据保护法》规定的匿名化指的是对可识别性内容的去除，以及需要花费不合适比例的成本才能复原的处理。这种定义体现了务实的态度，承认匿名化是一种相对化的操作，即匿名化的处理也需要考虑成本。当下由于匿名化的效果受到反向识别技术的挑战，因此，在数据的对外许可使用上目前尝试采用数据箱的操作，需要使用数据的第三方投入模型和算法到数据箱中，模型在数据箱中使用数据，但不接触数据从而实现数据的保密性，但该种方式存在一定的

（接上页）史悠久。比如罗马市场、古老的拍卖行和集市，或者最近的黄页、分类广告以及商场。然而，今天平台之所以重要，和技术的发达程度息息相关。

检验困难。综合来看，个人数据集合的原生素材地位具有基础性，所有对于个人数据的保护主要集中在个人数据集合之形成、处理、使用的过程中，其中体现了一国乃至全球范围内对于公共利益甚至国家利益的重视，也就必然形成对于个人数据集合的鼓励、支持和引导，而非纯粹的对于个人数据的无限制保护。"分享精神则是互联网平台的隐含前提，它甚至可能是互联网的终极形态",[1]未来不同平台之间的大范围互通是大趋势，这有助于防止大数据平台的垄断局面，而如何实现数据的高效流动又保证安全有序仍考验着各方的智慧，个人数据保护和公共利益实现之间存在巧妙的衡平之道。

---

[1] 参见方军等:《平台时代》,机械工业出版社2017年版,第27-28页。

Chapter 05 ◀ 第五章
企业数据主体：规制模式

在企业数据内部存在原生数据和衍生数据、个人数据和非个人数据的基本区分，这决定着数据企业对于数据集合享有的权利性质和权利范围。围绕企业数据的生成、发展、流转与消灭，数据企业存在收集、处理、分析等多种对内数据行为，而在数据集合的基础上，数据企业还具有交易、对外运用数据及数据技术的行为，此二类行为均存在失范的可能。因此，企业数据的规范内容应包括静态数据权利保护以及动态的数据行为规制两方面。在企业数据保护层面有着不同的理论，如赋权保护模式、行为规制模式、分类保护模式等，其中前两种模式的讨论在一定维度上被整合在分类保护模式中。但对于企业数据的正向赋权与对其他主体的行为规制并不矛盾，而是一体两面的存在。其中所赋之权宜借鉴霍菲尔德权利理论中的排他权思路进行，而不应受传统物权所有权之绝对支配权的框定。企业的数据行为包括两部分，围绕数据本身的企业数据行为需要顾及个人利益、公共利益、行业利益的三重因素，任何一重因素都会在现有的法律基础上延伸出特别的规范要求，单一的维度存在局限性。数据企业的对外数据行为存在异化成数据权力的可能，导致平等社会主体之间关系的异化，形成数据企业对于个人或对于其他机构的控制，这不利于市场的自由竞争并有违人的自由全面发展的目标，对国家的持续创新和可持续发展不利。因此，企业数据权力的规制需要从内部和外部同时进行，《个人信息保护法》《反垄断法》和诸多信息安全技术标准等从外部对企业数据行为进行规制，而行业自律性规范则从数据行业内部对数据企业的数据行为和数据技术的道德性提出更高的要求，形成对法律的有效补充。但由于当前行业组织执行不力以及与行政管理的衔接不够，行业自律性规范的执行效果有待进一步提高。

第一节　企业数据的构成与运行

企业数据的价值来源为其海量的基数，为宏观分析和用户数字画像提供强大支持。企业数据内部的原生数据和衍生数据、个人数据和非个人数据的界分对于企业数据权利的界定具有基础性作用，而数据企业在企业数据运行过程中的对内行为和对外行为的界分提示需要进行不同的规范。

一、企业数据概述

企业数据指的是企业在运营过程中收集到的各类数据。当指企业数据时，一般指的是数据集合，而不是各种离散的单个数据，单个数据对于数据企业而言并不具有特别的价值。在物理层面，企业对数据的控制与物权之控制具有区别，即企业对于数据的控制是相对的，不具有物权的绝对的排他效果，企业必须对数据设置技术措施从而形成其他企业获取的壁垒，才能够形成对企业数据的相对控制，而即使是设置了技术措施也无法完全防止其他企业突破或绕过技术措施进行收集。理论上，所有的技术措施都将会遭遇破解或被绕开，技术措施的防范效果始终有限。因此，技术措施的设置更类似于一种公示公信的宣告作用，具有技术上的识别功能，如果其他企业违反合理合法的技术措施，则形成侵权。对数据的控制需要通过法律规定进行赋能，通过法律的拟制独占形成法定的排他效果。这与知识产权中法定的排他具有相似性，但企业数据目前又没有与专利相同的统一登记程序，或类似著作权于作品诞生之时自动生成权属的识别制度。2021年广东省颁发的全国首张公共数据资产凭证可以认为是数据确权登记公示的首场秀，未来的数据产权证书可能会成为趋势，即在权属上具有更为明确的主体。但数据之流动性变化决定了数据产权证书只是一种识别的路径，仍需要借助技术手段才能确定所指。

企业数据之价值在于数据的集合性形成数据分析的根据。在全球化的背景下，大数据具有总量大（Volume）、类型多（Variety）、速度快（Velocity）、真实性（Veracity）、价值性（Value）的5V特性。[1]也有观点将大数据的特

---

[1] 参见刘运席主编：《大数据治理与服务》，中国工信出版集团、电子工业出版社2021年版，第2-3页。

点概括为"大""全""细""时"。[1]当前大数据的基础就是数据集合所形成的样本优势，传统的研究和分析的样本由于研究主体采集能力和采集成本的范围有限，代表性不足，这限制了研究的精确度。而当代的数据集合具有海量的特征，具有与以往的样本不同的全面性，甚至不为之前的样本分析方法所适用，因此需要新的对大数据更具有把握度的数据技术进行分析。大数据为算法提供了素材，促进了算法的进步，而算法的进步又有助于数据的分析与表达，进一步刺激了数据的收集，更多的数据进一步成为分析的资源。但全样本只是一种相对化的表述，因为所有的数据集合都不可能是真正完整无缺的，而是相对于大数据时代之前的样本而言有一种量的飞跃以及质的提升。尽管大数据可以被认为是具有全样本的特征，但却只是一种理想状态，由于数据采集能力、采集范围、采集程序等方面的限制，完整的全样本是无法真正达成的，而且各个数据企业的全样本程度存在差异，当前的现状是头部数据企业掌握着真正的海量数据，而对于大多数初生或发展中的数据企业，还需要通过各种推广方式汇集用户，因此，当我们说大数据的时候，并非所有的数据企业均能够真正称之为大数据企业，只是都属于数据产业，而数据产业的快速更新迭代让初生或发展中企业亦有相当的希望，正如拼多多在运营模式上创新后形成对淘宝、京东的追赶类似。

企业数据之价值在于与其他生产要素的有机结合产生了之前所无法实现的价值。单独依靠某一种生产要素将很难推动经济增长，数据与技术、资本、劳动和土地等其他生产要素共生共繁荣，数据一旦脱离生产、生活、交易、娱乐的场景，脱离其他生产要素，将很难创造价值。数据只有跟基于商业实践的算法、模型聚合在一起的时候才能创造价值，具体的结合模式主要有以下三种：一是价值倍增。数据可以促进单位生产要素产量的提高，并对传统单一要素的生产效率形成提升。倍增是一个幅度概述，说明的是增长的程度。二是资源优化。数据可以提高传统要素之间的资源配置效率。如果说价值倍增是对单一要素的效果，那资源优化就是对诸多要素合理配置的作用，数据

---

[1] 参见桑文锋：《数据驱动：从方法到实践》，电子工业出版社2018年版，第14-17页。"大"强调宏观的"大"，而非一味追求数据量的"大"。"全"是全量，强调多种数据源，包括前端、后端的数据，以及日志、数据库数据等。大数据时代有了更前沿的数据采集手段，让获取全量数据成为可能。"细"强调多维度数据，包括事件、商品的各种维度、属性、字段等。"时"强调实时数据采集与实时数据分析的价值。

要素甚至推动传统生产要素革命性聚变与裂变,成为驱动经济持续增长的关键因素。三是投入替代。数据可以激活其他要素的新功能,可以导致传统要素的投入和功能被跨界性地替代,正如移动支付会替代传统 ATM 机,电子商务减少了传统商业基础设施大规模投入,政务"最多跑一次"减少了人力和资源消耗。可以说数据要素正在减少成本而创造更高的价值。

数据之于数据企业具有明显的财产性特征,"大数据在 21 世纪属于企业资本"。[1]对于数据企业而言,个人数据所承载的人格利益并没有特别的价值,数据企业也不得直接利用个人数据所承载的人格利益,只是数据集合可以成为生产要素。笼统地说数据具有人格属性和财产属性并不准确,对于个人则是人格利益为主,但并非没有财产属性,个人数据仍可以成为财产进行交易,只是其人格属性可以形成特殊的无限追及力,从而对个人数据的交易形成特别的限制。对于企业则是财产利益为主,这也是企业所看重的,因为人格要素的交易总是存在各种各样的限制。数据化对人的日常生活决策和社会运行的影响日益加深,它正在形塑为一种崇尚数据自由至上的思潮。正如赫拉利(Harari)所言,"数据主义一开始也是一个中立的科学理论,但正逐渐成为要判别是非的宗教",[2]并形成了"数据专制"(The Dictator of Data)。[3]由于企业数据集合的海量特征,企业数据还可以激发出公共安全的属性,即企业数据的泄露可能形成大规模的侵权,而且该种风险具有大范围的溢出效应,从而形成严重的负外部性。

二、企业数据的构成

企业数据的构成是一个事实描述的概念,但该种事实又对规范的塑造有基础性作用。企业数据内部区分层次,不同层次的数据内容将决定数据企业享有不同的权利义务。首先企业数据是一个数据集合,包括原生性和非原生性数据。原生性数据指的数据企业在运营过程中收集的未经加工的各种数据,

---

[1] [德]罗纳德·巴赫曼等:《大数据时代下半场:数据治理、驱动与变现》,刘志则、刘源译,北京联合出版公司 2017 年版,引言。

[2] [以]尤瓦尔·赫拉利:《未来简史:从智人到智神》,林俊宏译,中信出版社 2017 年版,第 344 页。

[3] See Viktor Mayer-Schönberger, Kenneth Cukier, *Big Data*: *The Essential Guide to Work*, *Life and Learning in the Age of Insight*, John Murray, 2017, pp. 163-170.

其中的重要区分是个人数据和非个人数据，个人数据属于个人，数据企业当然不具有完整的支配权。但由于数据企业在运营过程中合法取得，因此，数据企业享有一定的排他权。但该种排他权并不能简单推导出完整的处理权，以民事合同中的仓储合同为例，委托方委托仓储企业进行仓储使仓储企业获得了合法占有的权利，但却无法推导出仓储企业可以通过仓储物进行收益的权利。因此，数据企业在合法占有个人数据的过程中，需要通过个人的同意来实现对个人数据的处理权，而不得直接进行处理。理论上，在完成数据企业向个人提供服务或产品的交易后，数据企业应该在合理期限后即对个人数据进行删除而不应该进行保留，比如加拿大魁北克省规定这种同意仅在实现请求的目的所需时限内有效。[1]但从效益最大化的角度，数据企业往往设计同意环节以获得对个人数据的更多的处理权限从而形成更长的时限。

即便是非个人数据，数据企业也不能理所当然地享有对数据的完全支配。非个人数据包括其他非个人主体数据以及非主体性数据。非个人主体数据包括企业、其他组织、国家机关的数据等。企业自身的数据包括注册资本、经营范围、法定代表人、涉诉情况、失信情况、专利登记等内容，该等数据属于应当公开的数据，数据企业自身无法获得完整的支配权，这与自然人对于个人数据的支配程度存在差别，自然人对于个人数据有权选择保密，但企业对于自身的大部分信息却必须进行公开。其他组织比如民间组织的基础数据与企业自身的数据类似，具有公共属性，比如业务范围、主管机关、负责人或法定代表人、注册地址等。国家机关的数据包括组织的基础数据与行政行为的数据，二者均具有公共属性。数据企业对公共性质的非个人主体数据并没有完整的支配权，也不得限制其他数据企业进行处理。而对于其他主体的商业秘密类内容，则数据企业需要通过合同等方式进行获取，就更不具有完整的支配权。但如果数据企业对公共数据进行加工整合形成新的数据集合，则该数据集合具有财产属性。比如用户可以直接获取企查查、天眼查网站所形成的基本数据，但对于更完整或更具有深度的数据组合，则需要付费才能获取，即使该等更具有深度的数据本身是公开的数据，当前企查查、天眼查之类的网站具有相当的市场份额，就说明即使是对于公共数据本身的整理，

---

〔1〕 See Teresa Scassa, "Text and Context: Making Sense of Canada's New Personal Information Protection Legislation", *Ottawa Law Review*, Vol. 32, No. 1., 2000, p.9.

如果具有重要的参考价值，也可以进行营利，原因在于数据企业对于公共数据本身的整理能够帮助用户节省时间、人力成本，并提高全面性和准确性，从而具有了特别的利用价值和交换价值。

数据集合包含两个层面，一是个体数据，包括个人数据、非个人主体数据或其他单个数据，二是数据集合，对于数据权利的探讨一般容易将两个层面的内容交叉论证。但个人对于个人数据的权利尽管可以形成对于数据集合权利的限制，其作用力也只能作用于其个人数据，并不能扩张至整个数据集合。个人对于其个人数据形成的权利边界与数据企业对于个人数据集合的权利之间存在一个合理的边界，即数据企业在处理、分析、交易数据集合时不得对个人数据形成侵害，反过来也可以说只要不损害个人数据权利则数据企业的行为就是自由的。不同主体享有的权利束所作用的内容层面并不相同，个人数据权利束作用于数据集合中的个人数据，但数据企业的权利束作用于整个数据集合，该二者为层次性的并存关系，从而形成数据权利的嵌套结构，而这与数据集合的层次性结构一致，并不能简单理解为冲突关系。这种权利并存的状态可以理解为数据企业的在后权利对于个人的在先权利的退让和尊重，特别是在先权利为人格权的情况下，在后的财产权应充分尊重在先的个人数据权利。因此，数据企业在处理数据集合时往往选择将数据集合中的个人数据去人格化，即去除可识别至个人的内容，这其实是对人格要素的财产化"萃取"过程，是对于个人和数据企业均相对安全的做法。

数据集合的升级版为衍生数据和数据产品。衍生数据与数据产品之间的区分在于：衍生数据相对的是原生数据，二者主要是在事实层面根据各自的事实特征所进行的分类。衍生数据作为一种对于原生数据的加工产物，已经脱离了原生数据的品相，更接近于一般意义上的无体物。而数据产品相对地为数据服务，有时也可以将数字服务列为一种数据产品，是在人与人的关系层面进行的分类，更具有规范意义，数据企业正是通过数据产品和数据服务进行交易创造经济价值。从狭义上说，数据产品和数据服务仍有一定的区别，数据服务是以数据企业为主导的行为输出模式，而数据产品则是在交付之后由买受人主导的操作模式，买受人具有更强的排他性和支配性。比如淘宝数据魔方、百度指数之类的内容本身就具有完整的体系性，买受人无须借助数据企业的帮助即可使用，因此更接近于产品。

三、企业数据的运行

企业数据的运行主要包括两方面的内容，一方面是企业数据之形成过程中的对内行为，企业在运营过程中数据企业收集、处理、分析数据的行为形成原生数据、衍生数据、数据产品（服务）等内容，对内行为主要围绕着企业数据之生成及形态变化或升级展开。[1]个人数据比如个人电话号码、生日、居住地址、工作单位、购物记录、行动轨迹、使用记录等内容在初始意义上均属于自动生成的内容，无须进行特别的加工即已经形成。但企业数据的生成并非天然，一定是人为干预的结果，即是通过计算机系统和算法进行记录、收集、处理、分析、加工后形成的内容，具有相当的技术属性和人为属性。数据收集包括直接和间接两种方式，数据企业对原生数据的收集具有直接性，即数据企业对包括个人信息在内的原生数据的直接收集；数据企业对其他数据企业的数据进行获取则具有间接性，主要表现为网络爬虫（Web Crawler）利用"机器人"、"蜘蛛"或"网络浏览器"等程序从数据网站、手机APP、小程序、搜索引擎中检索、提取、收集数据的行为。[2]因此，与传统合同不同，数据集合的形成未必通过双方协商一致的明确的合同进行，而是以同意按键、格式合同的方式进行，由于网络使用的特殊性，用户一般难以对合同条款进行全面细致的了解，即使了解也无法改变具体条款，大部分时候只能是不同意即离开的结果，在对该网站有需求的情况下，是否阅读已经不影响同意的决定，因此即使同意也是"虚幻的"结果。[3]而且，与一般物之交易不同，个人数据是否是一种交易的对象还存有疑问，如果说个人数据是数据企业提供产品或服务之必需，那么其并不是交易之对象而是交易之前提，这种情况下，数据企业对于个人数据之权利就首先是服务合同之附随安全保密

---

[1] See Bernard Marr, *Big Data for Small Business for Dummies*, Wiley, 2016, pp.185-189. 企业数据的运用还包括内部管理的数据化运用，但内部管理的数据化运用主要涉及自身运营的成败，更少涉及其他主体的权利义务，因此不在此处进行讨论。

[2] See Kathleen C. Riley, "Data Scraping as a Cause of Action: Limiting Use of the CFAA and Trespass in Online Copying Cases", *Fordham Intellectual Property, Media and Entertainment Law Journal*, Vol.29, No.1., 2019, pp.251-261.

[3] See Patrick Myers, "Protecting Personal Information: Achieving a Balance Between User Privacy and Behavioral Targeting", *University of Michigan Journal of Law Reform*, Vol.49, No.3, 2016, p.747.

义务。以个人数据进行注册本身是否是一种交易？这也应该不是一种交易，而是一种正常的登记机制，是使用网络服务之前提。在处理层面，有的数据企业本身就是收集者兼处理者，数据企业也可以对外委托其他企业进行处理，根据数据企业的要求，数据处理企业进行相应的技术处理以实现数据企业的委托目标，处理过程中算法的先进性对数据产品的价值起决定性作用。

另一方面是数据企业对外进行数据交易及运用数据形成的对外行为，对外行为建立在既有的企业数据集合基础之上。数据交易是数据企业就数据进行的交易，包括衍生数据、数据产品的交易，比如在数据集合基础上形成的营销策略、广告推送方案、趋势分析等内容均可以成为交易的对象。而原生数据为了保护个人数据而被限制交易，也从一个侧面反映出企业数据权利受制于个人数据权利的内生约束。个人数据承载着个人的人格利益，如果允许数据企业交易可识别到个人的个人数据，相当于数据企业可以交易个人的人格，理论上不可行，实践中也容易造成个人数据的泄露，从而对特定的个人形成人身和财产的侵害。因此，匿名化是实现安全与流动之平衡的必要。根据贵阳大数据交易所推出的《数据确权暂行管理办法》和《数据交易结算制度》，进场交易的数据并非底层数据，而是基于底层数据通过清洗等一系列数据处理程序得到的数据结果。数据应用则是利用数据技术在数据集合的基础上形成的一种外部行为。营销策略、广告推送方案、趋势分析等内容可以成为数据企业自身或交易对象的行动依据，并形成更为精准的广告投放和营销方案。从财产的角度看，这可以认定为是与财产交易行为相对的财产运用行为。比如用户数字画像的形成是在大量个人数据的基础上形成的，以此为依据展开的精准推送则已经是对应的决策行为。

该两部分的运行内容均可能形成异化。个人往往处于被动地位，在原生数据集合形成过程中，由于个人用户无法判断和衡量其所同意的数据收集和处理内容，处于信息不对称的地位，有知情权也无法真正了解和知情，结果往往还被"淹没在数据里"。[1]数据企业广泛存在超范围收集个人数据的情形。根据《个人信息保护法》的规定，数据企业收集个人数据以提供产品和服务的必要为限，但在数据企业现实的收集过程中，往往存在收集数据不明

---

[1] 参见［美］马克·布尔金：《信息论：本质·多样性·统一》，王恒君等译，知识产权出版社2015年版，第109页。

示、超出必要范围的情况，例如，浙江省APP违法违规收集使用个人信息专项治理工作组在2022年2月关于微记账等38款APP违法违规收集使用个人信息情况的通报中指出，主要违规情况有未明示收集使用个人信息的目的、方式和范围，与所提供服务无关，违反必要原则等情形。[1]在数据处理过程中，匿名化的处理往往是相对化的概念，尽管规定的标准为无法识别到个人以及无法复原，但无法复原属于技术和操作层面的内容，如果第三方有足够的投入和更为先进的技术进行复原，无法复原的目标将更加难以实现。在数据交易中，存在针对包括个人数据的原生数据的非法交易，而违法的该种交易甚至被列入刑法规制范围。当前的交易过程还存在定价困难、标准不统一的问题。在数据运用层面，用户数字画像基础上进行的精准推送行为以及利用数据企业的优势所规定的平台"二选一"行为也存在相当的风险，精准推送行为容易造成信息茧房和限制个人的选择自由，让用户"各自在封闭的情形下作出自认为完全理性的选择"，[2]从长远来看，个人将形成路径依赖而失去自我。平台的"二选一"行为也对市场主体自由选择、公平竞争等方面造成了限制。就个人的精准推送而言，所要规制的更应该是用户数字画像的生成限制，而不仅是后端精准推送的限制，用户数字画像就已经是数据企业对于个人人格之窥视。上述存在的问题可以概括为数据行为的失范和数据权利的滥用，均需要有机结合事前、事中监管和事后规制才能公平保护各方主体的利益。[3]

第二节　企业数据权益保护

企业数据权益保护的进路一般区分为赋权保护模式、行为规制模式和分类保护模式。赋权保护模式和行为规制模式为一体两面的存在，对于权利主体的赋权和对于相对人的行为规制相辅相成，任何一方面的缺失都将造成数据权利保护的不完整结构，前者的缺位将造成保护对象不明，后者的缺位将导致无救济无权利的困境，因此，需要二者的有机结合。分类保护模式则是

---

[1] 参见《浙江关于微记账等38款App违法违规收集使用个人信息情况的通报》，载中国网信网，https://www.cac.gov.cn/2022-02/11/c_1646186253874039.htm，最后访问日期：2023年4月25日。

[2] [美]凯斯·桑斯坦：《网络共和国：网络社会中的民主问题》，黄维明译，上海人民出版社2003年版，第11页。

[3] 参见周汉华：《论平台经济反垄断与监管的二元分治》，载《中国法学》2023年第1期。

根据数据的不同存在状态而采取的不同保护路径，但还是需要提炼出更高层面的数据的保护思路，以形成和其他保护路径的差异格局。

一、赋权保护模式分析

主张建立企业数据财产权利的观点主要基于三个方面：第一，企业的数据财产属于劳动产品，这是基于洛克的财产权产生理论；第二，企业数据财产是有用的并且是稀缺的，这是基于李嘉图（Ricardo）对商品价值的概括理论；第三，降低交易成本是实现数据资源最大化效用的重要路径，这是基于科斯（Coase）第二定理。从洛克的财产理论的角度看，大数据的收集和分析需要投入大量的人力、物力、财力，这与"创利者享其利"的现代民商法基本精神相符合，[1]通过正向的激励可以更好地鼓励数据企业继续加大投入，如果将财产权赋予其他主体，则很难有说服力。从李嘉图理论看，将产权配置给评价最高、最有价值的一方，可以使私人不合作导致的损失最小化。基于数据的规模效应，单一的数据并不具有明显的实际价值，只有当其具备一定规模时才能通过数据的联通、整合产生应用价值。即数据对于数据企业才是稀缺资源，但对于个人并非稀缺资源。如果说在可识别的情况下个人与其数据具有重要关联，那在数据企业进行匿名化处理后，个人与衍生数据、数据产品就失去了关联性。从科斯理论看，如果将数据财产权赋予个人信息主体，就会迫使数据企业主动与每一个数据主体进行议价，这对含有海量用户的数据控制者而言，不仅需要承担巨额成本，而且不具有现实可操作性。洛克的理论和李嘉图的理论具有互补性，即数据企业的投入是因数据对于企业具有价值，而数据的价值又因数据企业的投入更为凸显，二者相互促进，科斯的理论类似于从反面的推导，如果将财产权赋予个人则存在交易的困难，这首先是一种实用主义的进路，即从实践的可行性角度进行阐述，这与正当性问题存在区别。这些理论的前提应该是对个人数据与数据集合的区分，个人只对个人数据有自决权，数据集合对应的权利主体则是数据企业。

联合国早在 2008 年就已将数据库作为知识产权产品列入国民经济核算体系（SNA2008），即相当于明确了数据库的独立财产形式。经济合作与发展组

---

[1] 参见张耕：《数据库的法律保护探讨》，载《西南民族大学学报（人文社科版）》2005 年第 4 期。

织（OECD）在 SNA2008 的基础上制定了相应的《知识产权产品资本测度手册》。[1]美国、欧盟、日本等发达经济体也都将数据作为知识产权产品进行核算，核算的主要依据是数据是否已经市场化，而非是否满足知识产权的构成要件。可见，在具体的经济生活中数据产品与知识产权产品的"家族相似性"已然得到了广泛认同。之前的欧洲议会和欧盟理事会发布的《关于数据库法律保护的指令（第96/9/EC号）》，首次以立法形式对数据内容提供排他性保护，该指令以单行法的形式确立了数据库二元保护模式：符合创造性标准的数据库受到版权保护；不构成版权保护的，则以数据库权利保护，其中版权保护无碍于数据库保护路径。二元保护模式在英国、德国等国得到了一定程度的落实。该指令也对欧盟以外的国家和地区产生了影响，美国作为数据贸易的领先者，为在欧洲数据市场立足，迫于该指令的严格对等原则，也不得不积极推进数据库特别权利的国内立法进程。

但数据库保护的二元保护模式于数据保护最大的问题在于二者的边界不甚清晰，即对于是否符合创造性标准的判断存在不确定性。[2]对于数据企业而言，除了原生数据外，其他的数据内容均具有一定的创新性，而不可能一成不变地延用原生数据，但数据并没有类似著作权的自动生成权利机制，这造成数据的著作权范围和边界的模糊状态。因此，之后有观点提出了参考商业秘密保护理论，但存在构成要件的认定困难，即企业数据在三性（秘密性、价值性、保密性）的构成要件上难以认定为商业秘密，[3]在现实的司法案例中，法院以数据企业是否设置了技术措施作为认定其是否采取保密措施的依据，并推导出公开并不足以否定商业秘密的认定可能，[4]此种思路存在进一步模糊商业秘密的原有边界的风险；还有观点提出应当赋予数据企业以数据

---

〔1〕 会计学上，资产指由企业过去的交易或事项形成的、由企业拥有或者控制的、预期会给企业带来经济利益的资源，具有三项核心特征：资产应归属某主体所有或控制，即权属明确；资产能够产生既有的或预期的经济利益，且可计量；资产是一种资源，可进行交易。参考资产的核心特征，数据目前还存在两大问题：一是权属模糊，数据从生产到流转的过程中，可产生衍生数据及衍生数据主体，在参与主体具有多重性的情况下并无明确的确权规定；二是没有统一、普适性的定价标准和健全的数据资产交易机制，使得数据资产的价值量化存在困难。

〔2〕 参见史宇航：《数据的法律属性与保护模式》，载《网络信息法学研究》2019年第1期。

〔3〕 参见邓社民、侯燕玲：《企业数据竞争法保护的现实困境及其出路》，载《科技与法律（中英文）》2021年第5期。

〔4〕 See Masimo Corporation *v.* True Wearables, Inc.（Fed. Cir. 2022）.

经营权和数据资产权,[1]但其中数据经营权的内容并非民事赋权之"权",而是行政管理的内容,即确定数据企业的入门门槛,只有符合一定条件的数据企业才能经营数据业务,这相当于行政许可之下的特许经营权,但这只是确定了谁能成为数据企业,却没有指明数据企业与数据的权利关系。数据资产权的提法表明数据是一种资产及数据企业对数据之权能需要受到限制,但却回避了财产权属的问题。申卫星提出数据权利是一种所有权和用益权分离的状态,即数据企业对于数据本身不具有完整的全面的权属,但却可以合法行使用益权,[2]该种观点可以成为数据资产权观点的补充,都是对数据企业权能的限制,但并没有揭示个人和数据企业对于数据享有分层次的权属。

也有观点提出邻接权的保护模式,即企业数据是以既有数据为基础形成的数据库,[3]因此可以借鉴邻接权的思路进行保护。但数据权利与邻接权存在区别,邻接权是对原有作品的另一种保存和表达,而数据集合是对各类数据的收集汇合、分析处理、转化运用的结果,原生数据之后的衍生数据和数据产品中已经无法识别到具体个人,这与邻接权通过其他方式再现原作品的路径存在区别。但只是排列组合改变的数据集合,如企查查、天眼查等数据产品,则与邻接权客体有相当的相似性,均对具体数据无所有权,但因对数据的特定组合方式形成排他权,与邻接权或数据库权利契合,但此类数据产品的前提缺乏作品及著作权的存在。知识产权的本质在于排他而非在于支配,因此,也有观点认为数据企业对于企业数据集合具有有限的排他权,[4]这种观点与霍菲尔德权利理论的特权部分吻合,因为所有的正当权利均在于一定程度上排他,但问题在于同样回避了终极归属的问题。邻接权和数据库权利还存在保护期限的问题,这属于知识产权保护的重要内容,其原因在于鼓励创新。而回到企业数据,对于企业数据的保护目前并不以创新为条件,虽然其中有不少创新的内容。而且企业数据特别是原生数据随时处于变动当中,与一般的知识产权的稳定性具有重大差异,一旦变动则重新计算保护期限,无异于永久保护。还有观点提出可以参考物权赋予控制、使用、收益、处分

---

[1] 参见龙卫球:《数据新型财产权构建及其体系研究》,载《政法论坛》2017年第4期。
[2] 参见申卫星:《论数据用益权》,载《中国社会科学》2020年第11期。
[3] 参见林华:《大数据的法律保护》,载《电子知识产权》2014年第8期。
[4] 参见崔国斌:《大数据有限排他权的基础理论》,载《法学研究》2019年第5期。

的权能，[1]相反观点则认为以物权形式保护数据机器所生成数据权益会过度妨害社会公众的行为自由，[2]如果从物权为全面支配权的角度看，该种观点具有合理性，但如果回到排他性的角度，则可以认为进行权能角度的参照设计并无不可，只是不应该采物权的全面和绝对权能进路，而更应该综合知识产权的排他性和许可权的进路来理解权能的分配和限制，如此才更具有可行性。

二、行为规制模式分析

根据美国学者卡拉布雷西（Calabresi）与梅拉米德（Melamed）对法律规则的概括，法律规则包括财产规则以及为弥补无法达成协议而造成无效率权利配置的责任规则，[3]二者可以分别称为形式主义范式和实质主义范式。有观点认为，责任规则可以克服财产法路径事前协商不能的缺陷，同时还可能会成为一种可行的数据保护方案。[4]考虑到数据确权的难度，有观点提出企业数据的行为规制路径。[5]目前较多的司法实践是根据反不正当竞争法对企业数据进行保护，但反不正当竞争法保护的路径有一定的局限性：其一，适用范围有限。反不正当竞争法所适用的是具有竞争关系的数据企业，而对于无竞争关系的数据企业之间的数据爬取行为难以进行适用。但市场上不具有竞争关系的数据企业之间的数据爬取行为大量存在。如果通过反不正当竞争法进行保护就只能对部分数据企业的数据进行保护。尽管司法也在不断拓宽对不具有竞争关系企业之间的适用，但结果可能造成不正当竞争案由的滥用，可能形成对于既有的反不正当竞争秩序的冲击；其二，数据爬取行为与不正当竞争的构成要件存在出入。法律规定了不正当竞争的具体情形，但却无法适用于数据企业之间的数据爬取行为。损害其他经营者或者消费者的合法权益为不正当竞争的必备构成要件，但数据爬取行为可以只是搭便车的获利，

---

[1] 参见钱子瑜：《论数据财产权的构建》，载《法学家》2021年第6期。

[2] 参见李晓宇：《智能数字化下机器生成数据权益的法律属性》，载《北方法学》2021年第2期。

[3] See Guido Calabresi, A. Douglas Melamed, "Property Rules, Liability Rules, and Inalienability: One View of the Cathedral", *Harvard Law Review*, Vol. 85, No. 6., 1972, pp. 1089-1128.

[4] 参见曹博：《论个人信息保护中责任规则与财产规则的竞争及协调》，载《环球法律评论》2018年第5期。

[5] 参见李扬、李晓宇：《大数据时代企业数据权益的性质界定及其保护模式建构》，载《学海》2019年第4期。

并没有造成损害，甚至可能是消费者的福利；其三，由于不正当竞争行为的界定存在不确定性，法官自由裁量空间过大。数据纠纷结果往往需要求助于《反不正当竞争法》第2条的概括性规定，[1]而概括性规定具有很强的弹性，数据企业之间的数据爬取行为能否被认定为不正当竞争行为存在偶然性，能否得到保护或是否会被制止存在不确定性，事实上不利于企业数据的保护。

司法实践将数据丢失、受损等认定为权利人的一项财产性损害予以保护。我国最高人民法院（2020）最高法知民终字683号民事判决书通过侵权责任法对数据丢失、损毁进行救济，[2]认为电子数据客体依法属于我国侵权责任法保护对象，人民法院应适用侵权责任法对侵害电子数据所导致的财产利益损失进行救济。恢复原状作为侵权责任的承担方式，其价值取向在于保障权益的完整价值，从广义上讲是指恢复到如果没有发生损害赔偿义务事件时原本应有的状态。在毁损的电子数据客观上亦无法恢复的情况下，原审法院将该侵权责任转化为损害赔偿处理并无不妥。上述案例采取了侵权保护的进路，但侵权保护方式具有事后的特点，因此显得消极，不能正面激励数据企业采取多种措施促进数据效用的最大化；而且无法提供一套完整的一以贯之的体系性保护方案，导致数据的保护存在滞后，相关权益或风险无法在之前的数据收集、合同交易过程中进行安排和预防。

刑法保护强调了数据的社会控制，而非个体控制。我国刑法规定了非法获取计算机信息系统数据、非法控制计算机信息系统罪等罪名。该等罪名并非单单将数据当作统一的人身性权益或是统一的财产性权益而给予笼统的保护，而是根据数据在不同场景中可能受侵害的权益的属性，通过传统罪名和新设罪名试图为数据的保护提供相对全面的刑法规制框架。刑法对行为的规

---

[1]《反不正当竞争法》第2条规定，经营者在生产经营活动中，应当遵循自愿、平等、公平、诚信的原则，遵守法律和商业道德。本法所称的不正当竞争行为，是指经营者在生产经营活动中，违反本法规定，扰乱市场竞争秩序，损害其他经营者或者消费者的合法权益的行为。本法所称的经营者，是指从事商品生产、经营或者提供服务（以下所称商品包括服务）的自然人、法人和非法人组织。

[2] 该判决书认为，电子数据即电子形式的数据信息，具体是指基于计算机应用、通信和现代化管理技术等电子技术手段形成包括文字、图形符号、数字、字母等的客观资料。对电子数据完整性的侵害，主要表现为数据全部或部分的丢失、被删改或以其他方式被破坏，致其无法再被完整地读取使用。在发生存储数据丢失或删改情况下，数据的财产价值会遭到一定程度的毁损。侵权责任法赔偿损失侵权责任以填补损失为原则，在原告未能提供充分有效的证据证明其因侵权所受的具体损失的情况下，原审法院综合考虑本案基本案情酌定本案赔偿数额并无不当。

制具有滞后性，企业数据权利保护也不能主要依赖于刑法保护，刑法保护具有惩罚性，还应当保持必要的谦抑。不过，如果没有民事性法律的充分保护，则刑法的保护将难以保持谦抑，也无法与民法等保护方式形成梯度，未来需要多部门法并进。综上，行为规制模式容易导致权利归属的不确定性，责任追究存在较大弹性的问题。

三、分类保护模式分析

有观点认为，数据难以有统一的确定的权属，而需要根据具体场景进行确定。具体的理由为，其一，将数据权属完全配置给个人将产生极高的交易成本与沟通成本，不具有现实可操作性；其二，将数据权属完全配置给平台，可能对个人的著作权等知识产权或公民的数据隐私造成巨大的风险；其三，将数据权属配置给个人和平台共有，将存在类似的妨碍数据流通与数据共享问题，因为双方的处理行为都需要得到对方的同意；其四，如果数据被认定为公共产品，个人数据权和平台的合理数据权益都可能得不到保障，尽管可以促进数据流通和数据共享。而这种困难出现的主要原因是数据具有多重性质，而其性质又往往依赖于具体场景。在平台数据属于个人数据内容时，应优先适用隐私法保护；在平台数据具有类似数据库的性质时，则可以参考数据库权益进行保护；而在平台数据呈现出公共性时，法律保障数据的共享与流通成为重点。因此，对于平台数据的保护是一种随机应变的事宜，而非一成不变的内容。[1]

该种场景化理论注意到数据具有个人人格属性、企业财产属性以及公共利益属性的多重属性，具有相当的合理性，这也是数据治理中应当全面考虑的问题。但当数据属于纯粹的个人数据时，即并非数据集合的概念，对于企业数据而言，个人数据集合才是其真正的利益所在，所以，对于个人数据的人格权保护与个人数据集合的财产权保护二者并非同一层面。平台数据具有类似数据库性质时需要类似数据库权益的保护的观点则是与企业数据之数据集合性质相符，但在创新方面，数据库保护要求更高，如按数据库思路将可能导致企业数据内部数据库的条块分割且边界不清。而在平台数据呈现出公

---

[1] 参见丁晓东：《数据到底属于谁？——从网络爬虫看平台数据权属与数据保护》，载《华东政法大学学报》2019年第5期。

共性时，则需要保障数据共享与流通，这种观点也是在数据集合基础上的合理使用或强制流通之类的公共利益保障制度，并不能改变基本的权利归属，否则就既是私有利益又是公共利益。因此，场景化的理论关注到数据的多维属性，但将多维属性等同视之则存在主次不明的问题，对于企业数据而言，其财产属性是第一位的，如没有利益的驱动，企业数据集合就不会形成。其中个人数据由于其人格属性具有追及性，直至匿名化处理完成时才止步，对企业数据权利形成前在的限制。当前《通用数据保护条例》（GDPR）规定了诸多的个人数据权能，正是个人数据之人格权支配性的体现，形成了对于财产权的约束。而公共利益的限制对于企业数据之财产权也不可能形成压倒性的限制，只能是阶段性或局部的，否则数据企业也没有积极性继续经营数据产业。丁晓东的观点提示了基于不同主体的不同利益需要不同的法律进行规范，显示了数据的复杂性，但如果从更宏观的视野可知，知识产权、物权等也涉及不同主体的不同利益，一直也是各种性质的法律规范进行调整，多重属性的存在并不影响或改变基本属性。

丁晓东的观点后来进行了调整，认为以绝对化和排他性的财产权对企业数据进行保护，会妨碍数据的流通和共享，应该用类型化、场景化的方式予以保护，因为数据本质上具有非竞争性和非排他性的特点。具体地说，就是将企业数据分为三种，即采用反不正当竞争法保护公开数据、采用类似数据库的特殊保护方式保护半公开数据、采用商业秘密保护模式保护不公开数据。[1]该观点把物权所有权的绝对排他性对数据进行简单套用，事实上还需要进一步区分各种权利的排他性程度，防止简单得出没有绝对排他性就不能确定权属的结论。此观点与前述观点存在较大的变化，即不再按照数据所具有的特性进行分类保护，而是以公开的程度进行保护。这首先面临的问题是公开的界定存在争议，对于个人用户而言，企业数据大部分都是不公开的，而对于类似的数据企业而言，则根据技术措施决定是否属于公开数据，是采用普通人标准还是专业标准容易产生分歧。如果标准不确定，则会存在 A 标准下公开而 B 标准下不公开的情形。其次，混淆了内部确权与外部救济的区别，单纯以反不正当竞争法对公开数据进行保护，缺失了公开数据的定性和

---

［1］ 参见丁晓东：《论企业数据权益的法律保护——基于数据法律性质的分析》，载《法律科学（西北政法大学学报）》2020 年第 2 期。

权利归属的前提,而这将给具体案件的处理带来不确定性。而商业秘密因其被公开则不再具有秘密性从而无法获得保护的规定也与企业数据的保护初衷相去甚远。将企业数据视为商业秘密在客观上也可能助长对其他主体数据权利的不法侵害。由于网络具有天然的技术性和隐秘性特征,如果企业持有的秘密数据仅因失密而不再受到法律的保护,那么这等于变相鼓励了其他数据企业通过不正当手段获取不公开的数据。

还有观点提出所有权和用益权相区分的思路。[1]此种区分注意到数据权利权能的分离,具有合理之处。但该种区分仍是传统物权的思路,是在物权体系层面的区分,而数据的所有权并不适用完整权能的物权体系。对于原生数据,由于数据企业合法占用,因此在用户同意的情况下形成合法的用益物权的状态基本符合这种区分,但对于衍生数据或部分数据产品,数据企业通过技术或物理隔离就拥有很强的排他性权利,这是一种与所有权类似的排他性权利,此时所有权和用益权合一。因此,上述观点均忽视了企业数据的内部结构的层次性,而只是从笼统的特性出发分别对应总结出各方主体的权利。对于企业数据的保护,更应该是在企业数据内部结构的事实分层的情况下,对于不同的数据类型及不同主体进行分类保护,而不是根据其所具有的特性(如公开程度)进行分类保护。不同的数据类型可以具有多维属性,但仍需要注意到基本属性和其他属性的区别。

四、企业数据权益保护的路径选择

对于数据权利保护的路径选择,可以参考霍菲尔德权利理论。霍菲尔德权利理论的合理之处在于深入地挖掘了权利的纵深范围,将更接近于自然权利的自由、排他权作为权利之初始极,支配权为第二位的权利,是在排他权之下的处分权。传统的物权由于长期局限于有体物,事实上的全面支配促成了所有权为绝对支配权的传统印象和结构,在无体物被规范之前物权体系具有不可置疑的地位。但无体物由于其物理边界的不确定而无法实现类似物权的绝对支配权,将以往以支配权为重心的物权理论直接套用总会有捉襟见肘的感觉。在无体物的经济价值没有被激发出来之前,物权理论和相应的权利体系足以应对各种情形,但在知识产权出现之后,开始打破物权体系的神话,财产权的上位概念具

---

[1] 参见申卫星:《论数据用益权》,载《中国社会科学》2020年第11期。

有了必要性，从物到财产的拓展和延伸具有了重大意义，有观点因此还提出"物格"的概念，与人格相对。[1]在主客二分的世界里，客体具有更大的范围和更远的边界。知识产权已经突破了物权体系，以排他权作为其标尺，这正与霍菲尔德权利理论中的特权或自由相应，特权或自由是连接自然权利和法定权利的接口，一头连着自然权利，另一头开启法定权利。

当运用排他性作为权利之起点时，即可以解释企业数据的诸多现象。其一，企业数据财产之事实起点为原生数据集合，其一端连接着个人数据和非个人数据，另一端连接着数据集合。个人对个人数据享有排他性权利，其通过知情同意让渡了部分权能，但并没有让渡其拥有的终极的对于人格处分的排他权，在数据被收集后，个人对于个人数据因人格权始终有追及权。非个人数据方面，如果属于公共数据，则数据企业无法排除其他主体对于公共数据的利用。但对于企业而言，其一，如果数据企业对于公共数据的收集和编排、处理投入了必要的成本，且能够产生分散的公共数据所不具有的价值，则其具有相应的排他权，其排他权来源于其收集整理的公共数据集合的特殊价值，此时的数据产品具有可交易性。对于其他同行业的数据企业而言，如果其未经同意则进行收集，则存在不正当竞争的问题。而对于其他非同行的数据企业而言，未经同意的收集也侵犯了数据企业的排他性权利，如果产生的功能形成实质性替代，则同样可能构成不正当竞争行为。其二，数据企业对于数据集合的排他性随着其投入的增加和匿名化处理而逐渐增加。数据企业的运行模式主要是形成对数据的"控制"并以此营利。因此，其所投入的成本主要在于对原生数据进行收集及匿名化处理，以弱化甚至消除个人对于个人数据的排他性控制，从而取得更强的排他性后进行交易或使用并由此创造价值。个人对于人格利益的绝对排他性权利在匿名化完成时失效，数据企业的排他性权利上升，这种排他性在数据发展至数据产品形态时最为突出。[2]而对于非个人数据，则由于数据企业投入的增加，数据集合形成单个公共数据所不具有的价值，数据企业享有更强的排他性。但对于公共数据所具有的公共利益属性形成的限

---

[1] 参见杨立新、朱呈义：《动物法律人格之否定——兼论动物之法律"物格"》，载《法学研究》2004年第5期。

[2] 参见李健男、高宁宁：《企业公开数据权益保护的复合路径——基于数据形态进化的可能选择》，载《北京行政学院学报》2023年第2期。

制，数据企业不得因其投入而进行反限制。目前并无相关的规定直接确认企业的数据财产权利，而是在个人数据保护的基础上延伸或反推出企业数据权利。但是，"可识别"具有变动性和技术性，即由于技术进步相关的识别可能会发生变化，因此，以"可识别"作为个人数据的判定标准，不仅需要面对无法精确确定判断标准的难题，还会将以价值判断为主的法律带入技术判定的语境甚至是操作困境中去。

对于企业数据的正向赋权与对其他主体的行为规制并不矛盾，而是一体两面的存在。无救济则无权利，无行为规制则赋权应有的价值就会流失。因此，以往赋权理论与行为规制理论的争议应理解为并非在于其目的而在于其侧重点，二者目的均在于保护正当利益，但赋权理论是从内部发掘正当性，即展示出数据企业对于数据排他性的内部合理性。行为规制理论是从外部约束其他主体的行为边界，无论是通过侵权法、反不正当竞争法甚至刑事法，均是对其他主体行为边界的控制，而该种控制仍然以内部正当性为基础，如果没有预设的先在的内部正当性，则外部行为的边界也是无本之木。考虑到私力救济的有限性和国家对私力救济的限制，个人无法直接依据行为规制的相关规定进行自卫反击，还需要通过司法体系进行确认和裁判，因此，具有滞后性和更大的不确定性。单一的责任规则之下，由于行为规制缺乏清晰的界限无法形成更为稳定的可预期的保护标准。因此，如果合规成本超过商业创新的潜在收益，从自身利益出发的老牌企业可能更倾向安于现状而不愿推陈出新，而那些初创企业则更不敢大胆地开发新产品和新服务，这些都不利于数据产业可持续发展。尽管内部正当性的边界也经常遇到边界不够清晰的困境，但其内部正当性的发掘正好可以弥补外部行为规制正当性的论证，具有根本的价值。而不同形态数据主要适用的保护路径也有区别，当前的数据存在原始数据、数据集合、数据产品的不同形态，不同形态数据的价值性、特定性和可转让性存在差异，数据集合由于财产属性较弱，其保护应以行为规制路径为主，而数据产品在价值性、特定性和可转让性方面均具有显著性，因此，未来可以考虑强化对数据产品的支配与排他权能的构建。[1]

在赔偿标准的确定方面，对于企业数据的侵权也面临着难以确定赔偿金

---

〔1〕 参见李健男、高宁宁：《企业公开数据权益保护的复合路径——基于数据形态进化的可能选择》，载《北京行政学院学报》2023年第2期。

额的问题。与知识产权类似，数据的排他性具有内在合理性，但却由于数据便于流动欠缺外在的可操作性，需要通过法律拟制的排他性才能得到实现。在专利领域，如果缺乏对专利的有效保护，则会有更多的技术方案以商业秘密的方式存在。在数据领域，如果缺乏对于数据的有效保护，则也会有更多的数据企业采取保密措施等方式以保持对于企业数据的独占性和排他性。数据的流动性导致的另一个问题在于侵权的损失不易测量。与有体物不同，对于某个有体物的损失总是有公开的市场价格可循，但对于排他性权利的侵犯，一方面难以界定对排他性的破坏程度，即权利边界不够清晰，另一方面在于对排他性权利侵犯的损害结果不易评估。侵权赔偿的假设在于如果不侵犯可能获得或保持更多的利益，但由于数据的流动性，侵权的结果却未必会带来损失。比如天眼查对于企查查数据的不当爬取反而可能激发更多用户转向使用企查查，因为，既然天眼查的数据来源于企查查，为什么不直接使用企查查呢？知识产权法律采用了被侵权人的损失、侵权人的收益或许可费率的标准确定赔偿金额的方法，数据侵权的损失大体类似，即对于被侵权人损失和侵权人收益，应该以更高者为标准，无法查清的情况下，则根据市场情况酌情处理。

第三节 企业数据权力规制

人机伦理的难点，不在机器智能的强弱，或抽象意义上的人机整合/共生，而在于重新塑造了人与人之间的关系。数据企业与合作者、用户或同行业企业之间对数据的运用能力悬殊，大型平台企业与其他主体之间形成了不平等的数据权力格局。数据权力具有隐蔽性、技术性和马太效应，对各方主体利益和数据产业发展形成威胁。需要从外部对数据企业的行为进行规制，同时还需要数据企业对其内部行为和数据技术植入必要的伦理标准和道德要求，以构建各方主体权利义务的公平局面。

一、数据权力的生成

一直以来的传统观念中权力均具有强制性内涵，并将权力视为一种获得利益的硬性手段。但当代的海量数据可以转化为信息，掌握了数据资源就意味着掌握了权力，信息就能成为权力产生的关键源泉。[1]究其原因，信息是判断和决策的基础，掌握信息资源可以作出更准确的判断，而且随着数据介入能力的增强，现在的大数据功能已经不局限于预测，而是可以介入、改变、塑造甚至可以控制。信息不对称导致各主体相互关系的严重不平等，处于信息资源劣势的相对方处于被动地位，从而形成双方的权力关系，大型数据平台正在改变传统的权力格局。[2]从信息作为知识的来源的角度，其本身也蕴含着权力的特质，信息的积累为专业化的知识体系奠定基础，而专业化的知识往往代表权威，对他者形成话语权。当前大数据及大数据技术已经形成广泛的话语权，整个社会所形成的数据主义即是对大数据及大数据技术的崇拜、信任和依赖。[3]从政治学理论角度，数据权力遵循权力的逻辑，不断形成、改变和支配新的政治、经济、社会关系。掌握大数据资源和先进技术的数据企业事实上成为数据权力中心，以数据作为衡量标准的权力中心正在形成。[4]因此，约瑟夫·S. 奈（Joseph S. Nye）指出，权力"正在从'拥有雄厚的资本'转向'拥有丰富的信息'"，而且"对新信息及时做出反应的能力是一种至关重要的能力权力资源"，这种区别于硬性权力的形式就是"软权力"。[5]

与传统权力的显性表现不同，数据权力具有隐秘性。一般认为，权力只有在被展示、使用时才能得到最直观的感受，但身处网络社会权力场域中的用户却难以发觉已被权力所左右，这恰是数据权力最可怕的地方。网络模式已经渗透到用户生活的方方面面，成为用户自然而然的习惯性存在。数据企业如同全景敞视监狱一般，无时无刻不掌握着所有用户的痕迹。其次，数据权力具有技术性。与传统权力以强制执行力为背景不同，数据权力以技术为基础。数据企业依靠先进的数据技术对数据进行收集、存储、处理、分析、

---

〔1〕 See Andreas Weigend, *Data for the People*: *How to Make Our Post-Privacy Economy Work for You*, Basic Books, 2017, pp. 11-12.

〔2〕 See Sara McCorquodale, *Influence*: *How social media influencers are shaping our digital future*, Bloomsbury Publishing Plc, 2021, pp. 99-102.

〔3〕 参见［美］尼尔·波斯曼：《技术垄断：文化向技术投降》，何道宽译，中信出版集团2019年版，第162页。

〔4〕 参见王静等：《算法：人工智能在"想"什么？》，国家行政管理出版社2021年版，第80-81页。

〔5〕 参见［美］约瑟夫·S. 奈：《硬权力与软权力》，门洪华译，北京大学出版社2005年版，第105页。

运用，从而形成对用户的引导和控制，这个过程主要依赖精湛的算法技术和人工智能。算法（Algorithm）代表着用系统的方法描述解决问题的策略机制，从国外的脸书、谷歌到国内网民普遍使用的抖音和快手，通过不断更新算法方式，做到更加精准地揣测、判断用户的观看、使用喜好。人工智能以算法为基础，但侧重于系统的自我学习、深度学习，[1]从而能够形成类似于人类的智慧和能力。[2]其核心在于自动化决策，正是这种技术的运用使控制无需强制，从而具有很强的隐秘性。这种隐秘性将公众塑造成为"市场社会中无意识的利益相关者。"[3]再次，数据权力造成马太效应。大数据及大数据技术的重要特征在于其具有 5V 特征，其中重要的一点是速度快，不仅数据收集和处理快，而且更新迭代的速度也非常快。无论是纵向的数据企业与个人用户之间的差距还是横向企业之间的距离均在不断拉大，这种情况下容易形成强者更强弱者更弱的局面。赫拉利甚至预言，随着大数据的推进，传统的政治架构和权力架构将发生重大变化，数据权力将被转移到智能数据系统。[4]

该种权力关系在纵向上最为明显的即是数据企业对个人的精准推送、算法歧视、大数据杀熟。被推送者对于被收集了多少数据、被如何精确测算没有足够的辨识能力，但数据企业却已经收集、跟踪、监控、测算了用户的全部数据，可以说用户在数据企业面前为透明状态。该种权力关系还形成用户对于平台、游戏、网络的依赖性，该种依赖性以大数据技术对于人类生物性的超越为基础，即大数据技术轻而易举地战胜了个人的自制、理性，从而造成个人对于虚拟世界的"瘾"，比如类似点赞按键的设计让无数用户追求网络社交中的被认同感。在无数个体被信息茧房限制的情况下，集体的生活、社交、学习、工作状态被改变，数据企业甚至将"通过知识产权和技术锁定排除不支付费用的人"[5]

---

[1] 参见张云泉等编著：《人工智能三驾马车——大数据、算力和算法》，科学技术文献出版社 2021 年版，第 150 页。深度学习是一种可令电脑形成大规模人工神经网络（类似于人脑神经网络）的机器学习。

[2] 参见刘鹏主编：《大数据》，中国工信出版集团、电子工业出版社 2017 年版，第 193-196 页。

[3] [英] 洛伦佐·费尔拉蒙蒂：《数据之巅：数据的本质与未来》，张梦溪译，中华工商联合出版社 2019 年版，第 36 页。

[4] 参见 [以] 尤瓦尔·赫拉利：《未来简史：从智人到智神》，林俊宏译，中信出版社 2017 年版，第 338-342 页。

[5] [澳] 彼得·达沃豪斯、约翰·布雷斯韦特：《信息封建主义》，刘雪涛译，知识产权出版社 2005 年版，第 252 页。

"随着技术的进步,监控的程度和范围肯定会急剧增加",[1]说到底,是掌握信息、技术优势的少数主体对大部分个人及组织的软性控制,普通民众的声音"想要被听见却仍然难上加难"。[2]在横向上则是数据企业的垄断性形成对其他合作者、同行业压制,大大限制了行业竞争和行业发展。例如,2021年10月8日,美团因"二选一"政策被国家市场监督管理总局处以行政处罚,罚款34.42亿元。[3]美团因其海量的数据优势,成为外卖平台中的佼佼者,其"二选一"的政策,既是对入驻商户的碾压,使入驻商户不再是平等对话的合作伙伴,也是对其他外卖平台的非正当打击,如不加规制,此类优势企业所推出的"二选一"政策将进一步扩大其市场占有率并强化其垄断地位。

数据权力的不当运行将对个体和社会的各个方面产生不利影响。当前的网络环境让用户的选择自由逐渐退化,如果说工业资本主义危害了自然,那么,数据资本主义则更为贬损人性。用户形成了依赖和习惯,缺乏了反思和拓展,使得无数个体在无意识中拘泥于算法所强制营造的个性化的小小封闭语境中,并且无法察觉。算法社会是科技精英社会,在信息的单一结构中,一般个体将这些被动接受的信息视为唯一的真理,不易理解、包容不同意见,更难以调整和完善自身的观点,最终被算法牵着鼻子走,在貌似无数的选择中失去了选择自由。这造成个体对选择是否存在无意识,即使有意识也面临无从改变自身及其环境的困境。数据权力也对充分自由的竞争造成伤害,市场竞争是激发市场活力和促进经济发展的重要引擎,但随着马太效应的影响,数据产业内部形成严重的分化。垄断尽管是由创新和领先而致,但垄断却又是创新和自由竞争的天敌。数据权力还可能造成社会的割裂与失调,数据权力对社会生活方式的塑造改变了原有的社会运行方式,诸多个体的时间被网络社会吸引,虚拟世界形成与现实世界争夺注意力和精力的存在,而个体在网络中的楚门世界加剧了社会区隔、部落式群体分裂与交流鸿沟,这对于现实权力的高效运行及和谐社会的建立产生不利影响。因此,数据权力如无法得到有效规制,则可能将人类社会导向异化空间,个人之自由全面发展的终极目标也难以实现。

---

[1] [美]凯西·奥尼尔:《算法霸权》,马青玲译,中信出版社2018年版,第110页。
[2] [美]马修·辛德曼:《数字民主的迷思》,唐杰译,中国政法大学出版社2016年版,第185页。
[3] 参见国家市场监督管理总局国市监处罚〔2021〕74号行政处罚决定书。

二、数据权力的外部规制

纵向数据权力首先反映的是数据企业之财产权利与个人之人格权利之间的冲突。当前数据企业的发展过程中均不同程度地对个人权利进行了克减或剥夺，甚至大多数时候该种减损是以当事人不知情的方式完成的。而人格权具有基础地位，没有人格权的前提则所有的发展都将失去方向，认为人格可以交换从而产生交换价值的观点显然忽视了物化的交易将造成个人无法对人格要素进行充分保护的后果，数据企业的数据权力也将不受约束，相反，数据企业的数据财产权利更应该以个人人格权利为边界。当前欧洲的《通用数据保护条例》（GDPR）以及我国《个人信息保护法》均加强了个人对于个人数据、信息的支配权，其有助于克服过往的个人人格权处于半休眠状态下的消极、被动特征。知情同意权、更正权、删除权、限制处理权等积极权能的规定，是加强个人权利对抗数据权力的可能的途径。尽管个体之间运用各种权能的能力存在巨大差距，部分权能甚至运用的几率不高，但依然可能形成对数据权力的制约效果。

针对个人的数据权力行为方面，我国《个人信息保护法》专门进行了回应。首先规制的是不提供个人数据就不提供产品或服务的行为。该种行为是一种典型的权力型行为，数据企业以其优势地位通过强制方式对用户提出了更高的要求，这与传统的捆绑销售具有相似性，传统的捆绑销售中，消费者对于被捆绑的部分产品往往缺乏需求，但在供方市场环境下被迫对该部分产品支付对价，事实上相当于对所需要购买产品付出了额外的代价，如不支付，就连希望购买的产品也无法获取。不提供个人数据就不提供产品或服务的数据权力行为与之类似，对于数据企业而言，个人数据就是稀缺性的对价，个人对接受之服务或产品给予过多的个人信息就相当于支付了超出应付的对价。必要性原则提出了最小化的要求，最小化要求的实质是对数据企业所提供之服务或产品确定合理的个人信息对价，强制用户提供超出必要的个人数据则属于数据权力行为。其次是对于精准推送的限制。算法正在侵蚀人的主体性，人在客观层面的特殊性随着科技的发展逐渐弱化，[1]但各国法律对于精准推

---

[1] 参见陈姿含：《人工智能算法中的法律主体性危机》，载《法律科学（西北政法大学学报）》2019年第4期。

送存在左右摇摆的态度，尽管都认识到精准推送是数据权力对个体控制的直接体现，但各国法律均没有一刀切禁止该种行为，而采取了折中的、更为缓和的路径，一方面允许精准推送，但需要设置更为方便、清晰的选择是否接受的选项按键，另一方面需要同时推送常规内容。表面上看这种做法兼顾了数据企业的经济利益和个人的选择自由，但正如前述，个人与数据企业存在巨大的信息不对称，商家在设计页面时往往会淡化常规推送内容以获取用户更多的消费，个人根本无法在短时间内判断并区分哪些属于或不属于精准推送的内容，而精准推送本身又符合用户的喜好，用户似乎更愿意浏览那些被商家刻意助推的内容。[1]因此，在未来需要更进一步明确其精准推送的可识别化规范，以真正让用户简单识别、自由选择。再次是生物性识别数据的限制性运用。以人脸识别为例，当代的人脸识别系统已经非常之精准，且个人人脸不同密码，不具有可变更性。因此，大规模的公共区域人脸采集系统可能直接导致数字监视。[2]2019年5月，美国旧金山市成为世界上第一个对人脸识别技术说不的城市，该市为了保护隐私和制衡监控禁止在政府部门使用人脸识别技术。在大数据时代，政府治理从以政府为中心过渡到以国民为中心，正在向以每个人为中心的新形态转变，当代政府治理的核心思想是主动公开和共享信息，保障国民的主动参与，注重沟通与合作。所以技术治理和技术统治不一样，技术要回归到"以每个人为中心"的治理本质上来。《通用数据保护条例》（GDPR）第9条第2款规定了人脸识别运用的原则禁止、特殊例外的原则，数据控制者可援引数据主体的同意，但该同意必须是自由给予并高度明确的。

《通用数据保护条例》（GDPR）第9条第2款要求处理特殊类别的个人数据需要满足以下一个或多个条件：个人数据处理对控制者履行责任和行使其特定权利是必要的，数据主体因身体原因或法律原因无法表示同意，但处理对保护数据主体或另一自然人的核心利益是必要的、对数据主体已经明显公开的相关个人数据的处理、当处理对提起、行使或辩护法律主张必要时、处

---

[1] 参见［立陶宛］伊格纳斯·卡尔波卡斯：《算法治理：后人类时代的政治与法律》，邱遥堃译，上海人民出版社2022年版，第91-100页。

[2] 计算机根据某些特定规则，分析人们某些活动的过程，就是数字监视。参见［美］劳伦斯·莱斯格：《代码2.0：网络空间中的法律》，李旭、沈伟伟译，清华大学出版社2018年版，第224页。

理对实现实质性公共利益是必要的、处理对预防性医学或临床医学目的是必要的、公共健康领域、处理为实现公共利益所必要的、处理为实现符合公共利益的、科学或历史研究目的或统计目的是必要的等有限的例外情形。[1]然而，尽管有这样的限定性条款，但公共利益的确定及边界仍存在困难，[2]欧洲议会还是在2021年10月6日投票通过决议，呼吁全面禁止在公共场所进行自动人脸识别，为防止人工智能的歧视，尤其是在执法和过境检查方面的应

---

〔1〕《通用数据保护条例》（GDPR）第9条规定，特殊种类的个人数据处理：1.对揭示种族或民族出身，政治观点，宗教或哲学信仰，工会成员的个人数据，以及以唯一识别自然人为目的的基因数据、生物特征数据，健康、自然人的性生活或性取向的数据的处理应当被禁止。2.如果符合以下情形，则第1款不适用：（a）数据主体对以一个或数个特定目的对上述个人数据的处理给予了明确同意，但依照欧盟或者成员国的法律规定，第1款规定的禁止情形不能被数据主体援引的除外；（b）数据处理为实现控制者或数据主体在工作、社会保障以及社会保障法的范畴内履行义务、行使权利之目的，则是必要。应当在欧盟或成员国的法律认可下，或者依成员国对数据主体的基本权利和利益提供适当的保障的法律规定订立的集体协议的范围内实施；（c）数据处理是对于保护数据主体或另一个自然人的切身利益之必要，但数据主体物理上或法律上无法给予同意时；（d）数据处理是由政治、哲学、宗教、工会性质的协会、组织或其他非营利组织在有适当安全保障的合法活动中实施的，处理应当仅仅与该组织的成员或前成员或与该组织依组织宗旨为联系的定期联系人相关，并且相关个人数据未经数据主体同意不得向组织外的人披露；（e）处理被数据主体明显地公开的个人数据；（f）数据处理为合法诉求的成立、行使或辩护或者法庭司法权的行使之必要；（g）为了实质的公共利益，数据处理是必要的。依欧盟或者成员国的法律，追求该目的是适当的，应当尊重数据保护的基本权利，应当提供适当、特定的措施来保障数据主体的基本权利和利益；（h）为实现以下目的，数据处理是必要的。为了预防医学和职业医学，为了雇员的工作能力评估，医疗诊断，提供卫生社会保健或治疗或卫生社会保健体系以及服务的构建，应当依欧盟或成员国的法律或者依据与保健专业人士的合同，并且遵守第3款要求的条件和保障；（i）在公共健康的领域为了公共利益的考量，对于特定专业秘密的数据处理是必要的。譬如，抵御严重的跨境卫生威胁，确保卫生保健、药品或医疗器械高标准的质量和安全，依据欧盟或成员国的法律规定以适当的、特定的措施来保障数据主体的权利与自由；（j）为了公共利益、科学或历史研究的目的，或者统计的目的，依照第89条第（1）款基于欧盟或者成员国的法律，追求该目的是适当的，应当尊重数据保护的基本权利，应当提供适当、特定的措施来保障数据主体的基本权利和利益。3.为实现第2款（h）项中的目的，第1款中的个人数据可能被处理，那些数据应当被一个依欧盟或者成员国的法律或国家法定机构制定的规则负有保守专业秘密的义务的专业人士处理，或者说这是他的责任；或者由另一个同样依据欧盟或者成员国的法律或国家法定机构制定的规则遵守保密义务的人处理。4.成员国可以保持或者引进进一步的条件，包括指向基因数据、生物特征数据或者健康数据的个人数据处理的限制。

〔2〕参见刘作翔：《权利冲突：案例、理论与解决机制》，社会科学文献出版社2014年版，第340-343页。任何一种权利均有合理的限度，即以不侵害别人的权利为限。但公共利益并非绝对优先，仍需要根据具体情况进行分析。

用，对警方使用人工智能进行预测性警务活动实施严格限制措施，[1]并提出无论人工智能辅助系统提出何种建议，最终的决定必须始终由具体的自然人作出。我国《个人信息保护法》对于敏感信息进行了较为宏观的规定，具体将由分类分级规定落实，是否借鉴欧洲议会全面禁止在公共场所使用面部识别技术有待观察。

对于数据企业的垄断行为，则主要是通过垄断法和经营者集中申报制度进行治理。[2]垄断法是解决已经发生的垄断行为，经营者集中申报制度则主要是对垄断结果的预防。以美团因"二选一"垄断行为被罚34.42亿元为例，美团的市场份额超过了50%，可以推定具有市场支配地位，2018-2020年，美团网络餐饮外卖平台服务收入在中国境内主要网络餐饮外卖平台服务收入中，份额分别为67.3%、69.5%、70.7%，订单数量占比则为62.4%、64.3%、68.5%，其通过新店流量加权、平台补贴、优先配送、扩大配送范围、降低起送价格等方式对独家和非独家合作经营者进行区别对待，并采取人工智能对合作经营者在其他平台的上线情况进行监控，将与经营者的平等合作关系异化为权力支配关系，全面损害了经营者、消费者、外卖平台行业的多方利益，因此，监管部门按美团2020年度中国境内销售额114 747 995 546元的3%进行处罚。[3]通过该案可以清晰看到，美团的发展因其数据规模及数据技术的优势形成了行业领先地位，而其推出的垄断性政策也是在大数据及数据技术的支持下才得以实现。经营者集中申报制度是一种防范性体系。2021年7月，国家市场监管总局依法对多家互联网企业违法实施的22起经营者集中案件分别作出罚款50万元的行政处罚决定。[4]以

---

[1] 参见《欧洲议会：禁止警方在公共场所进行自动面部识别》，载澎湃新闻网，https://m.thepaper.cn/newsDetail_forward_14803997，最后访问日期：2023年4月25日。欧盟以377∶248的投票结果通过一项在警察和司法部门使用人工智能系统的决议——禁止警方在公共场所使用面部识别技术，并对其使用人工智能进行预测性警务活动实施严格限制措施。该投票结果体现了多数人对于禁止在公共场所使用生物识别技术的意愿，但仍有相当比例的议员选择反对禁止，也反映了使用该技术所可能带来的价值。

[2] 日常的行政执法与垄断执法不同，垄断执法直指数据资源垄断，而平时的行政执法更多的是立足于数据行为规范性内容。

[3] 参见国家市场监督管理总局国市监处罚〔2021〕74号行政处罚决定书。

[4] 参加《市场监管总局依法对互联网领域二十二起违法实施经营者集中案作出行政处罚决定》，载国家市场监督管理总局网，https://www.samr.gov.cn/xw/zj/art/2023/art_134c5f3fce7f43e89494141024479b18.html，最后访问日期：2023年4月25日。

腾讯控股有限公司收购中国音乐集团股权案件为例，调查显示，交易前双方居市场前两位，实力相当，竞争紧密。根据消费者在备选平台间的流向选择，腾讯旗下QQ音乐73.6%的用户流向了中国音乐集团旗下的酷狗音乐和酷我音乐，这说明如果QQ音乐涨价或降低服务水平，可能有73.6%的用户流向中国音乐集团旗下平台，双方互为较为紧密竞争者。继续集中将减少相关市场主要竞争对手，进一步弱化市场竞争。[1]此类经营者集中行政处罚案件防患于未然，在用户流量和数据为王的时代具有特别重要的意义。此外，垂直收购和整合也将形成垄断优势，比如谷歌一直实施的垂直整合中介服务的行为在达到一定的程度时也很大可能形成垄断地位。但由于过去很长一段时间的法律是围绕线性企业如何运行而制定，"大多数行业里的规章制度还没有适用于平台"，因此，未来需要根据平台的特点和内容制定更具有适应性的规定。[2]

三、数据权力的内部规制

数据企业的内部规制也得到各方重视。在行政处罚同时，我国国家市场监管总局2021年对阿里巴巴集团控股有限公司发布了一份《行政指导书》，明确建议平台企业要"建立消费者、平台用户、社会专家等对平台企业的外部评价机制，自觉接受社会监督，不断完善平台内部治理规则。"[3]美国的脸书公司则于2020年从全球各地遴选专家人选组成外部监督委员会，共同参与平台内容治理。这些业界最新动态实际上反映了一个越来越明显的趋势，即基于多元共治思想进行平台责任分配和平台规则制订，以此寻求平台治理的权力与责任的平衡。

行业的自律具有特殊的重要性。法律的发展往往滞后于行业的进程，严格的法律制定一定要伴随着企业的自律。由于当代科技的更新速度如此之快，

---

[1] 参见国家市场监督管理总局国市监处〔2021〕67号行政处罚决定书。

[2] 参见[美]亚历克斯·莫塞德、尼古拉斯 L. 约翰逊：《平台垄断：主导21世纪经济的力量》，杨菲译，机械工业出版社2017年版，第238页。

[3] 国家市场监督管理总局国市监行指反垄〔2021〕1号行政指导书。《行政指导书》开篇指明："本机关依据《中华人民共和国反垄断法》（以下简称《反垄断法》），对你公司滥用市场支配地位行为进行了调查，并依法作出行政处罚决定。根据《中华人民共和国行政处罚法》坚持处罚与教育相结合的原则，结合调查中发现的问题，现提出行政指导意见，请你公司根据指导意见进行全面整改，依法合规经营，建立健全公平参与市场竞争的长效机制。"

对网络和数据进行监管的法律往往跟不上节奏，[1]行业自律具有特殊的价值。在数据经历的从利益到权利的过程当中，行业对于自身有更直接全面的了解和理解，其行为自律性规范更可能切合实际，而立法是各方面的条件都已经成熟到一定程度的产物。而且，法律是最低的道德，行业自律可以更好地解决行业利益与道德的冲突问题，尽管严重有违道德的行为可能表现为违约、侵权、犯罪等。美国众议院提出的《2016数据经纪商责任与透明度提案》中明确指出，"现行法律无法为个人用户提供足够的隐私保护"，因此，数据行业的自律显得尤为重要，并催生了重要的数据行业自律组织，例如，从事数据隐私权保护活动的行业自律组织——美国电子隐私信息中心（Electronic Privacy Information Center，EPIC）；旨在为通过互联网直接收集他人个人数据提供广为接受的规范指引的美国在线隐私联盟（Online Privacy Alliances，OPA）；美国TRUSTe组织则已发展成为美国著名的隐私权保护第三方认证机构之一。这些组织在数据流通等环节均建立了体系的自律规范，以督促企业在进行数据流通时确保对个人隐私的保护。此类自律性组织和规范可以为立法提供参考，同时也是立法的重要补充。尤班克斯（Eubanks）提出"可以将无害化原则作为新世纪数据科学家、系统工程师、黑客和行政官员希波克拉底誓言的基础。"[2]

我国《深化标准化工作改革方案》（国发〔2015〕13号）提出大力发挥社

---

[1] 参见田广兰：《大数据时代的数据主体权利及其未决问题——以欧盟〈一般数据保护条例〉为分析对象》，载《中国人民大学学报》2020年第6期。

[2] ［美］弗吉尼亚·尤班克斯：《自动不平等——高科技如何锁定、管制和惩罚穷人》，李明倩译，商务印书馆2021年版，第180-181页。大数据时代的无害誓言：本人敬谨宣誓，尽我所能，遵守此约：我将尊重所有人的正直和智慧，承认他们有能力掌控自己的生活，我将乐于与他们分享本人知识能带来的所有好处；我将利用自己的技能和资源为人类的潜能搭建桥梁，而非制造障碍。我将创建一些工具来帮助有需要资源之人消除获取资源的障碍。我绝不会利用自己的专业知识加深种族主义、阶级主义、健全主义、性别歧视、恐同仇外、变性人歧视、宗教偏见等以往的偏见与歧视，以及其他形式的压迫。我将以史为鉴。无视四百年来对穷人的压迫无异于串谋那些"无意为之"却不难预料到的结果之中。当平等和善意被认定原初状态时，即会出现此类结果。我将根据民众需要而非数据价值来加强系统整合。我将把系统整合作为满足人类需求的机制，而不以此加强对人民无所不在的监视。我不会仅因为数据本身去搜集数据，也不会因为我能留存数据之能力即将之留存。当知情同意和便捷设计相冲突时，知情同意始终在先。我不设计一个会损害穷人既有法定权利的数据系统。我将铭记，自己研发设计的技术不服务于数据点或某些可能性或某模式，而是服务于人类。

会组织在建设标准、促进创新、深化自律方面的积极作用。[1]《网络安全法》指出"国家支持相关行业组织参与网络安全国家标准、行业标准的制定",并鼓励社会机构开展网络安全服务。[2]《网络安全法》出台前后的一段时间,各行业组织出台了一系列的自律规范,2016年4月,中国信息通信研究院、数据中心联盟联合50多家企业共同发起了《数据流通行业自律公约》,对数据流通中的"数据权益""数据流通""数据应用"三个环节进行约束,规范流通平台、数据源、数据使用等主体的责任义务,倡导信息透明和第三方审计监督等机制。中国信息通信研究院2017年研究制定了《中国大数据行业自律公约》,这是在中央国家互联网信息办公室指导下,充分吸收国家已出台的相关政策、法律和标准的成果。与之相应,就线下数据事宜,中国信息通信研究院联合众盟数据等多家机构于2019年发布《线下大数据行业自律公约》,旨在维护线下大数据行业健康发展。

以深度学习、跨界融合、人机协同、群智开放、自主操控为特征的人工智能技术不断取得新突破,从2006年开始迎来人工智能的"春天"和"夏天",[3]在推动经济社会发展的同时,也带来了一系列风险和挑战,在国务院发布的《新一代人工智能发展规划》中,明确了推进人工智能发展的战略目标,要求进一步完善人工智能伦理规范体系,促进人工智能科学发展。中国人工智能产业发展联盟在国家发展和改革委员会创新和高技术发展司指导下,组织相关专家对国内外人工智能伦理、法律、战略等方面问题进行了跟踪和分

---

[1]《深化标准化工作改革方案》第3条(改革措施)第4项规定,培育发展团体标准。在标准制定主体上,鼓励具备相应能力的学会、协会、商会、联合会等社会组织和产业技术联盟协调相关市场主体共同制定满足市场和创新需要的标准,供市场自愿选用,增加标准的有效供给。在标准管理上,对团体标准不设行政许可,由社会组织和产业技术联盟自主制定发布,通过市场竞争优胜劣汰。国务院标准化主管部门会同国务院有关部门制定团体标准发展指导意见和标准化良好行为规范,对团体标准进行必要的规范、引导和监督。在工作推进上,选择市场化程度高、技术创新活跃、产品类标准较多的领域,先行开展团体标准试点工作。支持专利融入团体标准,推动技术进步。

[2]《网络安全法》第15条规定,国家建立和完善网络安全标准体系。国务院标准化行政主管部门和国务院其他有关部门根据各自的职责,组织制定并适时修订有关网络安全管理以及网络产品、服务和运行安全的国家标准、行业标准。国家支持企业、研究机构、高等学校、网络相关行业组织参与网络安全国家标准、行业标准的制定。第17条规定,国家推进网络安全社会化服务体系建设,鼓励有关企业、机构开展网络安全认证、检测和风险评估等安全服务。

[3] See Vijay Kotu, Bala Deshpande, *Data Science: Concepts and Practice*, Morgan Kaufmann, 2018, pp.314-315.

析，研究起草了《人工智能行业自律公约（征求意见稿）》，该稿于2019年5月31日面向社会层面公开征询意见，经研讨会、与相关企业及机构开展座谈最终形成了《人工智能行业自律公约》，公约编写的目的是明确人工智能开发利用基本原则和行动指南。为共同促进我国人工智能行业伦理自律，树立正确的人工智能发展观，引导和规范从业者行为，共同营造包容共享、公平有序的发展环境，形成安全可信、合理可负责的可持续发展模式，中国人工智能产业发展联盟邀请人工智能相关单位签署公约。此外，有代表性的行业公约还有《中国互联网行业自律公约》《中国数据分析行业自律公约》《互联网搜索引擎服务自律公约》《中关村大数据产业联盟行业自律公约》，国家新一代人工智能治理专业委员会发布的《新一代人工智能伦理规范》，深圳市人工智能行业协会与科大讯飞等数十家人工智能企业共同发起的《新一代人工智能行业自律公约》等。

经营者在市场交易中应遵守自愿、平等、公平、诚实信用的原则并遵守既有的商业道德。Robots协议被认定为是搜索引擎行业内公认的商业道德，应当得到遵守。鉴于目前互联网行业尤其是搜索引擎行业的现状，并考虑到互联网行业已经建立了中国互联网协会这一比较成熟的行业自律组织，以及行业内已经形成了自律性规定，搜索引擎服务商在与网站服务商或所有者就Robots协议发生纠纷时，不应故意违反Robots协议爬取其他企业拥有的数据，而应按照"协商-告知"规则进行处理。

前述公约的内容主要集中在下列几方面：一是宏观的行业性自律。即倡导行业内的机构遵守法律之规定，履行对于个人数据之保密责任，维护好行业的良性竞争，以促进行业的发展。比如《中国数据分析行业自律公约》第1条开宗明义规定了保证数据分析行业依法合规经营的目的，[1]《中国互联网行业自律公约》第7条也是在行业高度进行了规定。[2]二是行业及从业人员

---

[1]《中国数据分析行业自律公约》第1条规定，为保证我国数据分析行业依法合规经营，维护数据分析行业合理有序、公平竞争的市场环境，共同抵制行业内不正当竞争行为，促进数据分析行业健康运行，根据《中华人民共和国反不正当竞争法》等有关法律法规以及《中国商业联合会数据分析专业委员会工作条例》，经中国商业联合会数据分析专业委员会与相关从业机构共同协商，一致同意制定本自律公约。

[2]《中国互联网行业自律公约》第7条规定，鼓励、支持开展合法、公平、有序的行业竞争，反对采用不正当手段进行行业内竞争。

的道德要求和标准。《互联网搜索引擎服务自律公约》第 6 条对互联网搜索引擎行业的道德要求进行了设定,[1]《中国数据分析行业自律公约》第 9 条规定,数据分析师事务所和其他经营数据分析业务的机构在具体的从业过程中,要保证工作的独立、客观和公正。有文章观点提出在大学的科技专业教育当中就应当加强价值观的文化教育,以缓解科技危机的出现,[2] 这种做法可以视为是对从业人员的提前预警。美团受处罚的原因之一即在于其在企业内部对员工执行"二选一"政策进行培训及考核,该种行为不能为法律所容忍,当然也不能为行业自律性规范所允许。三是技术的道德内置。[3] 需要让技术精英与科技公司明白一个道理:"能够不等于可以",在大数据技术的开发应用中应该"有所为有所不为",虽然输入人员在数据输入时存在广泛的偏见,但仍要有所节制,[4] 而如何识别历史数据中既有的偏见,也进一步考验着数据工作者的专业能力和道德水平,[5] 因为很多时候,"数据可能只是反映了社会上普遍存在的偏见。"[6] 因此,技术在服从自身的逻辑和资本的驱动前,首先必须接受"伦理审计",以保障在利用数据获利的同时兼顾数据主体的权利。每一次科技革命都由科技精英引领,如果没有数据伦理的坚持,大数据将沦为精英的道场。一般认为纯粹的技术与价值无涉,对于技术中立的反驳也往往集中在对于使用技术的主体具有价值选择和利益倾向。但当前的算法所窥视的个人行踪及其内心,以及人工智能对价值选择的影响力均提示需要对算法和人工智能设定更高的道德值。人工智能的滥用以人性的弱点为突破

---

[1] 《互联网搜索引擎服务自律公约》第 6 条规定,自觉执行《互联网搜索引擎服务商抵制淫秽、色情等违法和不良信息自律规范》的规定,坚决抵制淫秽、色情等违法和不良信息通过搜索引擎传播,积极构建健康、文明、向上的互联网搜索引擎传播秩序。

[2] See Thorsten Botz-Bornstein, "Science, Culture, and the University", in Thorsten Botz-Bornstein ed, *The Crisis of the Human Sciences: False Objectivity and the Decline of Creativity*, Cambridge Scholars Publishing, 2011, pp. 7-10.

[3] 参见闫坤如:《人工智能"合乎伦理设计"的实现路径探析》,载《大连理工大学学报(社会科学版)》2019 年第 6 期。

[4] See Q. Ethan McCallum, *Bad Data Handbook: Cleaning Up The Data So You Can Get Back To Work*, O'Reilly Media, Inc., 2012, pp. 131-133.

[5] See Solon Barocas, Andrew D. Selbst, "Big Data's Disparate Impact", *California Law Review*, Vol. 104, No. 3., 2016, p. 672. 数据工作人员难免存在偏见,而过往的历史数据又沉淀并混杂着偏见的内容。

[6] See Solon Barocas, Andrew D. Selbst, "Big Data's Disparate Impact", *California Law Review*, Vol. 104, No. 3., 2016, p. 671.

口,靠用户的自制和认知明显不足以对抗人工智能,需要发展负责任的具有道德感的人工智能,助力社会治理走向"善治"。[1]因此,《人工智能行业自律公约》第1条明确要以人为本。人工智能的发展应当维护人类自由和尊严等基本权利,遵循以人为中心的原则,符合公认的道德伦理观念,防止人工智能削弱或取代人类地位,确保人机协同的经济社会背景下人类的自主性和能动性。[2]同时还规定了增进福祉、公平公正、避免伤害的基本立场。《新一代人工智能伦理规范》《新一代人工智能行业自律公约》规定了类似的内容。这充分说明在大数据行业中,人工智能具有重要地位,且直接影响到人的主体性地位,最终又存在可能颠覆人类自由和尊严等基本权利的风险。因此,需要在人工智能相关活动各环节中融入伦理原则,不将人工智能系统用于非法或违反伦理的目的,在人工智能的技术深处植入伦理道德,以尽可能避免数据企业滥用数据权力对个人或行业的危害。

在形式上,前述自律公约具有多元交叉的特点。其中有不少相对领先的地方性行业组织,其自律公约可以为全国的自律公约提供借鉴。未来的行业自律需要在更广泛的范围内进行推广,但允许地方性自律公约适当高于全国平均水平。由于加入各种自律公约具有自愿性质,需要依赖于公约或其制定组织的影响力感召各机构加入,即使加入也可能存在执行不力的问题。例如,2021年10月5日,被美媒称之为脸书"吹哨人"的脸书前雇员弗朗西丝·豪根(Frances Haugen)在出席美国国会参议院商务委员会下属的消费者保护小组委员会的听证会时,请求国会对脸书采取行动,她指责脸书为追求"天文数字的利润"而故意将用户置于危险境地。此前,她已将数千页的脸书公司内部文件提供给了美国监管机构和《华尔街日报》,其中内容包括,该公司早已意识到旗下社交平台Instagram可能对儿童和青少年的心理健康带来风险。而脸书方面的回应却认为应该为互联网确立规则,但该责任并非由行业而应由国

---

[1] 参见本书编写组:《人工智能与国家治理》,人民出版社2020年版,第230页。
[2] 参见刘海滨编著:《人工智能及其演化》,科学出版社2016年版,第208—209页。书中认为,人工智能在科技和工程中的应用,能够代替人类进行各种技术工作和脑力劳动,将迫使人们工作方式的巨大改变。人工智能影响着人的思维方式和传统观念,给人们已有的观念/信仰带来巨大的冲击,甚至完全摧毁已有的价值体系。人工智能还会形成用户的依赖性,人们很可能不加分析地接受人工智能,失去对问题及其求解任务的责任感和敏感性,这有可能会增加错误,使其认知能力下降,甚至可能降低人类的平均智力水平。

家完成。此种观点有混淆国家责任与行业自律之嫌,且有推卸责任之意。[1]受制于各个数据行业组织的执行力度和执行效果,目前难以看到诸多行业组织或行业自律公约对法律的执行提供明显有效的支持或配合,数据行业组织的影响力、执行力需要进一步提升。可供参照的是会计师行业、税务师行业、律师行业组织,在长期的实践中已具有较强的执行力,也能够与行政管理机关进行较好衔接,大数据行业可以进行必要的借鉴,以促进大数据行业内部的机构、人员、技术的规制效果提升。

第四节 企业数据行为规范

围绕企业数据的生成、处理和交易,数据企业需要实施诸多的数据收集、处理、分析、出售、购买等行为。根据官网显示,全国信息安全标准化技术委员会自2000年以来持续发布了各种专业标准,各种信息安全技术标准均在法律的宏观规定之下基于不同的利益维度对企业的数据行为进行规范。其中科学技术类的内容主要着眼于计算机系统安全或保密事项,[2]还有诸多标准分别基于个人利益、公共利益、行业利益各个维度制定。企业数据已经不局限于自治的私法领域,"通过责任的现象直接将双方当事人联系起来",[3]还涉及公共机构的管理监督。

一、基于个人利益的数据行为规范

公司业绩"数字驱动"的企业文化导致企业与个人利益之间有着天然的张力,[4]因此需要进行必要的规范,施瓦茨提出对分布式计算机收集的个人

---

[1] 参见熊超然:《"脸书吹哨人"在美国会作证:脸书产品危害儿童、制造分裂且削弱美国民主》,载观察者网,https://www.guancha.cn/internation/2021_10_06_609796.shtml,最后访问日期:2023年4月25日。

[2] 比如《信息安全技术 网络数据处理安全规范(征求意见稿)》《信息安全技术 机器学习算法安全评估规范(征求意见稿)》。

[3] 参见[加]欧内斯特·J·温里布:《私法的理念》,徐爱国译,北京大学出版社2007年版,第1页。

[4] See Ralph Palliam et al., "Comprehending False Objectivity in the Economic Sciences Through the Human Science", in Thorsten Botz-Bornstein ed, *The Crisis of the Human Sciences: False Objectivity and the Decline of Creativity*, Cambridge Scholars Publishing, 2011, pp.135-137.

数据采取使用转移限制，即对使用转移本身进行限制，从而超越一般的通知—同意模式，以此对个人数据进行保护。[1]我国也针对个人利益制定了为数众多的信息安全技术标准，包括但不限于：《信息安全技术 公共及商用服务信息系统个人信息保护指南》（GB/Z 28828—2012）、《信息安全技术 移动智能终端个人信息保护技术要求》（GB/T 34978—2017）、《信息安全技术 网络用户身份鉴别技术指南》（GB/T 36633—2018）、《信息安全技术 个人信息去标识化指南》（GB/T 37964—2019）、《信息安全技术 个人信息安全规范》（GB/T 35273—2020）、《信息技术 安全技术 匿名实体鉴别 第1部分：总则》（GB/T 34953.1—2017）、《信息技术 安全技术 匿名实体鉴别 第2部分：基于群组公钥签名的机制》（GB/T 34953.2—2018）、《信息技术 安全技术 匿名实体鉴别 第4部分：基于弱秘密的机制》（GB/T 34953.4—2020）等。我国还围绕个人隐私保护、算法推荐等问题，陆续出台《常见类型移动互联网应用程序必要个人信息范围规定》（国信办秘字〔2021〕14号）、《互联网信息服务算法推荐管理规定》等规章制度，加大规范力度。

上述规定中，其中最核心的内容为匿名化处理。匿名化处理对于个人信息的识别度具有直接的阻断效果。其一，可以最大程度地避免对个人的财产或人身权利的潜在侵害，比如预防不法分子通过可识别个人数据对个人进行的诈骗、骚扰等行为。其二，有助于促进企业数据的流通和使用。企业数据的价值来源于更大范围的流通和使用，但如果没有匿名化处理，个人数据由于海量的特点，在流通和使用环节将产生巨大且广泛的泄露风险。而相较于广泛的个人风险和人格利益，企业利益必须让位，如果要同时保护企业利益，就必须对个人数据进行去标识化的折中处理。

我国《信息安全技术 个人信息去标识化指南》（GB/T 37964—2019）规定了直接标识符示例，是指任何在特定环境下可唯一识别至个人的识别号码、特征或代码。常见的直接标识符包括但不限于姓名、公民身份号码等。[2]同时规定了准标识符示例，指任何在相应环境下无法单独唯一识别个人信息主

---

[1] See Paul M. Schwartz, "Property, Privacy, and Personal Data", *Harvard Law Review*, Vol.117, No.7., 2004, p.2127.

[2] 常见的直接标识符包括姓名、身份证号、护照号、驾照号、地址、电子邮件地址、电话号码、传真号码、银行卡号码、车辆号码、车辆识别号码、社会保险号码、健康卡号码、病历号码、设备标识符、生物识别码、互联网协议（IP）地址号和网络通用资源定位符（URL）等。

体，但结合其他信息可唯一识别个人信息主体的属性，常见的准标识符包括但不限于性别、出生日期或年龄等。[1]个人信息去标识化效果需要进行评定，包括去标识化定性评定和重标识风险定量计算，定性指的是基于重标识风险从高到低，个人信息标识度区分为4个级别，如下表所示：[2]

表1 个人信息标识度等级

分级	划分依据
1级	包含直接标识符，在特定环境下能直接识别个人信息主体
2级	消除了直接标识符，但包含准标识符，且重标识风险高于或等于可接受风险阈值
3级	消除了直接标识符，但包含准标识符，且重标识风险低于可接受风险阈值
4级	不包含任何标识符

重标识风险计算是综合考虑数据和环境因素的计算过程。先计算每行记录的重标识概率，进而计算数据集的重标识概率，然后再结合环境风险计算整个数据集的重标识风险。根据规定，总体风险值小于设定的阈值0.05则为可接受的重标识风险。通过该规定同时需要考虑到内部泄露与外部泄露的问题，数据的保护还需要通过内部规范管理和外部技术措施进行防范。而该规定也可以视为是匿名化处理规定的现实主义版本，尽管法律规定匿名化为无法识别到个人且无法复原，但该种无法识别存在弹性空间，对于聚合数据而言，由于根本没有个人数据的内容，而只是统计的结果，因此基本没有重识别风险，而3级的重标识风险可接受数据则仍然存在重识别的风险，只是该种风险低于规定所设定的阈值。

对于匿名化处理之前的个人数据收集环节，《个人信息保护法》专门就数据企业收集个人数据进行了特别规定，要求数据企业收集、处理个人数据时需要取得个人的授权同意，[3]同时，出于对个人数据的保护，《个人信息保护

---

[1] 常见的准标识符包括性别、出生日期或年龄、事件日期（例如入院、手术、出院、访问）、地点（例如邮政编码、建筑名称、地区）、族裔血统、出生国、语言、原住民身份、可见的少数民族地位、职业、婚姻状况、受教育水平、上学年限、犯罪历史、总收入和宗教信仰等。

[2] 参见《信息安全技术 个人信息去标识化效果评估指南》（GB/T 42460—2023）。

[3] 《个人信息保护法》第23条规定，个人信息处理者向其他个人信息处理者提供其处理的个人信息的，应当向个人告知接收方的名称或者姓名、联系方式、处理目的、处理方式和个人信息的种类，并取得个人的单独同意。接收方应当在上述处理目的、处理方式和个人信息的种类等范围内处理

法》规定了个人数据收集最小化原则,即提供产品或服务所必需的数据。[1]为贯彻落实《网络安全法》关于个人信息收集、使用的合法、正当、必要原则的要求,[2]国家互联网信息办公室秘书局、工业和信息化部办公厅、公安部办公厅、国家市场监督管理总局办公厅联合制定了《常见类型移动互联网应用程序必要个人信息范围规定》,对于常见类型 APP 的必要个人信息范围进行了规定,包括地图导航类、网络约车类、即时通信类、网络社区类、网络支付类、网上购物类、餐饮外卖类、邮件快件寄递类、交通票务类、婚恋相亲类、求职招聘类、网络借贷类、房屋租售类、二手车交易类、问诊挂号类、旅游服务类、酒店服务类、网络游戏类、学习教育类、本地生活类、用车服务类、投资理财类、手机银行类、邮箱云盘类、远程会议类、演出票务类,需要一定的个人信息才可以使用基本功能服务;而对于女性健康类、网络直播类、在线影音类、短视频类、新闻资讯类、运动健身类、浏览器类、输入法类、安全管理类、电子图书类、拍摄美化类、应用商店类、实用工具类,无须个人信息,即可使用基本功能服务。相关的企业数据行为规范为数据企业收集、处理个人数据提供了指引,反映了个人利益与企业利益的对价衡平。而公安部网络安全保卫局、公安部第三研究所、北京网络行业协会联合发布《互联网个人信息安全保护指南》,对于技术措施提出了基本要求、通用要求、扩展要求三个层面的要求,并对业务流程中的各个环节的内容进行了规定,[3]提出了个人信息保护的具体要求,突出流转过程中个人的再次知情

(接上页)个人信息。接收方变更原先的处理目的、处理方式的,应当依照本法规定重新取得个人同意。第 25 条规定,个人信息处理者不得公开其处理的个人信息,取得个人单独同意的除外。第 26 条规定,在公共场所安装图像采集、个人身份识别设备,应当为维护公共安全所必需,遵守国家有关规定,并设置显著的提示标识。所收集的个人图像、身份识别信息只能用于维护公共安全的目的,不得用于其他目的;取得个人单独同意的除外。第 29 条规定,处理敏感个人信息应当取得个人的单独同意;法律、行政法规规定处理敏感个人信息应当取得书面同意的,从其规定。

〔1〕《个人信息保护法》第 6 条规定,处理个人信息应当具有明确、合理的目的,并应当与处理目的直接相关,采取对个人权益影响最小的方式。收集个人信息,应当限于实现处理目的的最小范围,不得过度收集个人信息。

〔2〕《网络安全法》第 41 条规定,网络运营者收集、使用个人信息,应当遵循合法、正当、必要的原则,公开收集、使用规则,明示收集、使用信息的目的、方式和范围,并经被收集者同意。网络运营者不得收集与其提供的服务无关的个人信息,不得违反法律、行政法规的规定和双方的约定收集、使用个人信息,并应当依照法律、行政法规的规定和与用户的约定,处理其保存的个人信息。

〔3〕业务流程中包括收集、保存、应用、删除、第三方委托处理、共享和转让、公开披露。

同意权,以及可追溯、可审计的要求,具有很强的参考价值。

二、基于公共利益的数据行为规范

就公共利益的维护,全国信息安全标准化技术委员会出台了诸多信息安全技术标准,具有代表性的有《信息安全技术 大数据安全管理指南》(GB/T 37973—2019)、《信息安全技术 智慧城市安全体系框架》(GB/T 37971—2019)、《信息安全技术 智慧城市建设信息安全保障指南》(GB/Z 38649—2020)、《网络安全标准实践指南——网络数据分类分级指引》(TC260-PG-20212A),而在2018年全国信息安全标准化技术委员会出台《信息安全技术 关键信息基础设施安全控制措施(征求意见稿)》后,国务院于2021年公布了《关键信息基础设施安全保护条例》(国务院令第745号)。我国有关部门还陆续出台《互联网宗教信息服务管理办法》《网络直播营销管理办法(试行)》等规章制度,进一步促进网络空间内容治理。

上述规定当中,《网络安全标准实践指南——网络数据分类分级指引》居于基础性地位。数据分类分级为数据全流程动态保护的前提,只有数据分类分级先行,后续的数据安全建设才具有可行性。数据安全建设需要运用到权限控制、数据脱敏、数据加密、审计溯源等多种技术手段,对数据的采集、存储、使用、加工、传输、公开等各个环节进行数据安全风险的监控、评估和保护。数据分类是类型化方法的运用,分级是安全防护的基础,不同种类和级别数据的安全防护的手段和措施也应有不同。比如关系国家安全、国民经济命脉、重要民生、重大公共利益等数据属于国家核心数据,将实行更加严格的管理制度。2016年,贵州省出台《政府数据 数据分类分级指南》,在地方上率先明确了政府数据的分类分级原则和方法,之后上海市、武汉市和浙江省等多地也分别发布了类似的指南,这些探索为数据安全建设积累了有益经验,但同时也存在各地对于数据分类分级认识不一的问题,可能导致各地的数据无法匹配和衔接,因此,全国统一的数据分类分级标准对各地数据安全建设工作具有很重要的指导意义。

《信息安全技术 网络数据分类分级要求(征求意见稿)》引言部分载明,根据《网络安全法》《数据安全法》《个人信息保护法》及国家数据分类分级保护有关规定,给出了数据分类分级的原则和方法,用于指导各行业、各领域、各地方、各部分和数据处理者开展数据分类分级工作。涉及国家秘密的数据和军事数据不适用本文件。数据分类框架为按照先行业领域分类、再业务属性分类的思路进行分类。数据分级规则是将数据从低到高分为一般数据、重要数据、核心数据三个层次，依据是数据被篡改、破坏、泄露或者非法获取、非法利用的情况下，对国家安全、公共利益或者个人、组织的合法权益造成的危害程度。其中，对于一般数据，根据数据一旦遭到篡改、破坏、泄露或者非法获取、非法利用，对个人、组织合法权益造成的危害程度，将一般数据从低到高分为1级、2级、3级、4级共四个级别。如下列表3所示。

表 2　数据分级具体规则

数据分级		级别定义
核心数据		数据一旦遭到篡改、破坏、泄露或者非法获取、非法利用，会一般危害或严重危害国家安全、严重危害公共安全。
重要数据		数据一旦遭到篡改、破坏、泄露或者非法获取、非法利用，会轻微危害国家安全、一般危害或轻微危害公共安全。
一般数据	1级数据	数据一旦遭到篡改、破坏、泄露或者非法获取、非法利用，不会对个人合法权益、组织合法权益造成危害。1级数据具有公共传播属性，可对外公开发布、转发传播，但也需考虑公开的数据量及类别，避免由于类别较多或者数量过大被用于关联分析。
	2级数据	数据一旦遭到篡改、破坏、泄露或者非法获取、非法利用，可能对个人合法权益、组织合法权益造成一般危害。2级数据通常在组织内部、关联方共享和使用，相关方授权后可向组织外部共享。
	3级数据	数据一旦遭到篡改、破坏、泄露或者非法获取、非法利用，可能对个人合法权益、组织合法权益造成严重危害。3级数据仅能由授权的内部机构或人员访问，如果要将数据共享到外部，需要满足相关条件并获得相关方的授权。
	4级数据	数据一旦遭到篡改、破坏、泄露或者非法获取、非法利用，可能对个人合法权益、组织合法权益造成特别严重危害，或可能对公共利益、社会稳定造成一般危害。4级数据按照批准的授权列表严格管理，仅能在受控范围内经过严格审批、评估后才可共享或传播。

数据企业在组织开展数据分类分级时，可按照数据资产识别、数据分类确定、数据定级判定、审核标识管理、数据分类分级保护流程实施，即最终

根据数据分类分级的结果采取保护措施。

而国务院同步公布的《关键信息基础设施安全保护条例》以《网络安全法》为依据，将与《信息安全技术 网络安全等级保护基本要求》（GB/T22239—2019）一起，结合其他已颁布的法规条例等，构成我国网络安全防护工作的基本法律法规规范基础，特别是国家核心数据和重要数据的保护依据。《关键信息基础设施安全保护条例》从关键信息基础设施认定、运营者责任义务、保障和促进、法律责任等方面给出了明确的指导和要求，要求关键信息基础设施相关企业建立健全网络安全保护制度和责任体系，制定网络安全应急预案，开展网络安全监测、检测和风险评估工作，采取安全保护措施应当与关键信息基础设施"三同步"（同步规划、同步建设、同步使用），违反本条例规定将会受到行政处罚甚至要承担刑事责任。就网络时代不断涌现的新技术而言，传统的安全防守思维已经不能适应时代的需要，因此，针对新技术的特点及国家关键信息基础设施的自身特点，需要从整体、动态、主动、精细四个维度，以控制风险为目标，有机整合安全管理、安全技术、安全运行三个方面，构建数据安全防御体系，从而实现从局部松散耦合到深度融合体系化的跨越，实现动态防御、主动防御、纵深防御、精准防护、整体防控、联防联控目标，维护国家重要数据、核心数据安全。

三、基于行业利益的数据行为规范

建立健全数据交易管理制度有助于推动数据产业的发展。《数据安全法》第19条规定反映了国家对于数据流通的肯定、支持和鼓励，[1]以此促进数据产业的健康发展，提高数据效用和激发数据价值。此前，为规范数据资源交易行为，建立良好的数据交易秩序，促进数据交易服务参与者安全保障能力提升，《信息安全技术 数据交易服务安全要求》（GB/T 37932—2019）对数据交易服务进行安全规范，增强对数据交易服务的安全管控能力，在确保数据安全的基础上，促进数据资源的自由流通，从而推进整个数据产业的安全、健康、快速发展。《信息安全技术 数据交易服务安全要求》中所围绕的数据交易是指数据供方与需方之间以数据商品作为交易对象，进行的以资本交换

---

[1]《数据安全法》第19条规定，国家建立健全数据交易管理制度，规范数据交易行为，培育数据交易市场。

数据商品的行为。其中，数据商品包括可交易的原始数据或加工处理后的数据衍生产品。数据交易包括以大数据或其衍生品为数据商品的数据交易，也包括以传统数据或其衍生品作为数据商品的数据交易。

《数据安全法》和《信息安全技术 数据交易服务安全要求》以保护数据安全为基本出发点，但其目标在于促进数据产业的健康发展，因此，最大的受益者为数据行业。《信息安全技术 数据交易服务安全要求》构建了符合数据产业特点的交易规则，可以视为根据行业特点对民法进行补充而具有单行法性质的规定，这可以有针对性地促进数据产业的发展和数据企业利益的实现。在数据交易安全原则方面，《信息安全技术 数据交易服务安全要求》在民法原则之外，规定了数据交易应遵循的特殊性原则：合法合规原则，强调了法规应当得到遵循的地位；主体责任共担原则，除数据供需双方以外，数据交易服务机构也需要对数据交易后果负责，共同确保数据交易的安全；数据安全防护原则，数据交易服务机构应采取数据安全保护、检测和响应等措施，防止数据丢失、损毁、泄露和篡改；个人信息保护原则，包括数据供需双方和数据交易服务机构在内的各方主体应采取个人信息安全保护和管理措施；交易过程可控原则，应确保数据交易参与方的真实可信、交易对象合法、数据交付过程可控和交易的非否认性，做到安全事件可追溯、安全风险可防范。

《数据安全法》对于数据交易服务机构提出的要求比较宏观，[1]《信息安全技术 数据交易服务安全要求》则对各方面的要求更为具体，这可认为是具体操作规范的灵活性与法律的稳定性的有机结合。其中，《信息安全技术 数据交易服务安全要求》对于数据交易参与方规定了具体的安全要求，数据供方需要满足以下条件：为一年内无重大数据类违法违规记录的合法机构；完成在数据交易服务机构的注册，并经数据交易服务机构审核通过，才允许参与数据交易业务；数据供方应证明其具备向数据需方交付数据的能力；向数据交易服务机构提供书面的安全承诺；遵守数据交易服务机构的安全管理制度和流程。对于需方则提出了对于接受数据方的相应要求：合法组织机构、完成注册、提供书面承诺、遵守安全管理制度和流程、具备对交易数据实施

---

[1]《数据安全法》第33条规定，从事数据交易中介服务的机构提供服务，应当要求数据提供方说明数据来源，审核交易双方的身份，并留存审核、交易记录。

安全保护的能力、按照供需双方约定的使用目的、范围、方式和期限使用数据，禁止进行个人信息的重新识别、在按照数据交易约定方式完成数据使用后，应及时销毁交易数据。此外，还对数据交易服务机构提出安全性方面的要求。

在交易对象安全方面，第一，《信息安全技术 数据交易服务安全要求》第6.1款对禁止交易数据进行了规定，其明确数据交易服务机构应当依法制定禁止交易的数据目录。目录至少应包括：受法律保护的数据；涉及个人信息的数据，除非获得了全部个人数据主体或未成年人的监护人的明示同意，或者进行了必要的去标识化处理以达到无法识别出个体的程度；涉及他人知识产权和商业秘密等权利的数据，除非取得权利人明确许可；从非法或违规渠道获取的数据；与原供方所签订的合约要求禁止转售或公开的数据；其他法律法规明确禁止交易的数据。第二，对数据质量提出了合法、真实、准确、可交易以及无争议的要求。华为公司对内提出了类似的数据质量标准，华为数据质量是指"数据满足应用的可信程度"，包括完整性、及时性、准确性、一致性、唯一性、有效性六方面。[1]第三，对个人信息安全和重要数据安全保护提出特别要求。个人信息安全保护方面，《信息安全技术 数据交易服务安全要求》第6.3款规定，数据交易服务机构应当确保数据交易在个人信息安全保护方面满足以下要求：符合GB/T 35273—2017中第8章关于个人信息的委托处理、共享、转让、公开披露安全要求；要求数据供方对交易数据进行个人信息安全风险评估，提供个人信息安全风险评估报告；数据对个人信息安全风险评估报告进行审核，确保数据可交易。重要数据安全保护的要求与之类似。[2]

《信息安全技术 数据交易服务安全要求》第7条就数据交易过程安全方面，详细规定了交易申请、交易磋商、交易实施、交易结束四个环节的内容。数据交易服务机构在交易申请阶段，需要审核供方的数据及需方的需求内容、数据用途是否符合国家法律法规的要求；在交易磋商阶段，数据交易服务机

---

[1] 参见华为公司数据管理部：《华为数据之道》，机械工业出版社2020年版，第228-229页。

[2] 《信息安全技术 数据交易服务安全要求》第6.4款规定，数据交易服务机构应确保交易数据在重要数据安全保护方面满足以下要求：a) 满足GB/T 35274—2017中5.6.2的增强要求。b) 要求数据供方对交易数据进行重要数据安全风险评估，提供重要数据安全风险评估报告。c) 对重要数据安全风险评估报告进行审核，确保数据可交易。

构对交易订单从数据出境安全、个人信息保护安全等方面进行审核,确保符合相关法律法规和标准等合规性要求,并有权撤销不符合要求的交易订单;在交易实施环节,数据交易服务机构首先需要审核数据需方的数据安全能力成熟度不低于数据供方,数据交易服务机构应对数据内容、交付过程进行监测和核验,保证对交易过程中的违法违规数据具有追溯能力,具有完备的数据保护机制和数据泄露检测能力,此外,还有核准并发放提取结果数据的职责;在交易结束环节,数据交易服务机构应确保数据交付完成后,数据供方应立即关闭数据访问接口,数据供方发出数据交付完成确认,数据需方发出数据接收完成确认,交易服务机构还应为交易过程形成完整的交易日志并安全保存。

过去几年,贵阳、武汉等地积极探索大数据交易标准规范,贵阳大数据交易所成为全国首个"大数据交易标准试点基地",先后制定了一系列确权、交易规则。[1]华中大数据交易所则通过出台《大数据交易安全标准》《交易数据格式标准》《大数据交易行为规范》《大数据交易管理条例》四项大数据交易标准推动大数据交易规范化发展。国家目前可进一步探索建立国家层面的数据交易法律法规和行业标准,以地方数据交易实践和标准规范为基础,借鉴国外先进经验为我所用。从而推动我国大数据交易规范化、标准化、法治化,为数据产业的高效发展提供更加合理、全面的规范指引。

---

[1] 在推动数据交易发展的过程中,贵阳大数据交易所先后制定了《数据确权暂行管理办法》《数据交易结算制度》《数据源管理办法》《数据交易资格审核办法》《数据交易规范》《数据应用管理办法》等一系列确权交易规则。

Chapter 06 第六章

政务数据主体：职责模式

　　政务部门集中了大部分公共数据，政务数据开放具有重大意义。政务数据开放是政务公开在大数据时代的自然结果，其功能上承接政府信息公开，但二者在价值取向上有所侧重，政府信息公开重在对政府的监督，促进阳光政府的建设及政府公信力的提升，而政务数据开放除基础性的政治价值外，更重要的在于经济价值和社会价值，即发挥政务数据"用"的价值。相对应的是，二者的权利基础不同，政府信息公开对应公众知情权，政务数据开放对应公共数据利用权。我国自 2004 年出台《关于加强信息资源开发利用工作的若干意见》以来，中央和地方出台的规范性文件较多，各地各级政务部门的政务数据开放工作取得了明显进步，但仍面临着规范性文件庞杂、统一性不够、内容和程序不够规范、救济途径和保障机制不够健全等问题。这些问题的存在，折射出政务数据开放工作各方面的制约因素：对内受制于政务部门主体理念更新不及时、技术能力不强，对外受制于其他政务工作的挤压，以及个人数据、商业秘密、国家秘密的限制，同时政务数据开放还需要按照严格的程序安排进行。今后的政务数据开放需要在达成共享共建共治上下功夫，政务部门间、政务部门与企业间的数据合理流动是政务数据开放的基础，只有政务数据的全面准确才能保证政务数据开放的质量；政务数据开放的基础工作由政务部门主导完成，而商业提升则可以在政务部门监管之下由市场主体参与完成，坚持中央与地方、政府与市场、国家与社会的共同建设；政务数据开放的目标是要实现在共治目标之下的合理社会分治，充分实现社会公众参与、群策群力，共同实现共治目标，实现政务数据开放的政治价值、经济价值和社会价值。政务数据开放需要体现并遵循数据运行规律，未来的政务数据开放亦将和政府信息公开类似，形成法律法规的统一性规定，促进政务数据开放走向规范和高效。

第一节 政务数据开放释义

政务数据开放是政府实施的行政行为，属于行政法规范的范畴。[1]政务公开是讨论政务数据开放的逻辑起点，政府信息公开和政务数据开放同属于宏观的政务公开范畴。但与政府信息的点状线性特征不同，开放的政务数据具有大数据时代数据集合的属性。在价值上，政务数据开放除政府信息公开所具有的政治价值外，还具有重大的经济价值和社会价值，与此相应，公众的权利基础由知情权转化为公共资源利用权。

一、政务数据开放的内涵辨析

事实上，政务数据开放的理念并不是大数据时代特有的产物，但是在大数据时代得以复兴。早在1766年，当时的瑞典就向社会颁布了一部法令——《出版自由法》，该法案允许瑞典公民有条件地获取官方文件，创立了政府信息公开法律制度，但该项制度在之后的一百多年里陷入停滞。直至二战后，个人可以获取政府信息、享有知情权的理念在西方国家才被广泛接受，芬兰1951年颁布的《公共文件公开法》标志着这一制度的重启。[2]为了保护公众的知情权和建设透明政府，美国于1966年通过了《信息自由法》，[3]丹麦、挪威、法国和荷兰在1971-1980年这十年间也相继颁布了信息自由法案。2007年12月，美国在加州塞瓦斯托波尔举行的"开放政府工作小组会议"上提出了公开政府数据的八项基本准则，[4]鉴于这些原则的广泛性和针对性，其已实质上转化为了当前推动全球开放政府数据运动的主流价值观。2009年1月，时任美国总统奥巴马签署了颇具代表性的《开放透明政府备忘录》，美国数据门户

---

[1] 参见李涛：《政府数据开放与公共数据治理：立法范畴、问题辨识和法治路径》，载《法学论坛》2022年第5期。

[2] 参见戚红梅：《政府信息公开的例外制度研究》，人民出版社2021年版，导论，第7页。

[3] Steven C. Carlson, Ernest D. Miller, "Public Data and Personal Privacy", *Santa Clara High Technology Law Journal*, Vol. 16, No. 1., 2000, p.89.

[4] 公开政府数据的八项基本准则具体包括：完全性（Complete），所有公共数据都可用，公共数据不受隐私权、安全考量或特权限制；基础性（Primary），数据不是以修改的格式，而是以最高水平的粒度格式，从源头上进行收集；及时性（Timely），为了保持数据的价值，要能尽快地获取数据；

网站 Data. gov 也于同年晚些时候上线，美国联邦行政管理和预算局（Office of Maragement and Budget，OMB）向白宫提交的《开放政府指令》获批，全球政府数据开放的序幕由此拉开，此后英国、欧盟、澳大利亚、巴西、智利和肯尼亚相继推出类似政策。[1]截至 2014 年 4 月，全球已有 63 个国家制定了开放政府数据计划，如欧盟通过对《公共部门信息再利用指令》（The Directive on the Reuse of Public Sector Information，PSI）的修订；日本出台"日本再兴战略"拟定数据开放措施等。联合国 2016 年发布了《联合国电子政务调查报告》（UN E-Government Survey 2016），把政府数据开放定义为"主动公开政务信息，人人可以通过网络不受限制地获得、再利用和再分配这些信息"。

政务公开是讨论政务数据开放的逻辑起点。政务公开是加强政策解读、回应关切、平台建设、数据公开的过程，是保障公众知情权、参与权、表达权、监督权，提升政府公信力和执行力，提升政府治理能力的制度安排，包括决策、执行、管理、服务、结果全过程公开。我们可以从以下几个方面理解政务公开：第一是全流程公开。即行政机关行政决策事前、事中、事后全过程公开，而不仅仅是某个阶段、某个环节的公开。第二，是全方位公开。如果说流程是纵向的动态的内容，则全方位指的是横向内容的公开，除国家秘密、商业秘密、个人隐私等特殊数据外的政务数据全面公开。第三，行政机关为广义的行政机关。包括狭义的行政机关，还包括履行公共管理职能的事业单位和企业。第四，政务公开以公共权力为基础。政务公开是政务部门行使公共权力的过程公开。第五，除公开相关的内容外，还需要落实政策解答、了解关切等事项。政务公开不是单方面的简单的公开行为，还需要与民众形成互动，不能自说自话。第六，其目的在于保障公众的知情、参与、表达和监督的权利，相应地，则是促进政府的公信力和执行力提升。

（接上页）可访问性（Accessible），为最广泛的用户提供数据以应用于最广泛的用途；机器可处理性（Machine processable），数据结构合理允许通过设备进行自动化处理；非歧视性（Non-discriminatory），任何人都可使用数据，而不必再专门注册；非专有性（Non-proprietary），数据以一种没有实体独占控制的格式提供；非许可性（License-free），数据不受版权、专利、商标或商业秘密规则的限制，当然，合理的隐私、安全和特权限制也是必要的。

[1] Viktor Mayer-Schönberger, Kenneth Cukier, *Big Data: The Essential Guide to Work, Life and Learning in the Age of Insight*, John Murray, 2017, pp. 116-118.

虽然行政实践中，"政府及其相关部门并没有严格区分'政府信息'和'政府数据'",[1]但政府信息公开和政务数据开放在内容和功能上确实存在差异。根据《关于全面推进政务公开工作的意见》第2条推进政务阳光透明的规定，在推进决策、执行、管理、服务公开之后规定推进重点领域信息公开。前述决策、执行、管理、服务公开主要集中在过程和效果方面，而信息公开则集中在此过程形成的相关结果信息，前者主要针对事务本身，后者主要针对事务内容。第3条扩大政务开放参与的规定中，"推进政府数据开放"列为第1项内容，还明确了数据开放的领域和稳步推进的要求。[2]根据该表述可以认为公共信息资源与政府数据具有同质性，且其关注的重点内容均为关键的基础性领域。但从归属不同条款的安排可知二者有不同的侧重，在内容上，信息侧重于单个行为的结果，而数据侧重于集合性，即有规律性数据的汇总，可称为数据资源。在功能上，信息公开意在监督政府，其重点在于对政府活动的主体、行为、过程的合法合规性进行监督，以让权力在阳光下规范运行，因此，政府信息的内容集中在政府人员、职能的静态介绍与政府活动之动态内容，并形成静态职能与动态活动之比照，从而实现权力在阳光下运行之目的。而政务数据开放列入扩大政务开放的内容，可见与监督政务活动存在一定的区别，其意在扩大政务公开程度，并加强公众参与和数据利用。

政府信息公开和政务数据开放在价值指向上也存在差异。在涉及数据内容时，往往以数据集合为标签，突出其资源属性，当提及信息的资源特征时，也需要表述为信息资源。单个的信息与数据集合或信息集合性质不同，基于统计数据总结出来的信息已经并非原始意义上的政府信息，单个的政府信息事实上尽管也具有规范性成分，但其针对的是过去已经完成的政务活动的合法合规性问题，而根据统计数据之后的信息所进行的预测或行为则主要是面向未来。比如在一段时间内政务活动在各个领域呈现了差异化，集中在某个

---

〔1〕 孔繁华：《政府信息公开的豁免理由研究》，法律出版社2021年版，第40页。
〔2〕 《关于全面推进政务公开工作的意见》第3条（扩大政务开放参与）第10项规定，推进政府数据开放。按照促进大数据发展行动纲要的要求，实施政府数据资源清单管理，加快建设国家政府数据统一开放平台，制定开放目录和数据采集标准，稳步推进政府数据共享开放。优先推动民生保障、公共服务和市场监管等领域的政府数据向社会有序开放。制定实施稳步推进公共信息资源开放的政策意见。支持鼓励社会力量充分开发利用政府数据资源，推动开展众创、众包、众扶、众筹，为大众创业、万众创新提供条件。

领域，则可统计出数据上的区别，从而确定政府近期对于某个领域的重视程度及预测政府未来的工作重点。又如统计机构对于各项国民经济数据的统计本身是对事实内容的规律性整理，结果可以形成一条统计机构完成了某项统计的政务信息，表明统计机构履行了职责，但基于此所得到的经济数据涨落起伏则对于国民经济预测及宏观调控、微观调整具有重要的指导意义。相关规定也体现并印证了两者的区别，《政务信息资源共享管理暂行办法》（国发〔2016〕51号）第1条规定了立法目的，[1]该办法以"政务信息资源"为中心，强调了信息之资源性质，而在目的层面则与《中华人民共和国政府信息公开条例》（以下简称《政府信息公开条例》）所规定的"提高政府工作的透明度，建设法治政府"的目的性表述具有侧重点上的重大差异。

《公共信息资源开放试点工作方案》进一步表明公共信息资源即是数据资源。在建立统一开放平台条款中规定，"开放平台域名鼓励采用 www.xxxdata.gov.cn 的统一格式（其中 xxx 为地名拼音全称或首字母）"，其表述采用了"数据"的英文单词（data）。而上海市也率先推出了《上海市公共数据开放暂行办法》（〔2019〕沪府令21号），同样采用了公共数据开放的表述。根据上海市的规定，"公共数据"也是指各类数据资源。[2]综上可知，尽管我国在信息与数据的用语上存在由信息向数据转向的综合运用，但通过分析可以了解到政府信息与政务数据的主要区分在于：一是信息主要指单个的内容，而数据往往指集合性资源；二是信息主要针对公共管理和服务机构过去行为的依法合规性，而数据的价值主要面向未来。

二、政务数据开放的重要价值

政务数据开放一方面依然承继着传统政务公开的内涵，一方面适应了时

---

[1]《政务信息资源共享管理暂行办法》第1条规定，为加快推动政务信息系统互联和公共数据共享，增强政府公信力，提高行政效率，提升服务水平，充分发挥政务信息资源共享在深化改革、转变职能、创新管理中的重要作用，依据相关法律法规和《国务院关于印发促进大数据发展行动纲要的通知》（国发〔2015〕50号）等规定，制定本办法。

[2]《上海市公共数据开放暂行办法》第3条规定，本办法所称公共数据，是指本市各级行政机关以及履行公共管理和服务职能的事业单位（以下统称公共管理和服务机构）在依法履职过程中，采集和产生的各类数据资源。本办法所称公共数据开放，是指公共管理和服务机构在公共数据范围内，面向社会提供具备原始性、可机器读取、可供社会化再利用的数据集的公共服务。

代的进步，承载着更新的时代价值。当前大数据时代是政务数据开放的时代背景，政务数据化成了一种时代趋势，数字政府建设以政府决策科学化、社会治理精准化、公共服务高效化、权力运行透明化为实现目标。[1]当前的政务数据化主要包含两部分内容，一是政务活动中广泛运用了数据技术。当代的政务活动已经不再局限于传统的政务模式，很大程度上实现了智能化、技术化。政务活动中采用了诸多数据技术，从而节省了人力、物力，提高了政务活动效率，比如广泛采用的交通违法执法，即是拍摄、判断、决策、通知等一系列流程的自动化或半自动化，又比如政务活动中广泛采用的预约挂号模式，公众可以预约不同时间段办理业务，当事人可以更精确地安排自己的时间，同时也提高了政务部门工作人员的预见性。但可能存在的风险在于"将原有的歧视予以自动化，加剧了不平等"，[2]比如银发鸿沟在大数据时代有加剧的趋势；二是政务活动中由于大量运用数据技术，比以往传统政务活动收集了更多的数据，而且并非简单的数量级增加，而是几何量级的增长。该种几何量级的数据增长配合发达的数据技术从而产生巨大的反应，可以实现更高的效用。

虽然制度规定表述不尽相同，但各国信息公开立法目的的核心内容高度近似，归纳起来主要有四个：第一，知情权的确立和保障；第二，政府透明度的增强；第三，民主、公众参与和政府责任的增强；第四，公开与其他利益保护的关系的平衡。[3]政府数据开放作为一种新的理念，通过数据的开放与共享，寻求数据的最大可能获取与最大化利用，其内核同样具有政府信息公开立法目的所体现的价值追求，有助于促进阳光政府的建设，但政务数据开放在效用上又有所拓展，不局限于政治价值，还有重要的社会、经济价值，因此，政府数据开放能够拓展政府信息公开的深度、广度。

就政治价值方面，政务数据开放与传统的政府信息公开相似，均有监督政府行为，提高政务透明度，打造阳光政府的作用。一方面，数据技术之下的政务活动更需要信息公开。由于政务数据化之政务活动广泛采用了数据技术，而技术手段相较于传统方式更具有专业性和秘密性，因此，更需要对该

---

[1] 参见杨绍亮等：《中国数字政府建设技术蓝皮书》，清华大学出版社2022年版，第67—72页。

[2] [美]弗吉尼亚·尤班克斯：《自动不平等——高科技如何锁定、管制和惩罚穷人》，李明倩译，商务印书馆2021年版，第174页。

[3] 参见干以胜主编：《中国政务公开研究》，中国方正出版社2012年版，第17—40页。

数据技术之运用过程进行公开,否则当事人的参与权将被悬置,这是政务公开之过程公开的应有之义。另一方面,对于政务活动中广泛收集到的数据进行必要的整理、加工、开放已经成为政府职能转型升级的重要着力点。政府要与时代同步就必须进行数据化改革,科技革命所带来的社会进步已经是不可逆的社会潮流,政务活动如果仍固守传统方式,将造成行政管理手段与管理对象及其需求的严重不匹配,甚至连传统的政务水平都无法维持,届时政府的公信力和权威将难以保障。从户籍制度改革创新、不动产权属登记、征信体系的构建到诊疗大数据运用,均对政务数据库建设及开放持续明确提出新的需求。大数据已成为政务部门改革创新和转型发展的支撑点和技术杠杆。因此,政务数据开放既是传统政务公开的自然延续,也是维持适合时代的良性的政务水平的需要。

就社会价值方面,政务数据化及政务数据开放有助于社会治理的改善。社会治理是组织、协调、指导、规范和监督社会的经济、政治、文化等方面的事务的过程。它涉及通过行政和司法手段保障社会安全和社会稳定,还涉及社会资源的公平配置,如教育、文化、卫生、体育、社会保障等社会公共服务和公共产品的提供。创新社会治理是我国面临的一项重要战略,是应对社会转型、化解社会矛盾、协调利益关系、维护社会秩序的重大任务。

"在智能时代,数据作为一种新的基础设施,将与物理基础设施同等重要",[1]大数据技术通过对海量数据的快速收集和挖掘、及时研判和共享,成为支撑社会治理科学决策和准确预测的有力手段。比如公共场域的监控设施为社会治安维系和案件侦破提供了强大的支持,又如交通部门对于公交车辆的运行数据与出行 APP 的数据结合可以为社会出行提供省时、便捷的服务,各种系统的预约和网上办事系统为当事人的远程操作提供便利。大数据环境重塑了社会观念和行为方式,在大数据的持续发展趋势中,智慧城市、智能化执法让政务部门更为省时省力,[2]公众也可以感受到数字化时代所产生的便捷,但由于公众对科技产品和数据技术的了解和掌握程度不同,可以享受到的福利程度也会有所区别,未来还需要进一步查缺补漏。

---

[1] 郑磊:《开放的数林:政府数据开放的中国故事》,上海人民出版社 2018 年版,第 3 页。
[2] 参见新玉言、李克编著:《大数据:政府治理新时代》,台海出版社 2016 年版,第 187 页。以信息为决策依据、以价值为决策导向、以民众为施政本位,这便是智慧城市的建设理念。

就经济价值方面，政务数据具有与企业数据不同的维度，与企业数据有所区别又有所互补，政务数据开放促进了政务数据、企业数据和社会数据的融合。[1]新的技术、新的产品、新的服务、新的业态都会在大数据市场上不断涌现出来。针对个人而言，大数据带给个人更为方便的购物、交通出行、娱乐方式，具有很强的实用价值。针对市场主体而言，由政务数据和企业数据组成的大数据能够协助公司发掘销售市场机遇探索细分市场，协助企业管理人员提升管理决策水准。尽管并非所有企业都能掌握、分析和运用好数据，但大数据为企业获得更深刻和全面的洞察能力提供了前所未有的空间和潜力。[2]各方主体通过管理、处理、分析、优化不同来源的数据，推动经济价值的实现，各界的决策思维正在从"业务驱动"向"数据驱动"转变。[3]政务数据由政务部门收集，因政务部门的强制性和权威性而一般具有较高的可信度，政务部门业务的全面性也决定了政务数据具有全面性的特点，只是现实中受制于各政务部门开放的程度和范围不一，导致最终开放的数据不能很好地体现真实的状态，未来需要进一步优化和加强。

三、权力和权利基础的嬗变

政府信息公开体现了权力本位向权力与权利双本位的转向，而政务数据开放则体现了权力与权利双本位向权利本位的转向。在政府信息公开制度之前，政府的权力运行崇尚"不可知则威不可测"，公众对于政务活动处于不知情的状态之下，政府权力具有很大的运作空间并容易形成暗箱操作，从而形成政府权力对公众权利的单边效果，这容易产生权力的恣意和对公众权利的损害，而公众却无从对抗和制衡。自政府信息公开以来，政府权力的运行受到公众更多的关注和权利的监督，从而形成权力与权利的双位运行。知情是监督的前提，政府信息的公开有助于公众了解政务活动及权力的运行，公众可以选择忽略公开的信息，但信息公开却提供了公众知情的可能性，公众权利可

---

[1] 参见中国行政体制改革研究会组织编写：《数字政府建设》，人民出版社2021年版，第245页。

[2] 参见［美］史蒂夫·洛尔：《大数据主义》，胡小锐、朱胜超译，中信出版集团2015年版，第89页。

[3] See Jenny Dearborn, *Data Driven: How Performance Analytics Delivers Extraordinary Sales Results*, Wiley, 2015, pp.49-68.

以在更为透明的状态下受到保护，权利的地位上升形成对权力的制约效果。[1]而政务数据开放则是更加强调公众权利之实现。在政府信息公开阶段，公众权利处于被动受保护地位，而在政务数据开放阶段，受保护的公众权利是主动地积极地对政务数据进行利用的权利。政务数据作为公共资源，公众可以通过政务数据实现各种经济、社会价值，政务部门所拥有的权力运行并非完全服务于自身的内部逻辑，而是需要为公众权利之实现提供支持。

公开内容的变化也影响了价值的变化，由过去的知情到当下的可用，公众的知情权转向对公共资源的接触和使用权。过去的信息公开满足于公众之知情权，政府作为公权力机构，其应对公众负责，因此，应该公开政务活动及结果，从而让公众有机会监督政务活动的合法合规性，比如公务车辆上喷涂"公务用车"字样及举报电话，可以有效防止公车私用，以往一般公众对于一辆车是否为公务车辆则无从知晓。又比如各政务网站对于审批事项过程及结果的公示可能让公众了解并提出意见。对于此类信息的了解有助于加强社会公众对政务活动及政务人员的监督，促进政务活动的规范性。根据政务数据的公共特性，应将其归类为公共物品，[2]而政务数据开放则侧重于"用"的范畴，其尽管也包含了监督政务活动的内容，但其对于政务活动的监督并非直接依据政务活动的合法合规性，而是通过对于政务活动所形成的政务数据集合的有用性程度来推导政务活动的效用。政务数据集合的形成受制于政务能力、政务环境、相对人的配合等多项因素，因此，合法合规的政务活动与足够有用的数据集合并不具有直接关联性，合法合规的政务活动未必能够生产出有效的政务数据。但并不是说政务部门可以通过违法违规的方式收集、整理数据从而形成大量有效的政务数据，合法合规始终是政务数据形成的前置要求。公众此时的权利基础由知情权转向了公共资源利用权，可以称之为公共数据权。该公共数据权可以归入公共资源权的范畴，政府对于政务活动中形成的成果也享有所有权，但由于政府没有私益，因此社会公众对于公共资源有接触、使用的权利。即如同国家拥有对领海海域的所有权，但公众却拥有打鱼捕捞的权利，而考虑到可持续性的发展，政府设定了禁

---

[1] 参见杨小军：《政府信息公开实证问题研究》，国家行政学院出版社2014年版，第20-30页。

[2] 参见闫霄：《政府开放数据平台增值服务模式研究》，中国社会科学出版社2021年版，第66页。

渔期，以保障生态平衡以及渔民权利的可持续性。与保护领海海域的安全类似，政府需要保障政务数据的质量，以实现公众对数据的可持续性高效利用。

从政府信息公开到政务数据开放的转向对政府权力的有效运行提出了更高的要求。以往，政府信息公开的要求仅限于政务活动的过程公开和结果公开，不隐瞒即可达标，而政务数据开放需要政府权力的运用不限于政务活动的曝光，更需要政府提升对数据进行整理、分析的作为，如果只是零散的、单个的信息或数据的内容，则公开将始终停留在政府信息公开的层面而无法形成突破。政务数据的形成需要政务部门投入相应的成本进行整理加工，而不再是只完成事务性工作内容的展示，公开内容的变化表明权力的运行已经从过去的"我做了什么"向"我做了什么"+"我做到了什么"的转变。政务数据开放对于政府的权力行使能力提出了更高的要求，即要求政府提高对政务数据于大数据时代的重要意义的认识，适应科技与时代发展的步伐，不断提高应对大数据时代的能力，掌握更全面的大数据技术，生产出更高质量的政务数据，否则政务数据无法创造出应有的价值。

这种转变并非表明过去的政务活动中没有相应的数据集合，而是在当前大数据背景下数据资源发生了量和质的飞跃。过往的包括政务数据在内的数据资源由于缺乏配套的数据技术和大数据环境并没有成为生产要素，因此也不具有如此巨大的价值。大数据技术激发了政务数据的效用，同时还形成社会公众权利基础的变迁。一方面，过去一直存在的数据资源需要予以激活后对公众进行开放，为社会公众创造方便快捷的利用环境。过去的数据大部分并没有电子化，而在数据技术得到发展的情况下，非电子化的数据可以凭借数据技术得到更广泛的利用。另一方面，政务数据化也将政务活动嵌入了大数据的构成当中，已经成了大数据的有机组成部分。政务部门需要跟进时代进行改革，以适应新的技术要求和社会需要，同时，还需要注意正当程序的设置，以满足当事人参与程序的合理要求。

第二节　政务数据开放的现状

近十几年以来，我国各级各地出台了一系列促进、规范政务数据开放工作的规范性文件，但目前仍缺乏统一性，这造成各地的政务数据开放主管部门及其隶属部门不同，平台建设、数据格式、数据更新等方面的规范性不足，同时政务数据开放工作缺乏必要的保障机制，作为数据使用者的公众也缺乏相应的救济途径。

一、相关规定不统一

当前的政务数据开放规范存在多元性，中央及各地陆续出台政务数据开放相关的政策性规定，形成了政策规定集群，其中难免存在力度不够、交叉冲突的问题。[1]2000年以来，我国政府政务公开范围扩大、进程加快，陆续出台关于信息化、政务公开、信息公开等方面的政策文件，[2]这些文件明确提出政务信息公开的总体要求及重点内容，并成为政务数据开放的前奏。

时任国务院总理李克强在2015年"两会"期间表示"政府掌握的数据要公开，除依法涉密的之外，数据要尽最大可能地公开"，这是中央政府第一次公开表态支持政务数据开放。其后政务数据开放立法相关工作逐渐加快，2015年4月，国务院办公厅在《2015年政府信息公开工作要点》（国办发〔2015〕22号）中首次将政务数据开放的工作内容纳入，提出积极稳妥推进政府数据开放，政务数据开放作为一项政府工作开始纳入政府日常工作与政策框架的范围。2015年7月，国务院在《国务院关于积极推进"互联网+"行动的指导意见》（国发〔2015〕40号）中提出了公共数据资源开放取得实质性进展、相关法律法规逐步完善的发展目标，要求各部门和各地方政府负责破除数据开放方面的政策障碍。2015年8月，国务院公布我国大数据发展的首个国家顶层设计政策文件——《促进大数据发展行动纲要》（国发〔2015〕50号），其中政务数据开放共享被列为第一项主要任务，并明确要求"积极研究数据开放、保护等方面制度，实现对数据资源采集、传输、存储、利用、开放的规范管理，促进政府数据在风险可控原则下最大程度开放"。

---

[1] 参见丁艺：《互联网时代的政府治理》，中国工信出版集团、人民邮电出版社2019年版，第80页。

[2] 例如，2004年的《关于加强信息资源开发利用工作的若干意见》、2006年的《2006—2020年国家信息化发展战略》，2011年的《关于深化政务公开加强政务服务的意见》《关于开展依托电子政务平台加强县级政府政务公开和政务服务试点工作的意见》，2012年的《国务院关于大力推进信息化发展和切实保障信息安全的若干意见》《"十二五"国家战略性新兴产业发展规划》，2013年的《国务院关于促进信息消费扩大内需的若干意见》等。

《国务院办公厅关于运用大数据加强对市场主体服务和监管的若干意见》(国办发〔2015〕51号)则进一步提出了提高政府数据开放意识、有序开放政府数据、推进政府和社会信息资源开放共享的意见,以强化对市场主体的服务和监管、提高政府治理能力。2016年2月,中共中央办公厅、国务院办公厅联合印发《关于全面推进政务公开工作的意见》,要求按照促进大数据发展行动纲要的要求,将推进政府数据开放作为推动政务开放参与的重要内容。为加快推动政务信息系统互联和公共数据共享,2016年9月,国务院发布《政务信息资源共享管理暂行办法》(国发〔2016〕51号)。2017年6月,国家发展改革委、中央网信办印发《政务信息资源目录编制指南(试行)》(发改高技〔2017〕1272号)。2018年3月,国务院办公厅印发《科学数据管理办法》(国办发〔2018〕17号),2019年10月,国家发展改革委、中央网信办联合发布《国家数字经济创新发展试验区实施方案》,方案确定浙江省、河北省(雄安新区)等六个地区创建国家数字经济创新发展试验区,并提出要大力推进政务数据开放共享,打通政府、企业之间数据通道。2020年4月,中共中央、国务院发布《中共中央 国务院关于构建更加完善的要素市场化配置体制机制的意见》,提出要推进政府数据开放共享,提升社会数据资源价值,并建立规范的数据管理制度。相关政策文件的频繁出台,反映出国家对大数据发展以及政务数据开放的高度重视,各地也就政务数据开放相应开展了有益的探索。[1] 2018年1月,中央网信办、国家发展改革委、工业和信息化部联合印发《公共信息资源开放试点工作方案》,确定在北京等地开展公共信息

---

[1] 例如,2016年10月,福建省人民政府发布《福建省政务数据管理办法》,浙江省人民政府自2017年5月1日起施行《浙江省公共数据和电子政务管理办法》,全面推行电子政务,实行网上办事,2017年12月,北京市人民政府印发《北京市政务信息资源管理办法(试行)》,2018年7月,山东省人民政府法制办公室推出《山东省电子政务和政务数据管理办法》(草案征求意见稿),2019年8月,上海市人民政府发布《上海市公共数据开放暂行办法》,2019年11月,福建省数字办印发《福建省政务数据共享管理实施细则》,从完善政务数据汇聚共享管理机制、明确政务数据汇聚共享服务内容及具体实施操作、规范数据回流与应用流程等方面强化政务数据共享管理,2020年5月,贵州省大数据局印发《省大数据局政务公开规范清单(修订)》,2020年6月,浙江省人民政府发布《浙江省公共数据开放与安全管理暂行办法》,2020年9月,贵州省人大常委会通过《贵州省政府数据共享开放条例》,2020年10月,山西省人大常委会推出《山西省政务数据管理应用条例(草案)》向社会公开征求意见建议,2021年6月,深圳市人大常委会通过《深圳经济特区数据条例》。

资源开放试点工作，探索形成可复制的经验，逐步在全国范围加以推广。[1] 2022年12月，中共中央、国务院印发《关于构建更加完善的要素市场化配置体制机制的实施意见》，旨在构建中国特色数据产权制度体系，并明确要进一步优化基础数据库，不断推动各地各级各部门间的数据共享。

政务数据开放在法律法规层面暂没有相关文件，相关的规定为国务院颁发的《政府信息公开条例》。2007年实施的《政府信息公开条例》，是规范政府信息公开与获取、提高政府工作透明度、促进依法行政的行政法规，不仅为政务公开提供了法规依据，而且为维护公众知情权提供了法制保障。《政府信息公开条例》规定了政府信息公开制度的基本内容，包括公开的主体、范围、方式、程序、救济等，并在2019年进行了较大修订。[2]《民法典》《刑法》《反不正当竞争法》《中华人民共和国著作权法》《信息网络传播权保护条例》等相关法律法规则主要是从侧面对数据之开放进行必要的限制和保障，以保护国家秘密、个人隐私和商业秘密。

上述相关规定呈现出以下特点：一是明显的政策导向。当前的主导性规范主要是在中央的统一部署下进行制定的，中央充分认识到政务数据开放之重要性，并一再推出升级版的规定以推进政务数据开放的升级，并取得了可喜的进步。但由于我国政务数据开放的起步相对较晚，目前仍处于初级阶段。二是政务数据开放与政务信息资源的词语存在混用的现象。《上海市公共数据开放暂行办法》是《公共信息资源开放试点工作方案》发布之后首个以公共数据开放为名的地方政府规章，各种规范中的信息资源、公共数据与政务数据概念存在混用现象。三是规定层次多元，衔接存在问题。即各地在制定相关规定时，均类似表述为"根据相关法律法规，结合本省/市实际，制定本办

---

[1]《公共信息资源开放试点工作方案》确定在北京、上海、浙江、福建、贵州开展公共信息资源开放试点工作，试点工作以充分释放数据红利为目标，旨在进一步促进信息惠民，进一步发挥数据规模大、市场空间大的优势，促进信息资源规模化创新应用，推动国家治理体系和治理能力现代化。针对当前公共信息资源开放工作中平台缺乏统一、数据缺乏应用、管理缺乏规范、安全缺乏保障等主要难点。在建立统一开放平台、明确开放范围、提高数据质量、促进数据利用、建立完善制度规范和加强安全保障六方面开展试点。

[2] 2019年的主要修订内容包括：扩大主动公开的范围和深度、明确"公开为常态、不公开为例外"的原则、提升政府信息公开的在线服务水平、取消依申请公开的"三需要"门槛、完善了依申请公开的程序规定、强化便民服务举措、进一步加大《政府信息公开条例》规定落实的监督保障力度。

法",但并不明确具体的法律法规所指,这也是各地规定存在差异化的重要原因。规范上的不统一也导致各地各级政务部门政务数据开放过程中的裁量权难以得到重视和监督。[1]可以预见,在未来的政务数据开放立法模式中,存在与信息公开并行、合并、交叉的三种模式,具体的模式选择很可能需要根据未来一段时间的执行效果而定。[2]

二、运行机制不规范

政务数据开放的实践并非全国统一进度,各地各级呈现出不同的进展阶段。一是各政务部门政务数据开放平台建设水平不一。目前,我国尚未形成全国性的政务数据开放平台,全国统一的政务服务平台仍在试运行。各级政府及其部门的政务数据开放平台建设进度不同,部分地区的省市区三级均有较好的建设,而部分地区的数据开放平台则建设进程相对缓慢,客观上形成了建设进度的差异化,对于政务数据开放平台建设滞后的地区而言,政务数据开放的水平肯定会受到影响。二是政务数据开放平台交叉重叠。以贵州省为例,贵州省作为数据交易、政务公开的试点省份,在政务数据开放方面做出了诸多的努力,其做法也积累了行业经验。但存在贵州省政府数据开放平台、贵州省大数据项目管理平台、贵州省省级部门信息化项目评价管理平台、贵州省大数据与实体经济深度融合公共服务平台多个数据治理平台,彼此的分工不够明确,而由于政务数据开放的工作总量具有一定的限度,交叉重叠可能形成重复建设、相互博弈的问题,未来需要整合资源以形成合力。[3]

政务数据开放的数据不够规范,即政务数据开放的目录、格式、公开范围、公开程度等方面存在差异化。在开放的数据量方面,各个数据开放平台的开放数据集呈现出数量上的悬殊,且不论经济发达地区和经济欠发达地区的开放数据集数量存在差距,即使是经济发展程度接近的地区,其开放的数据集数量也存在差距。政务部门可能存在开放多风险多的顾虑,为了避免相

---

[1] 参见孙丽岩:《政府数据开放范围裁量权的法律控制》,载《法学家》2022年第5期。
[2] 参加肖卫兵:《论我国政府数据开放的立法模式》,载《当代法学》2017年第3期。
[3] 参见杨绍亮等:《中国数字政府建设技术蓝皮书》,清华大学出版社2022年版,第120页。蓝皮书介绍了深圳市坪山区的做法,该区将政务区块链基础平台作为智慧城市建设的基础支撑系统进行上线,有效地支撑政务信息化,并且实现与现有系统无缝衔接、集成友好,解决了政府信息系统数据共享难、业务跨部门协作难的问题。

应的风险宁愿选择少开放。而在开放的内容上,则相应存在不同主体开放数据类型上的区别。我国当前对政务数据的采集、开放暂没有发布统一标准,即各政务部门对于何种政务数据进行开放及开放程度存在不同的标准和判断,因此,实际展现出来的开放内容不同。[1]而在格式上,是否可以直接了解到元数据存在差别。数据电子化的方式多种多样,当前存在的问题在于部分格式不具有兼容性,公众无法直接读取和使用,对于专业的机构而言,相应的设备配置有可能解决该问题,但一般公众则难以解决该问题,从而形成能否利用和利用率的不平衡状态,未来的政务数据开放在技术上应更具有亲和力。[2]

政务数据更新的及时性不足。动态化是数据的重要特征,应该像重视建设那样重视运营。[3]各地开放的大部分数据在一定期限内均需要根据实际情况进行更新,这才符合数据开放的精准化、时效性、便捷度的需要,[4]但不少政务数据开放平台的数据更新并不及时,这导致数据的时效性和利用价值大打折扣。数据更新不足的原因主要有政务部门之间数据共享不足,还有平台内政务部门与公众互动不足,导致政务部门无法及时发现公众对数据类型和内容的真实需求又或者没有足够的数据原料进行共享。有些数据平台的互动接口比较隐蔽难以发现,导致利用起来不方便。有些平台对于相应的问答内容也没有进行必要的公开以避免重复发问。这些问题导致的直接结果是影响了数据的利用效果,即公众获取的数据存在不及时、不准确及互动缺乏的问题后,公众缺乏进一步获取和利用数据的积极性,而利用率的低位又将影响到政府对于政务数据的公开力度和积极性。因此,互动窗口可以直接反映公众的积极性,而平台管理者的及时、有效回复将能够为数据质量的提高和数据开放的价值呈现发挥重要作用。有些地方信息公开平台的用户问答则相对更为活跃和开放,比如广州本地宝小程序的互动界面及其历史问答均非常直观,值得借鉴。

除新兴的政务数据开放平台,当前的政务平台还包括政务服务平台和政

---

[1] 参见单志广等编著:《大数据治理:形势、对策与实践》,科学出版社2016年版,第10页。
[2] 参见新玉言、李克编著:《大数据:政府治理新时代》,台海出版社2016年版,第144页。
[3] 参见张建锋编著:《数字治理:数字时代的治理现代化》,电子工业出版社2021年版,第202页。
[4] 参见吕廷君:《大数据时代政府数据开放及法治政府建设》,人民出版社2019年版,第68页。

府信息公开平台。政务服务平台以一站式服务为抓手，努力实现政府内部一个窗口递进资料后流转，在深化"放、管、服"改革、优化营商环境、方便企业和群众办事创业等方面发挥了重要作用，政务服务平台已成为提升政务服务水平的重要支撑。该部分的内容实际上是将以往线下的多项内容进行整合，由政务部门在线上或者线下自行进行程序流转，是对于民众办事程序的简化，极大节省了民众各方面的成本。当前中央政府正在打造全国一体化的政务服务国家级平台（www.gjzwfw.gov.cn）。此前各省级政府已经积累了不少有益经验，比如广东政务服务网中集中了各部门入口，同时还可以链接到各地市政务服务网，形成了全省联通的平台。统一政务服务平台对于全国适用统一的办事标准有益，此举将改进过去各地标准多重的问题。但其功能的良性运行仍需要各部门配合全面提供相应的政务数据，以形成数据共享局面。[1]在政府信息公开平台中，政府信息公开网发挥了主力军作用。政务信息公开主要是对有关政务信息的及时全面披露。政府信息公开网络已经基本形成了从中央到地方的网络公开体系，随着各级政府推广多年，已经形成相对比较成熟的信息公开系统。但其良性运行仍需要各部门协同进度和标准，否则就会出现有链接无内容的现象。未来需要加强三大平台的分工、协作、衔接、整合，以形成政务服务、政务公开的合力，全面提高政府工作效率和民众利用效益。

三、救济保障不到位

无救济则无权利。当前的政务数据开放相关规定并没有列明公众的救济途径，而公众对信息公开事项则可以提起行政复议、行政诉讼、行政赔偿。[2]这在逻辑上形成一种悖论，即政务数据开放是比政府信息公开升级的

---

[1] 参见中国行政体制改革研究会组织编写：《数字政府建设》，人民出版社2021年版，第50-56页。

[2] 参见干以胜主编：《中国政务公开研究》，中国方正出版社2012年版，第189-190页。目前各国实践中的行政救济与司法救济的措施与手段具有多样性，常见的有以下几种类型：行政复议、行政诉讼、行政赔偿、行政补偿、请愿、声明异议、申诉、请求改正错误，在诸类型中，由于请愿、声明异议、申诉和请求改正错误等类型，或侧重于表达意见与愿望，或散见于个别的行政法规中没有形成系统的操作程序，或缺乏要求受理机关必须依法予以处理的强制性法律规定，在各国的行政救济体系中都属于相对次要的救济类型。

要求，公众应享有更全面的权利以及更为有效的救济途径，但目前在强调政务数据开放之余并没有对公众的救济权进行规定，即公众的公共数据权没有相应的强制力保障。究其原因，政务数据之公开是一种增益性行为，而非一种普通的合同性义务，政务数据不公开并没有明显的损害后果。尽管理论上政务数据之公开可能带来收益，但收益主体及收益程度均存在不确定性。这与信息公开之行政诉讼原告是直接利益相关者的身份不同，信息公开权利人一般与所要公开之信息之间已经形成了既定的利益关系，但政务数据如果不公开则并不形成特定的损害关系，因此，政务数据公开是一种与过往的行政行为或信息公开行为不同的行政行为，其具有公权力行使、涉及公共利益的公属性，但其收益或损害却具有隐蔽性。因此，对于公众就政务数据开放的救济权设计虽然亦可能大概率遵循行政复议、行政诉讼权利模式，但政务数据公开不合法的构成应该是以行为无价值为基本取向，而不能以结果无价值为标准。当前政府信息公开司法审查中存在着滥诉标准难以确定、审理规则难以掌握、争议实质难以解决等突出问题，即使政务数据纠纷能够进入诉讼程序，也有可能最终面临类似问题。[1]

相应地，政务数据开放缺乏相应的责任机制，即政府的政务数据是否开放缺乏对应的责任。当前的政务数据开放的责任主要来自对于国家秘密、商业秘密、个人隐私、个人数据权利的后台制约，同时责任机制反而主要指向了政务数据利用者，如果政务数据利用者存在利用不当的行为可能受到民法、刑法等法律的规制。而政务数据是否开放及开放质量的高低更多的只是一种行政责任，比如《上海市公共数据开放暂行办法》规定数据开放主体的责任为本级人民政府或上级主管部门责令改正或对相关人员给予处分。[2]因此，政务数据开放的责任目前为止只是限于有限的行政责任层面。这一方面是由于现有的各省市的规章在立法层面不得规定各种严重的法律责任，还有就是

---

[1] 参见沈定成：《政府信息公开司法审查制度研究》，东南大学出版社2021年版，第62-66页。
[2] 《上海市公共数据开放暂行办法》第42条规定，(数据开放主体责任)数据开放主体有下列行为之一，由本级人民政府或者上级主管部门责令改正；情节严重的，依法对直接负责的主管人员和其他直接责任人员给予处分：(一) 未按照规定开放和更新本单位公共数据；(二) 未按照规定对开放数据进行脱敏、脱密等处理；(三) 不符合统一标准、新建独立开放渠道或者未按照规定将已有开放渠道纳入开放平台；(四) 未按照规定处理自然人、法人和非法人组织的异议或者告知；(五) 未按照规定履行数据开放职责的其他行为。

在前述的损害后果不明显，收益又是潜在的或然的情况下，致以过于严格的责任本身会存在比例性失当的问题。另一方面是当前对于政务数据开放应以鼓励为主惩戒为辅，否则对于探索阶段的政务数据开放将可能形成不利影响。因此，相关规定还明确了激励机制，比如《上海市公共数据开放暂行办法》第34条（表彰机制）规定。[1]

政务数据开放的组织保障不足。《关于全面推进政务公开工作的意见》明确了政务数据开放的工作要求，但并没有更细致地规定主管部门、协调部门和协调机制。因此，各地政务数据开放的规范性文件规定存在差异，山西省是省人大常委会制定地方性法规，其文件名表述为"政务数据管理应用条例"，突出了对于政务数据的"应用"，对政务数据开发利用和数据资产化作出了"政务数据纳入国有资产管理"的特别规定，而《上海市公共数据开放暂行办法》则是由上海市人民政府主导的围绕公共数据开放进行的系统性规定，山西省规定由"政务信息管理部门"负责数据资产管理和政务数据开放，而上海市的规定则在第5条对市政府办公厅、市经济信息化部门、市大数据中心、区人民政府确定的部门规定了不同的职责，[2]在第39条、第40条规定了组织保障和资金保障的要求。山东省人民政府发布的《山东省电子政务和政务数据管理办法》则规定了县级以上人民政府大数据工作主管部门为政府数据开放的负责机构。

主管部门的不明确或多元化直接影响到政务数据开放的执行力度和执行效果，未来需要对政务数据开放的责任部门进行统一。[3]数据管理为政府新型职责，其必须借助政府力量才能更好落实政务数据开放的目标。当前，各省（自治区、直辖市）相继成立大数据治理中心、大数据管理局和数字经济

---

〔1〕《上海市公共数据开放暂行办法》第34条规定，（表彰机制）市经济信息化部门应当会同市大数据中心和相关行业主管部门对在数据技术研发、数据服务提供、数据利用实践、数据合作交流等方面有突出表现的单位和个人，按照规定给予表彰。

〔2〕《上海市公共数据开放暂行办法》第5条规定，（职责分工）市政府办公厅负责推动、监督本市公共数据开放工作。市经济信息化部门负责指导协调、统筹推进本市公共数据开放、利用和相关产业发展。市大数据中心负责本市公共数据统一开放平台（以下简称开放平台）的建设、运行和维护，并制订相关技术标准。区人民政府确定的部门负责指导、推进和协调本行政区域内公共数据开放工作。其他公共管理和服务机构根据相关法律、法规和规章，做好公共数据开放的相关工作。

〔3〕参见吕廷君：《大数据时代政府数据开放及法治政府建设》，人民出版社2019年版，第128-129页。

局等治理机构。这些治理机构有的隶属经济和信息化委员会、发展和改革委员会、办公厅等职能部门，还有的归省政府主管，各地的数据治理机构名称不一，隶属机构不同反映了各地对于数据治理、政务数据开放的认识存在差异，而事业单位性质的大数据治理中心在推动政务数据共享方面相对而言更缺乏力度。[1]跨部门、跨地域、跨层级政府之间由于条块分割、部门利益冲突、目标分散、信任缺失、治理主体协同不到位等因素导致数据共享进展缓慢，政府数据开放效应受到不利影响。这说明各地对于政务数据开放工作负责部门、是否新设专门部门、如何设定其职能存在认识上的不一致，这容易造成组织保障和资金保障不足的局面。这些问题的存在均会影响一地的政务数据开放之质效，最终将影响到全国政务数据开放的统一性效果。

第三节　政务数据开放的制约因素

政务数据开放是一个整体的系统性工作，这个过程中，"技术实践先导、法律规范跟上、观念深刻转变、注重数据安全和质量是核心。"[2]其实施受到多方面因素的影响，除经济基础外，政务数据开放的质量还受制于政务部门的理念转变和能力提升，作为政务数据利用者的公众也需要树立权利意识并掌握利用技巧。政务数据开放工作与政务部门的其他工作之间的关系协调是制约政务数据开放的外部事实性因素，个人数据、商业秘密、国家秘密是制约政务数据开放的三重外部规范性因素，而建构在各项安全性要求之上的程序性要求则形成程序性制约因素。[3]

一、内部制约因素

当前的政务数据公开存在公开主体动力不足、责任不清、能力不足导致的不愿、不敢、不会开放的问题。[4]政务数据开放首先考验的是相关主体的

---

[1] 参见赵丹宁等：《数据治理机构推动跨部门数据共享面临的困境及原因分析——基于山东两地市的案例分析》，载《公共管理与政策评论》2023年第1期。

[2] 汪梦：《政府数据开放的法律问题研究》，中国社会科学出版社2020年版，第28页。

[3] 参见雷鸿竹、王谦：《WSR视角下政府数据开放价值实现路径研究》，载《西南民族大学学报（人文社会科学版）》2023年第1期。

[4] 参见单志广等编著：《大数据治理：形势、对策与实践》，科学出版社2016年版，第6-7页。

理念，包括政务数据开放主体以及公众的理念两方面。在权力本位的时代，政务部门拥有相当宽阔的舒适区，政务数据开放要打破这种舒适区需要理念的转变和支持，根本原因在于政府之定位已经从管理型向服务型转变。管理型、控制型政府存续了很长时间，但自启蒙时代以来，社会控制的难度增大且必要性、可能性降低，其中非常重要的原因是资讯和科技的助力，让公众的认识能力和行为能力大幅提升。互联网、大数据时代，以往的管理型政府思维已无法适应时代特征，服务型政府的理念必须得到更加强有力的贯彻和落实。但管理型政府之下政务数据开放主体拥有更多的便利性和权威性，在转向服务型政府之际，服务型政府的理念存在被搁置、削弱的风险。我国当前自上而下的各种政务公开、政府信息公开以及近期的政务数据开放政策，均是在倡导、落实服务型政府的理念，不断倡导、持续倡导的实践表明服务型政府理念的塑造和形成并非易事，而"充分运用大数据的先进理念、技术和资源，是提高政府服务和监管能力的必然要求"。[1]因此，建立和落实服务型政府理念，对于政务数据的公开具有根本性的意义，相对应的原理在于政府没有私益，以服务于最广大民众的利益为存在的价值，并以此推动个人与社会的整体发展，狄骥（Duguit）提出的公共服务理论认为国家成了围绕公共利益进行公共服务的总和。[2]对此，党的十六届六中全会首次在中央层面提出建设服务型政府，并要求强化政府在社会管理和公共服务方面的职能。

　　理念的落实需要标准统一化的支持。政务数据开放是置于大数据时代背景之下的要求，但政务数据开放主体对于大数据、数据技术、数据运行规律的有效认识将影响到具体人员的认识能力、操作能力、管理能力。当前各级各地规范性文件的多样性反映了各级各地的政策法规制定人员对于政务数据开放的认识和理解并不一致，基于数据运行规律的稳定性，各地规定最终应该趋同。这反映了当前我国的政务数据开放还处于初期阶段，需要进一步发展和成熟。未来对于政策法规的制定需要进一步统一标准，统一到数据运行规律的基本面上来，以形成全国性的统一规范，在此基础上，各地可以根据地方实际情况进行一定的个性化设计。

　　政务数据开放主体工作人员的工作能力应进一步加强。参照民法概念，

---

［1］张毅主编：《政务大数据应用方法与实践》，中信出版集团2021年版，第19页。
［2］参见［法］狄骥：《公法的变迁》，郑戈译，商务印书馆2013年版，第202页。

权利能力是一种资格,而行为能力则关乎实现的可能。因此,政务数据开放在理念的引领下,还需要相关工作主体能力的提升。各政务部门、企事业单位内部需要有相应的负责政务数据开放工作的具体部门和工作人员。在当前的政务部门信息和数据共享仍存在困难的情况下,对于各政务部门的政务数据开放工作人员的培训以及加强沟通交流显得很有必要,特别是大数据时代下数据技术的掌握和运用均需要一定的投入,统一的培训已经是提高工作人员实际操作能力无法绕开的必修课,靠各政务部门自行摸索难以跟上实践的需要。[1]没有各政务部门的数据支持,政务数据主管部门即使建有平台,也终将巧妇难为无米之炊。政务数据开放的重点和难点也就在于各政务部门、企事业单位统一标准、统一进度提供、更新政务数据,当各政务部门、企事业单位的相关工作人员具有同等水平的收集、处理能力,则将为一地乃至全国的政务数据开放提供有力支撑,也只有这样才能保障政务数据开放平台内容的常有常新。

公众的理念和能力也需要适时更新。管理型政府的传统实践形成了公众相应的服从习惯。但自政务公开、政府信息公开以来,服务型政府的理念已经不断传播,公众也需要从过去的服从思维转变为主动思维,从管理对象的被动性向行动主体的主动性转变。我们一般都在强调政府需要转变理念,但也需要公众理念转变的回应与配合。因此,对于社会公众,国家需要进一步加强宣传,如同普法一样,告知公众有可用之"政务数据"及其接入口。同时,还要顾及数据的使用方便。即在告知公众有可用之"政务数据"后有相应的能用的、好用的数据。公众的数据运用能力同样需要相应得到提高,当前的数字鸿沟、银发鸿沟问题突出,国家在让政务数据开放平台好用的同时,还需要采取积极措施对数字弱势群体进行必要的帮教和支持。[2]

二、外部制约因素

其他政府工作是政务数据开放的事实性边界。政务数据开放工作是政府

---

[1] 参见郑磊:《开放的数林:政府数据开放的中国故事》,上海人民出版社2018年版,第178-179页。

[2] 参见邓攀、蓝培源:《政务大数据:赋能政府的精细化运营与社会治理》,中信出版社2020年版,第287-295页。

工作的一部分，相对于其他的数据产业、平台经济等新兴经济或者传统的农业、工业、服务业相比，其效用具有隐性特征，而其他产业或行业的社会价值、经济价值具有直接、直观的显性特征。在实用主义指标考核的系统环境下，政务数据开放尽管被列入了重要政务工作列表，但其创造的价值在目前并没有相对清晰的计量方法和计量标准，且完成的程度不同所带来的社会价值或经济价值的数值指标差异并不显著，鉴于政务数据开放成果不易识别，在政府整体工作中政务数据开放工作容易被边缘化，特别是在资源有限的地域或部门。即使政务数据开放的效果不理想，其是否造成损害或可能造成的损害、指向对象和损害程度也不明。政府资源的投入也往往遵循合理的投入与产出比例，在政府可利用资源总量确定的情况下，政务数据开放工作的组织、人员、资金、制度保障措施均难以与其他传统的重点工作相比。因此，政务数据开放工作亦如当年的政府信息公开工作，容易被其他工作冲击。但是，无论是政府信息公开工作，还是政务数据开放工作，均为世界性潮流，经过多年的努力，我国政府信息公开工作目前在平台建设、公开内容、公众互动等方面均取得了重大进步，各地的政府信息公开工作水平也在不断提高，以集成性、模块化和开放性为主要特征的政府平台正在建设，[1]未来的政务数据开放工作的良性发展亦有待时间的沉淀。

个人对于个人数据的权利形成政务数据开放的第一重规范边界，政务数据开放需要受限于个人数据保护规范，与个人隐私的保护之间存在张力。[2]相对来说，政务部门由于对个人拥有强大的权力优势，如果不加以约束，就容易出现对个人人身、财产安全构成重大威胁的数据收集和处理权力的滥用现象。《个人信息保护法》第2章第3节国家机关处理个人信息的特别规定中，第33条规定国家机关处理个人信息的活动，适用本法；本节有特别规定的，适用本节规定。该规定明确政务数据公开也需要遵循《个人信息保护法》的相关规定，收集、处理个人数据应当具有明确、合理的目的，并遵循最小必要和合理期限原则，具体规则上包括敏感个人信息的处理规则等，并维护

---

〔1〕参见张建锋等：《数智化：数字政府、数字经济与数字社会大融合》，中国工信出版集团、电子工业出版社2022年版，第159页。

〔2〕See Steven C. Carlson, Ernest D. Miller, "Public Data and Personal Privacy", *Santa Clara High Technology Law Journal*, Vol. 16, No. 1., 2000, pp. 89-92.

个人在个人信息处理活动中的权利。与个人数据密切相关的还有个人隐私的内容，"豁免公开的信息原则上纳入禁止开放数据"，[1]政务数据公开当然也不得侵犯个人隐私，比如政府信息数据库中的人口信息管理系统、出入境/证件信息数据库、全国违法犯罪中心数据库、DNA数据库等所包含的个人数据、个人隐私在政务数据的内部开放和外部开放时均需要进行匿名化处理，或者是形成统计类数据以不涉及具体个人数据类型的面貌后才可以开放。

市场主体对于商业秘密的权利将形成政务数据开放的第二重规范边界。涉及商业秘密的公共数据应列入非开放类，不得开放。政务数据开放中所涉及的商业秘密需要予以保密，否则需要承担相应的法律责任，我国《民法典》第123条规定商业秘密为知识产权的客体；第501条规定民事合同订立过程中泄露、不正当使用他人商业秘密的应当承担赔偿责任；《反不正当竞争法》第9条规定了有关侵害商业秘密的行为，《刑法》第219条规定了侵犯商业秘密罪，最高人民法院出台的司法解释则对涉及侵犯商业秘密的民事案件审理有关问题进行了更为详细的规定。[2]相关政务数据开放的规定当中没有规定对于泄露商业秘密的损害赔偿责任，这一方面是由于相关的规范性文件级别相对较低，只能规定相应的行政责任，另一方面，民法等法律、司法解释已经规定商业秘密应受法律保护。行政诉讼法的相关规定对于合法权益并没有进行任何限定，[3]因此，在已有其他法律对于商业秘密的应受保护性及损害赔偿进行了规定的情况下，政务数据开放规定可以不必要重复规定。《上海市公共数据开放暂行办法》第22条规定中，对于有关主体认为开放数据侵犯其商业秘密的，可以通过开放平台告知数据开放主体，并提交相关证据材料。数据开放主体收到证据材料后，认为必要的，应当立即中止开放，同时进行核实，并根据核实结果采取进一步的行动，同时第43条对于数据利用主体侵

---

[1] 孔繁华：《政府信息公开的豁免理由研究》，法律出版社2021年版，第43页。豁免公开的商业秘密、个人隐私信息也可以成为有条件开放或无条件开放数据，比如不开放将会对公共利益造成重大影响的，或权利人同意开放的情形。

[2] 参见最高人民法院《关于审理侵犯商业秘密民事案件适用法律若干问题的规定》（法释〔2020〕7号）、《关于适用〈中华人民共和国反不正当竞争法〉若干问题的解释》（法释〔2022〕9号）。

[3] 《中华人民共和国行政诉讼法》第2条规定，公民、法人或者其他组织认为行政机关和行政机关工作人员的行政行为侵犯其合法权益，有权依照本法向人民法院提起诉讼。前款所称行政行为，包括法律、法规、规章授权的组织作出的行政行为。

犯商业秘密的行为，规定了"依法追究相应法律责任"的内容，其中相应法律责任则可以理解为现有各类法律中的各种相关规定。

国家秘密形成政务数据开放的第三重规范边界，属于绝对不予公开制度的内容。[1]国家秘密是依法定程序确定的关系到国家安全和利益并在一定时间内只限一定范围的人员知悉的事项。《中华人民共和国保守国家秘密法》确立了既确保国家秘密安全又便利信息资源合理利用的原则，并规定法律、行政法规规定公开的事项，应当依法公开。这在原则上已经确认了政务数据公开的边界需要以国家秘密为边线。政务部门如依工作需要决定公开之前需要保密的事项，正式公布时即视为解密。对于过了保密期限的国家秘密并不意味着一定进行政务数据开放，仍宜根据事项的性质和特点作为信息进行公开，或者根据性质及合适的环境进行开放以发挥并实现社会或经济价值。当前由于国家秘密安全责任重大，政务部门可能会产生畏难情绪，这也是政务数据全面有序开放的挑战。

三、程序制约因素

涉及个人信息的政务数据收集、处理、开放程序的全流程需要遵守《个人信息保护法》和《数据安全法》的相关规定，[2]尤其是对个人数据进行去标识化以形成匿名的效果。各地政务数据开放程序规定存在一定的差异，《上海市公共数据开放暂行办法》第4条（工作原则）规定，本市公共数据开放工作，遵循"需求导向、安全可控、分级分类、统一标准、便捷高效"的原则，该原则主要集中在开放程序本身的内容。而《贵州省政府数据共享开放条例》第4条的规定则有一定的区别，[3]《贵州省政府数据共享开放条例》与《个人信息保护法》具有相似性，其第4条后半部分的内容则又反映了政务数据开放的各方面制约因素。

---

[1] 参见戚红梅：《政府信息公开的例外制度研究》，人民出版社2021年版，第94-97页。商业秘密和个人隐私属于相对不予公开制度的内容，还有内部事务信息、过程性信息、执法案卷信息属于可以不予公开制度的内容。

[2] 参见张涛：《政府数据开放中个人信息保护的范式转变》，载《现代法学》2022年第1期。

[3] 《贵州省政府数据共享开放条例》第4条规定，政府数据共享开放应当具有合法目的和用途，遵循正当、必要、适度的原则，依法维护国家安全、公共安全、经济安全、社会稳定，保守国家秘密，保护商业秘密、个人信息和隐私。

在具体操作流程上，政务数据开放的前提为政务数据资源目录的编制。国家发展改革委、中央网信办于2017年印发的《政务信息资源目录编制指南（试行）》采用了政务信息资源的表述，政务信息资源目录是通过对政务信息资源依据规范的元数据描述，按照一定的分类方法进行排序和编码的一组信息，用以描述各个政务信息资源的特征，以方便检索、定位与获取政务信息资源。政务信息资源目录是各政务部门之间信息共享及政务数据向社会开放的依据，是实现政务信息资源共享、业务协同和数据开放的基础。政务信息资源目录分类包括资源属性分类、涉密属性分类、共享属性分类和层级属性分类等。政务信息资源目录按资源属性分为三类：基础信息资源目录、主题信息资源目录、部门信息资源目录；按照信息资源涉密属性分为涉密政务信息资源目录和非涉密政务信息资源目录；按共享类型分为无条件共享、有条件共享、不予共享等三种类型。共享一般是在政务部门内部的范围，而开放则是对外部公众的开放。可以共享未必可以开放，但其类型划分对于政务数据开放的类型设定具有参考性，以《上海市公共数据开放暂行办法》为例，该办法对数据安全和处理能力要求较高、时效性较强或者需要持续获取的公共数据，列入有条件开放类，[1]相关规定对于有条件开放的条件进行了相对明确的规定并对利用的程序进行了规范，而就"数据利用协议示范文本"则规定由市经济信息化部门会同市大数据中心和数据开放主体进一步制定。政务信息资源目录按其编制层级分为部门政务信息资源目录、国家政务信息资源目录。非开放类公共数据如经脱密或解密手续、脱敏处理或者相关权利人同意的，可以列入无条件开放类或者有条件开放类。

政务数据开放还要遵守数据分类分级规定。不同类型的数据具有不同的重要性、价值指数和安全要求，因此，《数据安全法》提出建立数据分类分级保护制度。《网络安全标准实践指南——网络数据分类分级指引》规定数据定

---

[1]《上海市公共数据开放暂行办法》第11条规定，（分级分类）市经济信息化部门应当会同市大数据中心结合公共数据安全要求、个人信息保护要求和应用要求等因素，制定本市公共数据分级分类规则。数据开放主体应当按照分级分类规则，结合行业、区域特点，制定相应的实施细则，并对公共数据进行分级分类，确定开放类型、开放条件和监管措施。对涉及商业秘密、个人隐私，或者法律法规规定不得开放的公共数据，列入非开放类；对数据安全和处理能力要求较高、时效性较强或者需要持续获取的公共数据，列入有条件开放类；其他公共数据列入无条件开放类。非开放类公共数据依法进行脱密、脱敏处理，或者相关权利人同意开放的，可以列入无条件开放类或者有条件开放类。

级时，需要考虑危害对象、危害程度两个要素。就危害对象方面，是指数据一旦遭到篡改、破坏、泄露或者非法获取、非法利用后受到危害的对象，包括国家安全、公共利益、个人合法权益、组织合法权益四方面。危害程度可以分为无危害、轻微危害、一般危害、严重危害，其同样适用于非法获取、非法利用的情形，应与危害对象中的情形作一致理解。数据分类为个人数据、公共数据、组织数据分类，如不存在公共数据目录，公共数据可按照服务行业领域进行分类，也可从公共数据开放程度和条件进行分类。根据数据类型与危害对象、危害程度的组合形成安全等级的划分，即政务数据开放的基本要求为无害其他权利。该种分级为政务数据开放等级的设定提供支持，有助于确定开放类型、开放条件和监管措施。数据开放主体应当按照公共数据分级分类规则，制定本地区公共数据资源目录范围内的公共数据开放清单，列明可向社会开放的公共数据，明确数据的开放类型、开放条件、更新频率等，并通过开放平台对外公布数据的开放类型、开放条件和更新频次等信息。但开放清单并非一成不变，而需要定期评估，并可能在特别情况下进行临时评估，以及时回应客观情况更新开放清单，不断调整、扩大政务数据的开放范围。该种开放清单将形成对于政务数据开放主体的有效制约，成为公众监督的重要依据。因此，开放清单的制定应该设定全国统一标准，在此基础上各地可以有一定的变通，但不宜过于特殊导致各地标准差别过大而无法衔接。

第四节　共享共建共治模式的完善

政务数据开放之基础为政务数据的充分准备，需要促进政务部门间的数据资源共享以及政务部门与企业数据之间的合理互通，才能为政务数据开放提供全面准确的数据资源。在区分政务数据开放的基础工作与商业升级工作前提下，政务部门主导完成基础工作的同时可以发挥市场力量的作用，共同实现政务数据效用的不断提高，最终实现政府、社会、个人的共同善治目标。

一、实现数据真正共享

政务数据开放之平台为数据展示之场所，但需要以全面、准确的数据为基础。中共十九届四中全会通过的《中共中央关于坚持和完善中国特色社会主义制度　推进国家治理体系和治理能力现代化若干重大问题的决定》特别提及"推进数字政府建设,加强数据有序共享,依法保护个人信息。"政务数据开放之第一步就需要各政务部门之间的数据充分共享,目前由于政府权力存在条块分割的现象,有部门将权力和数据部门利益化,结果形成信息孤岛,互通不足。

这种情况下,国家采取分步走的战略,首先是促进政务部门间的数据资源共享,该部分共享内容的直接目的是服务于政务服务统一平台的建设。《政务信息资源共享管理暂行办法》(国发〔2016〕51号)第1条规定的规范目的主要在于解决政务部门间的数据资源共享问题,[1]这在第5条政务信息资源共享"以共享为原则,不共享为例外"中也可以明确本办法在于解决政务数据开放的数据资源问题。政府各部门之间的信息共享共用的实现至关重要,[2]需要有更高级别的协调机构来协调各政务部门之间的信息资源共享,《政务信息资源共享管理暂行办法》第4条对促进大数据发展部际联席会议进行了规定。[3]共享平台包括共享平台(内网)和共享平台(外网)两部分,共享平台(内网)应按照涉密信息系统分级保护要求,依托国家电子政务内网建设和管理;共享平台(外网)应按照国家网络安全相关制度和要求,依托国家电子政务外网建设和管理。这当中共享平台(外网)就与政务数据开放平台的建设有直接关联,可以认为对于共享平台(外网)的建设就是政务数据开放平台建设的另一种表达。比如,上海市以场景化应用需求驱动跨部门公共数据开放,数据开放质量和效果显著提升。[4]

---

[1]《政务信息资源共享管理暂行办法》第1条规定,为加快推动政务信息系统互联和公共数据共享,增强政府公信力,提高行政效率,提升服务水平,充分发挥政务信息资源共享在深化改革、转变职能、创新管理中的重要作用,依据相关法律法规和《国务院关于印发促进大数据发展行动纲要的通知》(国发〔2015〕50号)等规定,制定本办法。

[2] 参见汪梦:《政府数据开放的法律问题研究》,中国社会科学出版社2020年版,第20页。

[3]《政务信息资源共享管理暂行办法》第4条规定,促进大数据发展部际联席会议(以下简称联席会议)负责组织、指导、协调和监督政务信息资源共享工作,指导和组织国务院各部门、各地方政府编制政务信息资源目录,组织编制国家政务信息资源目录,并指导国家数据共享交换平台建设、运行、管理单位开展国家政务信息资源目录的日常维护工作。各政务部门按本办法规定负责本部门与数据共享交换平台(以下简称共享平台)的联通,并按照政务信息资源目录向共享平台提供共享的政务信息资源(以下简称共享信息),从共享平台获取并使用共享信息。

[4] 参见冯奎等:《数字治理:中国城市视角》,中国工信出版集团、电子工业出版社2021年版,第113页。

其次是促进政企间的数据资源共享。《政务信息资源共享管理暂行办法》第 2 条还规定了政务信息资源不仅包括政务部门直接制作或收集的信息资源，还包括通过第三方依托政务信息系统形成的信息资源等。[1]这即是对企业或其他社会机构与政务部门进行信息资源共享的既有事实的承认，也明确了进一步共享的需要。2015 年，支付宝钱包的首页上线了"城市服务"，从此可以直接在手机上查询各类生活信息，甚至还能进行车牌摇号、结婚预约等事项，这是企业与政务部门信息资源共享的早期实践。中国人民银行于同年允许 8 家商业机构对个人征信业务作准备工作，互联网征信体系得到迅速发展。在第三方个人信息源接入政务系统的应用举措中，公共事业单位如公交系统、电信企业、保险公司等与征信服务企业在个人信息共享上已展开深入合作，体现出国家将集合性个人信息作为公共资源进行宏观调控和重复利用的态度。2021 年 6 月，中国银行保险监督管理委员会重庆监管局批准重庆蚂蚁消费金融有限公司开业，蚂蚁集团旗下的花呗、借呗品牌获得了消费金融牌照，此后，用户需签署《个人征信查询报送授权书》，同意授权向金融信用信息基础数据库查询/报送相关信息，才能正常使用花呗系统，[2]观点提出类似过程中仍需要赋予相关各方对不公平征信结果进行申诉、挑战的权利，以保障大数据下个人公平信用权益。[3]2017 年，欧盟委员会就《公共部门信息再利用指令》作公众问询调查，调查结果显示为科研或政府管理目的访问私营组织的数据值得支持和推广。欧盟委员会于 2018 年发布《修改〈公共部门信息再利用指令〉的建议》，提出电信运营商、在线平台、汽车制造商和零售商、社交

---

[1]《政务信息资源共享管理暂行办法》第 2 条规定，本办法所称政务信息资源，是指政务部门在履行职责过程中制作或获取的，以一定形式记录、保存的文件、资料、图表和数据等各类信息资源，包括政务部门直接或通过第三方依法采集的、依法授权管理的和因履行职责需要依托政务信息系统形成的信息资源等。本办法所称政务部门，是指政府部门及法律法规授权具有行政职能的事业单位和社会组织。

[2] 具体来看，核心内容主要有两点：第一，同意被授权人向中国人民银行金融信用信息基础数据库查询、使用本人的信用信息和信用报告；第二，同意被授权人将本人在使用授权业务中提交和产生的基本信息、信用信息（包括违约信息）和其他相关信息自行或委托重庆蚂蚁消费金融有限公司报送至中国人民银行金融信用信息基础数据库及其他依法设立的个人征信机构。参见《不同意升级将影响使用！花呗回应将接入央行征信系统》，载北晚在线网：https://baijiahao.baidu.com/s?id=1711578160426187193&wfr=spider&for=pc，最后访问日期：2023 年 4 月 25 日。

[3] 参见李晓楠：《大数据技术下个人公平征信监管的数据治理维度》，载《大连理工大学学报（社会科学版）》2023 年第 2 期。

媒体等平台的数据具有很高的公共利用性，这类企业所拥有的数据有助于政府职能部门更准确地应对疫情、城市规划、保障交通、保护环境、监控市场，进而提出以企业数据的公共利用推动公共利益的进步是企业的社会责任。[1] 2019年1月，欧盟就《公共部门信息再利用指令》的修订达成一致意见，并更名为《开放数据与公共部门信息再利用指令》，新指令将更有利于推动欧盟公共部门数据的可获取和可利用。[2]

政企数据的对接需要统一的标准进行统合。当前政务部门推行政务信息资源目录制度、分级分类制度、开放清单制度等主要在政务部门内部适用，但如果涉及与企业之间的数据共享，则最好适用同一套制度体系和格式要求，以形成更有效的衔接和共享，否则格式、目录、清单不匹配必将大大影响共享的效率和效果，甚至出现数据的混乱局面。因此，各政务部门和企业的数据共享，首要的是数据的收集、处理、存储需要遵循相同的格式规范。其次，政务部门的数据资源共享以向统一平台进行传送为路径，而企业与政务数据平台的共享路径需要进一步明确。从主体性角度而言，尽管企业承担了部分社会公共管理的职能，但与公共性质的政务部门相比仍有区别，不宜直接接入。毕竟如果要经过相关部门审核不仅会增加政务部门工作量且存在审核标准不易把握的问题。因此，可以对企业数据资源的收集、处理、存储等过程进行适当的行政监督，以使其数据的安全性、可及性、可用性与政务数据处于同等水平（不限制其处于更高水平），以方便共享。

政企数据各有所长，在目前政企数据还未建立起一种开放共享和整合利用的有效管理机制的情况下，[3]企业数据的共享能否转化为企业向政务部门报送数据的做法？有观点认为社会连带关系学说为大数据时代网络平台承担数据报送义务提供了参考。[4]狄骥的社会连带关系学说认为，人作为社会的成员而生，由此应承担为维护和发展社会生活而应尽的义务，人与人之间存在社会连带性，建立于劳动分工上的相互关联性随着社会进步越来越强，社

---

[1] 参见王珊珊等：《企业数据的利用规则研究》，载《信息通信技术与政策》2022年第6期。
[2] 参见《欧盟各方代表就开放数据和公开部门信息新指令达成一致》，载中华人民共和国驻欧盟使用网，http://eu.china-mission.gov.cn chn/kihz/201901/t20190130_8312153.htm，最后访问日期：2023年4月25日。
[3] 参见本书编写组：《人工智能与国家治理》，人民出版社2020年版，第81页。
[4] 参见刘权：《论网络平台的数据报送义务》，载《当代法学》2019年第5期。

会的相互关联性也由此不断增强。[1]但企业向政务部门或政务数据开放平台报送数据存在数据报送事项过多、范围过宽，平台报送运营成本较大等问题，公共利益的界定具有一定的模糊性，[2]且受到个人信息保护法、数据安全法、网络安全法等法律法规的制约，因此，在实践中存在难度。在理论和实践上还存在数据的企业财产权益与公共利益的区分问题。未来可以考虑区分重点领域和一般领域，比如花呗涉及的是金融和个人诚信体系的建设内容，网约车涉及交通安全及交通设置便捷性的问题，对于这类与公共利益密切相关的事项，可以先行规范，而对于休闲类和消费类的数据，则可以根据实际情况，在基础问题解决后，再根据实际情况逐步对其进行处理。政府部门的数据共享应采取统一标准、统一进度的做法，但对于与政府部门之外的企业和机构的数据共享，宜采取循序渐进的策略，由重点到一般，逐步加强，最终将"信息孤岛"转变为跨领域、跨地区、跨层级、跨业务等数据资源的协同管理，实现全面采集、全景覆盖，为政务数据开放提供坚实的数据资源基础。

二、坚持体系全面共建

政务数据开放体系需要综合中央与地方、政府与市场、国家与社会等多个维度进行构建。政务数据开放以政务部门为开放主体，但不能理解为是政务部门独家完成的事务。首先需要对各政务部门的数据进行整合，形成基础信息库，《国家信息化领导小组关于我国电子政务建设指导意见》（中办发〔2002〕17号）提出启动人口基础信息库、法人单位基础信息库、自然资源和空间地理基础信息库、宏观经济数据库建设，此外，电子证照库、社会信用数据库也属于基础信息库。[3]不过，虽然大规模且高质量的数据资源掌握在政务部门手中，但原始数据被加工为可利用的数据产品或服务需要大量的资金、技术、人员和设备支持。当前，政务部门及至整个社会都缺乏足够的数据技术人才，而政务部门还有大量的本职性工作要开展，其人力、物力、财力的投入必须以本职性工作为本位，否则就难以有良好的数据资源不断产

---

[1] 参见[法]莱昂·狄骥：《宪法学教程》，王文利等译，辽海出版社、春风文艺出版社1999年版，第6-12页。

[2] 参见张效羽：《财产权公益限制的异化及其救赎》，国家行政学院出版社2014年版，第115-120页。

[3] 参见张毅主编：《政务大数据应用方法与实践》，中信出版集团2021年版，第205页。

生。基于数据技术、经济便利和政治因素的考量，政务部门可以考虑通过企业力量和市场机制来实现政府数据的开放及利用。当前政务数据开放平台共建的模式主要有：政府和企业在数据开放上的全方位战略合作、政府和企业合作运营综合性的数据大平台、企业仅仅提供技术的平台，由政府机关完全自主运行数据平台、政府机关委托企业经营的数据大平台，各地根据自身要求及实际情况选择不同的共建模式。[1]但政务部门仍需要提高政务数据开放负责部门工作人员的技术水平和操作能力以适应开放工作的需要，又考虑到政务部门工作人员的流动性与政务数据开放的持续性对团队稳定性要求之间的张力，可以借力第三方机构的强大技术支持。[2]鉴于政务数据涉及广泛的个人信息、国家秘密等内容，可以通过加强对该等技术支持企业的行政监管来促进其规范化运作，达到数据处理、存储、分析的安全性要求。还可以考虑政府出资参股或控股设立类似企业，以提升政务数据开放的技术支持企业的稳定性、持续性和安全性，但仍需要注意政企分离的基本原则，以避免行政性影响到技术性的充分发挥。[3]

在政务数据开放基础功能得到保障的前提下，可以引进第三方科研机构、高校、企业等深化政务数据的创新应用，如开展创新应用竞赛、合作建立试点项目等，以促进政务数据产品、数据服务的升级和换代。[4]如果已有较完善的云计算和大数据基础设施，则创新式的运用可以超越简短的局部小数据，建构起大数据之间的关联性从而形成合并效应和化学反应，这相当于政府在提供基础服务的基础上进一步提供了增值服务。比如，贵阳市政府把相关数据脱敏后在数据平台上开放，鼓励全国各地的大学生利用这些数据搭建模型，如交通的应用、医疗的应用等，发挥了大学生等社会性力量的参与共建，同时吸引人才及促进贵阳的智慧城市建设。数据升级服务需要有几方面的条件，其一，需要已经形成相对充分的政务数据开放基础。数据资源以全面准确为要，否则基于不准确数据所开发的数据产品和数据服务也将形成偏差。其二，

---

[1] 参见何渊：《政府数据开放的整体法律框架》，载《行政法学研究》2017年第6期。

[2] 参见闫霁：《政府开放数据平台增值服务模式研究》，中国社会科学出版社2021年版，第85页。

[3] 参见邓攀、蓝培源：《政务大数据——赋能政府的精细化运营与社会治理》，中信出版集团2020年版，第261-267页。

[4] 参见黄如花、陈闯：《美国政府数据开放共享的合作模式》，载《图书情报工作》2016年第19期。

政务数据开放主体有剩余资源可以投入更高级的数据服务中去。政务部门在本职工作之外，还需要组织协调第三方机构进行创造性的工作，因此，需要更多成本的投入。其三，需要注意区分政务数据开放的基础功能和增值功能。对于政务数据开放的基础功能需要由政府进行主导，而对于增值功能则可以由政府和企业合作完成，该过程中政府对企业进行必要的监督。[1]

在当前数据资产化的浪潮中，可以发挥中介服务机构的积极作用，探索建立数据资源确权、流通、交易、应用开发规则和流程。一种观点认为数据资源兼具无形资产和有形资产的特性。数据在介质中以二进制形式存在，占有物理空间，从而具有物理属性，数据集合的使用权应认定为无形资产，而所有权应认定为有形资产。[2]但另有一种观点认为数据资源具有无形资产的部分形态，因为不具备实物形态，但又与以往的专利、商标、著作权、商业秘密、域名等不同。且知识产权是不可再生的，但数据资产是可开放共享、非排他性的，甚至反而是利他的，数据开放的目的是促进开发利用，因此，数据资产难以归属于传统会计准则下的无形资产。[3]澳大利亚政府信息管理办公室（Australian Goverment Information Management Office，AGIMO）于2013年8月发布《公共服务大数据战略》指出"政府机构持有的数据已被公认为是政府与国家资产"。2021年9月1日，《上海市促进城市数字化转型的若干政策措施》正式生效，提出探索数据资产价值量化，将数据资产纳入国有资产保值增值考核，以数据资产价值衡量企业数字化转型阶段性成效，探索建立国有企事业单位数据产品进场交易机制。2021年10月16日，在《广东省数据要素市场化配置改革行动方案》等规范的指导下，广东开出全国首张公共数据资产凭证，广东省政务服务数据管理局会同相关监管部门对全省的公共数据资产凭证进行存证与监管。数据资产化和交易还需要数据服务中介机构的有效支持，2015年4月15日，全国首家大数据交易所——贵阳大数据交易所正式挂牌运营并完成首批大数据交易，经营范围包括大数据资产交易、大数据金融衍生数据的设计及相关服务；大数据清洗及建模等技术开发；大数据相关的金融杠杆数据设计及服务；经大数据交易相关的监督管理机构及

---

[1] 参见任泳然：《政务数据资产化》，企业管理出版社2021年版，第186-188页。

[2] 参见朱扬勇、叶雅珍：《从数据的属性看数据资产》，载《大数据》2018年第6期。

[3] 参见罗斌元、赵依洁：《基于区块链技术的数据资产确认》，载《财会月刊》2022年第18期。

有关部门批准的其他业务。大数据交易所将为数据商开展数据期货、数据融资、数据抵押等业务,建立交易双方数据的信用评估体系,增加数据交易的流量,加快数据的流转速度,确定区分十二类大数据品种。[1]在数据资产化后,中介机构的发展将为数据市场的发展壮大提供动力支持和技术保障。

三、达成社会和谐共治

"数据收集、治理和应用能力的现代化,就是国家治理体系和治理能力的现代化",[2]政务数据开放是提升国家治理能力、实现政府公信、维护国家长治久安的需要。大数据时代,在大数据和互联网技术的帮助下,国家不断创新监管治理手段,过往零散的"分治"可以联结为相互合作的"共治",以社会共治达成社会共赢。政务部门对数据的治理本身并不是目的,由公众进行充分利用才是根本目的,同时还要与依数据治理结合起来才能更好地实现数据价值。数据共享与共建指向的是数据的质量及流通保障,是一种内部质效的双重提升,而所要达成的社会共治的目标是在数据质量及流通有保障的基础上所实现的一种正外部效应,包括提升政务部门的治理能力、提升社会公众的行政参与度、实现社会分治基础上的共治目标。

在持续的技术赋权、数据赋能之后,数字治理逐步转变为政府、企业、公民多元主体参与的共治,而不是原来的单靠政府的单向度治理。[3]创新社会治理呼唤多元主体共同用力,在社会共治中充分发挥社会主体和社会公众的参与作用。管理型政府模式下,社会及公众是政务部门管控的对象,拥有权力的政务部门与社会的关系容易演变为一种对立关系,由置身社会"事"外的政务部门对社会进行管理总会有间隔性和距离感,难以实现恰到好处的国家治理。事实上,社会是公众与政务部门共同之社会,社会及其公众对于

---

[1] 具体为:政府、医疗、金融、企业、电商、能源、交通、商品、消费、教育、社交、社会大数据品种。

[2] 涂子沛:《数文明——大数据如何重塑人类文明、商业形态和个人世界》,中信出版集团2018年版,第241页。

[3] 参见冯奎等:《数字治理:中国城市视角》,中国工信出版集团、电子工业出版社2021年版,第217-220页。政府由传统视野下的监管者变为公共利益与资源的协调者,其自身也成为多元利益结构中一员,而企业则由传统城市信息化领域的外包项目开发者与执行者,变为城市治理与服务创新的共同策划与设计者,市民由作为传统视野下的城市服务消费者变为城市治理参与者。

政务部门而言并非单纯的被管理对象，社会公众对于社会亦可以发挥治理的作用。公民参与公共事务的管理、决策、执行和监督过程中遇到的关键障碍，以及影响公众参与效果的重要因素主要是过去较为普遍的信息不对称或数据不准确。当今社会，由于信息资讯的易得性，社会公众对于社会事务的参与热情不断提高。政务数据开放是打破政府与行政参与人之间信息严重不平衡的新路径。以往的政务数据由于分散化、零碎化难以形成权威的共识，当前政务数据的可靠性、可信度在政务数据开放平台的统一操作之下大幅提高，这进一步保障了社会公众的知情权，为公众的参与提供了充分的数据支持，可以成为实现公民基本权利的有效保障，并促进政府由单一的治理结构向社会多元共治转型，并形成多元共治或多中心治理的国家治理结构。

大数据时代更需要协同治理，[1]在共治过程中，个体智慧可以对社会治理的改善发挥有效的促进作用，[2]我国也将提升全民数字素质提到基础性、战略性、先导性的高度。[3]政务数据平台互动程序的良好设置对个体和政务数据开放平台均有帮助，以福建省龙岩市的实践为例，神州控股通过大数据技术，将"随手拍"事件触发受理平台接入 e 龙岩公共服务平台作为政民互动的入口，对接城管、河长、环保、综治等政务专业系统，再通过 12345 批转系统将问题分发到各专业系统，最终形成"提交-转办-办理-反馈-评价"的公共服务闭环，在龙岩全城管理实现"共建共治共享"。"随手拍"的设置使公众具有提供即时信息和数据的可能，是技术和数据赋能的结果，同时也满足了公众参与治理的需求。[4]除"公众可以做什么"以外，还需要政务数据开放平台提供公众提出"公众需要什么"的系统入口。比如深圳市政府数据开放平台在首页直接设置了"提交建议"界面，建议类别包括数据问题、数据获取、平台体验、投诉服务、其他，用户可以直接对该平台所涉数据等内容提出需求或改进建议，具有相当的便捷性和可操作性。在此过程中，政

---

[1] 张建锋编著：《数字治理：数字时代的治理现代化》，电子工业出版社 2021 年版，第 145-146 页。
[2] See Timandra Harkness, *Big Data: Does Size Matter?*, Bloomsbury Publishing PLc, 2016, pp.284-287.
[3] 《提升全民数字素养与技能行动纲要》提出，数字素养与技能是数字社会公民学习工作生活应具备的数字获取、制作、使用、评价、交互、分享、创新、安全保障、伦理道德等一系列素质与能力的集合。提升全民数字素养与技能，是顺应数字时代要求，提升国民素质、促进人的全面发展的战略任务，是实现从网络大国迈向网络强国的必由之路，也是弥合数字鸿沟、促进共同富裕的关键举措。
[4] 参见邹旭怡：《中国网络政治空间治理研究》，华中科技大学出版社 2019 年版，第 56-58 页。

府可以更好地了解市民的需求、城市的动态、掌握更详实的决策依据；市民也能够参与到城市建设治理的各个方面，充当真正的城市主人，"他们通过对公共事件的言说、参与、行动，以及自身技能、能力、影响提升城市应对未来风险的可能性",[1]从而实现"共建共治共享"的社会治理新格局。类似的还有道路交通事故的上报功能，它就是一种即时的数据共建，再反馈到导航当中则是一种共建之后的共享，最终能够促进交通治理的共同利益。

在政务数据开放共享的基础上，企业也可以对政府功能或公共事业事务进行分担，成为政府治理的重要参与方。[2]微信、支付宝类平台对于政府功能的分担，即是在政务数据开放的格局下形成的有效社会共治，比如微信、支付宝中的铁路12306、市民中心、生活缴费、交管12123的接入设置等均是与公众生活息息相关的重要事项。原本这些内容一直被视为是公共权力或公共管理的重要组成部分，如今也可以由企业运营其接入口并取得社会公众的信任和广泛使用。这一方面可以缓解政务部门的工作压力。过去由于政府人力有限无力应对急速增长的事务性工作需要，难免遭致投诉和抱怨，而微信、支付宝平台的智能化参与可以分担政府工作，减轻了政务部门的负担。另一方面，市民可直接线上办理业务、缴费等，不必再跑实体政务部门，网络后台即可对相应事务性工作进行数据处理，市民和政府办事人员都能做到既省时又省力，并提升效率。又如，食品监管部门根据外卖平台、餐饮平台中差评率及差评内容的情况开展的餐饮业整治，具有更高的准确性和命中率，也是社会共治的良好例证。除了常规的政府职能之外，司法部门还与企业利用共享大数据进行合作治理，如最高法与芝麻信用共享被执行人信息，以限制失信被执行人购买机票、不动产、贷款等主要方式，首次通过最高法官方授权，开创了第三方商业征信机构通过互联网联合信用惩戒的先河。[3]这就不

---

[1] 冯奎等：《数字治理：中国城市视角》，中国工信出版集团、电子工业出版社2021年版，第88页。
[2] 参见中国信息化百人会编著：《数据生产力崛起：新动能·新治理》，电子工业出版社2021年版，第156页。
[3] 参见最高人民法院等《关于建立和完善执行联动机制若干问题的意见》（法发〔2010〕15号）、公安部等《关于建立实名制信息快速查询协作机制的实施意见》（公通字〔2011〕3号）、最高人民法院、中国证券监督管理委员会《关于加强信用信息共享及司法协助机制建设的通知》（法〔2014〕312号）、最高人民法院、公安部《关于建立快速查询信息共享及网络执行查控协作工作机制的意见》（法〔2016〕41号）。

仅只是正常的政府服务功能的社会分治,更是社会主体对于国家功能的配合与支持。不过企业的共治并非无条件地配合,而是以营利为背景的吸引数据流、提升关注度的共治,因此,在未来仍需要对相关平台收集、处理数据的行为进行必要的合规管理,以均衡维护各方权益。

Chapter 07 ◀ 第七章

跨境数据主体：对等模式

随着科技进步和国际交往增加，经济贸易全球化日益发展，数据在互联网时代成为重要的生产要素，在其重要性不断凸显之际，数据跨境治理成为各国均需认真对待的问题。数据跨境涉及国家安全、个人权利保护与经济效益多个维度的利益，不同国家因利益侧重不同形成了不同的数据治理模式，其中，数据主权是落脚点，是调节各种利益的枢纽。美国以鼓励数据自由流动为基本导向，侧重于经济效益的最大化，从而成为自由流动模式的实践代表；欧盟通过"充分性保护水平"严格认定并建立数据跨境传输白名单制度，侧重于个人权利保护，并影响了诸多国家的治理路径；而以俄罗斯为代表的国家则以本地存储为导向推行本地化模式，侧重于国家安全的维护，可以视为是对数据发达国家所引领的治理模式的反应与抵御，形成了"非关税性"贸易壁垒。[1]在治理模式的内部，内生性和外生性数据治理模式并存，各国重数据出境，轻数据入境，且不断扩张其管辖权，综合来看，数据跨境治理模式的选择其实是各国在特定情境下国家整体利益最大化的现实选择。在治理逻辑上，国内层面以国家安全和个人权利保护为指向，国际层面以数据流动及全球价值为指向。在具体治理措施方面，一国之内，我国需要对数据科学分类分级并合理设置数据跨境审查机制。目前以行业为界对数据进行分类分级的实践容易导致多元化的冲突，需要执行更为权威统一的分类分级标准，同时合理配置个人、市场主体、国家机构的权利和责任，培育并发展第三方数据安全审计、认证机构，形成有机的数据治理主体集群，为数据安全和数据流动的双轮驱动提供合力支持。数据本地化的实践方面，可以进一步探索

---

[1] See I. Trotter Hardy, Jr., "Transborder Data Flow: An Overview and Critique of Recent Concerns", *Rutgers Computer & Technology Law Journal*, Vol. 9, No. 2., 1983, p. 258.

数据信托的操作，并在规范支持和政策引导上进行加强。一国之外，为促进数据在国家间的高效流转，需要在技术接口、可出境范围、跨境方式、税务征收等各个方面确定基本的统一标准。这对于国内法、国际法的内容一致性以及二者的衔接提出了更高的要求。为减少各国基于主权的单边行动的随意性，需要赋能国际组织和国际争端解决机制。各国应以对等互惠为指导，为数据跨境的规范化及效用最大化提供全面立体的公平框架。

第一节　数据全球化与数据主权

随着重要性不断提升，数据被称为新时代的"石油"，但与此同时，数据跨境治理已经成为一个迫切需要面对和解决的难题，"棱镜门事件"等国际事件已经在不断提示数据的国际风险。随着各国逐渐达成对网络主权的共识，相应的数据主权成为协调数据跨境的逻辑起点。由于数据涉及国家安全、个人权利保护和经济效益等多重利益，各国基于不同国情对不同利益有所侧重，这使数据主权表现出与刚性的传统主权不同的弹性。

一、经济全球化与数据跨境

数据全球化是技术发展的结果，因此首先是事实问题，在利益和纠纷不断增长之后，则有了规范性的需求。随着科技、交通、信息的发展，货物、信息、人员的全球流动变得简便易行。经济的全球化由最开始的货物到服务，由实体到知识产权，呈现出不断拓展的趋势。随着第四次工业革命的到来，互联网时代彻底打破了数据流动的限制，数据流动形成了全球化态势，数据爆炸正在对国际关系形成广泛的非正式影响。[1]与传统的国际电话、电传、传真等不同，当代的数据跨境包含着传输、存储和计算三大部分内容，过去的信息流动缺少存储或者计算环节。[2]又因为数据技术的发展，在一国之内及国家之间形成了大数据集合，该种大数据集合已经成为重要的生产要素，

---

〔1〕 See Robert Mandel, *Global Data Shock: Strategic Ambiguity, Deception, and Surprise in an Age of Information Overload*, Stanford University Press, 2019, p.196.

〔2〕 See Eric J. Novotny, "Transborder Data Flow Regulation: Technical Issues of Legal Concern", *Computer/Law Journal*, Vol.3, No.1., 1981, p.106.

其重要性最终与能源、材料并列，并促使传统生产要素转化为数据生产要素，数据生产要素同时充当了催化剂和交互媒介，使原有生产要素之间产生相互影响，各自整体权重相互转化，直至产生最优化方案。[1]数据流动与其他生产要素的流动类似，只是其表现形式不同于石油，石油只是原油与成品油的简单区分，附加于其上的只是价值和价格的差异，但数据的内容关系到国家政治、经济、生活的方方面面，涉及国家安全、个人权利和经济发展等诸多层面的内容，因此与传统生产要素、货物、知识产权的跨境治理又有差异。

　　数据跨境首先涉及的是数据范围的界定，一般是指产生于一国之内的数据。即使是本国主体在他国形成的数据也不能直接归属于其国籍国（即本国），而应该属于数据产生地的国家，比如外国游客对于其个体信息当然具有自主权，但其在旅游目的地所形成的数据则属于旅游目的地所在国。又比如提供国际服务的数据平台在注册地或服务器所在地以外的国家提供服务所形成的数据不当然属于注册地或服务器所在国，而属于服务目的地所在国家。因此，总体来看，数据跨境有四种模式：1-2. 公司总部与位于境外的分支机构之间的数据流动，包括分支机构汇报式和总部分发式两种模式，处理器位于总部所在地；3. 一国的处理器与境外的用户之间的数据流动；4. 分别位于不同国家的处理器之间及处理器与境内外用户之间的数据流动。[2]在数据流出方面，主要是外国的国家机构、市场主体、个人对于本国数据的获取。这当中除一般理解的数据交换外，还包括数据跨境访问的内容。数据跨境流动的效果在于他国主体对于本国数据的了解与获取，而访问的效果与之类似，因此，是否允许他国主体访问本国网站亦属于数据跨境治理的内容。还有对外商投资的审查，大数据时代增加了对外商投资股东直接获取本国数据的考量因素。在传统的经济发展时代，各国对外国市场主体在本国进行投资的行为往往以行业的重要性为依据进行必要的限制，而在大数据时代则往往以数据的重要性为识别依据对外商投资进行限制。行业的重要性和数据的重要性一般呈现重叠状态，但由于大数据时代的特殊性，二者仍有较大差异，比如

---

〔1〕 参见赵勇等编著：《大数据革命——理论、模式与技术创新》，电子工业出版社2014年版，第62-63页。

〔2〕 See Eric J. Novotny, "Transborder Data Flow Regulation: Technical Issues of Legal Concern", *Computer/Law Journal*, Vol. 3, No. 1., 1981, pp. 110-112.

消费平台在目前属于非常重要的个人数据集散地，但该行业本身一直以来并非处于核心地带。

数据的全球管辖是另一项重要的数据跨境治理内容。传统的法律管辖原则包括属人管辖、属地管辖、一般管辖，以及在属人管辖和属地管辖二者间各有所侧重的复合型原则。国际法上还有最密切联系原则，即与案件联系最紧密的因素所在地的法院享有管辖权。当前各国表现出对数据进行长臂管辖的热情，不断拓宽管辖的范围和边界。长臂管辖可以理解为最密切联系原则的变种——相关性原则，即所在国与案件有所相关即可进行管辖。最具有代表性的为美国 2018 年出台的《澄清境外数据的合法使用法》（CLOUD 法案），美国通过自我赋权的方式在全球范围内扩大了自己的数据管辖边界，将数据存储地标准改为数据控制者标准，并认定美国政府调取境外存储的美国网络商控制的数据合法，其主要内容包括：第一，确立"数据控制者"标准。美国司法部门可以调查取证为目的，要求位于境外的美国数据企业提供所掌握的个人隐私数据，并可以不通知数据存储国政府。第二，确立"外国政府的适当性"标准。如为美国信任的外国政府，则经过美国政府签批行政协议后可调取存储于美国境内的数据，但能调取数据范围需"最小化"涉及美国公民信息。综合其自身强大的信息技术能力、科研水平、数字产业市场规模和大数据核心设备占有量等优势，美国实现了数据跨境管控势力的全球扩张。欧盟同样采用单边立法赋权的方式扩张其长臂管辖权。欧盟以《通用数据保护条例》（GDPR）为纲，以"保护自然人的基本权利和自由，尤其是个人数据保护权"为由扩张其数据主权的范围，在"数据控制者标准""数据存储地标准"之外开辟了"数据主体权利标准"（人权保护管辖），形成了"影响性"普通原则或称效果原则。[1]新近各国的数据立法纷纷规定长臂管辖原则，以形成对在先国家的反向对冲力量。

数据技术的发展和数据全球化也让个人数据保护受到前所未有的威胁，传统的物理性国界效力式微，跨境数据流动问题在 20 世纪后期就已引起关注。[2]

---

〔1〕参见京东法律研究院：《欧盟数据宪章：〈一般数据保护条例〉GDPR 评述及实务指引》，法律出版社 2018 年版，第 34-36 页。

〔2〕See Ileana-Gabriela Pintiliuc, "Protection of Personal Data", *Logos Universality Mentality Education Novelty-Section: Law from Editura Lumen, Department of Economics*, Vol. 6, No. 1., 2018, pp. 37-40.

西德黑森州（State of Hesse）于 1970 年通过数据保护法案，[1]瑞典则是最早对个人数据跨境流动进行规制的国家，早在 1974 年生效的《数据法》（Datalagen）中就明确，必须由瑞典数据监管委员会批准设立自动处理个人数据的计算机系统和进行数据跨境流动等事项。经济合作与发展组织（OECD）于 1968 年成立了一个计算机工作应用小组，对计算机和通信等领域涉及的技术、经济和法律问题进行调查研究。各国隐私法律规定的差距是妨碍数据顺利跨境的首要障碍，[2]经济合作与发展组织（OECD）在之后的 1978 年成立了跨境数据障碍与隐私临时专家组，主要负责制定有关数据跨境流动与个人数据和隐私保护的基本原则和规则。到 1980 年，经济合作与发展组织（OECD）在《隐私保护与个人数据跨境流动准则》(Guidelines on the Protection of Privacy and Transborder Flows of Personal Data）中也对个人数据跨境流动作出了限制性规定。[3]然而，从世界贸易组织（WTO）相关谈判的过往历史来看，电子商务规则进展并不理想，鉴于各国利益和理念仍存在重大差异，各成员方纷纷转向签署各类区域贸易协定，选择了小范围的互惠模式，这导致大范围的统一标准和模式一直难以形成。

2013 年的"棱镜门事件"暴露了数据跨境流动全球治理的不足，国家机构与数据平台的联合形成了对个人安全和国家安全的巨大威胁，反映出如果国家机构和数据平台缺乏相应的规制，就可能形成赖特·米尔斯（C. Wright Mills）提出的由权力精英（power elite）所主导的"经济－军事－政治"三位一体社会结构，[4]这种情况下会形成对更多的本国与他国的个体的隐蔽性控制与伤害。数据平台的影响还可能对政治事件形成重大影响，曾参与特朗普 2016 年竞选活动的剑桥分析（Cambridge Analytica）及其关联公司战略通信实

---

[1] See Robert Bigelow, "Transborder Data Flow Barriers", *Jurimetrics Journal*, Vol. 20, No. 1., 1979, p. 9. 西德于 1976 年在联邦层面制定了数据保护法。

[2] See Dorine R. Seidman, "Transborder Data Flow: Regulation of International Information Data Flow and the Brazilian Example", *Journal of Law and Technology*, Vol. 1, No. 1., 1986, p. 31.

[3] See Dorine R. Seidman, "Transborder Data Flow: Regulation of International Information Flow and the Brazilian Example", *Journal of Law and Technology*, Vol. 1, No. 1., 1986, p. 41. 该准则只对自然人（不包括法人）数据保护进行规定。有成员国提出进一步扩展到法人数据，该种主张在后来的 1985 年经合组织宣言中得到体现。

[4] 参见［美］C. 赖特·米尔斯：《权力精英》，尹宏毅、法磊译，新华出版社 2017 年版，第 5 页。

验室（Strategic Communications Laboratories）秘密获取了5000万脸书（Facebook）用户数据，通过分析用户的"政治人格"后选择匹配的竞选信息进行发送，对这些选民的投票结果制造影响。[1]

二、网络主权与数据主权

国家主权概念的内涵和外延并非一成不变。《威斯特伐利亚和约》于1648年确立的国家领土观被国际法广泛承认，独立的国家对内享有至高无上的国内统治权，对外享有完全独立的自主权，管辖权与领土开始对应，并最终形成了威斯特伐利亚体系。随着人类控制能力的发展，特别是随着飞行器、航海工具的发展，领土主权不断扩展至领空、领海。在领土及实体物的主权明确外，由于生产者及产地的地域性，无体物如知识产权也被印上了主权的印记。

互联网改变了传统国际法中的地域性，强烈虚化了主权国家地理层面的界线，解构并重构了主权的内外双重面向。网络主权经历了从"网络自身主权"到"网络空间主权"的变化，"数据主权""网络主权"等概念的运用事实上是将威斯特伐利亚主权概念借鉴适用于网络空间（Cyberspace），[2]联合国也经历了由不承认到逐步承认网络主权的过程。在2007年，爱沙尼亚指责俄罗斯发动网络攻击导致爱沙尼亚的政府、议会、军队、银行业和媒体业的信息技术设施及相关数据网络陷入瘫痪，这一事件促使北约更加重视网络空间安全事务，并将加速网络防御体系的完善提上日程。爱沙尼亚遭受该网络攻击后面临一个棘手的问题，即这种新型的网络攻击在法律上如何定性，能否定义为传统意义上的战争或武力攻击，这在当时的国际法中并无现成答案。2009年，北约合作网络防御卓越中心从各国组织了20名专家，开始编纂《可适用于网络战的国际法的塔林手册》（《塔林手册1.0》）。需要明确，《塔林手册1.0》只是一个建议性指南，不是北约官方文件。其起草的目的，是创立一种适用于网络攻击的国际规则，这也体现了美国及其北约盟国意图夺取网络战规则制定

---

[1] 参见［瑞典］大卫·萨普特：《被算法操控的生活：重新定义精准广告、大数据和AI》，易文波译，湖南科学技术出版社2020年版，第36-42页。

[2] 参见黄志雄主编：《网络主权论——法理、政策与实践》，社会科学文献出版社2017年版，第81-84页。

主导权。2017年,《塔林手册1.0》升级为2.0版本,由原先只适用于处理网络战争,扩大到和平时期的网络行动,名称也改为《可适用于网络行动的国际法的塔林手册》(《塔林手册2.0》),从《塔林手册1.0》到《塔林手册2.0》,国际社会已经逐步接受和承认了网络主权的存在,即网络不仅是技术的对抗,还是规则的适用空间,其中存在一国对相应网络空间的主权。[1]

网络主权之下存在数据主权的层面,数据主权是网络主权的新发展和重要方面。[2]数据主权与数据跨境的矛盾正是在主权的不断扩展过程中展现出来的。与传统主权对政治、经济、社会决策的控制内容不同,数据主权集中在对数据本身的管控。[3]比如,对经济数据的保护本身就是对经济主权的维护。[4]在数据流动过程中,往往陷入越开放数据主权问题越突出的困境。有学者提出数据主权是国家主权在数字化空间的表现,也是网络主权在数据层面的反映。[5]有观点认为网络主权可以区分为对有形网络基础设施以及无形信息与数据的主权,即数据主权。[6]也有观点认为,网络主权可细分为包括数据主权在内的网络物理层主权、网络逻辑层主权和网络数据层主权,其依据为网络空间所特有的属性。[7]在数据主权立法方面,我国2016年出台的《网络安全法》、欧盟2018年生效的《通用数据保护条例》(GDPR)、印度2019年提交审议的《个人数据保护法案》(PDPB)等具有重要的导向性。互联网治理理念的差异令这些法律之间的内核与逻辑存在较大区别,这些法律引发其他国家的关注和模仿,进而成为驱动全球数据保护主义浪潮的重要根源。

---

[1] 参见黄志雄主编:《网络主权论——法理、政策与实践》,社会科学文献出版社2017年版,第229-245页。

[2] 参见徐凤:《网络主权与数据主权的确立与维护》,载《北京社会科学》2022年第7期。

[3] See I. Trotter Hardy Jr., "Transborder Data Flow: An Overview and Critique of Recent Concerns", *Rutgers Computer & Technology Law Journal*, Vol. 9, No. 2, 1983, p. 255. 少数工业国家及第三世界国家担心不受限制的数据跨境弱化主权,但该文认为其实并不存在对传统主权可以控制的事项失去控制的问题。

[4] See Richard P. McGuire, "The Information Age: An Introduction to Transborder Data Flow", *Jurimetrics Journal*, Vol. 20, No. 1., 1979, p. 3.

[5] 参见张晓君:《数据主权规则建设的模式与借鉴——兼论中国数据主权的规则构建》,载《现代法学》2020年第6期。

[6] 参见黄志雄主编:《网络主权论——法理、政策与实践》,社会科学文献出版社2017年版,第72页。

[7] 参见许可:《数据主权视野中的CLOUD法案》,载《中国信息安全》2018年第4期。

也有观点认为网络空间不适用国家主权,网络应该是人类社会再造的一个虚拟的、去中心化的世界。正如巴洛(Barlow)1996年在世界经济论坛发表的《网络独立宣言》中所说:"我们不欢迎你们,我们聚集的地方,你们不享有主权。"[1]也有观点基于数据的流动性、分裂性和虚拟性,否认威斯特伐利亚主权体系的属地基础,试图在数据领域构建一套新的主权规则,而放弃对领土的依赖。[2]但从实践上看,既有的专利、著作权等均属于信息的内容,也是流动性财产,但仍然存在一国之内的专利权问题,专利权并非自动保护,而具有国别性,各国并没有因为其信息属性即否定其主权。即专利、著作、商标均作为一种信息,具有流动性,但仍然需要依托于一国领土。数据的特点是无形的、流动的,类似知识产权,可以借鉴知识产权的做法。其中,可能存在人类认识能力和实践能力的历史阶段性问题,即在当代,各国暂时无法建立起独立的、公平的、可操作的网络空间和数据资源的主权规则,因此,只有依附于现有的主权规则和主权体系之上,不排除未来可能出现更新颖的网络主权模式,比如元宇宙空间。[3]但就目前而言,在新型的网络主权没有形成更适合的主权架构,且各国对于网络主权因塔林手册基本形成共识之际,基于传统主权的模式构建数据主权与数据跨境治理规则是比较务实的选择

三、数据主权的弹性空间

主权即可不受另一种权力限制地行使的一种权力,[4]但主权仍具有相对

---

〔1〕 约翰·P.巴洛:《网络独立宣言》,李旭、李小武译,载高鸿钧主编:《清华法治论衡》(第4辑),清华大学出版社2004年版,第509页。

〔2〕 See Kristen E. Eichensehr, "The Cyber-Law of Nations", *Georgetown Law Journal*, Vol. 103, No. 2., 2015, pp. 317-380.

〔3〕 参见蔡恒进等:《元宇宙的本质:人类未来的超级智能系统》,中信出版集团2022年版,第5页。元宇宙(Metaverse)一词源于1992年的科幻小说《雪崩》(*Snow Crash*)。小说描述了一个庞大的虚拟世界,人们在其中用数字化身来相互竞争,以提高自身地位。我们可以将元宇宙看作人类利用科技进行链接与创造的、与现实世界交互映射的虚拟世界,以及具备新型社会体系的数字生活空间。

〔4〕 参见[荷]格劳秀斯:《战争与和平法》(第一卷),[美]弗朗西斯W.凯尔西等英译,马呈元译,中国政法大学出版社2018年版,第128页。书中提出,主权是指行为人的行为不从属于其他人的法律控制,从而不会因他人意志的行使而归于无效的权力。[法]让·博丹:《主权论》,[美]朱利安·H.富兰克林编,李卫海、钱俊文译,北京大学出版社2008年版,第1页。书中提出,主权是共同体(commonwealth)所有的凌驾于公民和臣民之上的最高的和绝对的、永久的权力。

性和层次性。[1]国家主权原则最初是在欧洲三十年宗教战争之后的威斯特伐利亚和会上基于消除战争、平衡国家利益的目的被提出，因此，当时强调主权的绝对性是时代需要和形势使然，理论上一般也以《威斯特伐利亚和约》来论证主权的最高性、独立性与绝对性。但事实上，主权一直以来存在着灵活的空间，否则世界各国至今将仍处于闭关锁国的状态。国际法随着国家出现而出现，又随着国际组织的出现而演进，这些存在和变化均对国家主权形成弹性。二战以后国际组织的繁荣、国际条约和国际规则的爆发增长使得国际法出现了一种新趋势，有人称之为"世界法""超国家法"。世界上的一些一体化的力量和组织，比如北美自贸区、欧洲自贸区、东盟，甚至联合国都有接近欧共体模式的趋势，在当代已经出现了主权部分让渡的表现，这对传统国家、传统主权都是一个强有力的挑战。同样，国家主权也随之经历了转变，绝对的、排除任何限制、并视国家意志为最高效力的威斯特伐利亚主权变更为现代的更加灵活化、注重国际社会整体利益的"新型主权"模式。引起这些变化的原因很复杂：一是国家内的集团和力量，越来越有能力影响甚至操纵及改变政府的对外政策；二是各种跨国力量和组织日益强盛，尽管它们尚未从根本上影响到独立国家体系的存在与延续；三是经济、科技、环境等全球性问题使各国相互依赖程度加强，数据的跨境流动也要求各国进行合作治理。随着国际关系机制化程度越来越高，国家主权空间不断受到挤压，一国政府日益受限于全球性、地区性、多边治理体系的安排。[2]但是，换个角度讲，有限地让渡主权，也可以认为不是丧失了主权，而是延伸了主权，发展了主权。

国际条约和国内法均在承认主权弹性的基础上认可并支持数据跨境流动。从2000年开始，美国和欧盟先后通过《安全港协议》和《隐私盾协议》对数据跨境传输进行规范，体现了双方在数据合作上的折中和融合。尽管这两个协议均被欧盟法院裁定无效，但很快美国和欧盟又开始了新一轮谈判，意图再次实现数据跨境流动。东盟发起的于2022年1月1日生效的《区域全面经济伙伴关系协定》（Regional Comprehensive Economic Partnership, RCEP）中也有一些条款涉及数据跨境流动合作的内容。亚太经济合作组织（Aisa-Pacific

---

[1] 参见徐晓明：《全球化压力下的国家主权——时间与空间向度的考察》，华东师范大学出版社2007年版，第140-144页。

[2] 参见齐爱民、刘颖主编：《网络法研究》，法律出版社2003年版，第345页。

Economic Cooperation，APEC）和经济合作与发展组织（OECD）等国际组织也通过发布各类官方文件，协调各国数据主权和法律政策的差异，如《跨境隐私规则体系》《关于隐私保护和个人数据跨境流动指南》等，为促进数据跨境流动贡献力量。在国内法层面，尽管各国均主张数据主权，但都通过原则性规定和具体规则设计为数据跨境流动保留了空间。各国均允许在特定条件下的数据跨境，以美国为代表的数据产业发达国家还支持并鼓励数据自由流动，这即表明各国放弃了主权的封闭性、确定性和固定性，而选择了灵活性的策略。其中有各方面的原因，首先，数据无形、流动的自然特性决定了数据主权的相对性。数据、信息资源等主要以计算机代码的形式存在，不存在明确的国家和区域的地理界限。数据等要素在全球范围内快速流动，国家难以掌控所有本国数据，大数据存储中的"云"则被称为"全世界的文件柜"，[1]一旦公开则无法进行完整的独立的控制，所存储数据的国界的确定更加困难。这与传统上对海陆空的完整控制不同，即使是海陆空的语境下，各国互设使领馆的做法也表明国家主权之间存在让渡的可能与实践。因此，以法律治理为基础的数据主权只能建立在法律拟制的独立和控制之上。[2]其次，数据平台的影响力越来越大，其直接或间接地影响到国家的决定和政策的形成和实施。平台企业不仅在经济上对一国有贡献，而且对于社会生活具有塑造作用。数据平台拥有主权国家不掌握的大量数据，该等大量数据被跨国互联网信息巨头实际占有和使用，主权国家缺乏对一些重要数据的实际控制，企业数据又不能直接应用于国家治理层面，依靠数据主权实现数据高效治理存在着现实的障碍，因此，当前我国的企业数据在国家治理层面的功用还有待改善。再次，个人和企业权利意识觉醒，个人权利范围不断扩大，深刻影响着国家主权的权力构造。企业尤其是跨国公司掌控着全球主要的资本和信息资源，也对传统主权理念形成了冲击。最后，各国的科技发展水平影响到对数据主权的态度，不同的数据技术水平和管理能力影响到各国对于数据价值的挖掘和创造。当前美国和欧盟成为数据产业的领头羊，对数据的跨境流动特别是数据的

---

[1] 参见[美]布拉德·史密斯、卡罗尔·安·布朗：《工具，还是武器？直面人类科技最紧迫的争议性问题》，杨静娴、赵磊译，中信出版集团2020年版，序言。

[2] 参见冉从敬、刘妍：《数据主权的理论谱系》，载《武汉大学学报（哲学社会科学版）》2022年第6期。

流入淡化主权色彩,而数据产业较落后的国家和地区则相对更为强调数据主权,数据主权成为了加强数据保护和管制的最好理由,[1]政策方向的差异形成数据跨境流动中的单边特征。

数据主权的弹性限制具有重要价值。第一,数据因流动产生价值,要求各国避免数据主权绝对化。根据布鲁金斯学会（Brookings Institution）的研究,从2009年到2018年,数据跨境传输为全球GDP的增长贡献了10.1%,仅2014年就创造了超2.8万亿美元的GDP,预计2025年这一数据会达到11万亿美元。[2]根据欧洲国际政治经济中心（European Centre for International Political Economy, ECIPE）的研究结果,施行数据限制法规对各国的GDP影响巨大,如果引入经济领域的数据本地化要求,GDP损失将更高。[3]但同时,这也意味着一国无法对其数据行使完全的主权,而是在相互依赖和相互合作中实现数据价值,各国已无法独立于世界经济大局。第二,防范打击国际犯罪和国际社会治理的需要。麦拉（Myra F. Din）提出数据跨境是经济贸易和国际犯罪侦查的必要措施,[4]针对数据滥用和数据犯罪问题,需要各国共同防范数据泄露,避免数据因泄露被用于国际洗钱或恐怖组织等犯罪活动。一国的跨境数据监管和执法很容易延及一国领土之外,在数据跨境流动监管

---

[1] See Dorine R. Seidman, "Transborder Data Flow: Regulation of International Information Data Flow and the Brazilian Example", *Journal of Law and Technology*, Vol. 1, No. 1., 1986, pp. 31-36.

[2] 参见张茉楠:《跨境数据流动:全球态势与中国对策》,载澎湃新闻网,https://www.thepaper.cn/newsDetail_forward_7333096,最后访问日期:2023年4月25日。

[3] 参见中国信息通信研究院:《ITIF:跨境数据流动障碍在哪里,成本是什么?》,载搜狐网,https://www.sohu.com/a/147141785_735021,最后访问日期:2023年4月25日。欧洲国际政治经济中心（ECIPE）的研究涉及的国家和地区包括欧盟、俄罗斯、巴西、中国、印度、印度尼西亚、韩国和越南。研究结果包括:提出或颁布数据限制法规对7个国家GDP的影响是巨大的:巴西（-0.2%）、中国（-1.1%）、欧盟（-0.4%）、印度（-0.1%）、印度尼西亚（-0.5%）、韩国（-0.4%）、越南（-1.7%）。如果这些国家引入经济范围的数据本地化要求,GDP损失将更高:巴西（-0.8%）、欧盟（-1.1%）、印度（-0.8%）、印度尼西亚（-0.7%）、韩国（-1.1%）。对国内投资的影响也相当大:巴西（-4.2%）、中国（-1.8%）、欧盟（-3.9%）、印度（-1.4%）、印度尼西亚（-2.3%）、韩国（-0.5%）和越南（-3.1%）。引入经济范围的数据本地化后,大多数国家的影响增加国:巴西（-5.4%）、欧盟（-5.1%）、印度（-1.9%）、印度尼西亚（-12.6%）、韩国（-3.6%）和越南（-3.1%）。由于竞争力下降,中国和印度尼西亚的出口减少了1.7%。

[4] See Myra F. Din, "Data without Borders: Resolving Extraterritorial Data Disputes", *Journal of Transnational Law & Policy*, Vol. 26, 2016-2017, pp. 1-52.

过程中产生的国家执法和司法管辖权冲突的现实需要国家之间进行合作，对抗的结果是无法及时阻止违法犯罪活动，只能通过跨境合作的方式来缓解。第三，个人权利保护的必要。大数据所产生的经济效应有目共睹，但大数据产业对个人数据权利的潜在风险也是巨大的，一旦泄露则会造成严重的负外部性，因此，要对数据企业尤其是大型跨国公司进行必要的监管，防范其滥用数据侵犯个人数据权利、危害国家和公共安全。"棱镜门事件"当中的国际监控以及各国内部大规模的实景监控、网络活动监控均提示需要对主权进行必要的限制。如果一国过于强调对于数据的管控，拒绝开展国际合作，任何数据都无法流向国外，将致使大量个体无法享受数字经济的红利，已经流入境外的数据也难以受到保护。综上，数据主权涉及一国对于数据的管理和管辖的限度，现实决定无法按照理论中的绝对主权进行执行，需要在国家主权、个人权利和经济发展各个维度寻求平衡。主权尽管在国家交往过程中具有终极性色彩，但仍需要注意其弹性的空间和必要，这符合数据发展的事实规律以及理论逻辑。主权本身既是一种目标又是一种手段，需要服务于国家整体利益。

第二节　数据跨境规范的经验考查

各国在数据跨境治理上因侧重的商业、人权、主权利益不同及规制路径的差异形成了不同的治理模式。[1]美国因其数据科技之领先地位以鼓励数据跨境流动为要义，从而形成自由流动模式，欧盟则侧重于个人权利保护推出了充分且同等保护水平的白名单制度，从而形成权利保护模式，而以俄罗斯为代表的国家则坚持数据本地存储，从而形成本地化模式。但各种模式形式及内容的区别均服务于国际数据跨境治理主导权及国家利益最大化，在本质上又具有共通性。

一、自由流动模式——流动导向

美国目前并未像欧盟一样制定一部全面统一的联邦层面的数据保护法规，

---

〔1〕 See Teresa Scassa, "Text and Context: Making Sense of Canada's New Personal Information Protection Legislation", *Ottawa Law Review*, Vol. 32, No. 1, 2000, p. 34.

而是采取了各部门分散立法模式。[1]在联邦层面根据特定行业、事项分别制定数据保护规定，比如，1974年《隐私法》中，隐私保护仅针对公共部门的侵权，没有对私人公司对个人侵权进行规定，此外，该法案不适用于非美国公民的个人。[2]还有《医疗电子交换法案》（HIPAA）、《联邦金融数据隐私法案》（GLBA）、《家庭教育权利和隐私法案》（Family Educational Rights and Privacy Act，FERPA）等，所以有观点建议在现有的框架基础上对联邦层面的数据保护法进行重构。[3]2022年6月，美国众议院和参议院发布了《美国数据隐私和保护法》草案（ADPPA），这是首个获得两党两院支持的全面的联邦隐私立法草案，但最终通过仍有待时日。各州有本州的数据立法，州与联邦两个层面的立法相互结合对个人数据进行保护，在规范消费者隐私方面则采取了一种更为市场化的方式。在数据监管中作用广泛的美国联邦贸易委员会（FTC）在其报告中明确支持个人数据"通知和选择"规则，该规则是构成美国某些重要州法律的关键要素，如2008年的《伊利诺斯州生物特征信息隐私法》（Biomettic Information Privacy Act，BIPA）、2018年的《加州消费者隐私法》（CCPA）等，并成为美国目前确保企业在线数据收集和使用的实践和范例。[4]在此种契约化的处理机制之下，基于美国的贸易强国地位，美国提倡数字贸易开放，并通过大量自由贸易协定（Free Trade Agreement，FTA）促成数据自由，不论是以数据为载体的贸易，如亚马逊，还是以数据为内容的贸

---

[1] See Peter Blume, "Transborder Data Flow: Is There a Solution in Sight", *International Journal of Law and Information Technology*, Vol. 8, No. 1., 2000, p. 77. 这在一定程度上导致美国企业担心难以达到欧盟的保护标准和要求，从而对国际商业产生不利影响。分散式立法造成体系复杂，从欧盟的角度看也难以理解。因此，双方就标准的统一签订了《安全港协议》《隐私盾协议》，均是为解决标准不对等的问题。

[2] See Richard P. McGuire, "The Information Age: An Introduction to Transborder Data Flow", *Jurimetrics Journal*, Vol. 20, No. 1., 1979, p. 6.

[3] See Daniel J. Marcus, "The Data Breach Dilemma: Proactive Solutions for Protecting Consumers' Personal Information", *Duke Law Journal*, Vol. 68, No. 3., 2018, p. 583. 文中提出在规定医疗信息保护的《医疗电子交换法案》及规定金融信息保护的《联邦金融数据隐私法案》的构架基础上制定全国性的数据保护法律。

[4] 参见戴艺晗：《数据保护的社会维度——从美国、欧盟数据监管模式展开》，载《情报杂志》2021年第5期。"通知和选择"规则最早可追溯于"公平信息实践"（Fair Information Practices）原则，即1973年美国住房、教育和福利部（U.S. Department of Health Education and Welfare）在一份有影响力的报告中首次提出的一套保护信息隐私的原则，此套原则于1977年由原来的5项扩张为8项，即公开原则、个人访问原则、个人参与原则、收集限制原则、使用限制原则、披露限制原则、信息管理原则以及问责原则。

易，如谷歌，都是数据平台的典型代表。相较于国际条例，美国企业的合规风险更多来源于国内法。[1]在实际效果上，相当于美国基本上没有为数据流入设置门槛，而任由数据自由进入美国，这为美国的数据平台企业提供了世界范围的数据支持，这一方面是美国强大的数据平台企业的需求，另一方面又助推了这些平台企业更全面的数据分析并形成更强的竞争力。

然而，美国的政策具有双面性，在数据开放流动与保护封锁上采取双重标准，[2]且国内数据事务与国际数据事务管理职责分属不同机构，[3]不同的管理机构由于职能定位及相互的独立性，又将进一步强化国内国际数据事务管理理念的差异，具体表现为在自由流入的背后又以国家安全的名义对数据流出及外商投资进行审查。例如，美国选择在 TikTok 事件上适用国家安全理由，2020 年 8 月 6 日，美国总统特朗普签署两项行政命令，宣布将在 45 天后禁止任何美国个人及企业与 TikTok 母公司字节跳动进行任何交易，禁止美国个人和企业与腾讯公司进行任何与微信有关的交易，其法律依据为《国际紧急经济权力法》（International Emergency Economic Power Act，IEEPA）；而针对 TikTok 并购 Musical.ly 的调查则定义为外资安全审查，两者的关注点都集中在 TikTok 在美国的运营是否构成对国家安全的威胁上。这其中显然不再是纯粹的技术和法律问题，而更可能是美国基于大国竞争的考量，视任何他国的竞争优势为对其国际领先地位的挑战和威胁。美国对外国企业进行贸易与投资限制，本质在于其更加希望本国企业独霸数字经济市场及独享数字经济红利，不希望引入他国竞争者分享美国乃至世界市场。综上，美国数字经济领域在世界上的强优势地位，决定了其为了保持本国头部企业的领先地位不愿为其全球扩张形成任何国内法与国际法的障碍。而"安全化"策略可以帮助其"合

---

[1] See Eric J. Novotny, "Transborder Data Flow Regulation: Technical Issues of Legal Concern", *Computer/Law Journal*, Vol.3, No.1., 1981, p.114.

[2] 参见田力男：《反对数据霸权 提升数据安全治理能力》，载《光明日报》2022 年 7 月 15 日，第 11 版。

[3] See Robert Bigelow, "Transborder Data Flow Barriers", *Jurimetrics Journal*, Vol.20, No.1., 1979, p.16. 美国国内数据事务管理由商务部（the Commerce Department）下设的国家电信和信息管理局（the National Telecommunications and Information Administration，NTIA，综合了前商务部电信政策办公室和电信通信办公室的大部分职能）负责；国际数据事务管理由国务院（the State Department）负责，跨国数据事务的日常工作由双边和多边科学办公室（the Office of Bilateral and Multilateral Science and Technology Programs）负责，而法律方面则由法律顾问办公室（the Office of the Legal Advisor）负责。

法"摆脱国际贸易、投资规则的束缚，形成广阔的自由裁量空间，为灵活选择规制对象提供了良好的路径。但该种做法在欧盟法院判定《安全港协议》《隐私盾协议》无效的两个案件中被否定，欧盟法院认为美国基于国家安全的宽泛理由不利于保护个人数据权利及企业财产权利，因此，将美国排除在白名单以外。

在国际投资领域，美国对可能导致外国企业控制美国敏感个人信息的并购给予了特别关注。美国于 2018 年正式通过的《外国投资风险审查现代化法案》(Foreign Investment Risk Review Modernization Act，FIRRMA) 及其实施细则当中提出了"TID 美国企业"[指涉及关键技术（Critical Technology)、关键基础设施（Critical Infrastructure) 或敏感个人数据（Sensitive Personal Data) 的企业]的概念，持有或收集敏感个人数据的美国企业如果向美国行政机关、军事部门提供产品或服务；或该企业在 12 个月内持有个人信息数量超过 100 万人，则该企业构成 TID 美国企业。外国投资者对 TID 美国企业的并购即使不获得控制权，只需能够接触企业实质性技术、委派董事或参与信息使用、保存、公开等决策，该交易就会受到美国财政部外国投资委员会（The Committee on Foreign Investment in the United States，CFIUS) 的审查，不仅进入审查范围的门槛很低，而且对收购的做法进行穿透式认定。此轮出口管制改革还包括"关键技术"到"新兴基础技术"（EFT) 的侧重点转变，美国国会共和党参议员乔什·霍利（Josh Hawley) 于 2019 年 11 月 18 日向参议院提交了关于数据保护与传输的《美国国家安全与个人数据保护法案》（National Security and Personal Data Protection Act，NSPDPA) 成为这种转变的延续，该法案明确规定外国投资委员会（CFIUS) 应对"持有或收集美国公民个人敏感数据，且这些数据可被用于威胁国家安全"的美国公司投资予以审批。2019 年 4 月，美国于世界贸易组织（WTO) 电子商务诸边谈判中提交的《数字贸易协定》建议将"电子商务"概念变更为"数字贸易"。2020 年亚太经合组织领导人非正式会议期间，美国代表甚至提议，修改现有的数据流通规则，把中国从框架中予以排除，以免中国获得关键数据。对此，中国于 2020 年 9 月在全球数字治理研讨会上发起《全球数据安全倡议》，对中美围绕数据领域的争议问题作出了正式回应，并以积极姿态欢迎各方参与这一多边框架，以开启新的数据规则谈判。

随着云计算、物联网、大数据技术的发展，虚拟数据模糊了物理"国境"和基于此的传统属地管辖，越来越多的国家转向以属人原则和效果原则为基础的长臂管辖。在《澄清境外数据的合法使用法》（CLOUD 法案) 出台之前，美国政府对于数据监管的法律渊源主要是《存储通信法案》。该法案并没有赋予美国政府以直接搜查、调取、收集信息服务商存储在美国境外的数据信息的权力。正是由于这个原因，美国政府在为满足刑事案件侦查需要要求微软公司提供其存储在爱尔兰境内的信息时遭到了微软公司的拒绝和爱尔兰政府的抗议。《澄清境外数据的合法使用法》（CLOUD法案）以"实际控制标准"取代"数据存储地标准"的做法大为便利了该种数据调取行为，但限制了外国政府向美国数据服务商申请调取数据的行为。可见，《澄清境外数据的合法使用法》（CLOUD法案）实际上是重新确立了数据司法管辖的判断标准，将已有的属地管辖转化为现有的数据控制范围管辖，从而从根本上扩张了美国的数据主权范围和效力。《澄清境外数据的合法使用法》（CLOUD法案）试图绕过现有的司法协助条约（Mutual Leagal Assistance Trenties，MLATs）体系，[1]独立构建一个国际之间获取跨境数据证据的全新标准框架，英国、欧盟也有类似的立法，[2]长臂管辖立法已经形成普遍之势。

---

[1] MLATs是当前各国之间获取跨境证据的主要渠道，最早能够追溯至1896年于海牙缔结的《关于民事诉讼的海牙公约》，之后，在1961年的《取消外国公文书认证要求的公约》、1965年的《关于向国外送达民事或商事司法文书和司法外文书公约》等国际公约中均得到了认可，具有较为广泛的法律和国际基础。

[2] 参见公安部第三研究所网络安全法律研究中心：《英国〈犯罪（境外提交令）法案2018〉解读》，载安全内参网，https://www.secrss.com/articles/4542，最后访问日期：2023年4月25日。为解决执法部门境外数据的调取问题，自2015年，英国即开始与美国进行数据共享谈判，2018年3月，美国签署了《澄清境外数据的合法使用法》（CLOUD法案），该法案的通过为英美之间的数据共享协议提供了条件。英国亟需出台相关立法，以满足CLOUD法案所规定条件，为英美之间数据共享协议的签订进一步铺平道路，同时也为英美数据共享协议达成后的顺利执行做好准备，《犯罪（境外提交令）法案2018》[Crime (Overseas Production Orders) Bill 2018，OPO]正是在此背景下产生。该法案试图在现行的司法协助条约之外，通过双边或多边国际合作协议模式来解决执法机构跨境调取电子证据所面临的困境。参见《欧盟通过跨境获取电子证据法规和指令草案》，载环球网，https://world.huanqiu.com./article/4BQwbWDjoMT，最后访问日期：2023年4月25日。2023年1月25日，欧盟理事会发布公告称，欧盟理事会和欧洲议会就跨境获取电子证据的相关法规和指令草案达成协议。草案相关规定将使欧盟当局可直接向其他成员国相关数据提供方发送获取电子证据的司法指令。相关司法指令可涵盖各种类别的数据，包括用户、交易和内容数据，但只适用于满足特定条件的罪行，包括在指令发起国可判处最高监禁刑罚为3年以上，或与网络犯罪、儿童色情、伪造非现金支付方式或恐怖主义有关。指令接受方需在10天内进行回应。在正式确定的紧急情况下，期限可缩短至8小时。如果相关数据提供方不遵守指令，则可面临最高达其上一财年全球营业额2%的罚款。指令接受成员国政府将会得到通知，并可在10天内或（紧急情况下）96小时内，在符合规定的情况下提出拒绝，规定情况包括相关信息涉密等。若在拒绝前相关信息已被传送，指令发起方需删除相关数据或严格限制数据接触权限。

二、权利保护模式——权利导向

与美国不同，欧盟对个人数据一向作为基本权利进行保护，因此在数据跨境流动问题上也坚持相同的立场。《欧盟基本权利宪章》中集中概括了欧洲公民的基本权利，其中就同时包括隐私权（第7条）与获得个人信息保护的权利（第8条）。欧盟2018年生效的《通用数据保护条例》（GDPR）则是在其前身《个人数据保护指令（第95/46/EC号）》的基础之上，[1]进一步细化了个人信息保护规则[《通用数据保护条例》（GDPR）第3章]与个人数据流动规则[《通用数据保护条例》（GDPR）第2章、第4章、第5章]。在个人信息保护方面，根据《通用数据保护条例》（GDPR）第6条第1款规定，对个人数据的处理原则上应当基于数据主体同意为前提，对此的例外仅包括实现数据主体利益、履行公共职能、保护第三人利益、维护公共利益等有限的几种事由。由于欧盟内部为不同的主权国家，因此，《个人数据保护指令（第95/46/EC号）》和《通用数据保护条例》（GDPR）均需要照顾到个人数据权利保护和欧盟内部数据的自由流动。[2]在《通用数据保护条例》（GDPR）之后，特别是2020年以来，欧盟通过涉及数据战略和数据治理的法案超过十项，体现了欧盟大力支持数字经济发展的决心。[3]其中2020年2月发布的《塑造欧洲的数字未来》《人工智能白皮书》和《欧洲数据战略》三份重要的数字战略文件，体现的核心理念是夺回欧盟的技术主权、成为数字

---

[1] See Peter Blume, "Transborder Data Flow: Is There a Solution in Sight", *International Journal of Law and Information Technology*, Vol. 8, No. 1., 2000, p. 68. 1995年的《个人数据保护指令（第95/46/EC号）》是对经济合作与发展组织（OECD）1980年通过的《隐私保护与个人跨境数据流动准则》（Guidelines on the Protection of Privacy and Transborder Flows of Personal Data）的吸收、继承和发展。《通用数据保护条例》则是对《个人数据保护指令（第95/46/EC号）》的更新升级。

[2] See David I. Bainbridge, "Processing Personal Data and the Data Protection Directive", *Information & Communications Technology Law*, Vol. 6, No. 1., 1997, p. 18

[3] 参见阿里研究院：《欧盟数据系列法案的启示：数据确权与激活数据价值的政策逻辑》，载搜狐网，http://society.sohu.com/a/556239345_121123922，最后访问日期：2023年4月25日。2020年以来，欧洲出台《欧洲数据战略》，试图创造有吸引力的政策环境，依靠市场选择提高欧盟数字经济的份额和比重，期待在数字经济领域成为能与中美比肩的第三极。按《欧洲数据战略》的整体规划，以及反垄断、电子商务各项法律相继升级，先后发布了《通用数据保护条例（GDPR）》《数据治理法案（DGA）》《数据法案（DA）》《数据市场法案（DMA）》《数据服务法案（DSA）》等10余部法律。

经济及应用创新的全球领导者。[1]

相比之下，欧盟规定的条款只允许依据个人数据保护对数据跨境流动作出限制，拒绝承认其他合法公共政策目标；而美国的条款虽然承认合法公共政策目标，但拒绝了其他国家按照自己的意愿对个人数据保护水平作出设计的自由。因此，欧盟的"权利话语"和美国的"市场话语"容易并已经产生冲突，这在欧盟法院对《安全港协议》案件及《隐私盾协议》案件的表态中得到清晰的体现。在《安全港协议》案件中，欧盟法院明确表示，信息出境的前提条件，是对方国家能够对信息提供充分保护，且"充分保护"标准之一是对方国家需建立有效的违法检查、监督与惩罚机制。然而，《安全港协议》事实上并未对美国政府的行为进行任何规制。协议首先允许美国政府偏离安全港原则，前提是"国家安全、公共利益或执法所必需"。同时，美国政府有权制定与安全港原则相冲突的法律，美国国内企业则有义务优先适用美国国内法且有权忽视相冲突的信息保护规则。最后，即便美国政府获取欧盟信息超出了必需性与目的性要求，数据主体也仍然无法在美国法框架下寻求救济。因此，欧盟法院认为，美国和欧盟之间的《安全港协议》并不能对欧盟信息提供充分保护。在欧盟法院对《安全港协议》作出无效判决后，美欧再次就数据跨境流动进行谈判并达成《隐私盾协议》，但这一协议再次被欧盟法院认定为"不足以为欧盟数据提供充分保护"：美国虽然已经承诺因国家安全、执法或其他公共利益目的访问欧洲数据应当严格限制在达到合法目标所必需的程度、且提供对此的法律保障，但根据美国《外国情报监控法》（Foreign Intelligence Surveillance Act，FISA），外国情报监控部门只对监听项目做年度许可，不做个案授权，其只负责分析监听项目是否为获得外国情报信息这一目标服务，但并不处理"为获得信息对个人的监听是否适当"这一相伴问题。基于《外国情报监控法》（FISA）实施的监控计划不符合欧盟法当中的比例原则，无法为欧盟个人数据提供充分保护，不仅如此，信息主体同样无法享有对美国情报机关的诉权。《隐私盾协议》案件反映出来的问题在于欧盟的个人数据权利保护基点具有相对稳定性和可预测性，而美国基于国家

---

〔1〕参见《关于数字经济 欧洲不再置身事外》，载凤凰新闻网，https://ishare.ifeng.com/c/s/7w2r13Pbiai，最后访问日期：2023年4月25日。用欧盟委员会主席乌尔苏拉·冯德莱恩自己的话来说，就是"欧盟必须重新夺回自己的'技术主权'"。

安全的理由，其个人数据权利保护基点则具有随意性和随机性。正如美国在TikTok案件中认为，该软件在美国拥有巨大下载量，并自动获取包括地址信息与搜索浏览信息在内的大量用户信息，这将导致中国政府获得美国人的个人与财产信息，进而设立个人信息库以供勒索或商业间谍活动，最终危及美国国家安全、外交政策与美国经济。其论证逻辑绵长而曲折，但并没有从技术上、法律上对如何治理提出建设性的指导意见，而是采取了非此即彼的二选一模式进行粗暴的操作。而欧盟在TikTok案件中的理由只是对于个人数据保护的调查。

在同等保护白名单制度方面，欧盟的倡议及实践具有重要意义。法国早在1978年的《数据处理、数据文件及个人自由法》当中规定，如果个人数据需要在境外处理，则必须先取得国家信息与自由委员会（Commission National de l'Informatique et des Libertes，CNIL）的许可。而如果数据出口目的地国家尚未出台数据保护法律，专家则建议至少需要设立与法国的国家信息与自由委员会（CNIL）类似的机构并拥有类似的权力，[1]《通用数据保护条例》（GDPR）沿用了这一思路并形成了充分同等保护水平机制。相对来说，欧盟的白名单制度更为公平，欧盟各国内部已经否定了本地存储的做法，而且《通用数据保护条例》（GDPR）并没有提及欧洲本地存储的要求，这在欧盟并不掌握数据技术主导权的情况下，具有相当的全球视野和世界格局，意在制定相对公平的数据跨境规则的宏观战略意图尽显。欧盟法院在审查第三国的保护充分程度的基础上，可能建立起新的统一的保护水准，2017年1月10日欧盟委员会对外发布的一份通讯《在一个全球化的世界中交换和保护个人数据》反映了欧盟在世界数据市场上的抱负，展现了欧盟委员会为何如此进行制度设计的另外一个视角。而美国长期以来的大国心理和霸权主义让其制度的两面派形象暴露无遗，这也可能对其本国企业的进一步扩张和发展形成世界性的抵触情绪及法律障碍。

欧盟与美国一样均不提倡本地化策略。但二者之间的背景却存在一定的差异。欧盟如果允许本地化政策，则在欧盟内部将形成各个国家的本地化，这对于欧盟内部的数据流动及数据价值实现非常不利，并会在欧盟内部制造新的矛盾，因此欧盟不太可能选择本地存储的政策。但其不实施本地策略并

---

[1] See Robert Bigelow, "Transborder Data Flow Barriers", *Jurimetrics Journal*, Vol. 20, No. 1., 1979, p. 11.

不代表他国数据企业不会选择在欧盟进行本地化。由于同等保护白名单制度，不少外国数据企业从公司利益出发也可能选择在欧盟进行本地存储。欧盟的同等保护白名单制度是一种标准制定机制和评价机制，即欧盟将个人数据保护的标准制定话语权通过自我设权的方式取得，并在后来数据跨境中进行实践与推行，《隐私盾协议》案件就是典型例证。

同样规定了长臂管辖的《通用数据保护条例》（GDPR）在第3条"地域范围"中规定了三种可能的情形，[1]数据企业无论是否设立在欧盟地域范围之内，只要在欧盟范围内被公众使用，都能与这部法规产生联系，而很显然，这种联系在互联网时代随时随地都可能发生。事实上，互联网公司之外的大多数行业，如航空公司、银行等，只要在欧盟有商业网点，或者拥有欧洲用户的，只要涉及信息都有很大可能与《通用数据保护条例》（GDPR）产生联系。

三、本地存储模式——主权导向

在美国的自由流动模式和欧盟的权利保护模式之外，具有代表性的还有本地存储模式。互联网后发的新兴国家（尤其是发展中国家）基于能参与分享更多的数据红利的愿望，一般对数据采取更强的保护措施，[2]其中以俄罗斯、印度、[3]加拿大为代表，专注于数据主权优先和国家安全。[4]俄罗斯为

---

〔1〕《通用数据保护条例》第3条规定，地域范围1. 本条例适用于设立在欧盟境内的控制者或处理者对个人数据的处理，无论其处理行为是否发生在欧盟境内。2. 本条例适用于对欧盟境内的数据主体的个人数据处理，即使控制者和处理者没有设立在欧盟境内，其处理行为：（a）发生在向欧盟境内的数据主体提供商品或服务的过程中，无论此项商品或服务是否需要数据主体支付对价；或（b）是对数据主体发生在欧盟境内的行为进行的监控。3. 本条例适用于设立在欧盟境外，但依据国际公法欧盟成员国法律可适用地的控制者对个人数据的处理。

〔2〕 See Dorine R. Seidman, "Transborder Data Flow: Regulation of International Information Flow and the Brazilian Example", *Journal of Law and Technology*, Vol. 1, No. 1, 1986, p. 35.

〔3〕 See Ravie Lakshmanan: *Indian Government Publishes Draft of Digital Personal Data Protection Bill 2022*, available at https://thehackernews.com/2022/11/indian-government-publishes-draft-of.html, last accessed on April 25, 2023. 印度政府于2022年11月18日发布了《个人数据保护法草案（2022）》，自2018年7月首次提出以来，这是印度政府第四次修改该草案，新发布的草案不再强制要求数据本地化，对之前的草案中的本地化政策进行了修改。

〔4〕 See I. Trotter Hardy, Jr., "Transborder Data Flow: An Overview and Critique of Recent Concerns", *Rutgers Computer & Technology Law Journal*, Vol. 9, No. 2, 1983, p. 252. 基于对主权的担忧，加拿大在20世纪80年代初规定本地产生的数据必须在本土处理。客观上，这种"非关税"壁垒促进了本地产业的发展和就业。

推动其本国互联网产业发展，保障国家对重点行业数据管理力度，在2006年通过颁布《关于信息、信息技术和信息保护法》《俄罗斯联邦个人数据法》《俄罗斯联邦安全法》等法律规范的方式建立起较为完善的信息保护和数据管理法律制度。受"棱镜门事件"影响，俄罗斯分别于2014年5月和7月对《关于信息、信息技术和信息保护法》进行修改，首次规定个人数据的存储和处理必须在俄罗斯境内进行，强制实施数据本地存储，以维护国家数据主权和国家安全。如向《关于个人数据自动化处理的个人保护公约》（第108号公约）成员国和签署国以及白名单国家以外的其他国家或地区的个人数据跨境传输还必须获得数据主体的书面同意。俄罗斯对于国内数据的主权特征非常突出，其设置了严格的网络监视和访问限制，要求网络用户实名制，还加强了针对个体通信服务的检查，要求互联网服务提供者保留实时数据12小时以上，以供国家安全部门调查访问，若通过在线传输、接收和连接方式获取的数据则应当保留1年。[1]

印度作为新兴网络市场国家，很早就注意到数据跨境流动对本国经济和社会发展带来的影响。1993年的《公共记录法》规定除为"公共目的"外，禁止将公共记录传输至境外。近年来物联网、人工智能、大数据等技术产业迅速发展，数据问题日益突出，2018年4月，印度储备银行要求外国支付公司将所有涉及印度客户的相关交易信息全部存储于该国境内的服务器，这客观上迫使各外国支付公司对各自的存储政策进行调整以达到合规要求。[2]为进一步适应目前的大数据环境，印度相继制定或调整了一系列的数据监管法律规范，并延续了本地化策略，限制数据跨境流动。最为典型的2018年的《个人数据保护法草案》（Personal Data Protection Bill）和2019年的《国家电商政策草案》（Draft National E-Commerce Policy）。《个人数据保护法草案》（2018）受《通用数据保护条例》（GDPR）的影响较大，确定了类似的个人数据分类分级管理、充分保护水平认定、标准合同条款等数据跨境制度。2022年11月18日，印度政府发布了最新的《个人数据保护法草案》，自

---

[1] 参见罗为、巨兆睿：《俄罗斯更新联邦个人数据法 修改个人数据跨境传输规定》，载搜狐网，http://society.sohu.com/a/609643517_121622857，最后访问日期：2023年4月25日。

[2] 参见高龙英、张晓霞：《域外数据安全法律制度》，载《人民法院报》2021年8月27日，第8版。

数据主体规范模式研究

2018年7月首次提出以来，这是印度政府第四次对该草案进行修改，其中最大的变化在于该草案不再强制要求数据本地化，允许数据企业将个人数据转移到印度地理边界之外的特定国家和地区，这意味着印度很可能将改变本地化政策。《国家电商政策草案》还将数据跨境流动的规制对象扩展至非个人数据，列举了跨国公司内部数据、非境内收集的数据等五种不受数据本地化或跨境规则限制的数据，并规定电子商务平台、社交媒体、搜索引擎等产生的数据仅能在印度境内存储，但如果《个人数据保护法》最终得以通过且非本地化思路得以确立，则国家电商政策也将迎来相应调整。

中国也主要是从国家安全因素考虑，规定了以本地存储为主的数据跨境制度。《个人信息保护法》首先对国家机关处理的个人信息的本地存储进行规定，并明确如确需向境外提供的，应当进行安全评估。如安全评估部门要求提供协助的，有关部门应给予支持。滴滴公司被行政处罚案中有部分即源于对此种要求的违反。其次，关键信息基础设施运营者因其信息的重要性，涉及公共通信和信息服务等重要行业和领域的数据，因此需要进行本地存储，相应的规定有《关键信息基础设施安全保护条例》。从相关规定可以看到中国和印度的规定有所类似，即都采取了数据的分类管理模式，同时对于数据跨境的数据内容也扩展至个人数据以外的其他数据。《个人信息保护法》第40条还规定了关键信息基础设施运营者和处理个人信息达到国家网信部门规定数量的个人信息处理者的特殊要求，[1] 2021年新公布的《网络安全审查办法》强化数据安全审查，将数据处理活动和国外上市行为纳入网络安全审查内容，比如第7条规定了掌握超过100万用户个人信息的运营者到国外上市必须向相关部门申报审查，[2] 同时，《数据安全法》第2条[3]和《个人信息

---

[1]《个人信息保护法》第40条规定，关键信息基础设施运营者和处理个人信息达到国家网信部门规定数量的个人信息处理者，应当将在中华人民共和国境内收集和产生的个人信息存储在境内。确需向境外提供的，应当通过国家网信部门组织的安全评估；法律、行政法规和国家网信部门规定可以不进行安全评估的，从其规定。

[2]《网络安全审查办法》第7条规定，掌握超过100万用户个人信息的网络平台运营者赴国外上市，必须向网络安全审查办公室申报网络安全审查。

[3]《数据安全法》第2条规定，在中华人民共和国境内开展数据处理活动及其安全监管，适用本法。在中华人民共和国境外开展数据处理活动，损害中华人民共和国国家安全、公共利益或者公民、组织合法权益的，依法追究法律责任。

保护法》第 3 条第 2 款[1]还规定了长臂管辖的内容。

上述各国采取的本地存储模式系各国根据自身的政治、经济等因素进行的时代选择。其部分原因在于这些国家的互联网等信息技术产业发展相对滞后，金融、科技、保险、电信等重点行业和领域对一国国计民生又至关重要，在发展中国家没有足够力量与其他发达国家形成制衡的情况下，这一立法模式为广大发展中国家采用具有相当的合理性。本地存储模式一定程度上有助于抵御数据霸权，维护一国数据安全，因为发达国家无法掌握更多的数据助推其领先地位；本国企业因此保有了更多的数据，能在某些方面助力本国数据企业的发展；还有，数据不出境情况下个人数据泄露的可能性更小，相对更有助于保护个人数据安全。但本地化的做法被质疑为涉嫌违背投资自由化精神和国民待遇原则的贸易保护措施，相当于对外国投资者的财产进行了剥夺或间接征收，极有可能对数据流动和数字贸易发展造成障碍。综合来看，本地化的做法固然能够起到暂时的保护作用，但长远来看仍应以数据市场的共同和平发展为目标促进数据尽可能自由流动。

四、数据跨境规范模式小结

各种规范模式的侧重点存在差异。自由流动模式以数据发展为导向，权利保护模式以个人数据权利保护为导向，而本地存储模式则以国家安全为导向，与跨国公司根据自身在国际市场上的相对地位选择对数据跨境的态度类似，[2]是各国"权衡收益与风险"的结果。[3]美国表面牺牲个人安全，但却以国家安全为由限制数据出境，欧盟以个人安全保护为本位，但在确定白名单后，则以市场利益为重，发展经济和产业，促进产业竞争力和市场主导权。数据跨境规范模式的选择与一国的实际情况紧密相关，与国家安全、网络安全、隐私保护、国际贸易、产业发展等政策紧密挂钩，是一国的信息技术水平、

---

[1]《个人信息保护法》第 3 条第 2 款规定，在中华人民共和国境外处理中华人民共和国境内自然人个人信息的活动，有下列情形之一的，也适用本法：（一）以向境内自然人提供产品或者服务为目的；（二）分析、评估境内自然人的行为；（三）法律、行政法规规定的其他情形。

[2] See Dorine R. Seidman, "Transborder Data Flow: Regulation of International Information Flow and the Brazilian Example", *Journal of Law and Technology*, Vol. 1, No. 1., 1986, p.33.

[3] 参见姚旭：《欧盟跨境数据流动治理：平衡自由流动与规制保护》，上海人民出版社 2019 年版，第 158-162 页。

数字产业规模、数据保护法律状况及国际环境等多因素下利益博弈的结果，各国均尽量选择与本国国情相符的切合实际的规范模式。美国因其科技和产业的领先地位优先考虑数据自由跨境流动，而俄罗斯等新兴经济体则需要更多考虑本国数据企业的进一步发展。主观方面，虽然各国的数据发展水平不一，但各国均意图在数据领域的新一轮国际竞争中抢占先机，接续创设新的规则以引导地区甚至全球性的制度方向，比如欧盟提出的充分保护水平认定和白名单制度，即是在保护水平的评价方面设定标准，同时充当了裁判者和运动员。法国甚至跳出欧盟限制，率先征收数字税的做法也是在抢先引导数字税的征收规则，英国则在脱欧之后推出一系列的数据治理政策，希望进一步摆脱欧盟影响并形成在国际数据市场上的话语权。

也由于各国数据产业发展的步调不一，内生性治理模式和外生性治理模式同时存在。美国和欧盟为数据产业发展及数据立法的领先区域，其他各个国家（地区）的治理模式在内容和形式上难免对其进行模仿或者抵御。比如印度、中国的数据立法就引进了《通用数据保护条例》（GDPR）的可携带权、删除权等具体的个人数据权能，美国加州最近的隐私保护法也在一定程度上借鉴了《通用数据保护条例》（GDPR）的人权保护规则，规定了下列与《通用数据保护条例》（GDPR）规定类似的权能：控制权（right to possess information）、被遗忘权（right to be forgotten）、知情权（包括使用目的、使用主体等，right to know what, right to know who）、选择退出或拒绝的权利（right to opt out or say no）、不受歧视的权利（right to nondiscrimination）。[1]日本的制度实践则经历了一个转变的过程，在2015年日本修改《日本个人信息保护法》之前，日本的跨境数据流动治理与美国类似，基本处于自由、自愿和自律的"三自"状态，但自"棱镜门事件"暴露了跨境数据流动全球治理的弊病所在后，日本在《日本个人信息保护法》修改中增加了关于跨境数据流动的规定：第一，设立个人信息保护委员会（Personal Information Protection Commission，PIPC）作为独立监管机构，负责制定向境外传输数据的规则和指南。第二，增加跨境数据流动一般性规定，即通常情况下，处理个人信息的经营者在向国外第

---

〔1〕 See Sanford Shatz, Susan E. Chylik, "The California Consumer Privacy Act of 2018: A Sea Change in the Protection of California Consumers' Personal Information", *The Business Lawyer*, Vol. 75, No. 2., 2020, pp. 1919-1921.

三方提供个人数据时，需要事先获得数据主体的同意。第三，增加数据主体同意的例外性规定，比如同等保护水平白名单制度。[1]又由于传统产业的衰退，日本寄希望于通过发展数据产业振兴本国经济，因此，尽管在一定程度上改变了美国式的自由流动模式，但也没有退到本地存储模式的程度，而是努力兼顾安全与发展，并且侧重于发展一端。不过，印度、俄罗斯的做法则更多体现了对于美欧规则的防御政策，通过减少或限制流动来达到自我保护和促进本国发展的目的。

数据跨境包括数据的流出与流入两方面，二者有着相关但又不完全对应的结构。在诸多数据跨境流动规则中，各国均对数据出境制定了各种规则，而数据入境治理的相关规则则基本空白。这有几个方面的原因：其一，数据产业的发展与传统产业的发展路径存在差异，一国数据产业的发展需要更多的数据，海量的数据有助于数据分析的精准，而传统产业的发展由于外国的倾销等做法反而会导致本国产业的风险。因此，各国对于数据流入与传统产业下货物输入的态度不同。其二，新时代数据既然成为与材料、能源同等重要的生产要素，在目前对于数据资产价值评估方式缺乏、交易仍欠成熟的情况下，[2]数据的跨境流动大部分仍主要为免费状态，这类似于他国的免费石油供应给本国的数据平台企业进行生产，岂有限制之理？各国及其数据企业当然会表示欢迎并修好通道方便流动。其三，数据的重要意义在于涉及本国个人数据保护与国家安全，但对于他国而言却正好是反向的国家利益所在。即别国的数据如果保护不到位，对于本国而言即可能成为生产资源甚至制约别国的隐形武器，本国当然不会对数据之入境采取过多的限制。

理论上，基于数据是数据产业之基础，如果数据得到全球充分流动则对于世界各国的数据产业均可能产生正向效用并促进各国经济的发展。但尽管理论上数据全面开放对于各国均应能产生正面效果，当前的数据跨境规范模式的多元化仍反映出几大问题：一是各国的发展水平不同，数据产业的发展处于不同阶段，因此，各国收集、处理、分析、运用数据能力存在差异，这就导致各国对待数据的态度及设定数据跨境的标准难以统一。二是在各国存

---

〔1〕 参见张晓磊：《日本跨境数据流动治理问题研究》，载《日本学刊》2020年第4期。

〔2〕 See Viktor Mayer-Schönberger, Kenneth Cukier, *Big Data: The Essential Guide to Work, Life and Learning in the Age of Insight*, John Murray, 2017, pp. 118-122. 书中认为无价者难以估价。

在主权利益的情况下，数据跨境所产生的收益并不在同一水平面，各国当下的利益指向并不一致，从而形成各国对于数据缺乏彼此互信。如美国经常以政治化手段解决数据出境问题的做法难以取得他国信任。三是各国均不断延伸其对数据的管辖范围。各国普遍规定的长臂管辖充分说明各国均努力扩张数据主权，只是数据主权因受制于各国主权及各种利益又需要相互妥协。但长臂管辖将影响到数据及数据企业的自由流动，在立法进度存在差异的情况下，部分立法滞后的国家将处于劣势地位。各国的长臂管辖之间必将产生冲突，目前尚无相应的纠纷调解机构和机制，仍有待未来进行改善。

第三节　国内层面的治理

数据跨境涉及一国之内的策略选择和国际的路径协调。一国之内相关政策以国家安全和个人权利保护为导向，各国可以根据自身国情及价值选择对可以出境的数据进行分类分级，并设计相应的本地合规、数据跨境评估、审查机制，同时，合理配置各相关主体的权利和责任，以形成数据跨境治理的合力。就本地化政策与数据跨境流动的冲突，如各国相互认可，则数据信托可以作为可能的纾解途径。

一、建立数据分类分级与数据跨境审查机制

数据分类分级是数据跨境治理的操作基础，是确定可跨境数据范围的前提，可自由流动数据范围的确定可以缓解各国长臂执法冲突带来的压力。[1] 需要根据数据的重要程度以及可能形成的危害程度确定数据的分类分级保护。数据分类是指根据组织数据的属性或特征，将其按照一定的原则和方法进行区分和归类，并建立起一定的分类体系和排列顺序，以便更好地管理和使用数据的过程。数据分级是指按照一定的分级原则对分类后的组织数据进行定级，从而为组织数据的开放和共享安全策略制定提供支持的过程。数据分类具有较强的客观性，但对于分级的内容则具有一定的主观性，是基于一定的价值判断基础上的选择。需要明确的是各国对于数据的分类分级属于各国自身主权的范围，关系国家安全、国民经济命脉、重要民生、重大公共利益等

---

［1］ 参见梁坤：《长臂执法背景下的数据出境管制》，载《国家检察官学院学报》2022 年第 5 期。

数据属于国家核心数据，实行更为严格的管理制度，各国对具体范围的确定具有相当的自主权。

目前我国在各行各业规定了数据分级指引，即是在行业类别的前提下进行了分组。比如工业类的《工业数据分类分级指南（试行）》、金融类的《金融数据安全 数据安全分级指南》（JR/T 0197—2020）和《证券期货业数据分类分级指引》（JR/T 0158—2018），政务类的《重庆市公共数据分类分级指南（试行）》、贵州省《政府数据 数据分类分级指南》（DB 52/T 1123—2016），汽车数据类的《汽车数据安全管理若干规定（试行）》等。这些分类均与《网络安全法》《个人信息法》《数据安全法》形成照应。需要注意的是，各行业的数据分级与数据自身的分级存在差异化。由于行业属性特征差别巨大，衡量角度和标准不一，各行业对数据的分级具有鲜明的个性。比如，对于金融行业证券、期货、贷款等业务而言，个体的工作单位、年收入、学历等更私密的数据属于常规收集的范围，但对于一般的行业而言则不属于必要数据，一般不纳入收集范围。因此如各行各业都坚持自身的标准，对内容相同的数据都设定了不同的保护级别，则意味着行业之间的数据难以充分流动。在数据分类分级的操作上，未来应以更为统一的标准进行确定，这样才能形成行业之间数据的互通以形成国内各行业的合力。其中《网络安全标准实践指南——网络数据分类分级指引》的分类分级的规定具有普遍的参考意义，在该全国性的规定出台后，其与其他行业性规定的衔接需要加强。印度的《个人数据保护法草案》（2018）也采取了数据分类分级管理制度，这与《通用数据保护条例》（GDPR）规则存在重大差异，该草案将个人数据划分为一般个人数据、敏感个人数据和关键个人数据，对敏感数据和关键数据的跨境流动在满足充分保护水平的基础之上，还必须是特定人员或机构提供健康服务或者是紧急事件服务所必需。在数据本地存储方面，一般数据和敏感数据要求必须在印度境内的服务器或数据中心存储副本，而政府确定的关键个人数据则仅限于在印度境内的服务器或数据中心处理，在数据本地化和跨境流动方面的限制有更为严格，这种全国性的分类统一性强，相应地操作性也更强。我国《信息安全技术 数据出境安全评估指南》附录中的《重要数据识别指南》已经规定了二十七个行业或领域的重要数据，但普通数据还未有相关规定对其进行分类。我国《数据安全管理办法》《网络安全等级保护条例》作为配套规定，亦透露出数据本地化的立法趋势。

数据出境安全的评估与管理工作一直是数据合规中十分重要的一环。在数据出境的具体操作上，我国正在建立数据出境安全评估制度。《网络安全法》第37条首次向关键信息基础设施运营者明确提出了需要对个人信息和重要数据进行出境安全评估的要求。《数据安全法》中也明确，关键信息基础设施运营者在我国境内运营中收集和产生的重要数据的出境安全管理，适用《网络安全法》的规定；其他数据处理者在我国境内运营中收集和产生的重要数据的出境安全管理办法，由国家网信部门会同国务院有关部门制定。《个人信息保护法》第38条和第40条也规定了针对个人信息处理者和关键信息基础设施运营者向境外提供数据时的要求。

中央网信办于2017年4月发布了《个人信息和重要数据出境安全评估办法（征求意见稿）》，又于2019年6月发布了《个人信息出境安全评估办法（征求意见稿）》，后者规定所有个人信息出境均应当依法向网信办申报并由网信办组织开展安全评估，这几乎全面改变了《个人信息和重要数据出境安全评估办法（征求意见稿）》的制度设计，也突破了《网络安全法》第37条的主体限定。根据《个人信息和重要数据出境安全评估办法（征求意见稿）》规定，只有当网络运营者符合一定的行业条件或个人信息满足一定的数量要求时，才需要行业主管部门强制安全评估，其他情形仅需要自行评估。但《个人信息出境安全评估办法（征求意见稿）》规定个人信息出境一律要求必须申报，且只能由网信部门组织专家或技术力量进行安全评估。参照全国信息安全标准化技术委员会此前发布的《信息安全技术 数据出境安全评估指南（草案）》《信息安全技术 个人信息安全影响评估指南（征求意见稿）》等文件，企业可以自行或委托专业机构制作《个人信息出境安全风险及安全保障措施分析报告》。中央网信办于2022年7月发布的《数据出境安全评估办法》进一步明确，数据处理者向境外提供在中国境内运营中收集和产生的重要数据和依法应当进行安全评估的个人信息，应当按照本办法的规定进行安全评估。该规定又与2017年的《个人信息和重要数据出境安全评估办法（征求意见稿）》类似，根据数据性质和信息数量设定安全评估要求，并规定数据处理者在向境外提供数据前，应事先开展数据出境风险自评估，[1]国家网信

---

[1]《数据出境安全评估办法》第5条规定，数据处理者在申报数据出境安全评估前，应当开展数据出境风险自评估，重点评估以下事项：（一）数据出境和境外接收方处理数据的目的、范围、方式

部门自收到申报材料之日起七个工作日内,确定是否受理评估并以书面通知形式反馈受理结果。

二、合理配置相关主体的权利和责任

数据处理者与个人数据主体的分离为常态,涉及个人数据出境事宜,需要尊重个人的自主决定权,一般情况下需要征得数据主体之同意,数据处理者才能进行数据出境。但这当中存在各种例外,比如执行双多边协议、白名单成员、数据出境标准合同、相应区域对个人数据保护采取了必要的充分的保护措施等情形。由此形成了三种不同的数据出境立法模式:一是将数据主体同意作为数据出境的充分条件,即数据主体同意即可出境;二是无须数据主体同意也可以出境。只要不会对国家数据安全造成负面影响,当企业因正常的商业经营活动需要,必须跨境传输一般个人数据时,在数据本地备份并采取保护措施后,可不经过个人同意进行跨境传输数据。此种模式与前种模式的区别在于以结果反向界定数据出境的范围,而前种模式是正向界定。三是既要数据主体同意,还要经过国家审核才能出境。这种模式的要求最为严格,对于个人自决权和国家数据安全均予以重视。相比较而言,以个人同意为先决条件的做法难以操作,众多数据主体形成了海量的数据,如果只要出境就要求征得数据主体的同意则成本巨大,且是否同意存在重大不确定性,极大影响数据流动的效率。而第二种立法模式相对更为简便易行,但存在对个人数据自决权的限制问题。第三种模式则非常有助于维护数据安全,但于数据流动效率不利。因此,在当前的数据形势之下,为了保护个人数据,需要加强匿名化处理的力度和科学性,即在匿名化的状态下进行数据出境将对数据主体特别是自然人主体的数据权利保护更为有利。

(接上页)等的合法性、正当性、必要性;(二)出境数据的规模、范围、种类、敏感程度,数据出境可能对国家安全、公共利益、个人或者组织合法权益带来的风险;(三)境外接收方承诺承担的责任义务,以及履行责任义务的管理和技术措施、能力等能否保障出境数据的安全;(四)数据出境中和出境后遭到篡改、破坏、泄露、丢失、转移或者被非法获取、非法利用等的风险,个人信息权益维护的渠道是否通畅等;(五)与境外接收方拟订立的数据出境相关合同或者其他具有法律效力的文件等[以下统称法律文件]是否充分约定了数据安全保护责任义务;(六)其他可能影响数据出境安全的事项。

对于数据平台等数据处理者而言，敏感数据和关键数据以外的数据则应该可以自主决定是否出境。数据集合具有财产属性，通过循环流转其规模、质量、价值能够得到提升。但仍然要受到一定的限制，一是传输目的，必须是因正常的商业目的而不存在政治、军事等其他目的。二是必须为不含敏感数据和关键数据的一般个人数据。三是数据保护条件，传播方和接收方均采取了必要且充分的保护条件。企业数据出境安全评估坚持事前评估和持续监督相结合、风险自评估与第三方安全评估相结合，防范数据出境安全风险，依法保障数据有序、自由流动。这对企业数据保护能力提出很高的要求，企业数据保护能力是指企业能满足数据合规和内控要求，在管理和技术层面避免存储在企业中的用户数据发生盗用、泄露和篡改等情况。在数据分类分级及平台分类分级的基础上，数据保护官的专门配置、保持工作的独立性将成为必要。[1]《通用数据保护条例》（GDPR）、《日本个人信息保护法》都明确需要设置负责数据识别和合规的数据保护官。未来需要更多的数据合规人员，各项规定的出台及复杂的国际数据形势也对数据合规人员提出更高的要求。一国之内自上而下的数据合规培训将有助于培养一支数据合规队伍，统一合规标准和合规思路。

数据平台由于所属行业和数据容量、数据技术等方面的差别，在数据跨境中的数据安全和数据保护能力存在差异，在社会影响力及应承担的社会责任方面也存在差异，因此，对于数据平台依据一定的标准进行分类具有重要的实践意义，即对不同种类和级别的数据平台实行适得其所的权利责任配置。我国市场监督管理总局于2021年10月公布《互联网平台分类分级指南（征求意见稿）》《互联网平台落实主体责任指南（征求意见稿）》，拟将互联网平台划分为六大类：网络销售类、生活服务类、社交娱乐类、信息资讯类、金融服务类、计算应用类，并按照用户规模等因素将平台划分为超级平台、大型平台和中小平台三级，[2]要求超大型平台经营者应当建立健全数据安全审查

---

[1] See Kakhaber Goshadze, "The Data Protection Officer (DPO) - Ensuring Greater Data Protection Compliance", *Law and World*, Vol. 14, 2020, p. 44.

[2]《互联网平台分类分级指南（征求意见稿）》规定，3.3 超级平台 超级平台指同时具备超大用户规模、超广业务种类、超高经济体量和超强限制能力的平台。其中，超大用户规模，即平台上年度在中国的年活跃用户不低于5亿；超广业务种类，即平台核心业务至少涉及两类平台业务，该业务涉及网络销售、生活服务、社交娱乐、信息资讯、金融服务、计算应用等六大方面；超高经济体量，

与内控机制。[1]同时，对超级平台应落实的特定主体责任进行了明确，涵盖九大方面：公平竞争示范、平等治理、开放生态、数据管理、内部治理、风险评估、风险防控、安全审计和促进创新。就平台内经营者保护问题，《互联网平台落实主体责任指南（征求意见稿）》要求平台企业不得利用服务协议、交易规则以及技术手段等方式对平台内经营者进行不合理的限制、附加不合理条件或者收取不合理费用，比如隐性授权、误导营销、平台"二选一"政策及刷单等行为。就影响重大的个人信息保护及数据安全方面，《互联网平台落实主体责任指南（征求意见稿）》对数据获取、数据安全与数据管理等均作了相应规定，但相关规定比较原则，还有待进一步细化。

2021年11月，中央网络安全和信息化委员会印发《提升全民数字素养与技能行动纲要》，对提升全民数字素养与技能作出安排部署。《提升全民数字素养与技能行动纲要》指出提升全民数字素养与技能意义重大，该纲要充分反映了数据合规与数据保护已经成为国家的重要战略部署。可以预见，未来需要对公众进行更为广泛的数据合规普法与培训，促成全民的数据意识。另外，我国还创新推出了数据安全的年度审计制度，借助第三方专业机构的力量对数据主体的数据保护制度、人员安排、制度落实进行审计，这是利用外部第三方机构的专业力量督促数据主体内部的合规性，有助于各数据主体的自查自评。未来对于数据合规审计、评估、认证的第三方机构的建立与完善将是重要的内容，将形成类似律师、会计师、审计师、税务师的专业力量。在条件具备的自由贸易试验区内，立足企业数据跨境流动实际需求，积极探索针对企业的跨境数据保护能力的第三方认证机制，推动数据跨境自由流动。制定分类分级的细则和企业数据保护能力认证办法，确定认证标准，明确认

（接上页）即平台上年底市值（估值）不低于10 000亿人民币；超强限制能力，即平台具有超强的限制商户接触消费者（用户）的能力。3.4 大型平台 大型平台指同时具备较大用户规模、较广业务种类、较多业务范围、较高经济体量和较强限制能力的平台。其中，较大用户规模，即平台上年度在中国的年活跃用户不低于5000万；较广业务种类，即平台具有表现突出的主营业务；较高经济体量，即平台上年底市值（估值）不低于1000亿人民币；较强限制能力，即平台具有较强的限制商户接触消费者（用户）的能力。3.5 中小平台 中小平台指具有一定用户规模、有限业务种类、有限经济体量、有限制能力的平台。

[1] See Sanford Shatz, Susan E. Chylik, "The California Consumer Privacy Act of 2018: A Sea Change in the Protection of California Consumers' Personal Information", *The Business Lawyer*, Vol. 75, No. 2., 2020, p.1918. 《加州消费者隐私法》从营收来源的角度单独确立信息经营企业（50%或50%以上营收来源于消费者个人信息经营收入的企业）为法律所规范的对象。

证机构，细化认证流程，探索选择部分企业作为试点，第三方认证机构按照企业申请的数据保护等级进行数据保护能力认证。[1]探索建立公共数据管理"数据安全官"制度，进一步完善企业数据专管员制度，在重点领域内开展数据跨境流动安全评估、数据保护能力认证、数据流通备份审查等安全机制。

　　国家数据管理机构于数据跨境治理中具有中枢地位。其职能在于引导国家制定数据跨境的战略，通过比较国际数据跨境模式的适用情境，平衡数据保护、国家安全和经济发展的利益，选择适用中国国情的数据跨境政策，发挥数据跨境政策的价值引领作用。国家数据管理机构需要有所为，确定符合安全与开放要求的数据出境条件，对数据出境是否符合条件进行审核和安全评估，并负责对数据出境评估、认证、审计及其保护措施进行必要的检查。统筹不同行业主管部门联合开展针对数据跨境流动的安全检查和交易风险评估，督促指导各责任主体落实数据安全防护和出境管理相关要求，建立健全数据安全突发事件应急处置机制。国家数据管理机构还要有所不为，在相关规定对数据出境范围和限制程度进行明确规定的情况下，国家数据管理机构需要严格执行数据出境规定，避免滥用自由裁量权以威胁国家安全或公共利益为由增加限制数据出境的随意性，这是争取数据平台信任和国际互信的重要因素。从个人到数据平台再到国家数据管理机构，需要形成逻辑一致、相互照应的权责体系，以实现数据跨境治理的协调性。

三、本地化之数据信托的实践与未来

　　在数据本地化与数据跨境流动的张力中，数据信托是一项重大的制度创新，并被《麻省理工科技评论》评为2021年全球十大突破性技术之一。[2]"数据信托"被英国开放数据研究所定义为一种数据管理的法律结构，通过解决数据主体与数据控制者之间不平衡的权力关系，从而找到一条在数据流通和交易中确保数据隐私和安全的共赢之路。谷歌的姊妹公司"人行道实验室"建议创立一个个人数据信托——希望入驻在其智能社区Quayside的公司必须申

---

〔1〕 参见京东法律研究院：《欧盟数据宪章：〈一般数据保护条例〉GDPR评述及实务指引》，法律出版社2018年版，第161页。

〔2〕 参见《〈麻省理工科技评论〉2021年"全球十大突破性技术"在余杭发布》，载《余杭晨报》2021年2月25日，第1版。数据信托与mRNA疫苗、GPT-3、锂金属电池、数字接触追踪、超高精度定位、TikTok推荐算法、远程技术、多技能AI、绿色氢能并列评为2021年全球十大突破性技术。

请收集和使用数据的许可证,并由社区成员组成的审查委员会监督数据收集和使用,尽管该项目于 2020 年 5 月被放弃,但却启发了数据信托的思路。[1]

  目前在两个层面使用数据信托的概念,其一,数据处理者的信义义务。即数据处理者在收集、处理、分析、运用数据过程中需要遵循诚信原则并承担信义义务。此信义义务的借鉴来源于基础事实的类似性,即数据处理者掌握了诸多数据主体的数据,与信托机构合法排他占有第三方主体的财产的事实类似。在目前没有相关规定确定数据处理者的信托之受托人地位之时,直接适用民法之诚信义务即可。在数据主体与数据处理者发生交集时,一般是数据处理者提供服务而数据主体接受服务之时,可以视为双方合同之成立,因此合同主体当然需要履行附随的保密、安全义务。其又类似于服务机构需要履行安全保障义务,比如饭店、超市需要保障消费者之安全。从民法层面看,即使是一般的民事关系中,民事主体也需要遵循诚信原则,如医生有责任依据病人的利益行事。当前互联网环境下的信义义务只是数据语境不同造成具体内容不同。因此,数据处理者信托信义义务的引入无须特别设立信托制度,只要规定相应的具体义务即可。其二,隔离所有权和使用权的制度安排。从法律意义上讲,信托是指委托人从其自身利益出发,基于对受托人的信任将资产交给受托人管理的行为。数据信托则是指数据主体将数据或数据权利委托给受托人进行管理的制度设计。数据受托人管理委托人的数据或数据权利,也对其利益负责,数据信托允许用户行使其作为数据生产者的权利。

  在具体实现的方式上,需要产品或服务提供者与信息处理者实现身份的分离。原本提供产品或服务的企业,天然就会对消费者的数据进行收集,但为了实现隔离,数据收集、处理的工作会完全交由(半)独立的第三方来完成,第三方与提供产品或服务的企业不存在直接的控制或关联关系,而是通过签订一份长期的数据托管协议明确对数据的安排及双方的权利和义务。数据信托中的相关的要点主要有:第一,在数据信托的法律框架下,信息处理者将是(半)独立的第三方(主要应该是独立的第三方),而非直接提供产品或服务的企业;第二,数据托管协议的期限应相对较长,并允许续期。在

---

[1] 参见《权威发布:〈麻省理工科技评论〉2021 年"全球十大突破性技术"》,载 https://new.qq.com/rain/a/20210224A0BD2L00? web.channel=wap&openApp=False,最后访问日期:2023 年 4 月 25 日。

目前没有法律对数据权属进行明确规定的情况下，协议条款需要更为清晰地界定数据的内涵和外延；第三，除协议条款外，还需要配套的技术和管理措施，否则数据处理者和产品或服务提供者轻易互通有无将置数据信托的制度框架于无用之地；第四，数据处理者未经批准不得向境外司法、行政部门直接提供数据的规定需要普遍化，否则数据处理者与产品或服务提供者的分离将失去意义，而该种信托关系下的数据出境管理是否直接适用于现有规范性文件规定的审批条件和审批流程还需要进一步明确。

为适应欧盟的个人数据保护政策和法律规定，微软的云计算服务平台Azure在德国也采用了类似于数据托管的模式。受托方德国电信的子公司T-Systems国际公司是一家独立的德国公司，其总部、注册地、所有权和控制权均属于德国，其运营适用德国法律。微软只有在符合合同规定的特定情形下，才能被数据受托方或客户授权并在其监督下访问客户数据。而由于微软没有保管或访问Microsoft Cloud Germany的客户数据的权限，因此，即使其他国家的执法、司法部门要求，微软也将无法配合。而其所能做的可能是建议提出数据请求一方联系客户或数据受托方。除了微软的云计算服务平台Azure在德国的实践之外，苹果公司的"云上贵州"，以及2020年一度传出的TikTok与美国甲骨文公司的合作方案都是遵循了类似的思路。

2021年8月29日，中国电子信息行业联合会"数据要素市场促进会"筹备启动会暨数据要素市场培育高峰论坛在北京成功举办，会上同期发布了"数据资产信托合作计划"。基于对欧盟在数据信托方面的实践的研究，数权保护课题组提出数据资产信托的中国模式，作为培育数据要素市场、构建多元治理与高效治理的创新机制，加以研究和推广。目前各国都没有建立数据信托的法律制度，这种制度安排在没有相关法律规定的情况下，只是冠以"信托"之名，法律关系的基础并非信托法律规范，所谓数据信托，在我国则可能是以《民法典》《个人信息保护法》《数据安全法》《网络安全法》为规范基础，围绕个人信息的授权、共享建立的法律关系。

数据信托可以缓和数据本地化与各国主体进行数据主张的矛盾，同时可以避免数据服务提供者在境外上市、数据跨境交易等各方面的数据出境限制，为数据服务的全球化提供了思路。但目前的数据信托仍处于试水阶段，在法律关系的建立上主要依赖民事法律，并参照信托法律规范。各国对于数据信托的认可程度不同、制度设计不同，还存在各国相互承认的问题。由于数据信托或类似的制度安排将形成数据处理者与服务提供者的专业化分工，在初期对数据跨境流动可能产生一定的不利影响，但长远来看大概率有助于平衡数据保护及数据流动的双重价值，各国在未来的双多边协议乃至全球性条约的磋商过程中相互承认的可能性较大。首要的问题在于数据托管方需要法律和技术的支持及捍卫，同时还要发展类似隐私计算技术的技术，帮助企业在不接触数据的情况下利用数据。

第四节　国际层面的治理

虚拟空间中欲构建的数据命运共同体与现实世界中欲构建的人类命运共同体有着紧密的逻辑联系，"数据命运共同体的未来是利他与共享"，[1]数据及其危机的国际性需要各国的合作和共同努力。[2]国际层面各国的磋商与妥协都是以促进数据跨境流动为指向，在各国实力不均的情况下，仍需要坚持对等和互惠原则，加强国家间的互信。为促进数据跨境规范化，首先需要数据流动接口技术、出境数据范围公因式的提取以及数据跨境的合法路径的标准统一化。各国国内法与国际法则需要更为有效的衔接、转化和落实。在协调组织和争端解决机制方面，可以依托于现有的联合国和世界贸易组织（WTO）框架及相应的争端解决机制，对组织机构和职能进行一定的扩充以适应数据跨境治理的需要，并在国际裁决公信力和权威性上下功夫。

一、推动跨境数据标准统一化

跨境数据治理需要技术和规范双重的标准化、统一化。要实现整个数据流动产业的高效、高质量发展，就必须在数据的统一界定、记述规则、存储形式、品质和精度、通信方式等标准，以及数据共享的种类、流程、硬件和软件规格、应急处理等方面，设计和组建起一个高标准的综合数据流动系统。"数据标准化是数据流通、共享交换、开放的基础"，[3]跨境数据治理标准不

---

〔1〕 大数据战略重点实验室：《块数据 5.0——数据社会学的理论与方法》，中信出版集团 2019 年版，第 329 页。

〔2〕 See Robert Mandel, *Global Data Shock*: *Strategic Ambiguity*, *Deception*, *and Surprise in an Age of Information Overload*, Stanford University Press, 2019, pp. 200-201.

〔3〕 刘运席主编：《大数据治理与服务》，中国工信出版集团、电子工业出版社 2021 年版，第 40 页。

统一是妨碍数据流动和数据价值最大化的重大不利因素,数据标准化是促进数据跨境的必要措施。[1]各国基于各自国情和价值取向选择不同的数据跨境治理模式和标准,未来需要在数据出入境各方面争取统一的标准。国际数据空间协会(International Data Spaces Association,IDSA)倡议将数据主权作为体系框架开发的一个核心层面,并以信任、安全与数据主权、数据生态系统、标准化的互用性、增值应用、数据市场的战略要求为目标,其中标准化的互用性即各连接器能够与其他连接器或组件进行交流互动。[2]

在数据出境方面,第一个要统一的标准是允许出境的数据范围。目前各国对于重要数据、敏感数据、一般数据的分类分级标准类似,但具体内容层面存在差异,而重要数据和敏感数据越多,则对于数据自由流动将产生更不利影响。《上海市数据条例》第69条首先提出低风险跨境流动数据目录,[3]这种借鉴负面清单的做法可以为达成共识提供思路,未来各国之间可以借鉴此类做法提取低风险跨境流动数据目录,这也类似《与贸易有关的知识产权协定》(Agreement on Trade·Related Aspects of Intellectual Property Rights,TRIPS)对知识产权保护所设定的最低保护水平。

第二个要统一的标准是跨境数据流动的合法路径。目前的主流路径是充分保护认定、互认的公司规则、标准合同模板、经批准的行为、经批准的认证或标识。比如《东盟跨境数据流动示范合同条款》(ASEAN Madel Contractual Clauses for Cross Border Data Flows,MCCs)是专注数据跨境治理的重要文件,也是"一带一路"倡议和中国—东盟区域合作机制下产生的又一成果。《东盟跨境数据流动示范合同条款》(MCCs)是基于2016年发布的《东盟个人数据保护框架》(ASEAN Framework on Personal Data Protection)制定而成的,其规定了东盟成员国在进行数据跨境流动时应当遵守的最低义务,并包含了定义、数据出口商义务、数据进口商义务和商用条款四个部分的内容。《东盟跨境数据流动示范合同条款》(MCCs)并不要求东盟成员国修改现有的数据保护立

---

[1] See Eric J. Novotny,"Transborder Data Flow Regulation:Technical Issues of Legal Concern",Computer/Law Journal,Vol. 3,1981-1982,p. 122.

[2] 参见华为公司数据管理部:《华为数据之道》,机械工业出版社2020年版,第289~291页。

[3] 《上海市数据条例》第69条规定,本市依照国家相关法律、法规的规定,在临港新片区内探索制定低风险跨境流动数据目录,促进数据跨境安全、自由流动。在临港新片区内依法开展跨境数据活动的自然人、法人和非法人组织,应当按照要求报送相关信息。

法或引入额外的法规，也不具有强制性，其目的在于鼓励东盟成员国使用《东盟跨境数据流动示范合同条款》（MCCs）作为企业间数据跨境传输的最低标准，以此提升东盟整体的数据保护水平。要实现此类标准合同条款的运用，根本问题在于各国对于数据的保护水平需要达到相对一致的水平，比如数据合规的审计、认证等制度运行的规范性。不同保护水平国家之间如实行数据自由流动，最终的结果可能是劣币驱逐良币，导致整个数据市场秩序的混乱。

第三个要统一的标准是限制数据出境的方式。美国《2019 国家安全与个人数据保护法案》（NSPDPA）明确规定美国财政部外国投资委员会（CFIUS）应当对"持有或收集美国公民个人敏感数据，且这些数据可被用于威胁国家安全"的美国公司投资予以审批。美国财政部贸易审查委员会（FTC）依其国内法对外国数据企业到本国投资进行国家安全性审查，而国家安全可以理解为无所不包的口袋理由，这造成限制数据出境的重大不确定性。在当前数据跨境之目的主要集中在商业经营时，对其限制的理由也应该具有基本的一致性。2021 年 11 月 2 日，美国参议员马尔科·卢比奥（Marco Rubio）和拉斐尔·沃诺克（Raphael Warnock）提出参议院第 3130 号法案"2021 年敏感个人数据保护法"，其仍认为美国财政部外国投资委员会（CFIUS）对于要求公司在完成交易之前进行强制性申报的规定不足，并且以所谓的威胁国家安全为由要求进一步限制中国获取美国人的个人数据，[1]此种区别对待的做法对于建立数据跨境的互信相当不利。

就数据入境方面，各国基本不设限制条件。但随着各国数据交易所的广泛设立，各国的数据、数据服务、数据产品的入境也将需要统一相互认可的标准，数据证书和电子签名、资产评估的国际互认成为前提性内容。与出境类似，对于可入境的范围应有相应的约束条件。尽管各国对于数据入境的数据未加限制，但如果数据交易及数据交易所普遍化，即意味着数据的流动逐渐改变过去的免费模式，而形成类似于商品的流动。这时，受制于交易的要求，数据企业愿意交易的数据或者说当下能够更多获利的数据将事实上成为数据入境的主流，而那些附加值更低的数据将事实上占比减少。

一旦数据交易流行，相关的税收政策亦将成为下一步的重心。美国在 1997

---

[1] 参见《美反华议员又挑事，诬称中国获取美国个人数据，提出一项荒诞法案》，载腾讯网，https://new.qq.com/rain/a/20211103A0AMCI00，最后访问日期：2023 年 4 月 25 日。

年发布的《全球电子商务政策框架》（Framework for Global Electronic Commerce）中明确主张通过世界贸易组织（WTO）谈判的方式对数字产品实行零关税，并将涉及电子商务内容的报告提交给世界贸易组织（WTO）总理事会，该建议得到了欧盟等众多国家和地区的支持。1998年5月在日内瓦召开的第二次世界贸易组织（WTO）部长会议通过《全球电子商务宣言》（Declaration on Global Electronic Commerce）并设立工作组，该宣言最先提出对电子传输免征关税。但经过20年才在2017年12月WTO布宜诺斯艾利斯第十一届部长级会议上形成推动电子商务议题讨论的决定。2019年1月在瑞士达沃斯举行的电子商务非正式部长级会议上，中国、美国、欧盟、日本、俄罗斯、巴西等几十个WTO成员才签署《关于电子商务的联合声明》，确认有意在贸易服务现有协定和框架的基础上正式启动与贸易有关的电子商务议题谈判。到目前为止，仍没有达成电子商务领域的实质性协议。

但如果数据交易成为主流，则交易所涉之税收亦将成为各国博弈的重点。当前各国税制建设和数字经济的发展速度明显不在同一水平面，使得数据平台企业在税收利益上远优于传统企业。传统企业由于严格的属地或属人税务管辖，已形成一套行之有效的征管体系，而数据企业现仍可以搭建复杂的避税架构，利用转让定价等方式逃避税收。在欧盟，数字企业的平衡税率只有9%左右，但传统企业则超过23%，这种情况下数据企业获得了先天的竞争优势。法国于2019年率先推出数字服务税（Digital Service Tax，DST），[1]即针对年全球营业额超过7.5亿欧元、法国国内营业额超过2500万欧元的互联网企业，就其来源于法国的各种收入征收3%的临时数字服务税。随后，英国政府于2020年3月宣布，将从4月1日开始对亚马逊、脸书和谷歌在内的众多美国大型平台公司征收2%的数字服务税（DST），这项税收的适用对象为全球销售额超过5亿英镑，且其中至少2500万英镑来自英国用户的公司。但各国的数字税实践明显对美国的数据企业不利，美国则于2021年6月直接宣布对英国、西班牙等多国价值20亿美元的商品征收25%的关税，直接针对这些国家对美国的数据企业征收的数字税，各方税收冲突不断升级。随后，基于

---

[1] 有观点认为，对数字经济征税是为了更好地确定和分配用户和消费者提供的数据的价值部分。参见［瑞士］泽维尔·奥伯森：《对机器人征税——如何使数字经济适应AI?》，王桦宇、孙伯龙译，上海人民出版社2022年版，第92页。

在经济合作与发展组织（OECD）框架下开展的国际税收制度改革谈判取得重要突破,[1]美国与奥地利、法国、意大利、西班牙、英国于2021年10月宣布就数字服务税争端达成妥协,在经济合作与发展组织（OECD）推动的国际税改协议生效后,欧洲五国将取消对美国的数据企业征收数字服务税,美国也相应放弃对这五国的报复性关税做法。数字服务税的推出对于数据企业的进入、数据服务的提供和数据的入境均将产生深远的影响,在未来需要加以统一。目前我国上海将建设国际性的数据交易所,建设数据自由贸易港,未来也要面对数字服务税（DST）的问题。在税种的选择上,有观点提出可以考虑通过修改企业所得税相关规则、扩大预提税征税范围的方式,促进各国的税收利益公平分配。[2]

二、促进国际法与国内法的协调

在数据跨境流动和个人隐私保护等层面,各国逐渐形成了以地缘政治利益和国家安全为核心的国内法律体系,彼此之间在内容和适用范围等方面相差较大。而全球数据治理的重任则是建立系统性的国际机制,并确保机制有效发挥其强制力。在制定统一的国际条例尚缺乏可行性的情况下,可以借助论坛平台（比如联合国）促进各方共识。[3]在标准统一的指导下,需要对各国国内法与国际法的不一致进行协调,并加强国内法与国际法的衔接。当前各国的法律规则内部存在对于数据跨境治理规则的矛盾规定,以美国为代表的国家对数据入境和出境采取了不同的态度。在《安全港协议》案件当中,欧盟法院直接指出美国国内规定之间存在冲突,尽管以数据自由流动为原则,但美国财政部外国投资委员会（CFIUS）却可以随意以国家安全之名对数据企业在本国投资进行审查,这事实上与欧盟对数据所要求的安全保护程度不

---

[1] 参见陈博:《数字税之争暂告一段落——美欧重回"以税制税"可能性仍存》,载《经济日报》2021年11月2日,第4版。根据经济合作与发展组织共识方案,跨国公司不仅需要在其总部注册国纳税,也需要在其实际经营国纳税。同时,全球最低企业税率被设定在15%。从2023年起,年收入超过7.5亿欧元的跨国公司都应遵守这一税率。

[2] 参见郭昌盛:《应对数字经济直接税挑战的国际实践与中国进路》,载《法律科学（西北政法大学学报）》2022年第4期。

[3] See Peter Blume, "Transborder Data Flow: Is There a Solution in Sight", *International Journal of Law and Information Technology*, Vol. 8, No. 1., 2000, pp. 84-85.

符，因此判定《安全港协议》无效。[1]各国法律规定的一致性需要在未来进一步加强，而一国国内法对于国际法之承接，不仅在立法层面需要进行一致性规定，在具体执行上也需要言行一致，否则将导致更多的纠纷。

在现行国际法规范体系下，缺乏受到国际广泛承认的可执行的数据权利标准。传统的国际投资保护规则无法与数据经济相适应，具体表现为传统经济主权的属地管辖原则与数据监管需求不匹配，传统的安全例外条款与数据环境下的非传统国家安全需求不匹配，数据经济国际治理与数据本地化措施实践不匹配。当前以双边、多边协定为主构建起国家之间与区域性的数据跨境治理规则，相关规则呈现出碎片化的状态。在各国的数字发展水平和数据保护能力存在差异的情况下，统一化的进度存在难度。这导致各国数据交往中存在较多障碍，企业数字贸易过程中合规难度提高。未来国际社会需要建立更具有广泛适用性的数据跨境治理全球性规则。这与知识产权的国际法进程类似，在《与贸易有关的知识产权协定》（TRIPS）形成最低保护标准的情况下，发达国家通过单边、多边协定对保护水平进行拉升。国际法当中，存在单一的数据问题立法，也有融合于贸易立法当中的模式，中国申请加入的《数字经济伙伴关系协定》（Digital Economy Partnership Agreement，DEPA）则是单一数据问题的多边协定立法代表。但根据数据贸易脱胎于经济贸易，且数据流动的目的以经济目的为主的现状，宜将数据跨境纳入经济贸易的整体框架中进行统筹，《跨太平洋伙伴关系协定》（Trans-Pacific Partnership Agreement，TPP）、《全面与进步跨太平洋伙伴关系协定》（Comprehensive and Progressive Agreement for Trans-Pacific Partnership，CPTPP）即是典型，以免与各个方向的贸易内容形成原则性出入和内容上的重大偏差，也可避免数据产业与传统产业人为割裂的结果。

国内法与国际法的衔接也将考验各国的实践智慧。中、日、韩等15个国家于2020年11月正式签署了《区域全面经济伙伴关系协定》（RCEP），其不仅是东盟经济一体化进一步深化的重要措施，更是打造数字丝绸之路的重要一环。《区域全面经济伙伴关系协定》（RCEP）规定各成员不得将数据企业使用的计算设施本地化作为他国贸易主体在本国进行商业活动的前提。但由

---

[1] 参见《欧洲废除欧美数据安全港协议 脸书、谷歌等巨头受影响》，载央广网，https://china.cnr.cn/yaowen/20151008/t20151008_520071997.shtml，最后访问日期：2023年4月25日。

于该规定具有倡议性质，因此不具有强制执行效果。然而这仍对各国的国内立法提出挑战，即尽管该规定为倡议性质但仍具有相当的价值影响力，具有软法的影响力。[1]这要求一国法律的开放性和前瞻性，留有一定的余地是必要的，这样才能适应国际数据的发展形势。而美国的做法则明显与安全港协议、隐私盾协议的强制性规定相违背，因此，引起了欧盟的强烈反弹，这其实并非欧盟的单边制裁，而是美国的做法已经违背了国际法与国内法一致的基本国际法准则，已经不只是对国际条约的条款保留问题。为纾解国内法与国际法不一致的困境，除了应革新部分国际投资保护规则的适用标准外，还需要从东道国的角度出发完善国际投资协定（International Investment Agreement，IIA），平衡东道国数据监管权与投资保护义务，协调国内监管规则与国际承诺，明确国际投资协定（IIA）中国家安全例外涵盖数据和网络安全，以及设置必要的规则和程序防止该措施的滥用。国际条约一旦制定，对外数字贸易谈判与外商投资规制就必须以符合上述规定的方式进行，否则就构成国际法上的违约。

　　未来的数据跨境国际法也必将以平等、对等、互惠的底层逻辑为指导。《联合国宪章》所确立的主权平等原则一直是当代国际交往的指南针，适用于国际交往的各个领域，其精神与内容也应当适用于网络空间。当前欧盟主张的白名单制度要求与他国保持同等且充分保护水平，充分性保护如在欧盟内部得到全面有效执行，其白名单制度将具有相当的说服力，其本质在于符合国际法之平等、对等、互惠的底层逻辑。因此，各国尽管在争取数据市场的话语权，但排除掉大国对小国的单边影响力，越接近公平的规则越有可能被更多的国家接受。另一方面，在数据跨境治理规则的制定过程中，需要保障各方国际主体民主参与，以实现公平性，未来应该在基本的互信环境下进一步开展数据跨境治理的全球合作，包括经济贸易、环境治理、打击跨境犯罪等各方面。中国是世界数据经济大国，积累了相当丰富的技术成果，并探索出具有中国特色的治理经验，未来可以更加主动、积极地融入国际沟通之中，推动制定数据跨境流动的国际条约或国际治理框架，为数据跨境治理规则的制定贡献中国智慧，如中国倡导的《全球数据安全倡议》就向世界表达了客观公正的立场。

　　各国均在发力争夺国际数据规则的主导权，我国也应该主动发声，积极

---

[1] 参见敖海静：《数据保护的国际软法之道》，载《法商研究》2022年第2期。

提升自身国家软实力和国家影响力。[1]法国的数字税征收与欧盟的白名单制度均体现了争夺主导权的意图,新兴数据国家如印度也在争取国际数据跨境治理的话语权。新加坡2012年的《个人数据保护法》(Personal Data Protection Act, PDPA)采用了与主要国家类似的数据保护措施,以此吸引并促进数据产业投资,并争取全球数据集散中心地位。[2]2019年,日本则在日本茨城G20贸易与数字经济会议上,主导通过了"部长声明",对信任的数据自由流动(Data Free Flow with Trust, DFFT)理念进行了阐释,认为信任的数据自由流动(DFFT)理念中的信任是包括政府、社会、国际组织、学界和企业等所有利益相关方的互信,这种互信的基础是共同的价值观以及平等、公平、透明和负责任等基本原则,数据自由流动的基础是尊重各国国内以及双、多边的国际数据法律框架。2020年6月10日,世界经济论坛(World Economic Forum, WEF)发布报告《信任的数据自由流动(DFFT):通往自由和信任的数据流动路径》认为,在互联网和大数据的推动下,数字化已经成为现代经济社会的无缝运行的重点所在。然而,因为各国之间的相互不信任,以及受诸隐私保护、安全影响和产业政策等目标的影响,各国国内法经常规定限制数据的跨境流动的措施,从而导致全球数据治理规则支离破碎甚至相互矛盾,难以形成对数据治理的统一的适当行动。我国需要积极推进数据涉外法治,习近平总书记指出,"全球治理体系正处于调整变革的关键时期,我们要积极参与国际规则制定,做全球治理变革进程的参与者、推动者、引领者"。目前在处理数据跨境流动时,发达国家是占明显优势的规则制定者,我国应加快数据涉外法治工作战略布局,以我国根本利益以及多数国家共同利益为基本出发点,同时考虑与发达国家规则的结合点,积极影响、参与乃至主导形成数据规则的国际治理框架,达致平等、互惠的数据治理格局。同时,主动促成数据双边协议、多边条约的制定,以更多的区域规则带动全球合作治理模式转型。

三、赋能国际组织与争端解决机制

世界贸易组织(WTO)框架下的服务贸易总协定(General Agreement on

---

[1] 参见单志广等编著:《大数据治理:形势、对策与实践》,科学出版社2016年版,第219页。

[2] See Warren B. Chik, Joey Keep Ying Pang, "The Meaning and Scope of Personal Data under the Singapore Personal Data Protection Act", *Singapore Academy of Law Journal*, Vol. 26, No. 2., 2014, p. 366.

Trade in Services，GATS）构建了全球数据跨境流动的基础框架。[1]1988年，联合国人权委员会对《公民权利和政治权利国际公约》中的隐私权范围作了扩大解释，认为个人数据属于公民隐私权的保护内容。1990年，联合国大会决议通过了《计算机处理的个人数据文档规范指南（第45/95号）》，提出为保护人权和信息自由，主张政府间国际组织涉及个人信息的存储、处理等行为也应当遵循指南第一部分的相关规定；规定了成员国的最低保护原则，提出隐私保护政策应确保数据在不同国家之间的流动，即使没有互惠保障，相应的限制也应该合理适度。

公正高效的国际争端解决机制是保障数据跨境国际治理体系可靠性和可预测性的重要内容，对于多边数字贸易和网络安全尤为重要，但传统争议解决规则在数据跨境问题上显得乏力。[2]数据跨境中所涉及的各种流通途径均涉及争议解决的问题，需要配套的争议解决机制保驾护航。比如《数据出境安全评估办法》要求，标准合同必须包含限制境外接收方将出境数据再转移的约束条款，难以保障数据安全时应当采取的安全措施，以及违反数据安全保护义务时的违约责任和具有约束力且可执行的争议解决条款等。长期以来，以关贸总协定（General Agreement on Tariffs and Trade，GATT）争端解决机制为基础建立的世界贸易组织（WTO）争端解决机制在维护国际贸易体制有效性、促进国际贸易发展方面发挥了巨大的作用。但由于其长时间针对传统贸易而设置并运行，因此，数据跨境流动及其相关的网络安全、个人数据安全问题面临着数据跨境流动就定性而言是否能够纳入到传统的商品和服务中去的问题。[3]数据本地化政策是国家主权的体现还是构成贸易保护政策，传统国际贸易规则是否适用于现行国家之间的数字贸易等方面也存有诸多疑问。

近年来中美两国围绕"重要数据"和"个人信息"的转让规则争议不断，而现有争端解决机制缺乏认定标准也缺乏认定程序。最近的 TikTok 案件

---

[1] 参见邱静：《数据规则的国内构建、国际竞争和协调》，载《安徽师范大学学报（人文社会科学版）》2023年第1期。

[2] 参见沈玉良等：《全球数字贸易规则研究》，复旦大学出版社2018年版，第175页。

[3] See I. Trotter Hardy, Jr., "Transborder Data Flow: An Overview and Critique of Recent Concerns", *Rutgers Computer & Technology Law Journal*, Vol. 9, No. 2., 1983, p. 263. 文章认为至少某些形式的国际交流信息可以合理地归类为产品。比如计算机百科全书、股票市场报告、科学研究报告和判例法报告都应该列为产品。

则更加暴露了有效的国际争端解决机制的必要性。TikTok 即使在美国提起违宪审查并胜诉，其最可能获得的也只是被认可了正当程序权利，但由于权力之职责的分野，司法机关也无法就是否真正构成国家安全威胁并在有悖相关规定的情况下进行裁决。因此，在中美缺乏投资协定的情况下，即使最终形成美国本地意义上的征收，TikTok 也缺乏有效的诉权。而从国际争端解决机制的角度，则美国相关禁令可能构成对服务贸易的不当限制并引发《与贸易有关的知识产权协定》(TRIPS) 下的法律问题，但如诉至世界贸易组织（WTO）则也同样需要面对"安全例外"的解释问题，而上诉审的缺失也导致世界贸易组织（WTO）裁决机制变得没那么可靠。在世界贸易组织（WTO）争端解决框架下，反制措施也是上诉机构允许的一种贸易制裁措施。在国际法并没有对数据保护作过多规制的情况下，尤其是世界贸易组织（WTO）关于数据的立法明显滞后，欧美数据规则的域外适用并不构成国际不法行为，因而意图将其诉诸国际争端解决程序将尤为困难。因此，如其他国家对我国采取基于数据保护理由的歧视性管辖措施，我国政府可以根据《中华人民共和国对外贸易法》第 7 条的规定对其进行相应的反制措施。

当前的困境在于既有的争端解决机制运作失灵、无法切实落地，而新的数据跨境争端解决机制又还未形成。国际关系是在主权独立基础上政治、经济、文化的多元关系，其中各国具有很强的独立性，当前还主要依靠各国自行的政治手段、经济手段等自助措施来"私力"解决。[1]长此以往，数据跨境的法律问题、经济问题将与政治问题相交叉、混淆，国际争端解决机制无法形成对于国内争端解决思路和机制的有效制衡。而缺乏有效的国际争端解决机制将可能助长美国类的政治化手段，助长各国国家机关的自由裁量权和随意性。尽管有的国家因此收获超额利益，但长远来看，国际互信的建设将更为困难，数据跨境流动将面临更多障碍，碎片化的数据跨境将长时间存在，最终不利于数据跨境的规范化提高和效用提升。

现有的纠纷解决机制仍有应对数据跨境纠纷的适用空间。当前的世界贸易组织（WTO）和联合国层面对于数据跨境治理的统一和协调显得乏力，数据是否属于知识产权又能否适用知识产权规则也存在巨大争议，因此，世界知识产权组织（WIPO）也未能发挥可能的协调作用。但对各国利益进行平

---

〔1〕 参见 [德] 拉德布鲁赫：《法学导论》，米健译，商务印书馆 2013 年版，第 210 页。

衡，弥合数据鸿沟，化解围绕数据领域的冲突，仍需要借助既有的多边机制，另起炉灶的建设成本巨大且缺乏必要性。在既有争端解决机构可以利用的情况下应优先考虑利用既有的机构，使之充当不同国家之间的对话和协调平台，[1]另行设立数据跨境的争端解决机构将面临更大的障碍。因此，未来应创新现有争端解决机制，依托于现有的争端解决机构设立新的专门针对数据跨境争端的解决部门，在全球范围内选择熟悉数据跨境的专家充当裁判人员。未来就统一性国际协调平台与区域性协调机构之间的配合和相互促进需要进一步加强，各区域及多边组织有必要以更积极的姿态融入联合国总体治理框架，并根据区域特质细化和统一必要的数据政策，推动并促成新兴数据治理机制走向成熟。国际投资争端解决中心（International Centre for Settlement of Investment Disputes，ICSID）已受理了绝大多数投资争端案件，可能是未来处理数据投资争端的重要平台，[2]而世界知识产权组织（WIPO）对《专利合作条约》等程序性国际法的推广执行效果较好，未来各国和各国际组织也可借鉴类似经验，对于数据跨境流动中的程序性规则先行统一，为实体性范围和标准的统一创造基础。

---

[1] See Houston Putnam Lowry, "Transborder Data Flow: Public and Private International Law Aspects", *Houston Journal of International Law*, Vol. 6, No. 2., 1984, p. 165. 联合国1978年在《新世界信息秩序》中倡导信息的自由流通，更广泛、更均衡地传播信息；将最不发达国家从依赖变为相互依存和合作；以及不同社会之间的平等对话。

[2] 参见赵丹、娄卫阳：《数据的投资适格性及中国因应》，载《社会科学家》2022年第10期。

结 语

在当前数据为王的背景下，对复杂的数据进行研究具有重大的理论和现实意义。以往对数据治理的讨论往往以数据为切入点，而由此形成的规范模式之争其实并没有实际的冲突，而是基于同一数据之上对不同主体的不同规范模式，具有目的和效果上的统一性。比如，对个人数据保护是赋权模式还是规制模式的问题，事实上包括对个人数据主体的赋权以及对数据处理者的规制两个方面，二者共同指向个人数据权益保护，因此，二者并不具有真正的冲突。根本原因在于，对于法律关系的考察需要坚持立体的全面视角，相关的法律问题的产生是主体与对应客体的组合并形成相应的权利义务的过程。因此，结合数据客体，从数据主体的角度考察其规范模式，可以形成主客体结合的全面视角，从而更准确地认识数据法律关系并合理地确定各方的权利义务及其边界。

而对于不同的数据类型而言，不同的主体也具有不同的权利义务，本书的内容主要从几种主要的数据出发，分析相对应的与之关系密切的主体的规范模式。前述个人数据主体的规范模式方面，个人数据主要是赋权模式，但数据处理者则是规制模式。而对于数据企业自身的数据，由于并没有明确的赋权，对其进行保护的进路在目前主要是行为规制方式，但这只是企业数据主体规范的一个层面，此外，还包括数据企业的一般数据行为的规范层面，以及对数据权力的规制层面。所以，企业数据主体规范模式并非只规制而无权益，只是其主要模式是规制模式。而对于政务数据，则个人和数据企业均有公共资源接触及使用权，个人此时享有的权利和个人数据之上的赋权内容并不相同，而数据企业此时也享有权利而不主要是行为限制。综合来看，本书的视角相对更为聚焦，根据主体角度的数据分类进行探讨，研究相关主体对应相关数据的规范模式。

结　语

　　但只是数据主体对应相关数据显然并不具有识别度，需要在各主体相互关系的参照系当中才能识别出各主体应有的规范模式。就个人对于个人数据而言，并不能推导出具体权能的必要性和可行性。因为，个人人格权长期以来具有消极性、被动性的特点，也没有具体的权能规定，这种运行状态一直比较稳定。而在网络环境下的数字时代，数据处理具有技术性，还具有难以遗忘等特点，技术性说明具体数据处理具有更多的流程和环节，因此，具体权能在操作上具有更多可能。而网络难以遗忘的特点决定了删除权的产生，这在根本上仍是个人人格自决权的应有之义。个人数据权能的产生还有一个重要的原因在于与数据处理者的力量对比，数据企业具有数据和技术优势，而个人无论是在数据还是技术上都非常弱势，尽管个人似乎可以接触到无数的数据，但却缺乏选择和处理的能力，因此，大数据对于个人成为似有非有的存在。个人数据是数据处理者处理的重要内容，或者说是核心内容，一旦大规模泄露或使用不当，均可能对不特定的众多个体造成不可估量的损害。因此，个人的权能此时充当了监督数据处理者谨慎勤勉的一种手段，也就是一种抗衡的手段，对于平衡各方的权利义务具有重大意义。

　　数据企业的规制模式是否就表明数据企业的合法权益无须保护呢？答案显然是否定的。首先，数据企业投入成本生产数据并持有数据，享有合法权益，应受到法律保护。只是当前对于数据企业的权益范围和保护程度并没有法律的明确规定，但即便如此，基本的竞争性财产利益仍需要得到有效保护。这种权益是一种概括性的利益，是以诚信原则为基点衍生出来的重要内容。诚信原则被誉为民法的帝王条款，任何人不应当从自己的不当行为中获得利益。因此，竞争性利益的保护可视为诚信原则的具体化。但也正因为竞争性利益具有原则性的底色，因此，并没有更多的具体规则，也就形成了事后行为规制的保护路径。从企业相互之间数据利用行为关系看，对数据企业数据权益的保护更多的是通过行为规制的方式来实现的。从这个角度理解数据企业的规制则可以表述为遵守公平竞争规则，而不是保护，因为保护也是通过行为规制实现的。而从数据企业与个人关系角度就更需要进行行为规制，数据企业处理大量的个人数据，关涉到无数个人的权益，因此，个人数据安全和保密将是非常重要的内容。而数据企业在安全保密的基础上仍可能形成对个人的不当影响和控制，因此，还需要对此类不当影响和控制的数据权力进行规制，由此综合形成了数据企业行为规制的立体结构。

政务数据主体具有强大的公权力，在获取数据资源上存在强大的优势。而政务数据公开和政府信息公开类似，都是管理型政府理念向服务型政府理念转变的重要结果。理念的转变必定带来实践的转向，信息和数据在传统上的不可知则威不可测的状态得到根本性的改变，在经历了长时间的保密状态后，政府信息、政务数据进入了公开的通道。政务部门于政务数据，就如同政务部门于政府信息，再谈赋权已经和理念相违背，弱化其控制性，强化其服务性成了应然的选择。而行为规制的表述具有公权力机关对私权利主体的面向，因此，以职责模式进行界定更为合适，更强调其责任的层面，而不是职权的内容。

跨境数据的主体存在两个层面。一般的印象中，是跨国企业在实际进行数据的出入境业务，但同时需要看到在数据主权的背景下，国家是数据出入境的最终责任主体，是国家之间通过各种条约、协定约定各国的数据跨境安排。而具体的企业和个人的数据跨境业务需要对这些条约协定进行遵照与执行。因此，在理解跨境数据规范时需要同时看到两个层面的主体和内容，国家具有基础性和前提性地位，如果没有国家间的条约和协定的内容，则具体个体的数据跨境操作也将无从谈起。国家间的力量存在差距，但在条约和协定签订过程中，需要遵循基本的对等原则，这是国际交往的基本原则，也是可持续发展的保障。

对于不同主体适用不同的规范模式，是否有违民法的平等原则？民事主体区分权利能力和行为能力，权利能力解决的是主体的资格问题，而行为能力解决的是权利实现问题。平等原则首先回答了资格上的平等性内涵，比如，未成年人与成年人具有相同的人格，但由于未成年人与成年人的行为能力存在差异，因此，设定了无行为能力人、限制行为能力人和完全行为能力人，对于无行为能力人和限制行为能力人有相应的特别保护规定，其中胎儿主体地位的确认是非常典型的例证。与之类似，数据主体在面对相同的数据客体时，由于技术、数据能力的差异性，各方数据主体实现权利的能力存在区别，如果放任不管，将可能造成重大的结果不公平。因此，权利能力和行为能力的区分实际上可以理解为对机会平等和结果平等的兼顾，权利能力的平等性是起点上的公平，表明各主体的机会具有平等性，但行为能力的分段区分保护恰是对基本的结果公平的维护。承认行为能力的差异，但对行为能力差者进行特别的关照是对人的主体性的关注，而对人的关注不仅只是对强者的赞美，更需要对弱者的关爱。

本书的思路可以理解为是对各方数据主体行为能力差异的认可及进一步规范，以更好地实现结果公平。因此，本书综合数据主体的功能、能力、资源和地位的实际情况，对各数据主体的行为能力进行立体分析，从而确定不同数据主体的不同规范模式：

	功能	能力	资源	地位	规范模式
个人	生活-私	弱	少	弱势	赋权模式
企业	市场-私	强	较多	优势	规制模式
政府	治理-公	较强	多	强势	职责模式
国家	主权-公	相对性	相对性	相对性	对等模式

规范模式是一种原则性的思路，可以理解为侧重于权利、义务、责任的某方面，在实际的制度设计中还需要结合实际情况对各数据主体的权利、义务、责任进行平衡，以实现恰如其分的权利义务配置和安排。

参考文献

一、中文著作

1. 刘皓琰：《数字帝国主义》，中国青年出版社 2023 年版。
2. 彭诚信编，王琳琳等著：《信息的限度：个人信息保护法中的同意规则》，上海人民出版社 2022 年版。
3. 张平主编：《〈个人信息保护法〉一周年观察》，法律出版社 2022 年版。
4. 李仁涵编著：《人工智能与国际准则》，上海三联书店 2022 年版。
5. 赵克玲等编著：《人工智能概论：基础理论、编程语言及应用技术》，清华大学出版社 2021 年版。
6. 高富平：《个人信息保护立法研究》，光明日报出版社 2021 年版。
7. 丁晓东：《个人信息保护：原理与实践》，法律出版社 2021 年版。
8. 张凌寒：《权力之治：人工智能时代的算法规制》，上海人民出版社 2021 年版。
9. 龙卫球主编：《中华人民共和国个人信息保护法释义》，中国法制出版社 2021 年版。
10. 个人信息保护课题组：《个人信息保护国际比较研究》，中国金融出版社 2021 年版。
11. 于冲：《动态数据与动态安全：大数据时代个人信息的刑法保护进路》，中国法制出版社 2021 年版。
12. 杨乐：《网络平台法律责任探究》，电子工业出版社 2020 年版。
13. 张涛：《利益衡量视野下的个人信息民事保护》，法律出版社 2020 年版。
14. 于靓：《论被遗忘权的法律保护》，中国社会科学出版社 2020 年版。
15. 孙登科：《个人数据跨境保护的法律适用问题研究》，辽宁大学出版社 2020 年版。
16. 吴军：《信息传：决定我们未来发展的方法论》，中信出版社 2020 年版。
17. 郭鑫编著：《信息安全等级保护测评与整改指导手册》，机械工业出版社 2020 年版。
18. 朱晓武、黄绍进：《数据权益资产化与监管：大数据时代的个人信息保护与价值实现》，人民邮电出版社 2020 年版。
19. 徐丽枝：《政府信息公开中的个人隐私保护问题研究》，法律出版社 2019 年版。

20. 弓永钦：《个人信息保护问题研究：基于跨境电子商务》，人民日报出版社 2018 年版。
21. 赵需要主编：《政府数据资源共享开放政策与法规汇编》，海洋出版社 2018 年版。
22. 孙平：《"信息人"时代：网络安全下的个人信息权宪法保护》，北京大学出版社 2018 年版。
23. 朱扬勇主编：《大数据资源》，上海科学技术出版社 2018 年版。
24. 吕廷杰等编著：《信息技术简史》，电子工业出版社 2018 年版。
25. 沈玉良等：《全球数字贸易规则研究》，复旦大学出版社 2018 年版。
26. 王德夫：《知识产权视野下的大数据》，社会科学文献出版社 2018 年版。
27. 王秀秀：《大数据背景下个人数据保护立法理论》，浙江大学出版社 2018 年版。
28. 李媛：《大数据时代个人信息保护研究》，华中科技大学出版社 2018 年版。
29. 王敬波主编：《世界信息公开法汇编（上册）》，法律出版社 2017 年版。
30. 刘恒主编：《香港信息公开制度研究》，社会科学文献出版社 2017 年版。
31. 谢远扬：《个人信息的私法保护》，中国法制出版社 2016 年版。
32. 高富平主编：《个人数据保护和利用国际规则：源流与趋势》，法律出版社 2016 年版。
33. 张才琴等：《大数据时代个人信息开发利用法律制度研究》，法律出版社 2015 年版。
34. 齐爱民：《大数据时代个人信息保护法国际比较研究》，法律出版社 2015 年版。
35. 董妍：《政府信息公开例外规则及其司法审查》，经济日报出版社 2015 年版。
36. 崔聪聪等：《个人信息保护法研究》，北京邮电大学出版社 2015 年版。
37. 吴汉东主编：《知识产权法学》，北京大学出版社 2014 年版。
38. 王迁：《知识产权法教程》，中国人民大学出版社 2014 年版。
39. 涂子沛：《数据之巅：大数据革命，历史、现实与未来》，中信出版社 2014 年版。
40. 谢永志：《个人数据保护法立法研究》，人民法院出版社 2013 年版。
41. 彭飞、龙敏编著：《计算机网络安全》，清华大学出版社 2013 年版。
42. 郭瑜：《个人数据保护法研究》，北京大学出版社 2012 年版。
43. 齐爱民：《私法视野下的信息》，重庆大学出版社 2012 年版。
44. 马俊驹、余延满：《民法原论》，法律出版社 2010 年版。
45. 陆小华：《信息财产权——民法视角中的新财富保护模式》，法律出版社 2009 年版。
46. 高富平：《信息财产——数字内容产业的法律基础》，法律出版社 2009 年版。
47. 齐爱民主编：《个人资料保护法原理及其跨国流通法律问题研究》，武汉大学出版社 2004 年版。
48. 龙卫球：《民法总论》，中国法制出版社 2002 年版。
49. 周枏：《罗马法原论（上册）》，商务印书馆 2002 年版。
50. 黄茂荣：《法学方法与现代民法》，中国政法大学出版社 2001 年版。

二、中文期刊

1. 桂晓伟：《智慧社会的数字人权保护——基于"能力路径"的理论建构》，载《法学评论》2023年第1期。
2. 吴亮：《政府数据授权运营治理的法律完善》，载《法学论坛》2023年第1期。
3. 叶竹盛：《智能社会中的法治与人的尊严》，载《法律科学（西北政法大学学报）》2023年第2期。
4. 张富利：《智慧治理抑或数字规训？——智慧城市如何消解匿名性》，载《宁夏社会科学》2023年第1期。
5. 刘宪权：《元宇宙空间非法获取虚拟财产行为定性的刑法分析》，载《东方法学》2023年第1期。
6. 周维栋：《个人数据权利的宪法体系化展开》，载《法学》2023年第1期。
7. 王冠宇：《个人数据流动的不平等透视——基于生产、使用与获益的全过程分析》，载《江苏社会科学》2023年第1期。
8. 罗有成：《元宇宙的应用困境及其法律规制》，载《北京航空航天大学学报（社会科学版）》2023年第4期。
9. 雷磊：《新科技时代的法学基本范畴：挑战与回应》，载《中国法学》2023年第1期。
10. 李延舜：《刑事数据调取中网络服务提供者的角色定位及关联义务》，载《法学》2023年第1期。
11. 王苑：《信用大数据背景下信用的私法保护》，载《中国法律评论》2023年第1期。
12. 亢晶晶：《网络犯罪中犯罪数额证明机制的反思及其优化》，载《华东政法大学学报》2023年第1期。
13. 赵泽睿：《算法论证程序的意义——对法律规制算法的另一种思考》，载《中国政法大学学报》2023年第1期。
14. 郭春镇、勇琪：《算法的程序正义》，载《中国政法大学学报》2023年第1期。
15. 郑智航：《数字人权的理论证成与自主性内涵》，载《华东政法大学学报》2023年第1期。
16. 杨志琼：《数字经济时代我国数据犯罪刑法规制的挑战与应对》，载《中国法学》2023年第1期。
17. 李婷：《人工智能时代的司法公正：价值效用与风险防范》，载《江苏社会科学》2023年第1期。
18. 姚尚建：《人的自我数据化及其防范——数字城市的前提性问题》，载《学术界》2023年第1期。
19. 马平川：《平台数据权力的运行逻辑及法律规制》，载《法律科学（西北政法大学学报）》2023 年第 2 期。
20. 周汉华：《论平台经济反垄断与监管的二元分治》，载《中国法学》2023 年第 1 期。
21. 邱静：《数据规则的国内构建、国际竞争和协调》，载《安徽师范大学学报（人文社会科学版）》2023 年第 1 期。
22. 彭诚信：《数字法学的前提性命题与核心范式》，载《中国法学》2023 年第 1 期。
23. 赵丹宁等：《数据治理机构推动跨部门数据共享面临的困境及原因分析——基于山东两地市的案例分析》，载《公共管理与政策评论》2023 年第 1 期。
24. 韩旭至：《认真对待数字社会的个人拒绝权》，载《华东政法大学学报》2023 年第 1 期。
25. 雷鸿竹、王谦：《WSR 视角下政府数据开放价值实现路径研究》，载《西南民族大学学报（人文社会科学版）》2023 年第 1 期。
26. 程雪军：《超级平台算法价格歧视的反垄断规制》，载《法治研究》2023 年第 1 期。
27. 李晓楠：《大数据技术下个人公平征信监管的数据治理维度》，载《大连理工大学学报（社会科学版）》2023 年第 2 期。
28. 徐凤：《网络主权与数据主权的确立与维护》，载《北京社会科学》2022 年第 7 期。
29. 唐建国：《新数据观下的数据权属制度实践与思考》，载《法学杂志》2022 年第 5 期。
30. 裴炜：《刑事数字合规困境：类型化及成因探析》，载《东方法学》2022 年第 2 期。
31. 石颖：《算法歧视的缘起、挑战与法律应对》，载《甘肃政法大学学报》2022 年第 3 期。
32. 宁园：《算法歧视的认定标准》，载《武汉大学学报（哲学社会科学版）》2022 年第 6 期。
33. 高富平、冉高苒：《数据生产理论下爬虫技术的法律规制路径》，载《江淮论坛》2022 年第 5 期。
34. 赵丹、娄卫阳：《数据的投资适格性及中国因应》，载《社会科学家》2022 年第 10 期。
35. 任颖：《算法规制的立法论研究》，载《政治与法律》2022 年第 9 期。
36. 梅傲、谢冰姿：《个人数据反对权的欧盟范式及中国方案》，载《德国研究》2022 年第 6 期。
37. 任颖：《数字时代隐私权保护的法理构造与规则重塑》，载《东方法学》2022 年第 2 期。
38. 孙瑜晨：《数字平台成瘾性技术的滥用与反垄断监管》，载《东方法学》2022 年第 6 期。
39. 曾彩霞、朱雪忠：《欧盟企业数据共享制度新动向与中国镜鉴——基于欧盟〈数据法〉提案的解析》，载《德国研究》2022 年第 6 期。
40. 马长山：《数智治理的法治悖论》，载《东方法学》2022 年第 4 期。

41. 冉从敬、刘妍：《数据主权的理论谱系》，载《武汉大学学报（哲学社会科学版）》2022年第6期。
42. 许天颖：《数据智能化规训：可穿戴设备的隐私风险与保护》，载《江西社会科学》2022年第12期。
43. 汪全胜、王新鹏：《数据治理的行为法经济学转向：助推理论实现个人信息保护》，载《哈尔滨工业大学学报（社会科学版）》2022年第4期。
44. 彭岳：《数据隐私规制模式及其贸易法表达》，载《法商研究》2022年第5期。
45. 姜启波：《数据权益纠纷司法裁判的价值准则》，载《中国应用法学》2022年第6期。
46. 王苑：《数据权力视野下个人信息保护的趋向——以个人信息保护与隐私权的分立为中心》，载《北京航空航天大学学报（社会科学版）》2022年第1期。
47. 王雪、石巍：《数据立法域外管辖的全球化及中国的应对》，载《知识产权》2022年第4期。
48. 龚强等：《数据交易之悖论与突破：不完全契约视角》，载《经济研究》2022年第7期。
49. 敖海静：《数据保护的国际软法之道》，载《法商研究》2022年第2期。
50. 向秦：《三重授权原则在个人信息处理中的限制适用》，载《法商研究》2022年第5期。
51. 奚哲涵：《区块链存证的电子数据之证据"三性"判断》，载《社会科学家》2022年第7期。
52. 许娟：《企业衍生数据的法律保护路径》，载《法学家》2022年第3期。
53. 时诚：《企业数据权益保护的行为规制模式研究》，载《大连理工大学学报（社会科学版）》2022年第6期。
54. 司马航：《欧盟数据财产权的制度选择和经验借鉴——以欧盟〈数据法〉草案切入》，载《德国研究》2022年第3期。
55. 杨永红：《美国域外数据管辖权研究》，载《法商研究》2022年第2期。
56. 孙禹：《论网络爬虫的刑事合规》，载《法学杂志》2022年第1期。
57. 李爱君、夏菲：《论数据产权保护的制度路径》，载《法学杂志》2022年第5期。
58. 姜程潇：《论数据财产权准占有制度》，载《东方法学》2022年第6期。
59. 孔祥俊：《论反不正当竞争法"商业数据专条"的建构——落实中央关于数据产权制度顶层设计的一种方案》，载《东方法学》2022年第5期。
60. 张钦昱：《互联网时代新型权利的识别与进化》，载《河南大学学报（社会科学版）》2022年第4期。
61. 杨帆：《后"Schrems II案"时期欧盟数据跨境流动法律监管的演进及我国的因应》，载《环球法律评论》2022年第1期。

62. 崔国斌：《公开数据集合法律保护的客体要件》，载《知识产权》2022 年第 4 期。

63. 傅雪婷：《个人信息同意撤回与个人数据对价化》，载《南大法学》2022 年第 5 期。

64. 李延舜：《个人信息保护中的第三方当事人规则之反思》，载《法商研究》2022 年第 4 期。

65. 刘颖、郝晓慧：《个人数据交易的法律基础》，载《学术研究》2022 年第 11 期。

66. 张喆锐：《非法爬取著作权作品犯罪认定标准类型化研究》，载《东南学术》2022 年第 6 期。

67. 包晓丽：《二阶序列式数据确权规则》，载《清华法学》2022 年第 3 期。

68. 王燃：《大数据证明的机理及可靠性探究》，载《法学家》2022 年第 3 期。

69. 郑智航、雷海玲：《大数据时代数据正义的法律构建》，载《国家检察官学院学报》2022 年第 5 期。

70. 冯晓青：《大数据时代企业数据的财产权保护与制度构建》，载《当代法学》2022 年第 6 期。

71. 王燃：《大数据时代海量数据的多元化证明机制研究》，载《中国刑事法杂志》2022 年第 3 期。

72. 丁晓东：《从公开到服务：政府数据开放的法理反思与制度完善》，载《法商研究》2022 年第 2 期。

73. 赵精武：《从保密到安全：数据销毁义务的理论逻辑与制度建构》，载《交大法学》2022 年第 2 期。

74. 尹华容、王惠民：《隐私计算的行政法规制》，载《湖南科技大学学报（社会科学版）》2022 年第 6 期。

75. 王煜婷：《隐私与数据保护的反垄断法考量》，载《东北大学学报（社会科学版）》2022 年第 1 期。

76. 张悦、陈兵：《优化平台经济下数据爬取多工具规制框架研究》，载《南开学报（哲学社会科学版）》2022 年第 6 期。

77. 袁锋：《元宇宙空间著作权合理使用制度的困境与出路——以转换性使用的界定与适用为视角》，载《东方法学》2022 年第 2 期。

78. 黄锫：《元宇宙的行政规制路径：一个框架性分析》，载《中国法学》2022 年第 6 期。

79. 郭烁：《云存储的数据主权维护——以阻断法案规制"长臂管辖"为例》，载《中国法律评论》2022 年第 6 期。

80. 梁坤：《长臂执法背景下的数据出境管制》，载《国家检察官学院学报》2022 年第 5 期。

81. 孙丽岩：《政府数据开放范围裁量权的法律控制》，载《法学家》2022 年第 5 期。

82. 李涛：《政府数据开放与公共数据治理：立法范畴、问题辨识和法治路径》，载《法学论坛》2022 年第 5 期。

83. 孔祥俊：《商业数据权：数字时代的新型工业产权——工业产权的归入与权属界定三原则》，载《比较法研究》2022 年第 1 期。

84. 冯晓青：《知识产权视野下商业数据保护研究》，载《比较法研究》2022 年第 5 期。

85. 左卫民：《中国计算法学的未来：审思与前瞻》，载《清华法学》2022 年第 3 期。

86. 胡锦华、夏锦文：《作为新兴权利的数据发展权证立及其实现》，载《南京社会科学》2022 年第 12 期。

87. 万勇：《公共健康危机的知识产权法应对》，载《中国法学》2022 年第 5 期。

88. 张浩然：《由传统数据库保护反思新型"数据财产权"》，载《法学杂志》2022 年第 6 期。

89. 李昊：《个人信息侵权责任的规范构造》，载《广东社会科学》2022 年第 1 期。

90. 范如国：《平台技术赋能、公共博弈与复杂适应性治理》，载《中国社会科学》2021 年第 12 期。

91. 余成峰：《信息隐私权的宪法时刻规范基础与体系重构》，载《中外法学》2021 年第 1 期。

92. 王天夫：《数字时代的社会变迁与社会研究》，载《中国社会科学》2021 年第 12 期。

93. 王方玉：《新兴权利司法证成的三阶要件：实质论据、形式依据与技术方法》，载《法制与社会发展》2021 年第 1 期。

94. 马忠法、胡玲：《论数据使用保护的国际知识产权制度》，载《电子知识产权》2021 年第 1 期。

95. 王利明：《和而不同：隐私权与个人信息的规则界分和适用》，载《法学评论》2021 年第 2 期。

96. 杨嵘均：《论政府数据治理的价值目标、权利归属及其法律保障》，载《东南学术》2021 年第 4 期。

97. 赵磊：《数据产权类型化的法律意义》，载《中国政法大学学报》2021 年第 3 期。

98. 包晓丽：《数据产权保护的法律路径》，载《中国政法大学学报》2021 年第 3 期。

99. 赵加兵：《论作为数据权益客体的数据集合》，载《河北法学》2021 年第 7 期。

100. 李扬：《日本保护数据的不正当竞争法模式及其检视》，载《政法论丛》2021 年第 4 期。

101. 冯晓青：《数据财产化及其法律规制的理论阐释与构建》，载《政法论丛》2021 年第 4 期。

102. 冯果、薛亦飒：《从"权利规范模式"走向"行为控制模式"的数据信托——数据主体权利保护机制构建的另一种思路》，载《法学评论》2020 年第 3 期。

103. 钱继磊：《个人信息权作为新兴权利之法理反思与证成》，载《北京行政学院学报》

2020 年第 4 期。

104. 商希雪：《超越私权属性的个人信息共享——基于〈欧盟一般数据保护条例〉正当利益条款的分析》，载《法商研究》2020 年第 2 期。
105. 陈敬根、朱昕苑：《论个人数据的法律保护》，载《学习与实践》2020 年第 6 期。
106. 梅夏英：《〈民法典〉对信息数据的保护及其解读》，载《山西大学学报（哲学社会科学版）》2020 年第 6 期。
107. 冯德淦：《数据的二元划分与体系保护》，载《中南大学学报（社会科学版）》2020 年第 5 期。
108. 时明涛：《大数据时代个人信息保护的困境与出路——基于当前研究现状的评论与反思》，载《科技与法律》2020 年第 5 期。
109. 周斯佳：《个人数据权与个人信息权关系的厘清》，载《华东政法大学学报》2020 年第 2 期。
110. 丁晓强：《个人数据保护中同意规则的"扬"与"抑"——卡—梅框架视域下的规则配置研究》，载《法学评论》2020 年第 4 期。
111. 胡朝阳：《大数据背景下个人信息处理行为的法律规制：以个人信息处理行为的双重外部性为分析视角》，载《重庆大学学报（社会科学版）》2020 年第 1 期。
112. 申卫星：《论数据用益权》，载《中国社会科学》2020 年第 11 期。
113. 杜振华：《政府数据开放与创新驱动经济增长的关系》，载《首都师范大学学报（社会科学版）》2020 年第 2 期。
114. 常绍舜：《大数据与信息论和系统论》，载《系统科学学报》2020 年第 2 期。
115. 丁晓东：《论企业数据权益的法律保护——基于数据法律性质的分析》，载《法律科学（西北政法大学学报）》2020 年第 2 期。
116. 崔国斌：《大数据有限排他权的基础理论》，载《法学研究》2019 年第 5 期。
117. 姚佳：《企业数据的利用准则》，载《清华法学》2019 年第 3 期。
118. 汪庆华：《人工智能的法律规制路径：一个框架性讨论》，载《现代法学》2019 年第 2 期。
119. 肖建华、柴芳墨：《论数据权利与交易规制》，载《中国高校社会科学》2019 年第 1 期。
120. 刘迎霜：《大数据时代个人信息保护再思考——以大数据产业发展之公共福利为视角》，载《社会科学》2019 年第 3 期。
121. 高富平、王苑：《论个人数据保护制度的源流——域外立法的历史分析和启示》，载《河南社会科学》2019 年第 11 期。
122. 黄其松、刘强强：《大数据与政府治理革命》，载《行政论坛》2019 年第 1 期。
123. 宁立志、傅显扬：《论数据的法律规制模式选择》，载《知识产权》2019 年第 12 期。

124. 房绍坤、曹相见：《论个人信息人格利益的隐私本质》，载《法制与社会发展》2019年第4期。
125. 高富平：《数据生产理论——数据资源权利配置的基础理论》，载《交大法学》2019年第4期。
126. 雷磊：《新兴（新型）权利的证成标准》，载《法学论坛》2019年第3期。
127. 彭诚信、向秦：《"信息"与"数据"的私法界定》，载《河南社会科学》2019年第11期。
128. 李勇坚：《个人数据权利体系的理论建构》，载《中国社会科学院研究生院学报》2019年第5期。
129. 罗文华：《规则与共识：从电子签名到区块链》，载《中国政法大学学报》2019年第2期。
130. 陈晓曦：《试论一种道德隐恕责任——从被遗忘权谈起》，载《华南理工大学学报（社会科学版）》2019年第3期。
131. 付宇程：《政务大数据治理中公民权利保护的国际经验》，载《哈尔滨工业大学学报（社会科学版）》2019年第4期。
132. 冀洋：《法益自决权与侵犯公民个人信息罪的司法边界》，载《中国法学》2019年第4期。
133. 刘艳红：《民法编纂背景下侵犯公民个人信息罪的保护法益：信息自决权——以刑民一体化及〈民法总则〉第111条为视角》，载《浙江工商大学学报》2019年第6期。
134. 刘杨：《基本法律概念的构建与诠释——以权利与权力的关系为重心》，载《中国社会科学》2018年第9期。
135. 程雷：《大数据侦查的法律控制》，载《中国社会科学》2018年第11期。
136. 刘文杰：《被遗忘权：传统元素、新语境与利益衡量》，载《法学研究》2018年第2期。
137. 丁晓东：《什么是数据权利？——从欧洲〈一般数据保护条例〉看数据隐私的保护》，载《华东政法大学学报》2018年第4期。
138. 邓刚宏：《大数据权利属性的法律逻辑分析——兼论个人数据权的保护路径》，载《江海学刊》2018年第6期。
139. 黄璜：《对"数据流动"的治理——论政府数据治理的理论嬗变与框架》，载《南京社会科学》2018年第2期。
140. 纪海龙：《数据的私法定位与保护》，载《法学研究》2018年第6期。
141. 柳建龙：《论基本权利竞合》，载《法学家》2018年第1期。
142. 徐实：《企业数据保护的知识产权路径及其突破》，载《东方法学》2018年第5期。
143. 张文亮：《个人数据保护立法的要义与进路》，载《江西社会科学》2018年第6期。

144. 齐爱民、张哲：《识别与再识别：个人信息的概念界定与立法选择》，载《重庆大学学报（社会科学版）》2018 年第 2 期。
145. 于冲：《侵犯公民个人信息罪中"公民个人信息"的法益属性与入罪边界》，载《政治与法律》2018 年第 4 期。
146. 姜野：《算法的规训与规训的算法：人工智能时代算法的法律规制》，载《河北法学》2018 年第 12 期。
147. 裴炜：《个人信息大数据与刑事正当程序的冲突及其调和》，载《法学研究》2018 年第 2 期。
148. 韩旭至：《个人信息概念的法教义学分析：以〈网络安全法〉第 76 条第 5 款为中心》，载《重庆大学学报（社会科学版）》2018 年第 2 期。
149. 程啸：《论大数据时代的个人数据权利》，载《中国社会科学》2018 年第 3 期。
150. 季卫东：《人工智能时代的司法权之变》，载《东方法学》2018 年第 1 期。
151. 武长海、常铮：《论我国数据权法律制度的构建与完善》，载《河北法学》2018 年第 2 期。
152. 郑戈：《算法的法律与法律的算法》，载《中国法律评论》2018 年第 2 期。
153. 石丹：《大数据时代数据权属及其保护路径研究》，载《西安交通大学学报（社会科学版）》2018 年第 3 期。
154. 阮爽：《〈欧盟个人数据保护通用条例〉及其在德国的调适评析》，载《德国研究》2018 年第 3 期。
155. 张素华、李雅男：《数据保护的路径选择》，载《学术界》2018 年第 7 期。
156. 查云飞：《人工智能时代全自动具体行政行为研究》，载《比较法研究》2018 年第 5 期。
157. 李晟：《略论人工智能语境下的法律转型》，载《法学评论》2018 年第 1 期。
158. 高富平：《个人信息保护：从个人控制到社会控制》，载《法学研究》2018 年第 3 期。
159. 龙卫球：《数据新型财产权构建及其体系研究》，载《政法论坛》2017 年第 4 期。
160. 赵宏：《从信息公开到信息保护：公法上信息权保护研究的风向流转与核心问题》，载《比较法研究》2017 年第 2 期。
161. 潘平：《大数据研究中的理性思维及其形成》，载《贵州社会科学》2017 年第 7 期。
162. 欧阳本祺：《论网络时代刑法解释的限度》，载《中国法学》2017 年第 3 期。
163. 许可：《数据保护的三重进路——评新浪微博诉脉脉不正当竞争案》，载《上海大学学报（社会科学版）》2017 年第 6 期。
164. 张宪丽、高奇琦：《人工智能时代公民的数据意识及其意义》，载《西南民族大学学报（人文社科版）》2017 年第 12 期。
165. 孙道萃：《大数据法益刑法保护的检视与展望》，载《中南大学学报（社会科学版）》

2017 年第 1 期。
166. 金耀：《个人信息去身份的法理基础与规范重塑》，载《法学评论》2017 年第 3 期。
167. 梅夏英：《数据的法律属性及其民法定位》，载《中国社会科学》2016 年第 9 期。
168. 汤琪：《大数据交易中的产权问题研究》，载《图书与情报》2016 年第 4 期。
169. 范为：《大数据时代个人信息保护的路径重构》，载《环球法律评论》2016 年第 5 期。
170. 梅夏英：《民法权利客体制度的体系价值及当代反思》，载《法学家》2016 年第 6 期。
171. 吴伟光：《大数据技术下个人数据信息私权保护论批判》，载《政治与法律》2016 年第 7 期。
172. 张平：《大数据时代个人信息保护的立法选择——积极利用还是消极限制》，载《网络法律评论》2016 年第 1 期。
173. 杨立新、韩煦：《被遗忘权的中国本土化及法律适用》，载《法学适用》2015 年第 2 期。
174. 齐爱民、盘佳：《大数据安全法律保障机制研究》，载《重庆邮电大学学报（社会科学版）》2015 年第 3 期。
175. 张新宝：《从隐私到个人信息：利益再衡量的理论与制度安排》，载《中国法学》2015 年第 3 期。
176. 肖冬梅、文禹衡：《数据权谱系论纲》，载《湘潭大学学报（哲学社会科学版）》2015 年第 6 期。
177. 王利明：《论个人信息权的法律保护——以个人信息权与隐私权的界分为中心》，载《现代法学》2013 年第 4 期。
178. 孟小峰、慈祥：《大数据管理：概念、技术与挑战》，载《计算机研究与发展》2013 年第 1 期。
179. 姚辉：《关于人格权商业化利用的若干问题》，载《法学论坛》2011 年第 6 期。
180. 于飞：《侵权法中权利与利益的区分方法》，载《法学研究》2011 年第 4 期。
181. 姚建宗：《新兴权利论纲》，载《法制与社会发展》2010 年第 2 期。
182. 林旭霞：《虚拟财产权性质论》，载《中国法学》2009 年第 1 期。
183. 刘德良：《个人信息的财产权保护》，载《法学研究》2007 年第 3 期。
184. 方新军：《盖尤斯无体物概念的建构与分解》，载《法学研究》2006 年第 4 期。
185. 齐爱民：《美国信息隐私立法透析》，载《时代法学》2005 年第 2 期。
186. 高家伟：《论电子政务的理论基础——以"价值支配科技"的基本观念为核心》，载《行政法学研究》2004 年第 1 期。
187. 杨宏玲、黄瑞华：《个人数据财产权保护探讨》，载《软科学》2004 年第 5 期。
188. 徐瑄：《知识产权的正当性——论知识产权法中的对价与衡平》，载《中国社会科学》2003 年第 4 期。

189. 吴汉东：《财产的非物质化革命与革命的非物质财产法》，载《中国社会科学》2003 年第 4 期。
190. 李扬：《数据库特殊权利保护制度的缺陷及立法完善》，载《法商研究》2003 年第 4 期。
191. 李扬：《试论数据库的法律保护》，载《法商研究》2002 年第 1 期。
192. 吴汉东：《财产权客体制度论——以无形财产权客体为主要研究对象》，载《法商研究（中南政法学院学报）》2000 年第 4 期。
193. 康晓虹：《论隐私、隐私权的概念和特征》，载《西南政法大学学报》1999 年第 2 期。
194. 王涌：《寻找法律概念的"最小公分母"——霍菲尔德法律概念分析思想研究》，载《比较法研究》1998 年第 2 期。
195. 张新宝：《隐私权研究》，载《法学研究》1990 年第 3 期。

三、翻译著作

1. ［美］伍德罗·巴菲尔德、［意大利］乌戈·帕加洛：《法律与人工智能高级导论》，苏苗罕译，上海人民出版社 2022 年版。
2. ［立陶宛］伊格纳斯·卡尔波卡斯：《算法治理：后人类时代的政治与法律》，邱遥堃译，上海人民出版社 2022 年版。
3. ［瑞士］泽维尔·奥伯森：《对机器人征税——如何使数字经济适应 AI?》，王桦宇、孙伯龙译，上海人民出版社 2022 年版。
4. ［美］凯斯·桑斯坦：《标签：社交媒体时代的众声喧哗》，陈颀、孙竞超译，中国民主法制出版社 2021 年版。
5. ［荷兰］玛侬·奥斯特芬：《数据的边界——隐私与个人数据保护》，曹博译，上海人民出版社 2020 年版。
6. ［美］布拉德·史密斯、卡罗尔·安·布朗：《工具，还是武器？直面人类科技最紧迫的争议性问题》，杨静娴、赵磊译，中信出版集团 2020 年版。
7. ［美］狄乐达：《数据隐私法实务指南：以跨国公司合规为视角》，何广越译，法律出版社 2018 年版。
8. ［美］丹·席勒：《信息资本主义的兴起与扩张：网络与尼克松时代》，翟秀凤译，北京大学出版社 2018 年版。
9. ［美］道格拉斯·W. 哈伯德：《数据化决策》，邓洪涛译，南方出版传媒、广东人民出版社 2017 年版。
10. ［以色列］尤瓦尔·赫拉利：《未来简史：从智人到智神》，林俊宏译，中信出版集团 2017 年版。
11. ［美］詹姆斯·R. 卡利瓦斯、迈克尔·R. 奥弗利：《大数据商业应用风险规避与法律指南》，陈婷译，中国工信出版集团、人民邮电出版社 2016 年版。
12. ［法］伯纳德·利奥托德、［美］马克·哈蒙德：《大数据与商业模式变革：从信息到知识，再到利润》，郑晓舟等译，电子工业出版社 2015 年版。
13. ［美］艾伦·德肖维茨：《你的权利从哪里来？》，黄煜文译，北京大学出版社 2014 年版。
14. ［德］拉德布鲁赫：《法学导论》，米健译，商务印书馆 2013 年版。
15. ［英］维克托·迈尔-舍恩伯格、肯尼斯·库克耶：《大数据时代：生活、工作与思维的大变革》，盛杨燕、周涛译，浙江人民出版社 2013 年版。
16. ［英］维克托·迈克-舍恩伯格：《删除：大数据取舍之道》，袁杰译，浙江人民出版社 2013 年版。
17. ［美］詹姆斯·格雷克：《信息简史》，高博译，人民邮电出版社 2013 年版。
18. ［美］迈克尔·桑德尔：《公正：该如何做是好？》，朱慧玲译，中信出版社 2012 年版。
19. ［美］霍菲尔德：《基本法律概念》，张书友编译，中国法制出版社 2009 年版。
20. ［美］曼瑟·奥尔森：《权力与繁荣》，苏长和、嵇飞译，上海世纪出版集团 2005 年版。
21. ［美］劳伦斯·莱斯格：《代码：塑造网络空间的法律》，李旭等译，中信出版社 2004 年版。
22. ［美］罗纳德·德沃金：《认真对待权利》，信春鹰、吴玉章译，中国大百科全书出版社 1998 年版。

四、外文著作

1. Sara McCorquodale, *Influence*: *How social media influencers are shaping our digital future*, Bloomsbury Publishing Plc, 2021.
2. Matt Taddy, *Business Data Science*: *Combining Machine Learning and Economics to Optimize Automate, and Accelerate Business Decisions*, McGraw-Hill, 2019.
3. Robert Mandel, *Global Data Shock Stategic Ambiguity Deception, and Surprise in an Age of Information Overload*, Stanford University Press, 2019.
4. Caroline Carruthers, Peter Jackson, *Data driven Business Transformation*: *How to disrupt, innovate and stay ahead of the competition*, John Wiley & Sons, Ltd., 2019.
5. Marc Steinberg, *The Platform Economy*: *How Japan Trans formcd the Consumer Internet*, University of Minnesota Press, 2019.
6. Vijay Kotu , Bala Deshpande, *Data Science*: *Concepts and practice*, Morgan Kaufmann Publishers, 2018.
7. Viktor Mayer-Schonberger, Kenneth Cukier, *Big Data*: *The essential guide to work, life and*

learning in the age of insight, John Murray, 2017.

8. Seth Stephens-Davidowitz, *Everybody Lies: What the internet can tell us about who we really are*, Bloomsbury Publishing Plc, 2017.

9. Andreas Weigend, *Data for the People: How to Make Our Post-Privacy Economy Work for You*, Basic Books, 2017.

10. Dawn E. Holmes, *Big Data: A very short introduction*, Oxford University Press, 2017.

11. Bernard Marr, *Big Data for Small Business for Dummies*, For Dummies, 2016.

12. Timandra Harkness, *Big Data: Does Size Matter?* Bloomsbury Publishing PLc, 2016.

13. Jenny Dearborn, *Data Driven: how performance analytics delivers extraordinary sales results*, Wiley, 2015.

14. Jules J. Berman, *Principles of Big Data*, Morgan Kaufmann, 2013.

15. Q. Ethan McCallum, *Bad Data Handbook: Cleaning Up The Data So You Can Get Back To Work*, O'Reilly Media, Inc., 2012.

16. Scott McGill, *Plagiarism in Latin Literature*, Cambridge University Press, 2012.

17. Thorsten Botz-Bornstein ed, *The Crisis of the Human Science: False Objectivity and the Decline of Creativity*, Cambridge Scholars Publishing, 2011.

18. Christopher May, Susan K. Sell, *Intellectual Property Rights: A Critical History*, Lynne Rienner Publisher, 2005.

19. John Adams, *Risk*, Routledge, 1995.

20. Richard W. Brightman, et al., *Data Processing for Decision-making: an introduction to third-generation information systems*, Macmillan Company, 1971.

五、外文期刊

1. Mark G. Califano et al., "Gathering Personal Information in the Age of the GDPR", *Litigation*, Vol. 47, No. 3., 2021.

2. Steven H. Hazel, "Personal Data as Property", *Syracuse Law Review*, Vol. 70, No. 4., 2020.

3. Thomas D. Haley, "Data Protection in Disarray", *Washington Law Review*, Vol. 95, No. 3., 2020.

4. Kevin E. Davis; Florencia Marotta-Wurgler, "Contracting for Personal Data", *New York University Law Review*, Vol. 94, No. 4., 2019.

5. Talia B. Gillis, Jann L. Spiess, "Big Data and Discrimination", *University of Chicago Law Review*, Vol. 86, No. 2., 2019.

6. John M. Yun, "Antitrust after Big Data", *Criterion Journal on Innovation*, Vol. 4, 2019.

7. Tess Hofmann, "Airbnb in New York City: Whose Privacy Rights Are Threatened by a Government Data Grab", *Fordham Law Review*, Vol. 87, No. 6., 2019.

8. Michael Hopkins, "Your Personal Information Was Stolen: That's an Injury: Article III Standing in the Context of Data Breaches. Not Sure Should Not Be Enough to Put Someone in Jail for Life", *University of the Pacific Law Review*, Vol. 50, No. 3., 2019.
9. Daniel L. Macioce Jr., "PII in Context: Video Privacy and a Factor-Based Test for Assessing Personal Information", *Pepperdine Law Review*, Vol. 45, No. 2., 2018.
10. Susan Ariel Aaronson, Patrick Leblond, "Another Digital Divide: The Rise of Data Realms and its Implications for the WTO", *Journal of International Economic Law*, Vol. 21, No. 2., 2018.
11. Ileana-Gabriela Pintiliuc, "Protection of Personal Data", *Logos Universality Mentality Education Novelty Section: Law form Editura Lumen Department of Economics*, Vol. 6, No. 1., 2018.
12. Danhoe Reddy-Girard, "French Data Protection Rules", *International Law News*, Vol. 46, No. 1., 2017.
13. Robert Corr, "Big Data: A Case Study of Disruption and Government Power", *Alternative Law Journal*, Vol. 42, No. 2., 2017.
14. Noriko Higashizawa, Yuri Aihara, "Data Privacy Protection of Personal Information versus Usage of Big Data: Introduction of the Recent Amendment to the Act on the Protection of Personal Information (Japan)", *Defense Counsel Journal*, Vol. 84, No. 4., 2017.
15. Myra F. Din, "Data without Borders: Resolving Extraterritorial Data Disputes", *Journal of Transnational Law*, Vol. 26, 2016-2017.
16. Jyh-An Lee, "Licensing Open Government Data", *Hastings Business Law Journal*, Vol. 13, No. 2., 2016.
17. Allison Callahan-Slaughter, "Lipstick on a Pig: The Future of Transnational Data Flow between the EU and the United States", *Tulane Journal of International and Comparative Law*, Vol. 25, No. 1., 2016.
18. Solon Barocas, Andrew D. Selbst, "Big Data's Disparate Impact", *California Law Review*, Vol. 104, No. 3., 2016.
19. Margaret Hu, "Big Data Blacklisting", *Florida Law Review*, Vol. 67, No. 5., 2015.
20. Margaret Hu, "Small Data Surveillance v. BigData Cybersurveillance", *Pepperdine Law Review*, Vol. 42, No. 4., 2015.
21. Angela Byers, "Big Data, Big Economic Impact", *I/S: A Journal of Law and Policy for the Information Society*, Vol. 10, No. 3., 2015.
22. Kunbei Zhang, "Incomplete Data Protection Law", *German Law Journal*, Vol. 15, No. 6., 2014.
23. Karen E. C. Levy, "Relational Big Data", *Stanford Law Review Online*, Vol. 66., 2013.
24. Amy Affelt, "Big Data, Big Opportunity for Librarians and Information Professionals", *Australian Law Librarian*, Vol. 21, No. 2., 2013.

25. John Pavolotsky, "Demystifying Big Data", *Business Law Today*, 2012.
26. Dominic Jaar, Patrick E. Zeller, "Canadian Privacy Law: The Personal Information Protection and Electronic Documents Act (PIPEDA)", *International In-House Counsel Journal*, Vol. 2, No. 7., 2009.
27. Michal J. Niemkiewicz, "Data Protection in Canada", *Landslide* 2, No. 1., 2009.
28. Arshad Noor, "Data Protection for Companies", *GPSolo* 26, No. 2., 2009.
29. Asim Z. Haque, Mathiew H. Le, "Privacy Year in Review: Canada's Personal Information and Protection and Electronic Documents Act and Japan's Personal Information Protection Act", *I/S: A Journal of Law and Policy for the Information Society*, Vol. 1, No. 2-3., 2005.
30. Paul M. Schwartz, "Property, Privacy, and Personal Data", *Harvard Law Review*, Vol. 117, No. 7., 2004.
31. Ian Walden, "Anonymising Personal Data", *International Journal of Law and Information Technology*, Vol. 10, No. 2., 2002.
32. Steven C. Carlson, Ernest D. Miller, "Public Data and Personal Privacy", *Santa Clara Computer and High-Technology Law Journal*, Vol. 16, No. 1., 2000.
33. Paul M. Schwartz, "Privacy and Democracy in Cyberspace", *Vanderbilt Law Review*, Vol. 52, No. 6., 1999.
34. Michael Kirby, "Privacy in Cyberspace", *University of New South Wales Law Journal*, Vol. 21, No. 2., 1998.
35. David I. Bainbridge, "Processing Personal Data and the Data Protection Directive", *Information & Communications Technology Law*, Vol. 6, No. 1., 1997.
36. Charles D. Raab, "Co-Producing Data Protection", *International Review of Law, Computers & Technology*, Vol. 11, No. 1., 1997.
37. Chris Dockrill, "Computer Data Banks and Personal Information: Protection against Negligent Disclosure", *Dalhousie Law Journal*, Vol. 11, No. 2., 1988.
38. A. C. Evans, "European Data Protection Law", *American Journal of Comparative Law*, Vol. 29, No. 4., 1981.

六、博士论文

1. 许亚洁:《个人信息的刑法保护体系研究》,华东政法大学2020年博士学位论文。
2. 姜野:《算法的法律规制研究》,吉林大学2020年博士学位论文。
3. 于广益:《政府信息公开:权利与规制》,华东政法大学2019年博士学位论文。
4. 刘新宇:《数据权利构建及其交易规则研究》,上海交通大学2019年博士学位论文。
5. 王磊:《个人数据商业化利用法律问题研究》,中央财经大学2019年博士学位论文。

6. 袁泉：《大数据背景下的个人信息分类保护制度研究》，对外经济贸易大学 2019 年博士学位论文。

7. 于向花：《被遗忘权研究》，吉林大学 2018 年博士学位论文。

8. 任龙龙：《大数据时代的个人信息民法保护》，对外经济贸易大学 2017 年博士学位论文。

9. 王秀秀：《个人数据权：社会利益视域下的法律保护模式》，华东政法大学 2016 年博士学位论文。

10. 牛博文：《信息主权论》，西南政法大学 2016 年博士学位论文。

11. 李媛：《大数据时代个人信息保护研究》，西南政法大学 2016 年博士学位论文。

13. 张莉：《论隐私权的法律保护》，中国政法大学 2016 年博士学位论文。

12. 杨咏婕：《个人信息的私法保护研究》，吉林大学 2013 年博士学位论文。